Die Finanzverfassung der Europäischen Aktiengesellschaft (SE) mit Sitz in Deutschland

Schriftenreihe zum deutschen und europäischen Gesellschafts- und Wirtschaftsrecht

Herausgegeben von Günter Christian Schwarz

Band 3

PETER LANG
Frankfurt am Main · Berlin · Bern · Bruxelles · New York · Oxford · Wien

Cornelius Koke

Die Finanzverfassung der Europäischen Aktiengesellschaft (SE) mit Sitz in Deutschland

PETER LANG
Europäischer Verlag der Wissenschaften

Bibliografische Information Der Deutschen Bibliothek
Die Deutsche Bibliothek verzeichnet diese Publikation in der Deutschen Nationalbibliografie; detaillierte bibliografische Daten sind im Internet über <http://dnb.ddb.de> abrufbar.

Zugl.: Würzburg, Univ., Diss., 2004

D 20
ISSN 1614-239X
ISBN 3-631-53240-7

www.peterlang.de

Vorwort

Die vorliegende Arbeit wurde im Sommersemester 2004 von der Juristischen Fakultät der Bayerischen Julius-Maximilians-Universität Würzburg als Dissertation angenommen.

Für die Veröffentlichung wurden der Regierungsentwurf eines Gesetzes zur Einführung der Europäischen Gesellschaft (SEEG) vom 26.05.2004 sowie Literatur bis Juli 2004 berücksichtigt.

Meinem Doktorvater, Herrn Prof. Dr. Günter Christian Schwarz, danke ich für die Anregung zu dem Thema der Dissertation. Durch seine stete Gesprächsbereitschaft förderte er die Arbeit in besonderem Maße. Er gab mir zudem die Möglichkeit, an seinem Lehrstuhl zu arbeiten; für die Entstehung der Arbeit war dies besonders wertvoll.

Ich danke ihm auch für die Aufnahme in seine Schriftenreihe.

Herrn Prof. Dr. Olaf Sosnitza danke ich für die Übernahme und zügige Erstellung der Zweitkorrektur.

Die Universität Würzburg unterstützte diese Dissertation durch die Gewährung eines Promotionsstipendiums. Ihr sei dafür gedankt.

Antje und Walter Schellerich danke ich herzlich für die akribische Durchsicht des Manuskripts.

Besonderer Dank gilt auch meiner Anita. Sie unterstützte mich trotz ihrer Vorbereitung auf das Erste Juristische Staatsexamen in jeder Hinsicht.

Nicht zuletzt danke ich meinen Eltern, die mir meine juristische Ausbildung ermöglicht haben.

Düsseldorf, den 30. August 2004 Cornelius Koke

Inhaltsverzeichnis

Abkürzungsverzeichnis

a.A. .... anderer Auffassung
a.E. .... am Ende
ABl.EG .... Amtsblatt der Europäischen Gemeinschaften
Abs. .... Absatz
AG .... Aktiengesellschaft; auch: Die Aktiengesellschaft (Zeitschrift)
AktG .... Aktiengesetz
Alt. .... Alternative
Art. .... Artikel (auch Mehrzahl)
AWD .... Außenwirtschaftsdienst des Betriebs-Beraters, jetzt: Recht der internationalen Wirtschaft (Zeitschrift)

BB .... Der Betriebs-Berater (Zeitschrift)
BDI...................... Bundesverbandes der Deutschen Industrie
BGB .... Bürgerliches Gesetzbuch
BGH .... Bundesgerichtshof
BGHZ .... Entscheidungen des Bundesgerichtshofes in Zivilsachen
BörsenZulVO ...... Börsenzulassungsverordnung
BR-Drucks. .... Bundesratsdrucksache
BT-Drucks. .... Bundestagsdrucksache
Buchst................ Buchstabe
BVerfGE............. Entscheidungen des Bundesverfassungsgerichts
bzw. .... beziehungsweise

Code des Soc. .... Code des Sociétés vom 07.05.1999 (vormals Lois Coordonnées sur les sociétés commerciale = L.C.S.) (Belgien)

DAV .... Deutscher Anwalt Verein
DB .... Der Betrieb (Zeitschrift)
ders. .... derselbe
dies. .... dieselbe, dieselben
Diss. .... Dissertation
DNotZ .... Deutsche Notar-Zeitschrift
Dok. .... Dokument
DStR .... Deutsches Steuerrecht (Zeitschrift)
dt......................... deutsch
DZWiR .... Deutsche Zeitschrift für Wirtschafts- und Insolvenzrecht (Zeitschrift)

EG .... Europäische Gemeinschaft; Einführungsgesetz; EG-Vertrag
EGAktG.............. Einführungsgesetz zum Aktiengesetz vom 6.9.1965
EGBGB .... Einführungsgesetz zum Bürgerlichen Gesetzbuch vom 18.8.1896
EGV .... Vertrag zur Gründung der Europäischen Gemeinschaft vom 25.3.1957
endg. .... endgültig
Erg.-Lfg............. Ergänzungslieferung
EU .... Europäische Union
EuGen................ Europäische Genossenschaft
EuGH .... Gerichtshof der Europäischen Gemeinschaften
EUV .... Europäischer Verein
EuV-VOV .... Geänderter Vorschlag für eine Verordnung des Rates (EWG) über das Statut des Europäischen Vereins
EuZW .... Europäische Zeitschrift für Wirtschaftsrecht (Zeitschrift)
EWG .... Europäische Wirtschaftsgemeinschaft
EWIV .... Europäische Wirtschaftliche Interessenvereinigung
EWIV-VO .... Verordnung (EWG) Nr. 2137/85 des Rates vom 25. Juli 1985 über die Schaffung einer Europäischen wirtschaftlichen Interessenvereinigung (EWIV)
EWS .... Europäisches Wirtschafts- und Steuerrecht (Zeitschrift)

f. (ff.) .... folgende (Plural)
F.A.Z................... Frankfurter Allgemeine Zeitung
FGG .... Gesetz über die Angelegenheiten der freiwilligen Gerichtsbarkeit
Fn. .... Fußnote
FS .... Festschrift

GesR .... Gesellschaftsrecht
ggf. .... gegebenenfalls
GLJ .... German Law Journal (Zeitschrift)
GmbH .... Gesellschaft mit beschränkter Haftung
GmbHG .... Gesetz betreffend die Gesellschaften mit beschränkter Haftung
GmbHR .... GmbH-Rundschau (Zeitschrift)
GVG.................... Gerichtsverfassungsgesetz

Hdb. .... Handbuch
HGB .... Handelsgesetzbuch

Hrsg. .... Herausgeber
hrsg. .... herausgegeben
HS....................... Halbsatz

IAS...................... International Accounting Standards
IDW..................... Institut der Wirtschaftsprüfer
IFRS.................... International Financial Reporting Standards
i.S. des .... im Sinne des
iVm. .... in Verbindung mit
IntGesR .... Internationales Gesellschaftsrecht
IPR .... Internationales Privatrecht
iRd. .... im Rahmen des/der

KOM .... Kommission der Europäischen Gemeinschaft; Dokumente
KonTraG .... Gesetz zur Kontrolle und Transparenz im Unternehmensbereich vom 27. April 1998, BGBl. 1998 I, S. 786-794.

MMR .... Multi Media & Recht (Zeitschrift)
MünchHdb. .... Münchener Handbuch
MünchKomm ...... Münchener Kommentar
m.W.N................ mit weiteren Nachweisen

NJW .... Neue Juristische Wochenschrift (Zeitschrift)
NotBZ.................. Zeitschrift für die notarielle Beratungs- und Beurkundungspraxis
Nr........................ Nummer
NZG .... Neue Zeitschrift für Gesellschaftsrecht (Zeitschrift)

OLG .... Oberlandesgericht

RabelsZ .... Zeitschrift für ausländisches und internationales Privatrecht, begründet von Ernst Rabel [bis 1961: ZAIP]
RegE .... Regierungsentwurf
RGZ.................... Entscheidungen des Reichsgerichts in Zivilsachen
RiL .... Richtlinie
RIW .... Recht der internationalen Wirtschaft (Zeitschrift)
RIW/AWD .... Recht der internationalen Wirtschaft, Außenwirtschaftsdienst des Betriebs-Beraters (Zeitschrift)
Rn. .... Randnummer
Rs. .... Rechtssache

S. .... Seite
SE .... Societas Europaea (Europäische Aktiengesellschaft)
SEAG-RegE........ Regierungsentwurf eines Gesetzes zur Ausführung der Verordnung (EG) Nr. 2157/2001 des Rates vom 8. Oktober 2001 über das Statut der Europäischen Gesellschaft (SE)
SEEG-RegE........ Regierungsentwurf eines Gesetzes zur Einführung der Europäischen Gesellschaft
Sept. .... September
SE-RiL .... Richtlinie 2001/86/EG zur Ergänzung des Statuts der Europäischen Gesellschaft hinsichtlich der Beteiligung der Arbeitnehmer, ABl.EG L 294 v. 10.11.2001, S. 22 ff.
SE-VO................. Verordnung (EG) Nr. 2157/2001 über das Statut der Europäischen Gesellschaft, ABl.EG L 294 v. 10.11.2001, S. 1 ff.
SE-VOV .... Vorschlag einer Verordnung (EWG) des Rates über das Statut für Europäische Aktiengesellschaften
StuW................... Steuer und Wirtschaft (Zeitschrift)
SZW/RSDA......... Schweizerische Zeitschrift für Wirtschaftsrecht / Revue suisse de droit des affaires (Zeitschrift)

u.......................... und
u.a. .... und andere/unter anderem
UmwBerG .... Gesetz zur Bereinigung des Umwandlungsrechts vom 28.10.1994
UmwG .... Umwandlungsgesetz
unstr.................... unstreitig
Unterabs. .... Unterabsatz
usw. .... und so weiter

v. .... von/vom
vgl. .... vergleiche
VO .... Verordnung
VOV .... Verordnungsvorschlag

wbl .... Wirtschaftsrechtliche Blätter (Zeitschrift für Österreichisches und Europäisches Wirtschaftsrecht)
WPg.................... Die Wirtschaftsprüfung (Zeitschrift)

WpÜG .... Gesetz zur Regelung von öffentlichen Angeboten zum Erwerb von Wertpapieren und von Unternehmensübernahmen
WM .... Wertpapier-Mitteilungen, Zeitschrift für Wirtschafts- und Bankrecht
WSA .... Wirtschafts- und Sozialausschuss

z.B. .... zum Beispiel
ZEuP .... Zeitschrift für Europäisches Privatrecht
ZGR .... Zeitschrift für Unternehmens- und Gesellschaftsrecht
ZHR .... Zeitschrift für das gesamte Handelsrecht und Wirtschaftsrecht
ZIP .... Zeitschrift für Wirtschaftsrecht
zit. .... zitiert

Die Finanzverfassung der Europäischen Aktiengesellschaft (SE) mit Sitz in Deutschland

Einleitung

A. Historische Entwicklung

Am 08.10.2004 tritt die Verordnung über das Statut der Europäischen Aktiengesellschaft (SE-VO) in Kraft. Der lange Prozess der Entwicklung einer gemeinschaftsrechtlichen Rechtsform für Großunternehmen endet mit Erfolg, und das „Flaggschiff des Europäischen Gesellschaftsrechts"[1] kann endlich vom Stapel laufen.[2]

Die Entwicklung der SE begann bereits 1959 mit dem Vortrag des französischen Notars Thibièrge auf einem Kongress des französischen Notariats mit ersten Überlegungen zur Schaffung einer Aktiengesellschaft europäischen Typs und mit der kurz darauf folgenden Antrittsvorlesung von Pieter Sanders an der Universität Rotterdam, der die Vorteile dieser Rechtsform in Organisation und Finanzierung heraushob.[3] Die daraufhin von der Kommission einberufene Sachverständigengruppe unter dem Vorsitz von Sanders legte 1966 einen Vorentwurf eines Statuts für eine Europäische Aktiengesellschaft vor.[4] Auf der Grundlage dieses Vorentwurfs wurde von der Kommission 1970 ein ausführlicher Vorschlag vorgelegt, der im Jahre 1975 nochmals überarbeitet wurde.[5] Eine Verabschiedung des Entwurfs scheiterte jedoch an den Befürchtungen der Mitgliedsländer, der Entwurf könne eine Konkurrenz zu ihren nationalen Aktienrechten darstellen, sowie aufgrund der Unzufriedenheit mit dem Modell der Arbeitnehmermitbestimmung.[6]

Im Zusammenhang mit der Bestrebung zur Vollendung des Binnenmarktes zum Ende des Jahres 1992[7] legte die Kommission 1989 einen neuen

---

1 *Hopt*, ZIP 1989, 96, 98.

2 Ausführlich zur Entwicklung der Europäischen Aktiengesellschaft *Lutter*, BB 2002, 1 f.; *Schindler*, Die Europäische Aktiengesellschaft, S. 2 ff.; *Schwarz*, Europäisches Gesellschaftsrecht, Rn. 1087 ff.; *ders.*, ZIP 2001, 1847 f.; *Theisen/Wenz*, in: Theisen/Wenz, Die Europäische Aktiengesellschaft, S. 1, 27 ff.

3 *Thibièrge*, in : Congrès des notaires de France, Le statut de l'étranger et le marché commun, S. 270 ff., 352, 360 ff.; *Sanders*, AWD 1960, 1 ff.

4 Sanders-Vorentwurf.

5 SE-VOV 1970 und SE-VOV 1975; dazu *Walter*, GmbHR 1975, 247 ff.; *ders.*, AG 1972, 99 ff.; *Wolff*, AG 1970, 247 ff.

6 *Hirte*, NZG 2002, 1 f.; *Lutter*, BB 2002, 1 f.; *Schwarz*, ZIP 2001, 1847 f.

7 Vgl. *Kommission*, Vollendung des Binnenmarktes, Weißbuch der Kommission an den Europäischen Rat, Rn. 137.

Entwurf vor, der 1991 erneut geändert wurde.[8] Der Entwurf wurde in zwei Teile aufgespaltet. Er beinhaltete einen Verordnungsentwurf für den gesellschaftsrechtlichen Teil und einen Richtlinienentwurf für die Fragen der Mitbestimmung. Ferner wurden die Regelungen unter Hinweis auf das inzwischen vielfach harmonisierte nationale Recht stark reduziert. Statt einer ausführlichen Regelung des Status sollte in Bereichen, in denen es für das Funktionieren der SE keiner einheitlichen Gemeinschaftsregelung bedarf, auf das Aktienrecht des Sitzstaates verwiesen werden.[9] Allerdings scheiterte auch dieser Entwurf an der Problematik der Mitbestimmung.

Nachdem dem Europäischen Rat der Staats- und Regierungschefs der EU-Mitgliedstaaten 2000 in Nizza der entscheidende politische Durchbruch in der die Verabschiedung der Europäischen Aktiengesellschaft jahrzehntelang blockierenden Frage der Arbeitnehmermitbestimmung gelang, wurde die gesellschaftsrechtliche Verordnung und die mitbestimmungsrechtliche Richtlinie schließlich am 27. September 2001 im Binnenmarktrat und am 08.10.2001 im Sozialrat verabschiedet und am 10.11.2001 im Amtsblatt der EU veröffentlicht.

Die Bundesregierung hat inzwischen am 26. Mai 2004 den Entwurf eines Gesetzes zur Einführung der Europäischen Gesellschaft (SEEG) beschlossen. Das deutsche SEEG mit seinen Ausführungsbestimmungen zur SE-VO und der Umsetzung der SE-RiL soll ebenfalls am 8. Oktober 2004 in Kraft treten.

---

8 SE-VOV 1989 und SE-VOV 1991. Zum SE-VOV 1998: *Hauschka*, EuZW 1990, 181 ff.; *Hommelhoff*, AG 1990, 422 ff.; *Lutter*, AG 1990, 413 ff.; *Kolvenbach*, 1989, 1957 ff.; *ders.*, DB 1988, 1837 ff. Zum SE-VOV 1991: *Hauschka*, EuZW 1992, 147 ff.; *Merkt*, BB 1992, 652 ff.; *Trojan-Limmer*, RIW 1991, 1010 ff.

9 Erwägungsgrund 9 SE-VOV 1989 und 1991; vgl. *Lutter*, AG 1990, 413 ff.; *Trojan-Limmer*, RIW 1991, 1010, 1011.

B. Problemstellung

Die verabschiedete SE-VO ist weit davon entfernt ein vollständiges Gesellschaftsstatut zu sein. Die Verordnung beschränkt sich vielmehr auf die Vorgabe der Rahmenbedingungen für die gesellschaftsrechtlichen Wesensmerkmale der SE, im Übrigen nimmt sie in vielen Bereichen auf das nationale Sitzstaatrecht Bezug.[10]

Dies erfolgt, indem der nationale Gesetzgeber zum Erlass von speziell die SE betreffenden Vorschriften ermächtigt oder verpflichtet wird. Trotz unmittelbarer Geltung einer Verordnung (Art. 249 EG) bedarf die SE-VO daher eines nationalen Ausführungsgesetzes (vgl. SEAG-RegE).[11] Vor allem verweist die SE-VO in vielen Bereichen auf das Recht des Sitzstaates. So enthält die SE-VO für die hier zu untersuchende Finanzverfassung der SE mit Sitz in Deutschland, abgesehen von Art. 1 Abs. 2 und Art. 4, keine Vorschriften, sondern verweist über Art. 5 für das Kapital der SE, dessen Erhaltung und dessen Änderungen, sowie die Aktien, die Schuldverschreibungen und sonstige vergleichbare Wertpapiere der SE auf die Vorschriften, die für eine Aktiengesellschaft mit Sitz in dem Mitgliedstaat gelten würden, in dem die SE eingetragen ist.[12] Die nationalen Aktienrechte sind zwar in weiten Teilen harmonisiert, jedoch verbleiben aufgrund der Natur der Angleichung durch Richtlinien selbst in diesen Bereichen große Unterschiede. Darüber hinaus gibt es noch zahlreiche Bereiche des Gesellschaftsrechts, die noch nicht Gegenstand der Harmonisierung waren. Vielfach ist die Verweisungstechnik auch nur ein politischer Kompromiss, der vor allem dort zum Erfolg verhelfen sollte, wo aufgrund der Unterschiede in den nationalen Aktienrechten keine einheitliche Regelung möglich war.[13] Im Ergebnis wird es daher nicht eine einheitliche SE, sondern so viele SE wie EU-Mitgliedstaaten geben. Aus diesem Grund wird in der Literatur zum Teil bezweifelt, dass die mit der Einführung bezweckten Ziele überhaupt noch erreicht werden können.[14] Die SE-VO ist jedoch in dieser Form verabschiedet, und Wissenschaft und Praxis müssen mit dem Statut zurechtkommen.

---

10 *Lutter*, BB 2002, 1, 3; *Pluskat*, EuZW 2001, 524, 526.

11 Zum Ausführungsgesetz *Waclawik*, DB 2004, 1191 ff.; *Teichmann/Neye*, AG 2003, 169 ff.; *Ihrig/Wagner*, BB 2003, 969 ff.; *Neye*, ZGR 2002, 377, 381 f.; *Brandt*, NZG 2002, 991 ff.; *Teichmann*, ZIP 2002, 1109 ff.

12 Artikel ohne Bezeichnung sind solche der SE-VO.

13 *Bungert/Beier*, EWS 2002, 1, 2; *Wagner*, NZG 2002, 985, 990 f.; zum SE-VOV 1991 *Jaeger*, ZEUP 1994, 206 ff.; *Hauschka*, BB 1992, 652, 654; *Trojan-Limmer*, RIW 1991, 1010, 1012.

14 Vgl. *Hirte*, NZG 2002, 1, 2; *Hommelhoff*, AG 2001, 279, 285; *Jaeger*, ZEuP 1994, 206, 217.

Allerdings ist die Folge der Verweisung auf das Recht der Mitgliedstaaten nicht nur der Verlust der Einheitlichkeit der SE-VO, sondern auch die Entstehung von Zweifelsfragen über das anwendbare Recht, die bei dem Rechtsanwender zu erheblicher Rechtsunsicherheit führen können.[15] So ist nicht stets ersichtlich, ob nationales Recht über die Verweisungsvorschriften zur Anwendung berufen ist, und, wenn das der Fall ist, welche Vorschriften im Einzelnen angewendet werden müssen, oder ob die SE-VO einen Sachverhalt abschließend regelt. Vielfach muss das anwendbare Recht somit erst durch Auslegung der SE-VO bestimmt werden. Der Erfolg der SE in der Praxis wird daher im Wesentlichen davon abhängen, inwieweit es gelingt, die Unsicherheiten über das konkret anwendbare Recht zu beseitigen.[16] Aus diesem Grund wurde im jüngeren Schrifttum der Erlass von deklaratorischen Bestimmungen im Ausführungsgesetz gefordert,[17] was jedoch aufgrund fehlender Gesetzgebungskompetenz der Mitgliedstaaten unterblieben ist.[18] Das Ziel dieser Arbeit ist es daher, das für die Finanzverfassung der SE mit Sitz in Deutschland anwendbare Recht zu bestimmen, um so dem Rechtsanwender Klarheit über die anwendbaren Vorschriften zu verschaffen.

C. Gang der Untersuchung

Die Untersuchung des für die Finanzverfassung der SE mit Sitz in Deutschland geltenden Rechts gliedert sich in acht Teile. Grundlage für die Bestimmung des anwendbaren Rechts ist die besondere Regelungstechnik der SE-VO. Daher wird diese zunächst im ersten Teil dargestellt. Im Anschluss folgt die Untersuchung der Anwendbarkeit des nationalen Rechts in den verschiedenen Bereichen der Finanzverfassung der SE. Der zweite Teil befasst sich mit dem Erfordernis eines festen Grundkapitals. Im dritten Teil wird das für die Aufbringung des Grundkapitals anwendbare Recht untersucht. Das für Aktien und eigene Aktien geltende Recht ist Gegenstand der Untersuchung im vierten Teil. Der Fünfte Teil der Arbeit befasst sich mit dem für die Erhöhung des Gesellschaftskapitals geltenden Recht, der sechste mit dem für die Ausgabe von Schuld-

---

15 Vgl. *Bungert/Beier*, EWS 2002, 1, 2; *Heckschen*, DNotZ 2003, 251, 252; *Hommelhoff/Teichmann*, SZW/RSDA 2002, 1, 4; bereits zum SE-VOV 1991 *Trojan-Limmer*, RIW 1991, 1010, 1012.

16 *Wagner*, NZG 2002, 985, 990 f.

17 *Lutter*, BB 2002, 1, 6; *Brandt*, NZG 2002, 991, 995; *Wagner*, NZG 2002, 985, 991.

18 Vgl. SEAG-RegE, Begründung, S. 77; *Teichmann*, ZIP 2002, 1109, 1110; *Neye/Teichmann*, AG 2003, 169, 170. Ausführlich dazu siehe unten Teil 1 H I, S. 21 ff.

verschreibungen und vergleichbaren Wertpapieren und der siebte Teil mit dem für die Herabsetzung des Gesellschaftskapitals geltenden Recht. In Teil 8 wird das für den Jahresabschluss der SE anwendbare Recht dargestellt. Schließlich werden in einem neunten Teil die Ergebnisse der Arbeit in Form von Thesen sowie in einer Tabelle zusammengefasst.

Im Rahmen der Untersuchung wird versucht, auf eine ausführliche Darstellung der anwendbaren Vorschriften des Sitzstaatrechts zu verzichten, soweit ihre Anwendbarkeit auf die SE unproblematisch ist und sich aus der Anwendung auf die SE keine Besonderheiten ergeben. Aus Gründen der Vollständigkeit ist jedoch zum Teil auch die Darstellung dieser Vorschriften erforderlich.

Teil 1: Regelungstechnik der SE-VO

A. Anwendbares Recht

Der Gemeinschaftsgesetzgeber rückte im Laufe der Zeit von einer umfassenden Regelung der gesellschaftsrechtlichen Fragen ab und entwickelte ein Verweisungskonzept, das sich durch eine ergänzende Anwendung des nationalen Sitzstaatrechts auszeichnet. Der Verzicht auf eine einheitliche Regelung des Statuts durch Sachregelungen ist in erster Linie auf einen politischen Kompromiss zurückzuführen. Eine weitere Vereinheitlichung war aufgrund der Verschiedenheit der mitgliedstaatlichen Rechte nicht möglich.[19] Als weiterer Grund für die Aufgabe einer einheitlichen Regelung wird das Fortschreiten der Angleichung des nationalen Gesellschaftsrechts angeführt. In Bereichen, in denen es für das Funktionieren der SE keiner einheitlichen Gemeinschaftsregelung bedarf, könne nun auf das Aktienrecht des Sitzstaates verwiesen werden.[20]

Im Gegensatz zu ihren Vorentwürfen enthält die SE-VO daher nur noch in begrenztem Umfang Sachregelungen. Viele Bereiche, ohne deren Regelung eine Aktiengesellschaft gar nicht existieren kann, sind in der Verordnung nicht geregelt. Soweit keine gemeinschaftsrechtlichen Regelungen existieren, muss auf nationales Recht als Ergänzung der Verordnung zurückgegriffen werden.[21]

I. Hierarchie der Rechtsquellen

Die für die Rechtsanwendung zentrale Norm in der SE-VO ist Art. 9. Danach ergeben sich die maßgeblichen Regelungen für die SE primär aus der Verordnung als Gemeinschaftsrecht (Art. 9 Abs. 1 Buchst. a). Soweit die Verordnung das zulässt, greift die Regelung der Satzung ein (Art. 9 Abs. 1 Buchst. b). In Bezug auf die durch die Verordnung nicht geregelten Bereiche oder sofern ein Bereich nur teilweise geregelt ist, in Bezug auf die von der Verordnung nicht erfassten Aspekte, sollen die Regeln Anwendung finden, die die Mitgliedstaaten in Anwendung der speziell die SE betreffenden Gemeinschaftsmaßnahmen erlassen haben (Art. 9 Abs. 1 Buchst. c Ziffer i), dann die Rechtsvorschriften der Mitgliedstaaten, die auf eine nach dem Recht des Sitzstaates gegründete Aktiengesellschaft Anwendung finden (Art. 9 Abs. 1 Buchst. c Ziffer ii) und

---

[19] *Bungert/Beier*, EWS 2002, 1, 2; *Schwarz*, Europäisches Gesellschaftsrecht, Rn. 953 ff. u. 1089; *Trojan-Limmer*, RIW 1991, 1010, 1101.

[20] Erwägungsgrund 9.

[21] Zum Regelungskonzept bei gemeinschaftsrechtlichen Gesellschaftsformen *Schwarz*, Europäisches Gesellschaftsrecht, Rn. 954 ff.; *Wagner*, EUV, S. 48 ff.

schließlich die Bestimmungen ihrer Satzung, wenn sie auch bei einer nach dem Recht des Sitzstaates der SE gegründeten Aktiengesellschaft Anwendung finden würden (Art. 9 Abs. 1 Buchst. c Ziffer iii).[22]

Aus Art. 9 Abs. 1 ergibt sich für die SE folgende Hierarchie der Rechtsquellen:[23]

Gemeinschaftsrechtliche Ebene:

- Zwingenden Verordnungsbestimmungen
- Satzungsregelungen aufgrund gemeinschaftsrechtlicher Satzungsautonomie
- Dispositive Regelungen der SE-VO

Mitgliedstaatliche Ebene:

- Zwingendes mitgliedstaatliches Recht
- Satzungsregelung aufgrund einer durch das Sitzstaatrecht gewährten Satzungsautonomie
- Dispositives mitgliedstaatliches Recht

II. Hierarchie der Verweisungsvorschriften

Ist eine Rechtsfrage weder durch eine Bestimmung der Verordnung noch durch gemeinschaftsrechtlich legitimierte Satzungsautonomie geregelt, so verweist Art. 9 Abs. 1 Buchst. c auf das Recht des Sitzstaates. Art. 9 Abs. 1 Buchst. c stellt eine Generalverweisung dar. Neben der Generalverweisung sind weitere Verweisungsvorschriften enthalten, die auf das nationale Recht verweisen. Dabei ist zwischen den Spezialverweisungen,[24] die nur innerhalb eines bestimmten Anwendungsbereichs auf Normen außerhalb der Verordnung verweisen, und den partiellen Generalverweisungen zu unterscheiden,[25] die für einen ganzen Regelungsbereich mitgliedstaatliches Recht zur Ergänzung heranziehen. Die einfachen Verweisungsvorschriften und die partiellen Generalverweisungen sind jedoch wie auch die Sachregeln zwingende Verordnungsbestimmungen i.S. des Art. 9 Abs. 1 Buchst. a. Daher ergibt sich aus Art. 9 Abs. 1 Buchst. a sowie aus dem gemeinschaftsrechtlichen Spezialitäts-

---

22 Vgl. *Hommelhoff*, AG 2001, 279, 285, der von einer kunstvoll aufgeschichteten Rechtsquellenpyramide aus Gemeinschaftsrecht, mitgliedstaatlichem Nationalrecht und gesellschaftsindividuellem Satzungsrecht spricht.

23 Vgl. *Wagner*, NZG 2002, 985, 986; zum SE-VOV 1991 *Schwarz*, Europäisches Gesellschaftsrecht, Rn. 1094 ff.

24 Z.B. Art. 4 III, 51, 54 II.

25 Z.B. Art. 5, 15, 18, 53, 63.

prinzip, dass die Spezialverweisungen und die partiellen Generalverweisungen der Generalverweisung (Art. 9 Abs. 1 Buchst. c) vorgehen.[26]

B. Anwendungsbereich des Art. 9 Abs. 1 Buchst. c

Unklar ist, ob bei allen nicht gemeinschaftsrechtlich geregelten Rechtsfragen über die Generalverweisungsvorschrift auf das Recht der Mitgliedstaaten verwiesen wird. Nach Art. 9 Abs. 1 Buchst. c soll „in Bezug auf die nicht durch diese Verordnung geregelten Bereiche oder, sofern ein Bereich nur teilweise geregelt ist, in Bezug auf die nicht von dieser Verordnung erfassten Aspekte" das mitgliedstaatliche Recht Anwendung finden. Vereinzelt wird aufgrund des Wortlauts des Art. 9 Abs. 1 Buchst. c („in Bezug auf die nicht durch diese Verordnung geregelten Bereiche"), angenommen, dass für alle in der SE-VO nicht geregelten Fragen über Art. 9 Abs. 1 Buchst. c das nationale Recht Anwendung finden soll.[27]

Die historische Entwicklung der Generalverweisung spricht jedoch gegen diese Auffassung. So entzog der Art. 7 Abs. 1 SE-VOV 1970 und 1975 den vom Statut behandelten Gegenständen hinsichtlich der Rechtsfragen, die nicht ausdrücklich geregelt waren, der Anwendung des mitgliedstaatlichen Rechts. Die in dem Statut nicht behandelten Gegenstände sollten nach dem im Einzelfall anwendbaren Recht der Mitgliedstaaten beurteilt werden (Art. 7 Abs. 2 SE-VOV 1970 und 1975). Hier erfolgte eine deutliche Abgrenzung zwischen den Fragen, die in den Regelungsbereich fallen und solchen, bei denen dies nicht der Fall ist. Dabei sollten ausdrücklich auch die Gegenstände vom Regelungsbereich des Statuts erfasst werden, die in der Verordnung nicht ausdrücklich geregelt waren.[28] Diese Unterscheidung wird auch in Art. 7 Abs. 1 und 3 SE-VOV 1989 getroffen. In Art. 7 SE-VOV 1991 ist diese Gegenüberstellung von „den der Verordnung unterliegenden Bereichen" und den „von dieser Verordnung nicht geregelten Bereichen" nicht mehr enthalten. Vielmehr soll die SE primär den Bestimmungen der Verordnung unterliegen, „andernfalls" dem im Sitzstaat der SE für Aktiengesellschaften geltendem Recht oder den Bestimmungen der Satzung (Art. 7 Abs. 1 Buchst. b SE-

---

[26] *Brandt/Scheifele*, DStR 2002, 547, 553; *Wagner*, NZG 2002, 985, 987, *ders.*, EUV, S. 49 Fn. 20. Zum Grundsatz der Spezialität im Recht der Europäischen Gemeinschaft *Beutler/Bieber/Pipkorn/Streil*, Die Europäische Union, Rn. 411.

[27] *vom Brocke*, EuGen, S. 14; *Wagner*, EUV, S. 52, *ders.*, NZG 2002, 985, 988, der jedoch durch die Einschränkung, dass die Grenze des Anwendungsbereichs jedenfalls dort liegt, wo der unmittelbare Bezug zur Rechtsform der SE fehlt, zu ähnlichen Ergebnissen wie dem hier vertretenen kommt.

[28] *Lindacher*, in: Lutter, Die Europäische Aktiengesellschaft, S. 1, 4.

VOV 1991). Es ist nicht anzunehmen, dass hier eine Gegenüberstellung der Regelungsbereiche gewollt war.[29] Vielmehr wurde auf die Regelung der Rechtsanwendung außerhalb des Regelungsbereichs verzichtet, da sich dies bereits aus dem Umkehrschluss und der Notwendigkeit der Einbindung der SE in die nationalen Rechte ergibt.[30]

Die Regelung des Art. 9 Abs. 1 Buchst. c „nicht durch diese Verordnung geregelten Bereiche" entspricht der Regelung des Art. 7 Abs. 1 SE-VOV 1970, 1975 und 1989, wo ausdrücklich klargestellt wurde, dass auch nicht in der Verordnung explizit geregelte Fragen dem Regelungsbereich unterliegen können.[31] Für diese Auslegung spricht auch die zweite Voraussetzung des Art. 9 Abs. 1 Buchst. c, wonach das Sitzstaatrecht auch bei „in der Verordnung teilweise geregelten Fragen, in Bezug auf die nicht erfassten Aspekte" Anwendung finden soll. Denn es ist nicht davon auszugehen, dass die SE-VO Bereiche regelt, die nicht vom Regelungsbereich erfasst sind.

Ferner ist es auch kompetenzrechtlich ausgeschlossen, sämtliche Rechtsfragen, die eine gemeinschaftsrechtliche Gesellschaftsform betreffen, auch gemeinschaftsrechtlich zu regeln. Der Rat der Europäischen Union beruft sich bei Erlass der SE-VO auf seine ergänzende Rechtssetzungsbefugnis nach Art. 308 EG.[32] Da das Ziel der beabsichtigten Maßnahme, die Ermöglichung der gemeinschaftsweiten Reorganisation der Produktionsfaktoren zur Verwirklichung des Binnenmarktes durch Einführung einer Gesellschaft auf Gemeinschaftsebene, nicht hinreichend von den Mitgliedstaaten erreicht werden kann, soll die Gemeinschaft in Einklang mit dem Subsidiaritätsprinzip nach Art. 5 EG Regelungen treffen können.[33] Diese Regelung muss daher zur Verwirklichung des Ziels der „Ermöglichung einer gemeinschaftsweiten Reorganisation der Produktionsfaktoren" dienen, nach Art. 5 Abs. 3 EG zur Erreichung dieses Ziels geeignet sein und das Maß des hierzu Erforderlichen nicht

---

29 Vgl. *Brandt/Scheifele*, DStR 2002, 547, 548.

30 Näher zum Anwendungsbereich des nationalen Rechts außerhalb des Regelungsbereichs siehe unten Teil 1 D II, S. 15.

31 So auch *Brandt/Scheifele*, DStR 2002, 547, 549.

32 Erwägungsgrund 28. Zur Klagedrohung des Europäischen Parlaments wegen der gewählten Rechtsgrundlage *Neye*, ZGR 2002, 377 ff.

33 Erwägungsgrund 29.

übersteigen.[34] Die SE-VO wird sich daher überwiegend auf gesellschaftsrechtliche Sachverhalte als den notwendigen Kernbereich beschränken.

Die Verweisung des Art. 9 Abs. 1 Buchst. c auf das mitgliedstaatliche Recht erfolgt somit nur im Regelungsbereich der SE-VO.[35] Dasselbe gilt grundsätzlich auch für die Spezialverweisungen und partiellen Generalverweisungen. Der Anwendungsbereich der Verweisungsvorschriften ist nur dann eröffnet, wenn der zu regelnde Sachverhalt im Regelungsbereich der SE-VO liegt. Nur dann ist die ergänzende Anwendung des nationalen Rechts über die Verweisungsvorschriften der SE-VO zur Regelung einer in der SE-VO nicht geregelten Frage möglich.

C. Bestimmung des Regelungsbereichs der SE-VO

Wie bereits festgestellt wurde, ist der Anwendungsbereich der Verweisungsvorschriften nur dann eröffnet, wenn die zu regelnde Frage im Regelungsbereich der SE-VO liegt. Die Bestimmung des Regelungsbereichs der SE-VO ist in der Literatur umstritten. Aus der bewussten Unvollständigkeit der SE-VO ergibt sich jedenfalls, dass der Regelungsbereich der Verordnung weiter reicht als die Regelung selbst.[36] Teilweise wird der Regelungsbereich der SE-VO nach kollisionsrechtlichen Grundsätzen bestimmt.[37] Danach sollen alle Rechtsfragen in den Regelungsbereich der SE-VO fallen, die kollisionsrechtlich nach dem Gesellschaftsstatut beurteilt werden. Gegen diese Methode wird richtigerweise angeführt, dass die Bestimmung des Regelungsbereichs eine Frage der Auslegung der SE-VO darstellt.[38] Dabei handelt es sich um die Auslegung von sekundärem Gemeinschaftsrecht, das als Teil der eigenständi-

---

34 Art. 308 EG ist keine Generalermächtigung. Durch seine Beschränkungen, dass die Maßnahme einem vom Vertrag vorausgesetzten Ziel dienen und auf das zur Erreichung des Zieles Erforderliche beschränkt sein muss, bestätigt es das Prinzip der begrenzten Einzelermächtigung; vgl. *Schwartz*, in: FS für Mestmäcker, S. 467, 469. Zum Subsidiaritätsprinzip und Verhältnismäßigkeitsprinzip iRd. Art. 308 EG siehe *Oppermann*, Europarecht, Rn. 525; *Rossi*, in: Callies/Ruffert, EGV, Art. 308 Rn. 65 f.

35 So auch *Brandt/Scheifele*, DStR 2002, 547, 549; a.A. *Wagner*, NZG 2002, 985, 988; für EUV *ders.*, EUV, S. 52.

36 *Brandt/Scheifele*, DStR 2002, 547, 549.

37 *v. Caemmerer*, in: FS für Kronstein, S. 171, 195; *Lindacher*, in: Lutter, Die Europäische Aktiengesellschaft, S. 1, 5 ff.; zustimmend *Grote*, Das neue Statut der SE, S. 104 ff.; *Völter*, Europäische Privatgesellschaft, S. 46.

38 *vom Brocke*, EuGen, S. 15; *Wagner*, EUV, S. 54; zustimmend *Brandt/Scheifele*, DStR 2002, 547, 550.

gen Gemeinschaftsrechtsordnung nach gemeinschaftsrechtlichen Grundsätzen auszulegen ist.[39]

Der Regelungsbereich der SE-VO und damit auch der Anwendungsbereich der Verweisungsvorschriften sind somit durch Auslegung der Verordnung nach gemeinschaftsrechtlichen Grundsätzen zu bestimmen. Hierzu werden in der Literatur verschiedene Anhaltspunkte genannt.[40] Zum Regelungsbereich der SE-VO sollen jedenfalls die Kernbereiche des Kapitalgesellschaftsrechts gehören.[41] Ferner kann davon ausgegangen werden, dass Rechtsfragen, die Gegenstand der gesellschaftsrechtlichen Richtlinien sind, auch vom Regelungsbereich der SE-VO erfasst sein sollen. Aber auch der Vergleich mit den Vorentwürfen kann Anhaltspunkte über die Zughörigkeit einer Materie zum Regelungsbereich der SE-VO bieten. War eine Rechtsfrage schon in den ausführlich geregelten Vorentwürfen nicht enthalten, so wird sie auch nicht zum Regelungsbereich der SE-VO gehören. War allerdings eine Rechtsfrage in den Vorentwürfen geregelt, so spricht das trotz Streichung dafür, dass diese auch im Regelungsbereich der SE-VO liegt, da die Streichung in der Regel nur zugunsten einer Verweisung auf das Recht der Mitgliedstaaten erfolgte.[42] Letztlich begrenzt auch die Ermächtigungsnorm Art. 308 EG den Regelungsbereich.[43]

---

39 Zur Auslegung des sekundären Gemeinschaftsrechts *Bleckmann*, NJW 1982, 1177 ff., *ders.*, Europarecht, Rn. 537 ff.; *Oppermann*, Europarecht, Rn. 680 ff.; *Schwarz*, Europäisches Gesellschaftsrecht, Rn. 77 ff.; speziell zur Auslegung der SE-VO *Maul*, Die faktisch abhängige SE, S. 15 ff.; *Teichmann*, ZGR 2002, 383, 402 ff.; *Casper*, in: FS für Ulmer, S. 51, 54 ff.

40 Ausführlich dazu *Brandt/Scheifele*, DStR 2002, 547, 549 ff. m.w.N.

41 Vgl. Erwägungsgrund 10, 13 und 14.

42 Vgl. Erwägungsgrund 9.

43 Siehe oben, Teil 1 B, S. 10.

D. Verhältnis der SE-VO zu nationalem Recht

I. Innerhalb des Regelungsbereichs der SE-VO

1. Gemeinschaftsrechtsergänzende Funktion

Als Folge der unmittelbaren Anwendung von Gemeinschaftsrecht (Art. 249 Unterabs. 1 EG) kann bei mitgliedstaatlichen Regelungen des gleichen Sachverhalts ein Konflikt mit Gemeinschaftsrecht entstehen. In diesem Fall gilt der Anwendungsvorrang des Gemeinschaftsrechts.[44] Voraussetzung ist aber die Regelung des gleichen Sachverhalts durch das mitgliedstaatliche Recht und durch das Gemeinschaftsrecht. Da die SE als supranationale Gesellschaft im nationalen Recht nicht geregelt ist, ist diese Kollision beider Rechte hier nicht gegeben.[45] Der Grundsatz des Vorranges des Gemeinschaftsrechts findet innerhalb des Regelungsbereichs der SE-VO daher keine Anwendung.[46] Der Verweis der SE-VO auf nationales Recht ist somit nicht der Verzicht auf den Vorrang des europäischen Rechts gegenüber dem nationalen Recht, sondern dient der Ergänzung des europäischen Rechts, wo auf gemeinschaftsrechtliche Regelungen zugunsten der Verweisung auf nationales Recht verzichtet wurde.[47]

Das Sachrecht der SE-VO beschränkt sich hauptsächlich auf Fragen, für die der Gesetzgeber eine einheitliche Regelung für erforderlich hielt.[48] Die offen gelassenen Punkte werden dagegen der Regelung durch nationales Recht übertragen. Das nationale Recht greift hier nicht aus eigener Kompetenz ein, sondern dient nur der Vervollständigung des EG-Rechts. Zu seiner Geltung bedarf das nationale Recht daher einer EG-

---

44 Näher dazu *Oppermann*, Europarecht, Rn. 616 ff. m.w.N.; *Beutler/Bieber/Pipkorn/Streil*, Die Europäische Union, Rn. 159 ff.

45 *Teichmann*, ZGR 2002, 383, 395; a.A. *Maul*, Die faktisch abhängige SE, S. 14; *Meyer-Landrut*, Die EWIV, S. 22; *Wagner*, NZG 2002, 985, 987; *ders.*, EUV, S. 52. Nach deren Ansicht soll das nationale Recht innerhalb des Regelungsbereichs grundsätzlich durch den Vorrang des Gemeinschaftsrechts ausgeschlossen sein. Den Verweisungsnormen kommt danach die Funktion von Rangkollisionsrecht zu, das den Vorrang des Gemeinschaftsrechts zugunsten der Anwendung des nationalen Rechts aufhebt.

46 Anders ist dies bei den Verweisungen auf das Recht der Gründungsgesellschaften (z.B. Art. 18, 24 Abs. 1, 31 Abs. 1 S. 2, 36). Hier wird die Anwendung nationalen Rechts auf einen seiner Geltung unterliegenden Sachverhalt angeordnet. Diese Vorschriften sind daher Rangkollisionsnormen. Näher dazu *Scheifele*, Die Gründung der SE, S. 27 ff.

47 *Teichmann*, ZGR 2002, 383, 395.

48 Vgl. Erwägungsgrund 9; *Schwarz*, Europäisches Gesellschaftsrecht, Rn. 954.

rechtlichen Rechtsanwendungsnorm (einseitige Rechtsanwendungsnorm).[49] Es ist insoweit missverständlich, wenn von der subsidiären Geltung des mitgliedstaatlichen Rechts gesprochen wird.[50] Dies weckt die Vorstellung, dass dieses auf die SE generell Anwendung findet und nur dann ausgeschlossen ist, wenn die SE-VO Regelungen beinhaltet. Vielmehr bedarf die Anwendung des nationalen Rechts eines ausdrücklichen gemeinschaftsrechtlichen Rechtsanwendungsbefehls in Form einer Verweisungsvorschrift. Das nationale Recht kann somit im Regelungsbereich der SE-VO nur dann ergänzend herangezogen werden, wenn ein ausdrücklicher Rechtsanwendungsbefehl in Form einer Verweisungsvorschrift die ergänzende Anwendung anordnet.

2. Internationalprivatrechtliche Funktion

Die Verweisungsvorschriften der SE-VO ordnen damit zum einen die Anwendung des nationalen Rechts auf einen europäischer Regelungskompetenz unterliegenden Sachverhalt an,[51] daneben bestimmen sie aber auch welche mitgliedstaatliche Rechtsordnung zur Ergänzung der Verordnung herangezogen werden soll.[52] Somit haben die Verweisungsvorschriften auch eine internationalprivatrechtliche Funktion.[53] Man kann daher von gemeinschaftsrechtlichem Kollisionsrecht sprechen.[54]

Entsprechend ihrer internationalprivatrechtlichen Funktion können diese einseitigen Rechtsanwendungsnormen entweder unmittelbar das anzuwendende Sachrecht bestimmen (Sachnormverweisung) oder auch auf die Anwendung des Kollisionsrechts des Mitgliedstaates gerichtet sein

---

49 MünchKommIPR/*Sonnenberger* Einl. IPR Rn. 129 ff.

50 So z.B. Thoma/Leuering, NJW 2002, 1449, 1459, die von dem allgemeinen Grundsatz der subsidiären Geltung des nationalen Aktienrechts sprechen.

51 Siehe oben, Teil 1 D I 1, S. 13 f.

52 Z.B. berufen Art. 5, 9 Abs. 1 Buchst. c das Recht des Sitzstaates zur Anwendung. Anders ist das jedoch im Rahmen der Gründung, soweit Vorschriften auf das Recht der Gründungsgesellschaften verweisen. Vgl. Art. 18, der für das Verfahren in den Gründungsgesellschaften auf das Recht des Mitgliedstaates verweist, dem die Gründungsgesellschaft unterliegt; näher dazu *Wagner*, NZG 2002, 985, 990, *Teichmann*, ZGR 2003, 367, 371; *Scheifele*, Die Gründung der SE, S 40 ff.

53 *Seif*, Jahrbuch junger Zivilrechtswissenschaftler 1997, S. 225, 232 ff.; *Wagner*, EUV, S. 58; *ders.*, NZG 2002, 985, 987; *Schwarz*, Europäisches Gesellschaftsrecht, Rn. 960; a.A. *Teichmann*, ZGR 2002, 383, 396; in sich widersprüchlich *Casper*, in: FS für Ulmer, S. 51, 54, der den internationalprivatrechtlichen Charakter der Verweisungsvorschriften ablehnt, dann aber annimmt, es handele sich um reine Sachnormverweisungen.

54 *Kreuzer*, in: Müller-Graff, Gemeinsames Privatrecht in EG, S. 457, 473.

(Gesamtnormverweisung).[55] Die Verweisungsnormen der SE verweisen grundsätzlich direkt auf das für nationale Aktiengesellschaften anwendbare Sitzstaatrecht, ohne dass das anwendbare Recht über die Grundsätze des internationalen Privatrechts zu bestimmen ist, und sind daher Sachnormverweisungen. Das nationale Kollisionsrecht wird nicht von der Verweisung umfasst.[56]

II. Außerhalb des Regelungsbereichs der SE-VO

Außerhalb des Regelungsbereichs der SE-VO gelten die Verweisungsvorschriften der SE-VO nicht.[57] Dennoch ist auch hier nationales Recht anzuwenden. Die Anwendung des nationalen Rechts für die außerhalb des Regelungsbereichs der SE-VO liegenden Fragen ergibt sich aus Erwägungsgrund 20 und bildet die Kehrseite des in Art. 9 Abs. 1 festgelegten Prinzips, dass innerhalb des Regelungsbereichs der SE-VO das mitgliedstaatliche Recht nur als ergänzendes Recht aufgrund ausdrücklicher Anordnung durch das Gemeinschaftsrecht anwendbar ist.[58] Dies ist erforderlich, um die SE als europäische Gesellschaftsform in die nationalen Rechtsordnungen zu integrieren. Die Anwendungsbereiche der nationalen Gesetze werden auf die europäische Rechtsform SE erweitert.[59]

Die Frage, welches nationale Recht Anwendung findet, ist der SE-VO jedoch nicht zu entnehmen. Richtigerweise ist grundsätzlich das Recht des Sitzstaates sowie in Fällen mit Auslandsbezug das nach dem internationalen Privatrecht zu bestimmende Recht anzuwenden.[60]

---

55 *Kreuzer*, in: Müller-Graff, Gemeinsames Privatrecht in EG, S. 457, 473; *Schwarz*, Europäisches Gesellschaftsrecht, Rn. 1100; *Seif*, Jahrbuch junger Zivilrechtswissenschaftler 1997, S. 225, 232 ff.; MünchKommIPR/*Sonnenberger* Einl. IPR Rn. 129 ff.

56 *Meyer-Landrut*, Die EWIV, S. 14; *Grote*, Das neue Statut der SE, S. 50; *Schwarz*, Europäisches Gesellschaftsrecht, Rn. 1100; *Brandt/Scheifele*, DStR 2002, 547, 549, 553. Anders ist das bei den Vorschriften, die auf das Recht der Gründungsgesellschaften verweisen; dazu bereits oben, Fn. 52.

57 Siehe oben, Teil 1 B, S. 9 ff.

58 Vgl. *Meyer-Landrut*, Die EWIV, S. 15; *Grote*, Das neue Statut der SE, S. 82; *Wagner*, EUV, S. 66; in den SE-VOV 1970, 1975 und 1989 wurde die Geltung des nationalen Rechts außerhalb des Regelungsbereichs ausdrücklich angeordnet; vgl. Art. I-7 Sanders-Vorentwurf; Art. 7 Abs. 2 SE-VO 1970 und 1975; Art. 7 Abs. 3 SE-VOV 1989. Zum SE-VOV 1975 *Lindacher*, in: Lutter, Die Europäische Aktiengesellschaft, S. 1, 4.

59 *Grote*, Das neue Statut der SE, S. 83; *Hauschka*, AG 1990, 85, 91.

60 *Grote*, Das neue Statut der SE, S. 83 f.; *Wagner*, NZG 2002, 985, 990.

E. Ergänzung des Statuts

Die SE-VO beinhaltet bewusst keine vollständige Regelung eines Gesellschaftsstatuts. Im Regelungsbereich der SE-VO wird daher das nationale Recht der Mitgliedstaaten zur Ergänzung des Statuts zur Anwendung berufen.[61] Dies ist jedoch nur dort der Fall, wo die SE-VO auch der Ergänzung bedarf (vgl. Art. 9 Abs. 1 Buchst. c). Voraussetzung für die Anwendung des nationalen Rechts im Regelungsbereich der SE-VO ist demnach das Bestehen einer unvollständigen Regelung.

In der Literatur zur SE wird diese Unvollständigkeit der SE-VO zumeist als „Regelungslücke" bezeichnet.[62] Nach der Terminologie der deutschen Methodenlehre versteht man unter Lücke die „planwidrige Unvollständigkeit des Gesetzes".[63] Der Gemeinschaftsrechtsgesetzgeber ging jedoch selbst von einer Lückenhaftigkeit der Regelung aus. Die bewusste Nichtregelung sollte gerade ein Mittel der Gesetzgebungstechnik sein, um mitgliedstaatliches Recht zur Anwendung zu berufen.[64] Angesichts dieser bewussten Entscheidung zur Unvollständigkeit kann daher nicht von einer „Regelungslücke" in diesem Sinne gesprochen werden.[65] Um Missverständnisse zu vermeiden, sollte hier besser von einer ergänzungsbedürftigen Unvollständigkeit bzw. Ergänzungsbedürftigkeit der SE-VO gesprochen werden.

Unklar ist dennoch, wann eine ergänzungsbedürftige Unvollständigkeit im Einzelfall vorliegt. Das oben Gesagte lässt zunächst den Schluss zu, dass eine Ergänzungsbedürftigkeit stets bei einer planmäßigen Nichtregelung vorliegt. Allerdings kann eine bewusste Nichtregelung auch eine abschließende Regelung der SE-VO darstellen, die eine ergänzende Anwendung des Sitzstaatrechts verbietet.[66] Daher ist eine weitere Differenzierung erforderlich. Eine ergänzungsbedürftige Unvollständigkeit liegt demnach jedenfalls dann vor, wenn eine unmittelbare gemeinschaftsrechtliche Regelung einer Frage bewusst nicht erfolgt ist, obwohl

---

61 Siehe oben, Teil 1 A, S. 7 ff.

62 So *Brandt/Scheifele*, DStR 2001, 547, 551; *Wagner*, NZG 2002, 985, 988; *Casper*, in: FS für Ulmer, S. 51, 53.

63 *Larenz*, Methodenlehre, S. 373.

64 Erwägungsgrund 9; *Brandt/Scheifele*, DStR 2002, 547, 551; *Schwarz*, Europäisches Gesellschaftsrecht, Rn. 959; a.A. *Thamm*, Die Europäische Aktiengesellschaft und das Problem der Lückenfüllung, S. 20 f., der den in der deutschen Methodenlehre üblichen Lückenbegriff voraussetzt. Allerdings gründet diese Ansicht auf der Konzeption des SE-VOV 1970, der ein umfassendes und abschließendes Gesellschaftsstatut schaffen sollte.

65 *Leupold*, Die Europäische Aktiengesellschaft, S. 24.

66 *Maul*, Die faktisch abhängige SE, S. 13.

sie nach dem gesetzgeberischen Plan erforderlich wäre.[67] Aber auch diese Definition erfasst die Fälle der ergänzungsbedürftigen Unvollständigkeit nicht vollständig. Diese nur bei bewussten Nichtregelungen anzunehmen, ist schon deshalb abzulehnen, weil eine Unterscheidung zwischen bewussten und unbewussten Nichtregelungen nicht eindeutig zu treffen ist. Entscheidend ist vielmehr, dass das mitgliedstaatliche Recht auch eine sachgerechte Lösung zur Ergänzung der Verordnung anbietet.[68] Ist das nicht der Fall, so liegt eine SE-spezifische Regelungslücke vor. Solche SE-spezifischen Regelungslücken können nur im Wege der Rechtsfortbildung auf gemeinschaftsrechtlicher Ebene geschlossen werden.[69]

Eine ergänzungsbedürftige Unvollständigkeit liegt somit dann vor, wenn die SE-VO keine Regelung beinhaltet, diese Nichtregelung nach dem Willen des Verordnungsgebers auch nicht abschließend ist, und das nationale Recht eine sachgerechte Lösung zur Lückenausfüllung anbietet. Nur dann ist eine ergänzende Anwendung des nationalen Rechts im Regelungsbereich der SE-VO vorzunehmen.

Die Bestimmung einer ergänzungsbedürftigen Unvollständigkeit in Abgrenzung zu den abschließenden Regelungen der Verordnung hat durch Auslegung der SE-VO zu erfolgen.[70] Aufgrund der bewussten Unvollständigkeit der Verordnung, wie sie in Art. 9 Abs. 1 Buchst. c zum Ausdruck kommt, lässt sich im Zweifel eher eine Unvollständigkeit begründen als das Vorliegen einer abschließenden Regelung.[71]

Zwischen der Generalverweisung und den Spezialverweisungen bzw. partiellen Generalverweisungen bestehen, was die Voraussetzung einer ergänzungsbedürftigen Unvollständigkeit anbelangt, keine Unterschiede. Allerdings ist bei letzteren beiden die Unvollständigkeit ausdrücklich be-

---

67 Vgl. *vom Brocke*, EuGen, S. 15.

68 *Brandt/Scheifele*, DStR 2002, 547, 552.

69 *Brandt/Scheifele*, DStR 2002, 547, 552; zustimmend *Wagner*, NZG 2002, 985, 989; *Casper*, in: FS für Ulmer, S. 51, 56 ff.; weitergehend *Raiser*, in: FS für Semler, S. 277, 283, der den Rückgriff auf nationales Recht bei Unvollständigkeit der Verordnung auch dann für unzulässig hält, wenn die Funktionsfähigkeit der SE als supranationale Rechtsform einheitliche Regelungen verlangt.

70 *Raiser*, in: FS für Semler, S. 277, 283; *Maul*, Die faktisch abhängige SE, S. 15; *Wagner*, EUV, S. 62; *ders.*; NZG 2002, 985, 988 f.; *Schwarz*, Europäisches Gesellschaftsrecht, Rn. 960; *Brandt/Scheifele*, DStR 2002, 547, 552; *Casper*, in: FS für Ulmer, S. 51, 55. Zur Auslegung der SE-VO siehe oben, Teil 1 C, S. 11 f.

71 *Jaeger*, Die Europäische Aktiengesellschaft, S. 24; *Brandt/Scheifele*, DStR 2002, 547, 552; *Wagner*, NZG 2002, 985, 989.

zeichnet, sodass hier bezüglich der Feststellung der Unvollständigkeit keine Probleme bestehen.[72]

F. Umfang der Verweisung

Über die Verweisungsvorschriften der SE-VO ist grundsätzlich das Sitzstaatrecht zur Ergänzung des Statuts anzuwenden. Fraglich ist daher, ob die richterliche Auslegung und Rechtsfortbildung des nationalen Rechts als Verweisungsobjekt der Verweisungsvorschriften mit einbezogen ist.[73]

Art. 5 verweist auf die „Vorschriften, die für eine Aktiengesellschaft mit Sitz in dem Mitgliedstaat, in dem die SE eingetragen ist, gelten würden", Art. 9 Abs. 1 Buchst. c Ziffer ii sowie Art. 18 verweisen dagegen auf die „Rechtsvorschriften des Sitzstaates". Es lassen sich der SE-VO jedoch keine Anhaltspunkte entnehmen, dass eine Differenzierung gewollt ist. Der Wortlaut der deutschen Fassung der SE-VO ist insoweit missverständlich.[74]

Stellt man auf den Wortlaut „Vorschriften" bzw. „Rechtsvorschriften" ab, so spricht das zunächst dafür, dass die richterliche Auslegung und Rechtsfortbildung des nationalen Rechts nicht von den Verweisungsvorschriften erfasst wird.[75] Jedoch fallen z.B. im Rahmen des Art. 100 EG unter den Begriff „Rechtsvorschriften" auch die Rechtsregeln, die sich unter ständiger Rechtsprechung der Gerichte eines Mitgliedstaates ergeben.[76] Der Wortlaut lässt daher keine eindeutige Auslegung zu.

Vom Sinn und Zweck der Verweisung ausgehend muss jedoch auch das Richterrecht von der Verweisung auf das nationale Recht umfasst sein. Die Funktion der Verweisung auf das nationale Recht ist, die auf gemeinschaftsrechtlicher Ebene bestehende Unvollständigkeit zu schließen. Dies kann nur dann gelingen, wenn man auch die zum geschriebenen Recht ergangene Rechtsprechung mit in die Verweisung einbezieht.[77]

---

72 Vgl. *vom Brocke*, EuGen, S. 17. Problematisch ist dann die Reichweite der Verweisung; näher dazu siehe unten, Teil 1 H, 21 ff.

73 Vgl. Schulz/Geismar, DStR 2001, 1078, 1079, im Anschluss an *Ulmer*, FAZ Nr. 68 v. 21.3.2001, S. 30.

74 In der englischen Fassung der SE-VO wird stets ein einheitlicher Begriff verwendet („provisions, which would apply").

75 Vgl. *Teichmann*, ZGR 2002, 383, 398; *Casper*, in: FS für Ulmer, S. 51, 68.

76 *Taschner*, in: Groeben/Thiesing/Ehlermann, Art. 100 Rn. 28 ff.

77 *Leupold*, Die Europäische Aktiengesellschaft, S. 21; *Hirte*, NZG 2002, 1, 2; *Brandt/Scheifele*, DStR 2002, 547, 553; *Teichmann*, ZGR 2002, 383, 389; zum EUV *Wagner*, EUV, S. 65.

Dieses Ergebnis ist insbesondere dann zwingend, wenn man berücksichtigt, dass in einigen Mitgliedstaaten das Recht bzw. Gesellschaftsrecht zu einem wesentlichen Teil auf nicht kodifiziertem Richterrecht beruht, ohne dieses die Rechtsordnung nicht bestehen könnte. Ein Verweis nur auf das geschriebene Recht würde zu einer Funktionsunfähigkeit der SE führen. Daher ist auch das durch richterliche Rechtsfortbildung entstandene nationale Recht von den Verweisungsvorschriften erfasst.

G. Auslegung des zur Ergänzung anwendbaren nationalen Rechts

Bei Anwendung des nationalen Rechts über die Verweisungsvorschriften kann sich die Frage der Auslegung des nationalen Rechts stellen. Nicht jede nationale Vorschrift wird sich ohne weiteres in das Statut der SE einfügen lassen.

Durch die Einbeziehung des nationalen Rechts ändert sich der Charakter des Rechts nicht. Es bleibt nationales Recht.[78] Die Auslegung des von den Verweisungsvorschriften erfassten nationalen Rechts hat daher grundsätzlich nach den mitgliedstaatlichen Auslegungsgrundsätzen zu erfolgen. Jedoch bedarf jede Bezugnahme auf fremde Normen einer Anpassung. Schon bei der Verweisung als Mittel der Gesetzgebung in einer Rechtsordnung und sogar innerhalb desselben Gesetzes kann die Anwendung des Verweisungsobjekts immer nur eine entsprechende sein.[79] Dies muss umso mehr der Fall sein, wenn man berücksichtigt, dass die SE-VO ein gemeinschaftsrechtliches Regelungswerk ist, dessen Verweisungsobjekt grundsätzlich das für Aktiengesellschaften geltende Recht eines jeden Mitgliedstaates ist. Die nationalen Rechte wurden zwar in vielen Bereichen durch Richtlinien harmonisiert. Nach Art. 249 Abs. 3 EG sind die Mitgliedstaaten jedoch in der Wahl der Form und der Mittel zur Erreichung des durch die Richtlinie vorgegebenen Ziels frei. Es bleibt also Raum für mitgliedstaatliche Besonderheiten. Ferner ist das nationale Recht nicht zur Anwendung auf eine supranationale Kapitalgesellschaft geschaffen worden. Dadurch entstehen Schwierigkeiten bei der Ver-

---

78 A.A. *Grote*, Das neue Statut der SE, S. 54, der davon ausgeht, dass das zur Ergänzung heranzuziehende nationale Recht die Rechtsqualität der Verweisungsnormen teilt.

79 *Larenz*, Methodenlehre, S. 261.

knüpfung des nationalen Rechts mit dem europäischen Aktienrecht, die durch die Anpassung des nationalen Rechts beseitigt werden müssen.[80]

Die Verweisung erfolgt also auf Normen eines anderen Gesetzgebers, die dazu noch grundsätzlich einen anderen Sachverhalt regeln. Daher kann es im Einzelfall geboten sein, das Verweisungsobjekt an das System und die Begrifflichkeiten des Gemeinschaftsrechts anzupassen. Ähnlich wie bei der richtlinienkonformen Auslegung muss auch hier eine verordnungskonforme bzw. SE-spezifische Auslegung des anzuwendenden nationalen Rechts erfolgen, um die mit der SE-VO verfolgten Ziele zu erreichen (vgl. Art. 10 EG).[81] Dabei ist insbesondere das Ziel der Schaffung einer supranationalen Aktiengesellschaft bei der Auslegung des nationalen Rechts zu berücksichtigen.

Eine Ansicht in der Literatur lehnt die besondere Auslegung des nationalen Rechts bei Anwendung auf eine SE ab, da dies zu erheblicher Rechtsunsicherheit führt.[82] Das ist jedoch nicht überzeugend, denn es handelt sich bei der Anwendung des nationalen Rechts auf die SE aufgrund des ausdrücklichen Rechtsanwendungsbefehls einerseits, und der Anwendung des nationalen Rechts aufgrund eigenen Geltungsanspruchs andererseits, um zwei völlig verschiedene Anwendungsbereiche.

Richtigerweise darf die Anpassung des nationalen Rechts nicht zu einer Umgestaltung desselben führen.[83] Eine SE-spezifische Auslegung ist daher nur dort vorzunehmen, wo es die Besonderheiten der SE gegenüber den nationalen Aktiengesellschaften zwingend erforderlich machen.

---

80 Im Ergebnis ebenso *Grote*, Das neue Statut der SE, S. 182; *Brandt/Scheifele*, DStR 2002, 547, 554; *Brandt*, DStR 2003, 1208, 1209; a.A. *Casper*, in: FS für Ulmer, S. 51, 70, der für eine SE-spezifische Auslegung nur dort Raum sieht, wo im Ausführungsgesetz spezielle Vorschriften für die SE erlassen worden sind.

81 Zur richtlinienkonformen Auslegung EuGH, Urteil v. 13.11.1990, Rs. C-106/89 (Marleasing SA/La Commercial International de Alimetación SA), Slg. 1990, I-4135 ff.; näher dazu *Schwarz*, Europäisches Gesellschaftsrecht, Rn. 242 ff.

82 So *Casper*, in: FS für Ulmer, S. 51, 70.

83 *Brandt/Scheifele*, DStR 2002, 547, 554.

H. Maßgebliche Verweisungsvorschriften

I. Kapital, Kapitalerhaltung, Kapitaländerung, Aktien, Schuldverschreibungen und sonstige vergleichbare Wertpapiere

Für die hier zu untersuchende Finanzverfassung der SE enthält die Verordnung abgesehen von Art. 1 Abs. 2 und Art. 4 keine Sachregeln.[84] Vielmehr schreibt Art. 5 vor, dass für das Kapital der SE, dessen Erhaltung und dessen Änderungen sowie die Aktien, die Schuldverschreibungen und sonstige vergleichbare Wertpapiere der SE die Vorschriften anzuwenden sind, die für eine Aktiengesellschaft mit Sitz in dem Mitgliedstaat gelten, in dem die SE eingetragen ist. Die SE wird nach Art. 12 iVm. § 3 SEAG-RegE, § 41 Abs. 1 AktG, § 8 HGB, § 125 FGG in ihrem Sitzstaat in das Handelsregister eingetragen. Der „Sitz" der SE nach Art. 7 S. 1 ist der satzungsmäßige Sitz.[85] In den von Art. 5 erfassten Bereichen ist somit das für Aktiengesellschaften geltende Recht des Staates, in dem die SE ihren satzungsmäßigen Sitz hat, ergänzend auf die SE anzuwenden.

Aufgrund der ergänzenden Anwendung des Sitzstaatrechts weist die Rechtsform der SE in den einzelnen Mitgliedstaaten im Bereich der Kapitalvorschriften nicht unerhebliche Unterschiede auf. Allerdings erfolgte über die Zweite RiL (Kapitalrichtlinie) eine gewisse Angleichung des nationalen Rechts im Bereich des Gründungsvorgangs und der Kapitalgrundlagen der Gesellschaft, sodass zumindest ein gewisser gleichwertiger Standard im Bereich des Aktionärs- und Gläubigerschutzes besteht.[86]

In der Literatur wurde bereits die Einführung eines besonderen Kapitalrechts für die SE durch den deutschen Gesetzgeber gefordert.[87] Dies ist jedoch nicht möglich, denn die Verordnung verweist ausdrücklich auf die Vorschriften, die für eine Aktiengesellschaft mit Sitz in dem Mitgliedstaat gelten, in dem die SE eingetragen ist. Diese klare Rechtsanwendungsregel verbietet die Schaffung eines eigenen SE-Sonderrechts für das

---

[84] Anders noch die Vorentwürfe, bei denen zahlreiche Vorschriften bezüglich des Gesellschaftskapitals enthalten waren; vgl. Sanders-Vorentwurf, SE-VOV 1970, 1975, 1989 und 1991.

[85] Der satzungsmäßige Sitz der SE muss sich nach Art. 7 S. 1 zwingend im selben Mitgliedstaat wie die Hauptverwaltung befinden; vgl. *Schwarz*, ZIP 2001, 1847, 1849; näher zum Sitz der SE siehe unten, Teil 3 A II 2, S. 34 f.

[86] Ausführlich zur Zweiten RiL *Schwarz*, Europäisches Gesellschaftsrecht, Rn. 571 ff.

[87] So *Kallmeyer*, AG 2003, 197, 198.

Kapital der SE.[88] Die Auslegung des Art. 5 in dem Sinne, dass die Verweisung nur dann gelten soll, wenn der nationale Gesetzgeber keine speziell die SE betreffenden Rechtsvorschriften erlässt,[89] widerspricht daher der Systematik der Verordnung. Wo der nationale Gesetzgeber Regelungen treffen darf, hat der Gemeinschaftsgesetzgeber durch Ermächtigungsnormen in der SE-VO ausdrücklich vorgesehen.

Es wird jedoch auch vertreten, dass trotz Fehlens einer Ermächtigungsnorm über Art. 68 Abs. 1 zumindest dort eine Umsetzungspflicht besteht, wo die praktische Wirksamkeit der SE-VO ansonsten nicht gewährleistet ist.[90] Aufgrund der durch die SE-VO vorgegebenen Systematik der Verweisung auf mitgliedstaatliches Recht ist jedoch eine restriktive Auslegung des Art. 68 Abs. 1 geboten.[91] Die Anwendung der nationalen Kapitalvorschriften geht zwar zu Lasten der Einheitlichkeit der SE, die praktische Wirksamkeit ist jedoch aufgrund der Ähnlichkeit der SE mit den nationalen Aktiengesellschaften nicht gefährdet.[92]

Art. 5 unterstellt einen gesamten Regelungsbereich dem nationalen Recht des Sitzstaates und ist daher eine partielle Generalverweisung.[93] Über die partielle Generalverweisung des Art. 5 wird ebenso wie nach Art. 9 Abs. 1 Buchst. c das mitgliedstaatliche Recht dort zur Anwendung berufen, wo das europäische Recht einer Ergänzung bedarf.

Insoweit bestehen zwischen der partiellen Generalverweisung und der Generalverweisung keine Unterschiede. Allerdings geht aus der partiellen Generalverweisung bereits hervor, dass für den Regelungsbereich der Vorschrift grundsätzlich eine ergänzungsbedürftige Unvollständigkeit besteht. Die Besonderheit an Art. 5 ist, dass hier offensichtlich eine bewusste Nichtregelung eines ganzen, für die Existenz einer Kapitalgesellschaft unerlässlichen Bereichs vorliegt. Somit ist grundsätzlich für alle im Regelungsbereich der SE-VO liegenden Regelungen des Kapitals vorbehaltlich des Art. 1 Abs. 2 und Art. 4 auf das Recht des Sitzstaates zurückzugreifen.

Dabei ist zu beachten, dass die Vorschriften für das Kapital, Aktien, Schuldverschreibungen und andere vergleichbare Wertpapiere nicht los-

---

88 Vgl. *Teichmann*, ZIP 2002, 1109, 1110; *ders.*, in: Theisen/Wenz, Die Europäische Aktiengesellschaft, S. 573, 577; *Ihrig/Wagner*, BB 2003, 969, 970.

89 So *Kallmeyer*, AG 2003, 197, 198.

90 *Brandt*, NZG 2002, 991.

91 Ebenso *Schindler*, ecolex 2003, Heft 06, Script 26, 1, 2.

92 Vgl. dazu folgende Untersuchung.

93 So auch *Hirte*, NZG 2002, 1, 9; in der Literatur herrscht bis jetzt keine einheitliche Begrifflichkeit. Teilweise wird Art. 5 auch als Spezialverweisung bezeichnet.

gelöst von anderen Vorschriften des Gesellschaftsstatuts geregelt werden können. Auch in diesem Bereich werden Vorschriften zur Beschlussfassung der Hauptversammlung, Publizitätsvorschriften usw. relevant, die jedoch teilweise in der SE-VO geregelt sind. Ob über Art. 5 trotzdem auf das Recht des Sitzstaates zurückgegriffen werden kann, ist dann eine Frage der Reichweite der Verweisungsnorm, die wiederum damit zusammenhängt, ob die SE-VO einen Sachverhalt abschließend regelt. Regeln die Vorschriften der SE-VO einen Sachverhalt abschließend, so kann das nationale Recht über die Verweisungen keine Anwendung finden, da es im Regelungsbereich grundsätzlich nicht anwendbar ist, wenn keine ergänzungsbedürftige Unvollständigkeit besteht. Die partielle Generalverweisung des Art. 5 reicht somit nur soweit das Statut tatsächlich einer Ergänzung bedarf. Dies ist eine Frage der Auslegung der SE-VO.[94]

Um die Rechtssicherheit bei der Frage der anwendbaren Vorschriften des nationalen Rechts zu erhöhen, wurde im jüngeren Schrifttum der Erlass von deklaratorischen Bestimmungen im Ausführungsgesetz gefordert.[95] Dies ist jedoch aufgrund kompetenzrechtlicher Bedenken unterblieben. Die Frage, welches nationale Recht anwendbar ist, ist durch Auslegung des Gemeinschaftsrechts zu bestimmen. Verbindliche Antworten kann hier nur der Europäische Gerichtshof geben.[96] Die Aufnahme deklaratorischer Bestimmungen könnte daher nur eine scheinbare Rechtssicherheit gewähren. Die Bestimmung des anwendbaren Rechts durch Auslegung der SE-VO soll aus diesem Grund der weiteren Entwicklung der Wissenschaft und Rechtsprechung überlassen werden.[97]

II. Kapitalaufbringung

In der Literatur wird zum Teil Art. 5 pauschal als die für die Kapitalaufbringung, Kapitalerhaltung und die Kapitalmaßnahmen maßgebliche Verweisungsnorm bezeichnet.[98] Für die erstmalige Aufbringung des Gesellschaftskapitals der SE kann Art. 5 jedoch nicht maßgebliche Verweisungsvorschrift sein.

---

94 Im Einzelnen dazu folgende Untersuchung.

95 *Lutter*, BB 2002, 1, 6; *Brandt*, NZG 2002, 991, 995; *Wagner*, NZG 2002, 985, 991.

96 Vgl. SEAG-RegE, Begründung, S. 77; dazu *Neye/Teichmann*, AG 2003, 169, 170; *Teichmann*, ZIP 2002, 1109, 1110.

97 *Teichmann*, ZIP 2002, 1109, 1110.

98 Vgl. *Hirte*, NZG 2002, 1, 9; *Lutter*, BB 2002, 1, 3; *Pluskat*, EuZW 2001, 524, 526; *Thoma/Leuering* NJW 2002, 1449, 1451.

Dafür spricht zum einen der Wortlaut der Vorschrift, da dieser zwar ausdrücklich für das Kapital, dessen Erhaltung und dessen Änderung auf das Recht des Sitzstaates verweist, aber nicht für dessen Aufbringung.[99] Vor allem verweist Art. 5 auf das Recht des Staates, in dem die SE „eingetragen ist" und setzt somit das Bestehen der SE voraus. Die Vorschriften zur Sicherung der Kapitalaufbringung müssen aber bereits vor Eintragung, das heißt im Gründungsvorgang, Anwendung finden. Für kapitalrechtliche Aspekte vor dem Zeitpunkt der Eintragung kann Art. 5 somit keine maßgebliche Verweisungsvorschrift sein.[100]

Die Aufbringung des Gesellschaftskapitals ergibt sich zum Teil mittelbar aus den in der SE-VO vorhandenen Vorschriften zur Gründung der SE. So geht zum Beispiel bei der Verschmelzung durch Aufnahme das gesamte Aktiv- und Passivvermögen jeder übertragenden Gesellschaft im Wege der universellen Gesamtrechtsnachfolge auf die aufnehmende Gesellschaft über (Art. 2 Abs. 1, Art. 29 Abs. 1 Buchst. a), sodass sich das Gesellschaftskapital der SE aus dem Vermögen der übertragenden und der aufnehmenden Gesellschaft zusammensetzt.[101] Soweit die in der SE-VO vorhandenen Vorschriften die Aufbringung des Gesellschaftskapitals nur unvollständig regeln, ist entsprechend der Systematik der SE-VO über eine Verweisungsnorm das Recht des Sitzstaates ergänzend anzuwenden.

Als maßgebliche Verweisungsvorschrift kommt hier Art. 15 Abs. 1 in Betracht. Aus dem Wortlaut und der Systematik des Art. 15 Abs. 1 folgt, dass von der Verweisungsvorschrift der gesamte Gründungsvorgang, das heißt gerade der Zeitraum vor Eintragung, erfasst ist.[102] Diese Verweisungsvorschrift gilt für jede Gründungsvariante gleichermaßen. Dies ergibt sich aus der Tatsache, dass Art. 15 Abs. 1 in einem allgemeinen Teil der Gründungsvorschriften vorab der speziellen Gründungsvorschriften geregelt wurde.[103]

Jedoch stehen Art. 15 Abs. 1 zahlreiche spezielle Verweisungsvorschriften gegenüber (vgl. Art. 18 und Art. 36). So sind speziell im Fall der Gründung einer SE durch Verschmelzung nach Art. 18 in den von diesem Abschnitt nicht erfassten Bereichen sowie in den nicht erfassten Teilbereichen eines von diesem Abschnitt nur teilweise abgedeckten Be-

---

99 Auch die englische Fassung der SE-VO spricht nur von „the capital of an SE, its maintenance and changes".

100 Ebenso *Mahi*, Die Europäische Aktiengesellschaft, S. 97.

101 Näher dazu siehe unten, Teil 3, S. 31 ff.

102 *Teichmann*, ZGR 2002, 383, 415.

103 *Teichmann*, ZGR 2002, 383, 414.

reichs auf jede Gründungsgesellschaft die mit der Richtlinie 78/855/EWG in Einklang stehenden, für die Verschmelzung von Aktiengesellschaften geltenden Rechtsvorschriften des Mitgliedstaats anzuwenden, dessen Recht sie unterliegt. Diese Vorschriften zeigen beispielhaft, dass die SE-VO die Gründung der SE als ein zweistufiges Verfahren versteht.[104] Die erste Stufe betrifft Vorgänge in den jeweiligen Gründungsgesellschaften. Diese unterliegen dem für diese Gesellschaften maßgeblichen Recht (vgl. Art. 18). Die zweite Stufe betrifft die Gründung der neu entstehenden SE. Hier findet entsprechend der Systematik der SE-VO das für Aktiengesellschaften geltende Recht des zukünftigen Sitzstaates Anwendung (Art. 15 Abs. 1).

Die erstmalige Aufbringung des Gesellschaftskapitals ist Teil der Gründung einer Kapitalgesellschaft und betrifft damit grundsätzlich die zweite Stufe der Gründung der SE. Soweit die SE-VO keine Regelungen enthält, richtet sich die Aufbringung des Gesellschaftskapitals vor Eintragung der SE über Art. 15 Abs. 1 nach dem künftigen Sitzstaatrecht der SE.[105] Art. 15 Abs. 1 ist wie Art. 5 eine partielle Generalverweisung. Insoweit bestehen keine Unterschiede bezüglich der Problematik der Rechtsanwendung.[106]

---

104 *Teichmann*, ZGR 2002, 383, 416.
105 Im Ergebnis ebenso *Mahi*, Die Europäische Aktiengesellschaft, S. 97.
106 Siehe oben, Teil 1 H I, S. 21 ff.

Teil 2: System des festen Grundkapitals

A. Garantiekapital

Die SE ist eine Handelsgesellschaft mit eigener Rechtspersönlichkeit, deren Kapital in Aktien zerlegt ist (Art. 1 Abs. 1 und 2). Gemäß Art. 1 Abs. 2 S. 2 haftet den Gläubigern für Verbindlichkeiten der Gesellschaft nur das Gesellschaftsvermögen. Insoweit ist der Wortlaut des Art. 1 Abs. 2 S. 2 missverständlich, da keinesfalls eine Außenhaftung der Aktionäre besteht.[107] Sind die Einlagen noch nicht vollständig geleistet, schulden die Aktionäre sie nur gegenüber der SE. Aus diesem Grund ist auch für die SE die Festsetzung eines Grundkapitals erforderlich. Das Erfordernis der Aufbringung eines Grundkapitals ist ein zentrales Kennzeichen der europäischen Kapitalgesellschaften.[108] Die Existenz eines Grundkapitals soll die fehlende persönliche Haftung der Gesellschafter bzw. Aktionäre ausgleichen und dient der Sicherung der Gläubiger und der künftigen Aktionäre.[109]

Gemäß Art. 4 Abs. 1 und 2 muss die SE daher ein gezeichnetes Mindestkapital von mindestens 120.000 Euro aufweisen. Der Verordnungswortlaut „gezeichnetes Kapital" ist gleichbedeutend mit dem „Mindestnennbetrag des Grundkapitals" nach § 7 AktG und entspricht dem Wortlaut der Zweiten RiL. Damit wird berücksichtigt, dass in manchen Mitgliedstaaten zwischen dem Nominalkapital und dem tatsächlich gezeichneten Kapital unterschieden wird.[110] In den Rechtsordnungen dieser Staaten entspricht nur das „gezeichnete Kapital" dem tatsächlich zu leistenden Kapital, während das Nominalkapital lediglich eine Prognose-

---

[107] So auch *Lutter*, BB 2002, 1, 3; *Merkt*, BB 1992, 652, 655; *Karsten Schmidt*, Gesellschaftsrecht, § 26 I 4 d, S. 757; *Thoma/Leuering*, NJW 2002, 1449, 1450; a.A. *Schindler*, Die Europäische Aktiengesellschaft, S. 56; *Torggler*, ecolex 2001, 442, 444, die eine am Wortlaut des Art. 1 Abs. 2 S. 2 orientierte unmittelbare Haftung der Aktionäre mit dem noch nicht auf das gezeichnete Kapital eingezahlten Betrag annehmen.

[108] *Wiedemann*, GesR I, S. 557 f.; *Hirte*, Kapitalgesellschaftsrecht, Rn. 607; vgl. zur Einführung eines Mindestkapitals Art. 6 Abs. 1 Zweite Richtlinie.

[109] Vgl. *Wiedemann*, in: Großkommentar zum AktG, Vor § 182 Rn. 43; *Thoma/Leuering*, NJW 2002, 1449, 1450; für die nationale Aktiengesellschaft MünchKommAktG/*Heider* § 1 Rn. 84; *Hüffer*, AktG, § 1 Rn. 10; MünchHdb. GesR IV/*Wiesner* § 11 Rn. 2.

[110] Vgl. *Jaeger*, Die Europäische Aktiengesellschaft, S. 27. In England ist diese Unterscheidung durch die Zulässigkeit der Stufengründung bedingt; dazu *Gansen*, Harmonisierung der Kapitalaufbringung im englischen und deutschen Kapitalgesellschaftsrecht, S. 20 ff.

zahl ist, die ausdrückt, bis zu welchem Betrag die Gesellschaft Aktien ausgeben kann, ohne die Satzung zu ändern.

Die Höhe des geforderten Mindestkapitals für die SE geht weit über das für nationale Aktiengesellschaften geforderte hinaus.[111] Die Festsetzung des Mindestkapitals soll eine sinnvolle Unternehmensgröße gewährleisten, ohne dass dadurch kleinen und mittleren Unternehmen die Gründung einer SE erschwert wird.[112] Den Entwürfen der SE-Statute liegt die Vorstellung von einem über einen größeren Kapitalbedarf verfügenden Unternehmen zugrunde, das als potentes Wirtschaftssubjekt innerhalb der Grenzen des Gemeinsamen Marktes auftreten und ökonomisch erfolgreich tätig sein kann. Die Finanzkraft der SE sollte daher vollständig gesichert ein.[113]

Die Forderung eines festen Grundkapitals dient somit auf europäischer Ebene nicht nur dem Schutz der Gläubiger, sondern auch dem Gesellschaftsinteresse am notwendigen Betriebskapital und hat ferner zugangsbeschränkende Wirkung.[114]

Zur Erfüllung dieser Funktionen muss die Aufbringung und die Erhaltung des Kapitals durch die SE-VO sichergestellt werden. Anders als die früheren Entwürfe ist die Regelung der Aufbringung und der Erhaltung des Gesellschaftskapitals Gegenstand einer Verweisung auf das nationale Recht des Sitzstaates (vgl. Art. 5). Allerdings ist nach Erlass der Zweiten RiL der Grundsatz der realen Kapitalaufbringung und Kapitalerhaltung in den nationalen Aktienrechten der Mitgliedstaaten richtlinienkonform umgesetzt,[115] so dass die SE-VO durch die Verweisung auf das mit der Zweiten RiL in Einklang stehende Aktienrecht die Aufbringung des Kapitals und dessen Erhaltung im Rahmen des Standards der Zweiten RiL sicherstellt.

---

[111] Vgl. § 7 AktG, der auf Art. 6 Zweite RiL beruht und 50.000 Euro Mindestkapital fordert.

[112] Erwägungsgrund 13. Dies wird jedoch aufgrund der Höhe des Grundkapitals bezweifelt; vgl. *Hommelhoff*, AG 2001, 279, 286 f.; *Teichmann*, ZGR 2002, 383, 388; *Bungert/Beier*, EWS 2002, 1, 12.

[113] So Erwägungsgrund 13; vgl. ferner dazu Sanders-Vorentwurf, Einführung, S. 11 sowie Sanders-Vorentwurf, Begründung, S. 20 f.; Erwägungsgrund 9 SE-VOV 1970 sowie SE-VOV 1970, Begründung, BT-Drs. VI/1109, S. 6. Beide Entwürfe sahen zusätzlich noch die Volleinzahlung des Kapitals vor. Damit sollte gewährleistet werden, dass die SE auch von Anfang an mit einem in Wirklichkeit vorhandenen Vermögen ausgestattet ist.

[114] Vgl. *Wiedemann*, in: Großkommentar zum AktG, Vor § 182 Rn. 43.

[115] Zum Inhalt der Zweiten RiL *Schwarz*, Europäisches Gesellschaftsrecht, Rn. 572 ff.

Gemäß Art. 4 Abs. 3 gelten die Rechtsvorschriften eines Mitgliedstaates, die ein höheres gezeichnetes Kapital für Gesellschaften vorsehen, die bestimmte Arten von Tätigkeiten ausüben, auch für die SE mit Sitz in dem entsprechenden Mitgliedstaat. Das ist in Deutschland bei Aktiengesellschaften im Bereich des Kredit- und Versicherungswesens der Fall. Wegen des höheren Risikos in diesen Geschäftszweigen schreibt der deutsche Gesetzgeber zum Schutz der Kunden und Geschäftspartner solcher Aktiengesellschaften ein höheres Grundkapital vor.[116]

B. Festsetzung in der Satzung

Eine ausdrückliche Regelung über den Mindestinhalt der Satzung enthält die SE-VO nicht. Art. 6 beinhaltet lediglich eine Klarstellung bezüglich der Verwendung des Begriffs „Satzung der SE". Dieser bezeichnet zugleich die Gründungsurkunde, und wenn sie Gegenstand einer getrennten Urkunde ist, auch die Satzung der SE im eigentlichen Sinne. Daraus wird allerdings deutlich, dass für den Inhalt der Satzung auf das nationale Recht der Mitgliedstaaten zurückzugreifen ist. Erst der Umstand, dass in manchen Mitgliedstaaten zwischen Gründungsurkunde und Satzung unterschieden wird, macht die Klarstellung des Art. 6 erforderlich. Der Mindestinhalt der Satzung richtet sich daher entsprechend der Rechtsanwendungstechnik der SE-VO nach dem Sitzstaatrecht. Da die Feststellung der Satzung der SE Gründungsvoraussetzung ist (vgl. Art. 20 Abs. 1 Buchst. h), muss im Gründungsstadium Art. 15 Abs. 1, bei bestehender SE Art. 9 Abs. 1 Buchst. c Ziffer ii, maßgebliche Verweisungsvorschrift sein. Dabei sind Angaben, die zwingend in der Satzung oder der Gründungsurkunde aufzunehmen sind, gemeinschaftsweit durch Art. 2 und 3 Zweite RiL vorgegeben. Dementsprechend wird trotz Verweis auf das Recht des Sitzstaates ein gewisses Maß an Einheitlichkeit erreicht. Die Höhe des Grundkapitals ist daher gemäß Art. 15 Abs. 1 bzw. Art. 9 Abs. 1 Buchst. c Ziffer ii iVm. § 23 Abs. 3 Nr. 3 AktG in der „Satzung" der SE anzugeben.

---

[116] Vgl. dazu MünchKommAktG/*Heider* § 7 Rn. 12 ff.

C. Zusammenfassung

Die SE hat nach Art. 4 Abs. 1 und 2 ein gezeichnetes Mindestkapital von mindestens 120.000 Euro. Den Gläubigern haftet gemäß Art. 1 Abs. 2 für Verbindlichkeiten der Gesellschaft nur das Gesellschaftsvermögen. Nach Art. 4 Abs. 3 gelten die Rechtsvorschriften eines Mitgliedstaates, die ein höheres gezeichnetes Kapital für Gesellschaften vorsehen, die bestimmte Arten von Tätigkeiten ausüben, auch für die SE mit Sitz in dem entsprechenden Mitgliedstaat. Der Mindestinhalt der Satzung bestimmt sich nach mitgliedstaatlichem Recht. Nach Art. 15 Abs. 1 bzw. Art. 9 Abs. 1 Buchst. c Ziffer ii iVm. § 23 Abs. 3 Nr. 3 AktG ist in der Satzung der SE die Höhe des Grundkapitals anzugeben.

Teil 3: Kapitalaufbringung

Gemäß Art. 1 Abs. 2 können die Gläubiger der SE nur auf das Gesellschaftsvermögen zugreifen, während sich die Haftung der Aktionäre auf die Erfüllung ihrer gegenüber der Gesellschaft übernommenen Verpflichtungen, insbesondere ihre Einlageverpflichtungen, beschränkt.[117] Diese Haftungsbeschränkung versucht das Europäische Gesellschaftsrecht durch ein System der strengen Sicherung der Kapitalaufbringung und Erhaltung zu legitimieren.[118] Das statutarisch verlautbarte Grundkapital muss bei der Gesellschaft wenigstens einmal effektiv aufgebracht werden. Aus diesem Grund muss auch für die SE die effektive Kapitalaufbringung sichergestellt werden. Hier soll das für die SE zur Sicherung der realen Kapitalaufbringung geltende Recht dargestellt werden.

A. Verschmelzung durch Aufnahme und Verschmelzung durch Neugründung

Eine SE kann durch Verschmelzung von zwei oder mehr Aktiengesellschaften gegründet werden (Art. 2 Abs. 1). Erforderlich sind dabei mindestens zwei Aktiengesellschaften, die nach dem Recht von zwei unterschiedlichen Mitgliedstaaten gegründet wurden und deren Sitz und Hauptverwaltung jeweils in der EU liegt. Die Verschmelzung ist denkbar als Verschmelzung durch Aufnahme oder Verschmelzung durch Neugründung (Art. 17 Abs. 2 Buchst. a und b). Bei einer Verschmelzung durch Aufnahme nimmt die aufnehmende Gesellschaft die Rechtsform der SE an (Art. 17 Abs. 2 Unterabs. 2 S. 1), während bei Verschmelzung durch Neugründung die beiden Gründungsgesellschaften zu einer neu gegründeten SE verschmolzen werden (Art. 17 Abs. 2 Unterabs. 2 S. 2).

I. Anwendbares Recht

Die SE-VO enthält zur Regelung der Gründung einer SE durch Verschmelzung sowohl eigene Bestimmungen als auch mehrere Verweisungen auf das nationale Recht. Die Aufbringung des Kapitals ist nur indirekt geregelt, soweit sie sich aus der Natur der jeweiligen Strukturmaßnahme ergibt. Ansonsten ist über Verweisungsvorschriften das nationale Recht ergänzend anzuwenden.

Wie bereits oben festgestellt wurde, ist, soweit sich die Kapitalaufbringung nicht mittelbar aus den Gründungsvorschriften ergibt, das Sitzstaat-

---

[117] Siehe oben, Teil 2 A, S. 27 ff.

[118] Siehe oben, Teil 2 A, S. 27 ff.

recht über Art. 15 Abs. 1 ergänzend anzuwenden.[119] Dabei sind hier in erster Linie die Vorschriften des Umwandlungsgesetzes über die Verschmelzung von Kapitalgesellschaften ergänzend anzuwenden.[120]

II. Verschmelzung durch Aufnahme

Nach Art. 2 Abs. 1, 17 Abs. 2 Buchst. a kann die SE im Wege einer Verschmelzung durch Aufnahme gemäß Art. 3 Abs. 1 Dritte RiL gegründet werden. Darunter wird der Vorgang verstanden, durch den eine oder mehrere Gesellschaften ihr gesamtes Aktiv- und Passivvermögen im Wege der Auflösung ohne Abwicklung auf eine andere Gesellschaft übertragen, und zwar gegen Gewährung von Aktien der übernehmenden Gesellschaft an die Aktionäre der übertragenden Gesellschaft oder Gesellschaften. Bei der Verschmelzung durch Aufnahme geht das gesamte Aktiv- und Passivvermögen jeder übertragenden Gesellschaft im Wege der universellen Gesamtrechtsnachfolge auf die aufnehmende Gesellschaft über (Art. 2 Abs. 1, Art. 29 Abs. 1 Buchst. a). Das Vermögen der SE setzt sich daher aus dem Vermögen der übertragenden und der aufnehmenden Gesellschaft zusammen. Der Wert der Gründungsgesellschaften muss somit dem Wert des in der Satzung der SE festgesetzten Grundkapitals entsprechen, mindestens jedoch dem gesetzlich festgelegten Mindestkapital von 120000 Euro (vgl. Art. 4 Abs. 2).

1. Sicherung der Kapitalaufbringung

Die rechtliche Besonderheit bei der Gründung einer SE im Wege der Verschmelzung durch Aufnahme und Abweichung von der Dritten RiL ist die gleichzeitige Umwandlung der aufnehmenden Gesellschaft in eine andere Rechtsform (vgl. Art. 2 Abs. 1, Art. 17 Abs. 1, Abs. 2 Buchst. a und Abs. 2 Unterabs. 2). Der aufnehmende Rechtsträger wechselt somit zusätzlich die Rechtsform und wird eine SE.[121] Aufgrund dieser Besonderheit stellt sich die Frage, welches Recht des zukünftigen Sitzstaates über Art. 15 Abs. 1 zur Sicherung der Kapitalaufbringung anzuwenden ist.

Entsprechend der Bezugnahme der SE-VO auf Art. 3 Abs. 1 Dritte RiL sind hier grundsätzlich die für die Verschmelzung durch Aufnahme geltenden nationalen Regelungen des Umwandlungsgesetzes über Art. 15

---

[119] Siehe oben, Teil 1 H II, S. 23 ff.

[120] Dazu *Teichmann*, ZGR 2003, 367, 370.

[121] Vgl. *Herzig/Griemla*, StuW 2002, 55, 57; *Schindler*, Die Europäische Aktiengesellschaft, S. 22; *Kloster*, EuZW 2003, 293, 295.

Abs. 1 zur Ergänzung des Statuts anzuwenden.[122] Bei der Verschmelzung durch Aufnahme nach dem UmwG ändert sich die Rechtsform des aufnehmenden Rechtsträgers jedoch nicht. Das Vermögen des übertragenden Rechtsträgers wird lediglich von einem bereits bestehenden Rechtsträger aufgenommen. Die Frage der Kapitalaufbringung stellt sich daher nur dann, wenn der übernehmende Rechtsträger zur Durchführung der Verschmelzung sein Kapital erhöht.[123] Die ordnungsgemäße Aufbringung des Grundkapitals der SE wäre somit keine Eintragungsvoraussetzung.[124]

Hier besteht jedoch eine andere Sachlage als bei der Verschmelzung durch Aufnahme nach Art. 3 Abs. 1 Dritte RiL, da mit der Aufnahme der übertragenden Gesellschaft eine neue Rechtsform entsteht, die gegenüber der aufnehmenden Gesellschaft ein höheres Grundkapital voraussetzt. Um die tatsächliche Kapitalaufbringung zu gewährleisten, muss sichergestellt werden, dass der Zustand des Vermögens des neuen Rechtsträgers die Anforderungen des auf ihn anwendbaren Normsystems erfüllt. Es besteht daher zugleich eine vergleichbare Situation wie bei der Umwandlung einer Kapitalgesellschaft in eine Kapitalgesellschaft anderer Rechtsform. Um dieses Element der Umwandlung zu berücksichtigen, könnte neben der Anwendung der Vorschriften des Umwandlungsgesetzes über die Verschmelzung durch Aufnahme eine ergänzende Anwendung der Vorschriften des Umwandlungsgesetzes zum Formwechsel geboten sein. Die Sicherung der Kapitalaufbringung wird dort durch die Anwendung der für die neue Rechtsform geltenden Gründungsvorschriften gewährleistet (§ 197 S. 1 UmwG). Wesentliche Ausprägung des Grundsatzes der realen Kapitalaufbringung ist das Gebot der Reinvermögensdeckung (§§ 220, 245 Abs. 1 S. 2 UmwG). Danach darf der Nennbetrag des Grundkapitals der Zielgesellschaft das nach Abzug der Schulden verbleibende Vermögen der formwechselnden Gesellschaft nicht überschreiten. Damit wird der gemeinschaftsrechtlichen Verpflichtung aus Art. 13 Zweite RiL entsprochen, wonach bei Umwandlung einer Aktiengesellschaft dieselben Garantien zu gelten haben wie bei ihrer Gründung.[125]

Der Kerngedanke des Kapitalgesellschaftsrechts ist es, die juristische Person nur mit einem garantierten Mindestkapital als der unerlässlichen

---

[122] Dazu siehe oben, Teil 3 A I, S. 31 f.

[123] *Ihrig*, GmbHR 1995, 622, 638.

[124] Vgl. dazu *Schwarz*, in: Widmann/Mayer, UmwG, 71. Erg.-Lfg. Sept. 2003, § 19 Rn. 3.2.

[125] Vgl. UmwBerG, Begründung, BR-Drs. 75/94, S. 141; *Decher* in Lutter (Hrsg.), UmwG, § 197 Rn. 2; *Priester*, DB 1995, 911, 912 f.

Betriebs- und Haftgrundlage ins Leben treten zu lassen.[126] Der Grundsatz der realen Kapitalaufbringung gebietet es daher hier, neben den nationalen Vorschriften über die Verschmelzung zur Aufnahme, auch die Vorschriften des Formwechsels anzuwenden, so dass eine Anwendung der für die Zielrechtsform geltenden Gründungsvorschriften sichergestellt wird. Nur so kann durch die ergänzende Anwendung des nationalen Rechts die ordnungsgemäße Gründung der SE, das heißt vor allem die vollständige Aufbringung des in der Satzung festgesetzten Grundkapitals, gewährleistet werden.

2. Kontrolle der Kapitalaufbringung

Bei Gründung einer SE durch Verschmelzung ordnet die SE-VO eine doppelte Rechtmäßigkeitskontrolle an. Während sich Art. 25 auf das sich aus der SE-VO und den jeweiligen nationalen Verschmelzungsrechten ergebende Verschmelzungsverfahren der Gründungsgesellschaften bezieht, umfasst Art. 26 das gesamte Verschmelzungsverfahren und das für die SE maßgebliche Gründungsrecht.[127]

Die nach Art. 26 zuständige Behörde hat neben dem gesamten Verschmelzungsverfahren, bestehend aus den Regelungen im SE-Statut selbst, den über Art. 15 Abs. 1 und Art. 18 anwendbaren nationalen Normen, auch das über Art. 15 Abs. 1 anwendbare Gründungsrecht für Aktiengesellschaften des künftigen Sitzstaates der SE zu prüfen. Das eintragende Gericht prüft somit neben der Rechtmäßigkeit der Durchführung der Verschmelzung (Art. 26 Abs. 1) die Ordnungsmäßigkeit der Umwandlung (Art. 26 Abs. 1 und Abs. 4, Art. 15 Abs. 1 iVm. § 197 UmwG iVm. § 38 AktG). Dabei hat das Gericht insbesondere die tatsächliche Aufbringung des Grundkapitals (§§ 220, 245 UmwG) zu überprüfen. Im Fall der fehlenden Kapitaldeckung kann das Gericht die Eintragung der SE ablehnen (§ 38 Abs. 2 AktG).[128]

Die zuständige Behörde ist nach Art. 68 Abs. 2 iVm. § 4 S. 1 SEAG-RegE iVm. § 125 FGG, § 8 HGB, § 14 AktG das Amtsgericht des Gesellschaftssitzes. Gemäß Art. 7 ist der Sitz der SE grundsätzlich der satzungsmäßig bestimmte Sitz und nicht der tatsächliche Sitz.[129]

---

126 Siehe oben, Teil 2 A, S. 27 ff.

127 Vgl. *Teichmann*, ZGR 2002, 383, 416, 432; *Bungert/Beier*, EWS 2002, 1, 7; *Neun*, in: Theisen/Wenz, Die Europäische Aktiengesellschaft, S. 51, 124 ff.; *Schindler*, Die Europäische Aktiengesellschaft, S. 29; zum Hintergrund der zweistufigen Rechtmäßigkeitsprüfung *Blanquet*, ZGR 2002, 20, 44.

128 Näher dazu siehe unten, Teil 3 C, S. 72 ff.

129 Dazu bereits oben, Teil 1 H I, S. 21.

Damit muss nach Art. 7 S. 1 zwar der satzungsmäßige Sitz und die Hauptverwaltung der SE in demselben Mitgliedstaat liegen, beide Orte müssen aber nicht unbedingt einander entsprechen. Es bleibt aber den Mitgliedstaaten vorbehalten eine Regelung einzuführen, nach der der satzungsmäßige Sitz und tatsächliche Sitz übereinstimmen müssen (Art. 7 S. 2).[130] Mangels Rechtfertigung einer Ungleichbehandlung gegenüber der Aktiengesellschaft soll es für die SE aufgrund des Ausführungsgesetzes des deutschen Gesetzgebers zu einer entsprechenden Anwendung des § 5 Abs. 2 AktG kommen.[131] So soll nach § 2 SEAG-RegE die Satzung der SE als Sitz den Ort bestimmen, wo die Verwaltung geführt wird.[132]

3. Zwischenergebnis

Der Grundsatz der realen Kapitalaufbringung gebietet es, über Art. 15 Abs. 1 bei Gründung einer SE im Wege der Verschmelzung durch Aufnahme neben den Vorschriften des Umwandlungsgesetzes über die Verschmelzung durch Aufnahme auch die Vorschriften für den Formwechsel ergänzend anzuwenden. Nur so kann die tatsächliche Kapitaldeckung der neu gegründeten SE sichergestellt werden. Im Einzelnen kann daher auf die Ausführungen zur Umwandlung verwiesen werden.[133] Das eintragende Gericht (Art. 68 Abs. 2 iVm. § 4 S. 1 SEAG-RegE iVm. § 125 FGG, § 8 HGB, § 14 AktG) prüft neben der Rechtmäßigkeit der Durchführung der Verschmelzung (Art. 26 Abs. 1) die Ordnungsmäßigkeit des Formwechsels (Art. 26 Abs.1 und Abs. 4, Art. 15 Abs. 1 iVm. § 197 UmwG iVm. § 38 AktG). Dabei hat das Gericht insbesondere die tatsächliche Aufbringung des Grundkapitals (§§ 220, 245 UmwG) zu überprüfen.

III. Verschmelzung durch Neugründung

Bei der Verschmelzung durch Neugründung (Art. 2 Abs. 1, 17 Abs. 2 b) wird ein neuer Rechtsträger in Form einer SE durch Übertragung des Vermögens der Gründungsgesellschaften gegründet. Die Gründungsgesellschaften erlöschen ohne Abwicklung (Art. 29 Abs. 2 c). Das gesamte Aktiv- und Passivvermögen jeder übertragenden Gesellschaft geht auf

---

[130] *Schwarz*, ZIP 2001, 1847, 1849; *Teichmann*, ZGR 2002, 383, 456.

[131] SEAG-RegE, Begründung, S. 77; zum SEAG-DiskE *DAV*, NZG 2004, 75, 76; *Hirte*, NZG 2002, 1, 4; *Teichmann*, ZGR 2002, 383, 457; *ders.*, ZIP 2002, 11091, 1111.

[132] Dazu im Einzelnen siehe *Hüffer*, AktG, § 5 Rn. 2 ff.

[133] Zur Umwandlung siehe unten, Teil 3 C, S. 72 ff.

die übernehmende Gesellschaft über (Art. 27 iVm. 29 Abs. 2 Buchst. a), die im Zuge der Verschmelzung erst gegründet wird.

Das Kapital der durch Verschmelzung gegründeten SE wird dabei durch die Einbringung der Gründungsgesellschaften aufgebracht. Diese müssen hinreichend werthaltig sein, um den Haftungsfonds zu etablieren, auf den der Rechtsverkehr mit Verlautbarung der Grundkapitalziffer im Handelsregister vertraut.[134] Die tatsächliche Aufbringung des Grundkapitals muss somit wie bei einer regulären Sachgründung gesichert werden. Im Mittelpunkt des Verschmelzungsvorgangs müssen demzufolge die Anforderungen stehen, die an die Gründung des neuen Rechtsträgers zu stellen sind.[135]

§§ 73, 36 Abs. 2 S. 1 UmwG ordnen daher für Verschmelzungen zur Neugründung einer Aktiengesellschaft, an der als übertragender Rechtsträger mindestens eine Aktiengesellschaft beteiligt ist, ausdrücklich an, dass auf die Gründung eines neuen Rechtsträgers durch Verschmelzung, die für dessen Rechtsform geltenden Gründungsvorschriften anzuwenden sind. Das hat in ergänzender Anwendung des § 36 Abs. 2 S. 1 UmwG über Art. 15 Abs. 1 auch für die Gründung einer SE im Weg der Verschmelzung durch Neugründung zu gelten. Zur Sicherung der Kapitalaufbringung sind hier daher über Art. 15 Abs. 1 iVm. §§ 73, 36 Abs. 2 S. 1 UmwG die für die Gründung einer Aktiengesellschaft geltenden Vorschriften entsprechend anzuwenden.

1. Verbot der Unterpariemission

Das Grundkapital der SE ist gemäß Art. 15 Abs. 1 iVm. § 23 Abs. 2 Nr. 3 AktG in der Satzung festzusetzen. Der Betrag des Grundkapitals der SE wird dabei nach unten durch das gesetzliche Mindestkapital begrenzt (vgl. Art. 4 Abs. 2), nach oben durch den Wert des übergehenden Vermögens. Über Art. 15 Abs. 1 iVm. §§ 73, 36 Abs. 2 S. 1 UmwG gilt das Verbot der Unterpariemission (§ 9 Abs. 1 AktG) auch für die zu gründende SE. Der Nettowert (Aktiva abzüglich Passiva) des infolge der Verschmelzung übergehenden Vermögens muss mindestens dem Nennwert der im Rahmen der Verschmelzung gewährten Aktien entsprechen.[136] Dadurch wird die tatsächliche Aufbringung des Grundkapitals gewährleistet. Der Wert der Gründungsgesellschaften muss somit dem Nenn-

---

[134] Vgl. *Ihrig*, GmbHR 1995, 622, 626.

[135] Vgl. *Grunewald* in Lutter (Hrsg.), UmwG, § 73 Rn. 4; *Stratz*, in: Schmitt/Hörtnagl/Stratz, UmwG, Vor § 36 Rn. 1.

[136] *Grunewald* in Lutter (Hrsg.), UmwG, § 74 Rn. 4; *Rieger*, in: Widmann/Mayer, UmwG, 71. Erg.-Lfg. Sept. 2003, § 36 Rn. 163.

wert der Aktien der SE oder dem auf die einzelne Stückaktie entfallenden anteiligen Betrag des in der Satzung festgesetzten Grundkapitals entsprechen. Vor der Verschmelzung ist daher eine Bewertung der Gründungsgesellschaften durchzuführen, die erkennen lässt, ob das in der Satzung der SE angegebene Grundkapital auch tatsächlich aufgebracht wird.

2. Festsetzung in der Satzung

Die Satzung der zu gründenden SE ist Teil des Verschmelzungsplans (Art. 20 Abs. 1 Buchst. h). Über Art. 15 Abs. 1 iVm. §§ 73, 36 Abs. 2 S. 1 UmwG sind auch die Vorschriften über die Feststellung der Satzung (§§ 23 bis 27 AktG) auf die SE anzuwenden. Daher müssen nach § 27 Abs. 1 AktG das anlässlich der Verschmelzung übertragene Vermögen, soweit es auf das Grundkapital geleistet wird, sowie die dafür gewährten Aktien in der Satzung der SE festgesetzt werden.[137] Über Art. 15 Abs. 1 ist zudem § 74 UmwG anzuwenden. Danach sind Festsetzungen über Sondervorteile, Gründungsaufwand, Sacheinlagen und Sachübernahmen, die in den Gesellschaftsverträgen, Satzungen oder Statuten übertragender Rechtsträger enthalten waren (vgl. §§ 26, 27 AktG), in die Satzung der SE zu übernehmen.[138]

3. Gründungsbericht und Gründungsprüfung

Die Aufbringung des Vermögens im Rahmen einer Verschmelzung durch Neugründung erfolgt wie bei einer Sachgründung. Daher muss auch hier der Wert der Gründungsgesellschaften dem geringsten Ausgabebetrag der Aktien entsprechen (Art. 5 iVm. § 9 Abs. 1, 36 a Abs. 2 S. 3 AktG).[139] Um den Wert der „Sacheinlage“ zu bestimmen, ist eine Bewertung der übertragenden Rechtsträger erforderlich.

Zur Sicherung der realen Aufbringung des Gesellschaftskapitals haben die Gründer im Gründungsbericht (§ 32 Abs. 2 S. 1 AktG) die Angemessenheit der Sacheinlagen darzulegen. Daneben erfolgt eine interne und externe Gründungsprüfung (§§ 33, 34 Abs. 1 Nr. 2, Abs. 2 AktG). Zu prüfen ist dabei insbesondere, ob der Wert der Sacheinlagen dem gerings-

---

137 *Rieger*, in: Widmann/Mayer, UmwG, 71. Erg.-Lfg. Sept. 2003, § 36 Rn. 145, *Stratz*, in: Schmitt/Hörtnagl/Stratz, UmwG, § 75 Rn. 18; a.A. *Grunewald* in Lutter (Hrsg.), UmwG, § 74 Rn. 6.

138 Näher dazu *Rieger*, in: Widmann/Mayer, UmwG, 71. Erg.-Lfg. Sept. 2003, § 74 Rn. 4 ff. u. Rn. 145; *Stratz*, in: Schmitt/Hörtnagl/Stratz, UmwG, § 74 Rn. 1 ff.

139 Siehe oben, Teil 3 A III 1, S. 36.

ten Ausgabebetrag der dafür zu gewährenden Aktien erreicht.[140] Auf dieser Grundlage kann das Registergericht vor Eintragung die wertmäßige Unterlegung des Grundkapitals nachprüfen.[141]

Nach § 75 Abs. 2 UmwG sind jedoch bei der Verschmelzung zur Neugründung einer AG ein Gründungsbericht (§ 32 AktG) und eine Gründungsprüfung (§ 33 Abs. 2 AktG) nicht erforderlich, soweit eine Kapitalgesellschaft übertragender Rechtsträger ist.[142] Für die übertragenden Rechtsträger ist dann schon sichergestellt, dass das Unternehmenskapital aufgebracht und erhalten wird.[143]

Da ausschließlich Aktiengesellschaften im Sinne des Anhang I der SE-VO eine SE durch Verschmelzung gründen können (Art. 2 Abs. 1), könnte das für die Eintragung zuständige Gericht bei ergänzender Anwendung des § 75 Abs. 2 UmwG die Eintragung nicht aufgrund Fehlens eines Sachgründungsberichts und einer Sachgründungsprüfung verweigern. Im Hinblick auf die durch die Zweite RiL aufgestellten Anforderungen an die Sicherung der Kapitalaufbringung und Kapitalerhaltung gelten die § 75 Abs. 2 UmwG zugrundeliegenden Erwägungen auch für Aktiengesellschaften aus den anderen Mitgliedstaaten,[144] so dass sich hier eine Nichtanwendung des § 75 Abs. 2 UmwG auch nicht mit den Besonderheiten der grenzüberscheitenden Verschmelzung rechtfertigen lässt. Demzufolge sind nach Art. 15 Abs. 1 iVm. § 75 Abs. 2 UmwG ein Gründungsbericht (§ 32 AktG) und eine Gründungsprüfung (§ 33 Abs. 2 AktG) nicht erforderlich.

Die Ausnahme des § 75 Abs. 2 UmwG gilt jedoch nur für den Gründungsbericht und die externe Gründungsprüfung. Die interne Gründungsprüfung durch die Verwaltungsmitglieder der „gegründeten" Gesellschaft nach § 33 Abs. 1 AktG ist dennoch vorzunehmen. In einer dualistisch strukturierten SE trifft diese Pflicht das Leitungsorgan und das Aufsichtsorgan.[145] Erhält die SE eine monistische Struktur, dann hat der Verwaltungsrat die Prüfung vorzunehmen (vgl. § 22 Abs. 6 SEAG-

---

[140] *Hüffer*, AktG, § 34 Rn. 3; *Stratz*, in: Schmitt/Hörtnagl/Stratz, UmwG, § 75 Rn. 8.

[141] *Hüffer*, AktG, § 33 Rn. 1 und § 38 Rn. 2.

[142] Der deutsche Gesetzgeber machte damit von einem durch Art. 23 Abs. 4 Dritte RiL gewährten Optionsrecht Gebrauch.

[143] UmwBerG, Begründung, BR-Drs. 75/94, S. 101 ff.; kritisch gegenüber dieser Regelung *Ihrig*, GmbHR, 1995, 622, 629.

[144] Vgl. Art. 1 Abs. 1 Zweite RiL.

[145] Der Begriff „Vorstand" und „Aufsichtsrat" wird in der SE-VO nicht verwendet. Das geschäftsführende Organ der SE wird anders als im deutschen Sprachgebrauch als Leitungsorgan bezeichnet. Dem Aufsichtsrat entspricht das Aufsichtsorgan. Vgl. *Hirte*, NZG 2002, 1, 7; *Thoma/Leuering*, NJW 2002, 1449, 1451.

RegE).[146] Gegenstand der Prüfung ist unter anderem die Werthaltigkeit der Sacheinlagen (vgl. § 34 Abs. 1 Nr. 2 AktG). Ein schriftlicher Bericht über diese interne Gründungsprüfung ist gemäß Art. 26 Abs. 4, Art. 15 Abs. 1 iVm. §§ 73, 36 Abs. 2 UmwG iVm. §§ 37 Abs. 4 Nr. 4, 38 AktG bei der Anmeldung der SE einzureichen (im monistischen System ergänzt § 21 Abs. 2 S. 3 SEAG-RegE den § 37 Abs. 4 Nr. 4 AktG und § 21 Abs. 3 SEAG-RegE den § 38 Abs. 2 AktG im Hinblick auf die vom Verwaltungsrat vorzunehmenden Prüfungsberichte).[147] Das Registergericht kann zumindest auf Grundlage dieses Berichts die Werthaltigkeit der Gründungsgesellschaften überprüfen (vgl. § 34 Abs. 1 Nr. 2 AktG). Wenn das Gericht die Plausibilität und Überzeugungskraft der eingereichten Unterlagen bewertet und substantiierte Zweifel an der Werthaltigkeit der Sacheinlage hat, ist es nach § 12 FGG berechtigt und im Zweifel auch gehalten, zur Feststellung der Eintragungsvoraussetzung „Kapitaldeckung" weitere Ermittlungen anzustellen. Es kann gegebenenfalls von Amts wegen eine Gründungsprüfung anordnen.[148]

4. Kontrolle der Kapitalaufbringung

Das zuständige Registergericht prüft nach Art. 26 Abs. 1 und 4, Art. 15 Abs. 1 iVm. § 36 Abs. 2 UmwG, § 38 AktG (ggf. iVm. § 21 Abs. 3 SEAG-RegE), ob die Gesellschaft ordnungsgemäß errichtet und angemeldet ist.[149] Dieser Behörde obliegt daher grundsätzlich die Prüfung der Kapitaldeckung der neu zu gründenden SE. Kommt das Gericht zu der Auffassung, dass der Wert der Sacheinlage, hier also der Wert der übertragenden Unternehmen, nicht unwesentlich hinter dem geringsten Ausgabebetrag der dafür zu gewährenden Aktien zurückbleibt, kann es die Eintragung der SE ablehnen (vgl. Art. 15 Abs. 1 iVm. § 36 Abs. 2 UmwG, § 38 Abs. 2 S. 2 AktG). Maßgeblicher Zeitpunkt für die Prüfung der Wertdeckung bei der Verschmelzung durch Neugründung ist der Zeitpunkt des Vermögensübergangs nach Art. 29 Abs. 2 Buchst. a.[150] Dieser tritt mit Eintragung der SE in das Handelsregister ein (Art. 27

---

[146] Vgl. SEAG-RegE, Begründung, S. 90 f.; näher zur Verwaltung der monistisch strukturierten SE siehe unten, Teil 5 D IV 1 b, S. 180 ff.
[147] *Rieger*, in: Widmann/Mayer, UmwG, 71. Erg.-Lfg. Sept. 2003, § 75 Rn. 9.
[148] OLG Düsseldorf, BB 1995, 1372; *Ihrig*, GmbHR, 1995, 622, 629; *Grunewald* in Lutter (Hrsg.), UmwG, § 75 Rn. 3; *Marsch-Barner*, in: Kallmeyer, UmwG, § 75 Rn. 5.
[149] Zur Rechtmäßigkeitskontrolle bei Gründung einer SE durch Verschmelzung siehe oben, Teil 3 A II 2, S. 34 f.
[150] Vgl. *Ihrig*, GmbHR 1995, 622, 628.

Abs. 1, Art. 12, § 3 SEAG-RegE) und fällt mit Entstehung der juristischen Person zusammen (Art. 16 Abs. 1).

5. Differenzhaftung bei Unterpariemission

Wird die SE eingetragen, obwohl der Wert der Gründungsgesellschaften nicht dem geringsten Ausgabebetrag der Aktien entspricht, so liegt eine Unterpariemission vor (Art. 5 iVm. § 9 Abs. 1 AktG). Die SE ist aber aufgrund der Eintragung nach Art. 27 Abs. 1, Art. 12 wirksam entstanden. Aufgrund der besonderen Bedeutung des Gesellschaftskapitals ist die Sicherung der realen Kapitalaufbringung ein elementarer Grundsatz des europäischen Kapitalgesellschaftsrechts. Die SE-VO verzichtet jedoch auf eine ausdrückliche Regelung und verweist stattdessen über Art. 5 und Art. 15 Abs. 1 auf das mitgliedstaatliche Recht, das die reale Kapitalaufbringung entsprechend den Vorgaben der Zweiten RiL sicherstellt.[151] Zur Sicherung der realen Kapitalaufbringung bei Sachgründung oder Sachkapitalerhöhung muss daher auch bei Gründung einer SE grundsätzlich eine Haftung der Gründer auf den Differenzbetrag bestehen. Hier ist das aktienrechtliche Haftungsinstitut der Differenzhaftung über Art. 5 ergänzend anzuwenden.[152]

Gründer sind bei der Verschmelzung zur SE die Gründungsgesellschaften. Dies ergibt sich nicht unmittelbar aus der SE-VO, sondern aus der ergänzenden Anwendung des § 36 Abs. 2 S. 2 UmwG, der ausdrücklich anordnet, dass die übertragenden Gesellschaften den Gründern gleichstehen. Da die Gründungsgesellschaften nach Art. 29 Abs. 2 Buchst. c zum Zeitpunkt der Verschmelzung erlöschen, gehen Forderungen der SE gegen die Gründungsgesellschaften im Wege der Gesamtrechtsnachfolge auf die SE über und erlöschen durch Konfusion.[153] Die Kapitalaufbringung ist daher durch eine Haftungsanordnung der Gründer nicht gesichert.

Aus diesem Grund wird in der Literatur zur Verschmelzung nach dem UmwG zum Teil die Haftung der Aktionäre befürwortet.[154] Dies ist jedoch abzulehnen, da der Aktionär sich bei einer Sachgründung oder Sachka-

---

[151] Siehe oben, Teil 1 H I, S. 21 ff. u. Teil 2 A, S. 27 ff.

[152] Zur aktienrechtlichen Differenzhaftung BGHZ 64, 52, 62 = NJW 1975, 974; *Hüffer*, AktG, § 36 a Rn. 6; *Kraft*, in: Kölner Kommentar zum AktG, § 36 a Rn. 16; MünchKommAktG/*Pentz* § 27 Rn. 44.

[153] Vgl. *Ihrig*, GmbHR 1995, 622, 634; *Grunewald* in Lutter (Hrsg.), UmwG, § 74 Rn. 5.

[154] Näher dazu *Grunewald* in Lutter (Hrsg.), UmwG, § 74 Rn. 5; *Rieger*, in: Widmann/Mayer, UmwG, 71. Erg.-Lfg. Sept. 2003, § 36 Rn. 167 ff. m.w.N.

pitalerhöhung anders als bei einer Verschmelzung zur Neugründung freiwillig beteiligt und somit freiwillig das Risiko einer Überbewertung seiner Sacheinlage eingeht.[155] Anders soll dies nur dann sein, wenn ein einzelner Aktionär aufgrund der Höhe seiner Beteiligung maßgeblichen Einfluss auf die Verschmelzung ausüben kann, weil er über eine Sperrminorität verfügt.[156] Damit besteht grundsätzlich bei ergänzender Anwendung des nationalen Rechts keine Haftung der Aktionäre bei Eintragung der SE trotz Unterpariemission.

IV. Zusammenfassung

Soweit sich die Sicherung der Kapitalaufbringung nicht aus den in der SE-VO geregelten Gründungsvorschriften ergibt, findet über Art. 15 Abs. 1 das für Aktiengesellschaften geltende Recht des Staates Anwendung, in dem die SE ihren Sitz begründet.

Bei der Verschmelzung durch Aufnahme geht das gesamte Aktiv- und Passivvermögen jeder übertragenden Gesellschaft im Wege der universellen Gesamtrechtsnachfolge auf die aufnehmende Gesellschaft über (Art. 2 Abs. 1, Art. 29 Abs. 1 Buchst. a). Der Wert der Gründungsgesellschaften muss daher mindestens dem Wert des in der Satzung der SE festgesetzten Grundkapitals entsprechen, mindestens jedoch dem gesetzlich festgelegten Mindestkapital von 120000 Euro (vgl. Art. 4 Abs. 2). Um die tatsächliche Aufbringung des Grundkapitals zu gewährleisten, sind bei Gründung einer SE im Wege der Verschmelzung durch Aufnahme über Art. 15 Abs. 1, neben den Vorschriften des Umwandlungsgesetzes über die Verschmelzung durch Aufnahme, auch die Vorschriften über den Formwechsel ergänzend anzuwenden.

Bei der Gründung einer SE im Wege der Verschmelzung durch Neugründung wird das Kapital der SE durch die Einbringung der Gründungsgesellschaften aufgebracht. Die Aufbringung des Grundkapitals muss wie bei einer Sachgründung gesichert werden. Nach Art. 15 Abs. 1 iVm. §§ 73, 36 Abs. 2 S. 1 UmwG sind die für die Gründung einer Aktiengesellschaft geltenden Vorschriften anzuwenden. Daher gilt gemäß Art. 15 Abs. 1 iVm. §§ 73, 36 Abs. 2 S. 1 UmwG das Verbot der Unterpariemission (§ 9 Abs. 1 AktG) für die SE. Der Nettowert (Aktiva abzüglich Passiva) des infolge der Verschmelzung übergehenden Vermögens muss mindestens dem Nennwert der im Rahmen der Verschmelzung

---

155 *Grunewald* in Lutter (Hrsg.), UmwG, § 74 Rn. 5; *Rieger*, in: Widmann/Mayer, UmwG, 71. Erg.-Lfg. Sept. 2003, § 36 Rn. 169.

156 *Rieger*, in: Widmann/Mayer, UmwG, 71. Erg.-Lfg. Sept. 2003, § 36 Rn. 170 ff.; kritisch *Grunewald* in Lutter (Hrsg.), UmwG, § 74 Rn. 5.

gewährten Aktien entsprechen. Nach Art. 15 Abs. 1 iVm. §§ 73, 75 Abs. 2, 36 Abs. 2 S. 1 UmwG ist eine interne Gründungsprüfung durch die Mitglieder des Leitungsorgans und des Aufsichtsorgans bzw. des Verwaltungsrates (§ 22 Abs. 6 SEAG-RegE) vorzunehmen. Ein Gründungsbericht (§ 32 Abs. 2 S. 1 AktG) und eine externe Gründungsprüfung (§ 33 Abs. 2 AktG) sind nicht erforderlich. Eine Haftung der Aktionäre bei Eintragung der SE trotz Unterpariemission besteht grundsätzlich nicht.

B. Gründung einer Holding

Aktiengesellschaften und Gesellschaften mit beschränkter Haftung im Sinne des Anhangs II der SE-VO, die nach dem Recht eines Mitgliedstaates gegründet worden sind und ihren Sitz sowie ihre Hauptverwaltung in der Gemeinschaft haben, können eine Holding-SE gründen, sofern mindestens zwei von ihnen dem Recht verschiedener Mitgliedstaaten unterliegen (Art. 2 Abs. 2 Buchst. a) oder seit mindestens zwei Jahren eine dem Recht eines anderen Mitgliedstaates unterliegende Tochtergesellschaft oder Zweigniederlassung in einem anderen Mitgliedstaat haben (Art. 2 Abs. 2 Buchst. b).[157] Die Gründung der Holding-SE setzt voraus, dass die Anteilsinhaber der Gründungsgesellschaften den im Gründungsplan für jede Gesellschaft festgesetzten Mindestprozentsatz der Gesellschaftsanteile, mindestens jedoch 50 % der durch Aktien verliehenen ständigen Stimmrechte, einbringen (Art. 32 Abs. 2, Art. 33 Abs. 2). Die Gesellschafter, die ihre Anteile im Hinblick auf die Gründung der SE einbringen, erhalten dafür Aktien der SE (Art. 33 Abs. 4). Die Einbringung der Anteile entspricht praktisch der Gründung einer Kapitalgesellschaft durch Sacheinlage.[158] Die eingebrachten Anteile stellen hier in der Regel das einzige oder zumindest das hauptsächliche Vermögen der Gesellschaft dar. Um im Interesse des Gläubigerschutzes die tatsächliche Kapitalaufbringung zu gewährleisten, muss sichergestellt werden, dass ihr Wert mindestens dem Wert des in der Satzung festgesetzten Grundkapitals entspricht.

I. Anwendbares Recht

Auch bei dieser Gründungsform findet für die Kapitalaufbringung, neben den in der SE-VO geregelten Gründungsvorschriften über Art. 15 Abs. 1,

---

[157] Im Einzelnen zur Gründung einer Holding-SE *Scheifele*, Die Gründung der SE, S. 305 ff.

[158] *Oplustil*, GLJ Vol. 4 Nr. 2 – 1 February 2003, sec. 15; *Kraft*, in: Lutter (Hrsg.), Holding-Handbuch, Rn. B 65 a.

das für Aktiengesellschaften geltende Recht des Staates Anwendung, in dem die SE ihren Sitz begründet.[159] Dabei ist jedoch zu beachten, dass die Gründung einer Holding-Gesellschaft im deutschen Recht nicht explizit geregelt ist.[160] Das bedeutet, es gibt kein spezielles nationales Recht für die Gründung einer Holding-Gesellschaft, das über Art. 15 Abs. 1 zur Ergänzung des Statuts herangezogen werden kann. Jedoch entspricht die Gründung einer Holding-SE der Struktur nach der Sachgründung einer Aktiengesellschaft. Sacheinlage sind hier die Anteile an den Gründungsgesellschaften. Über Art. 15 Abs. 1 ist daher das für die Sachgründung einer Aktiengesellschaft anwendbare Recht entsprechend anzuwenden.[161] Allerdings müssen beim Rückgriff auf das nationale Recht zur Ergänzung der Verordnung die Besonderheiten dieser Gründungsform gegenüber einer reinen Sachgründung Berücksichtigung finden.[162]

II. Bestimmung des Grundkapitals

Würde man die Vorschriften des Aktiengesetzes unverändert über Art. 15 Abs. 1 anwenden, so wäre die Höhe des Grundkapitals bereits in der Satzung festzusetzen (§ 23 Abs. 3 Nr. 3 AktG), und das dort ausgewiesene Grundkapital müsste bei Gründung der Aktiengesellschaft vollständig übernommen werden (§ 29 AktG). Die unveränderte Anwendbarkeit dieser Vorschriften des Aktienrechts auf die Gründung einer Holding-SE erscheint jedoch problematisch. Die Satzung der SE ist Bestandteil des Gründungsplanes (Art. 32 Abs. 2 iVm. Art. 20 Abs. 1 Buchst. h). Daher müsste grundsätzlich schon bei Erstellung des Gründungsplanes die Höhe des Grundkapitals der SE bestimmt und in der Satzung festgesetzt werden.[163] Allerdings ist die Höhe des Grundkapitals bei dieser Gründungsform abhängig von der Anzahl und dem Wert der

---

159 Siehe oben, Teil 1 H II, S. 23 ff.

160 *Raiser*, in: FS für Semler, S. 277, 286; *Thoma/Leuring*, NJW 2002, 1449, 1452; *Teichmann*, ZGR 2002, 383, 434; *Brandt*, NZG 2002, 991, 995; *Oplustil*, GLJ Vol. 4 Nr. 2 – 1 February 2003, sec. 22.

161 *Trojan-Limmer*, RIW 1991, 1010, 1015; *Oplustil*, GLJ Vol. 4 Nr. 2 – 1 February 2003, sec. 15; *Mahi*, Die Europäische Aktiengesellschaft, S. 65; vgl. *Kraft*, in: Lutter (Hrsg.), Holding-Handbuch, Rn. B 65 a und b; a.A. *Raiser*, in: FS für Semler, S. 277, 286, der hier mangels Regelung im deutschen Recht eine „Lückenfüllung“ im Wege der offenen Rechtsfortbildung fordert.

162 *Teichmann*, ZGR 2002, 383, 434; *Brandt*, NZG 2002, 991, 995; *Oplustil*, GLJ Vol. 4 Nr. 2 – 1 February 2003, sec. 22.

163 Der Gründungsplan ist bereits mindestens einen Monat vor der Hauptversammlung, die über die Gründung der SE zu beschließen hat, aufzustellen (vgl. Art. 32 Abs. 3).

eingebrachten Anteile (Sacheinlage) an den Gründungsgesellschaften.[164] Zum Zeitpunkt der Satzungsfeststellung ist jedoch noch gar nicht bekannt, wie viele Anteilsinhaber der Gründungsgesellschaften ihre Anteile tatsächlich einbringen wollen, denn die Anteilsinhaber verfügen nach dem Zustimmungsbeschluss der Hauptversammlung zum Gründungsplan über eine Frist von drei Monaten, innerhalb deren sie sich an der Gründung der SE durch Einbringung ihrer Anteile beteiligen können (Art. 32 Abs. 6, Art. 33 Abs. 1). Demzufolge ist auch die vollständige Übernahme des Grundkapitals bei Feststellung der Satzung nicht möglich.

1. Abgestufte Festsetzung des Grundkapitals

Um die Besonderheit der Holding-Gründung zu berücksichtigen, wird daher in der Literatur eine abgestufte Pflicht zur Festsetzung des Grundkapitals entsprechend der tatsächlichen Möglichkeit vorgeschlagen.[165]

Die erste Stufe ist der Zeitpunkt der Satzungsfeststellung bei Erstellung des Gründungsplans. Im Gründungsplan ist der Mindestprozentsatz der Aktien oder Anteile der Gründungsgesellschaften zu bestimmen, der von den Aktionären eingebracht werden muss, damit die SE gegründet werden kann (Art. 32 Abs. 2). Dieser Prozentsatz muss mehr als 50 % der durch Aktien verliehenen Stimmrechte betragen. Zum Zeitpunkt der Satzungsfeststellung ist es daher möglich, für das Grundkapital den Betrag in der Satzung anzugeben, der durch den Wert der mindestens einzubringenden Anteile erreicht wird.[166] Zu beachten wäre dabei jedoch auch, dass die SE ein Mindestgrundkapital in Höhe von 120000 Euro haben muss (Art. 4 Abs. 2). Der Wert der Mindestzahl an Anteilen, die laut Gründungsplan einzubringen sind, muss somit bereits dem Mindestgrundkapital entsprechen.

Die zweite Stufe soll dann der Ablauf der Frist nach Art. 33 Abs. 1 darstellen.[167] Nach Einbringung der erforderlichen Mindestzahl von Anteilen ist die SE gegründet. Dies ergibt sich aus Art. 33 Abs. 2 und Abs. 5, wonach die SE dann gegründet ist und eingetragen werden darf, wenn die Gesellschafter der die Gründung anstrebenden Gesellschaften innerhalb der in Art. 33 Abs. 1 genannten Frist den nach dem Gründungsplan für jede Gesellschaft festgelegten Mindestprozentsatz der Gesellschaftsan-

---

164 A.A. *Theißen*, Die Gründung einer Holding, S. 59, der damit die folgende Problematik umgeht.
165 *Oplustil*, GLJ Vol. 4 Nr. 2 – 1 February 2003, sec. 22.
166 *Oplustil*, GLJ Vol. 4 Nr. 2 – 1 February 2003, sec. 10.
167 *Oplustil*, GLJ Vol. 4 Nr. 2 – 1 February 2003, sec. 22.

teile eingebracht haben.[168] Ein Abwarten der Monatsfrist nach Art. 33 Abs. 3 Unterabs. 2, in der jeder Anteilsinhaber, der seine Anteile nicht in der Frist nach Art. 33 Abs.1 eingebracht hat, noch mal die Möglichkeit erhält, seine Anteile zur Gründung einer Holding einzubringen, ist nach dem Wortlaut des Art. 33 Abs. 5 nicht erforderlich.[169] Bei Anmeldung der SE zur Eintragung vor Ablauf der Monatsfrist nach Art. 33 Abs. 3 Unterabs. 2 kann jedoch ein Grundkapital angegeben werden, dessen Höhe dem Wert der nach Ablauf der Dreimonatsfrist tatsächlich eingebrachten Anteile entspricht. Daher soll die SE mit einem Grundkapital in dieser Höhe zur Eintragung in das Handelsregister angemeldet werden.

Die dritte Stufe der Bestimmung des Grundkapitals soll dann nach Ablauf der Monatsfrist nach Art. 33 Abs. 3 Unterabs. 2 erfolgen. Innerhalb der Monatsfrist nach Art. 33 Abs. 3 Unterabs. 2 müssen die Anteilsinhaber, die ihre Anteile nicht bereits innerhalb der Dreimonatsfrist eingebracht haben, weiterhin die Möglichkeit haben, dies zu tun. Aus Art. 33 Abs. 3 Unterabs. 2 ergibt sich ein Anspruch dieser Anteilsinhaber, ihre Anteile gegen Anteile der Holding-SE einzutauschen. Durch die Einbringung dieser Anteile würde sich das Grundkapital erneut erhöhen. Das nach Ablauf der Monatsfrist bestimmbare Grundkapital soll durch das geschäftsführende Organ dem Registergericht mitgeteilt werden, das dann die endgültige Höhe des Grundkapitals eintragen soll.[170]

Für diese Verfahren gibt es jedoch keine rechtliche Grundlage. Nach deutschem Recht ist die Angabe eines Mindest- oder Höchstbetrages, der die Schaffung eines beweglichen Grundkapitals ermöglicht, unzulässig.[171] Bei Eintragung müssen deutsche Aktiengesellschaften ein vollständig gezeichnetes Kapital haben, das heißt, die vor Eintragung übernommenen Anteile müssen das in der Satzung festgemachte Kapital ausmachen.[172] Selbst wenn man hier aufgrund besonderer Auslegung die stufenweise Festsetzung des Grundkapitals zuließe, wäre noch ungeklärt, wie die restlichen Aktionäre, die ihre Anteile innerhalb der Monatsfrist nach Art. 33 Abs. 3 Unterabs. 2 einbringen wollen, diese gegen Aktien der SE tauschen können. Um genügend Aktien für diese Aktionä-

---

168 Die Voraussetzung der Erfüllung der „übrigen Bedingungen" nach Art. 33 Abs. 2 hat für die Kapitalaufbringung keine Bedeutung und soll hier vernachlässigt werden.

169 H.M. *Kersting*, DB 2001, 2079, 2084; *Bungert/Beier*, EWS 2002, 1, 8; *Teichmann*, ZGR 2002, 383, 437; *Neun*, in: Theisen/Wenz, Die Europäische Aktiengesellschaft, S. 51, 147; *Oplustil*, GLJ Vol. 4 Nr. 2 – 1 February 2003, sec. 22.

170 So *Oplustil*, GLJ Vol. 4 Nr. 2 – 1 February 2003, sec. 22.

171 Vgl. MünchKommAktG/*Pentz* § 23 Rn. 108.

172 MünchKommAktG/*Pentz* § 23 Rn. 55.

re zu schaffen, müsste das Grundkapital der bereits eingetragenen oder zumindest angemeldeten SE weiter erhöht werden. Dafür ist allerdings nach Art. 52 Buchst. a, 59 Abs. 1 grundsätzlich ein satzungsändernder Beschluss der Hauptversammlung erforderlich.[173] Ein Entscheidungsrecht der Hauptversammlung würde jedoch dem Anspruch der Anteilsinhaber zuwiderlaufen.

2. Bedingtes Kapital

Nach einer anderen Ansicht in der Literatur soll das Problem durch die Schaffung eines bedingten Kapitals in der Gründungssatzung gelöst werden. Die SE soll danach mit der im Zeitpunkt der Eintragung bereits bestimmbaren Grundkapitalziffer eingetragen werden. Die Aktionäre, die später ihre Anteile einbringen wollen, sollen ihre Aktien aus dem bedingten Kapital erhalten.[174]

Allerdings wäre dazu eine Änderung des Aktiengesetzes erforderlich. Es müsste eine Bestimmung in das SEAG aufgenommen werden, wonach abweichend von § 192 Abs. 2 und 3 AktG bereits die Gründungssatzung ein bedingtes Kapital vorsehen kann, das ausschließlich dem Zweck dient, Aktien an einbringende Anteilsinhaber der Gründungsgesellschaften auszugeben, und das, ohne die Beschränkung auf die Hälfte des Grundkapitals, die Ausgabe von Aktien in dem erforderlichen Umfang ermöglicht.[175]

Zudem müsste abweichend von § 201 Abs. 1 AktG bestimmt werden, dass unverzüglich nach Ablauf der Nachfrist des Art. 33 Abs. 3 das Leitungsorgan bzw. die geschäftsführenden Direktoren anzumelden haben, in welchem Umfang Bezugsaktien im Rahmen der Holding-Gründung ausgegeben worden sind.[176]

Eine dementsprechende Änderung war jedoch im SEAG-DiskE nicht vorgesehen und ist auch im SEAG-RegE nicht vorhanden.

3. Gründung der Holding-SE durch einen Treuhänder

Es sollte auch möglich sein, die Gründung der Holding-SE unter ergänzender Anwendung des geltenden Aktienrechts durchzuführen und dabei die von der SE-VO gesetzten Rahmenbedingungen einzuhalten. Denn auch nach geltendem Aktienrecht wurde die Gründung einer Holding in

---

[173] Zur Erhöhung des Grundkapitals siehe unten, Teil 5, S. 117 ff.
[174] *DAV*, NZG 2004, 75, 79.
[175] *DAV*, NZG 2004, 75, 79.
[176] *DAV*, NZG 2004, 75, 79.

der Praxis bereits durchgeführt. Der Struktur nach entspricht die in der SE-VO vorgesehene Gründungsform dem Sachgründungsmodell, bei dem die Gesellschafter der Gründungsgesellschaften ihre Anteile als Sacheinlage in die Holdinggesellschaft einbringen und im Austausch dafür Aktien der Holding erhalten.[177] Es muss daher versucht werden, die vorhandenen Regelungen des Aktiengesetzes mit den Regelungen der SE-VO in Einklang zu bringen.[178] Für den Rechtsanwender erhöht sich die Rechtssicherheit, wenn die Gründung der Holding-SE weitestgehend ohne SE-spezifische Auslegung des ergänzend anzuwendenden Rechts erfolgen kann. Ferner soll die SE-spezifische Auslegung des nationalen Rechts nur dort erfolgen, wo es die Besonderheiten der SE gegenüber den nationalen Aktiengesellschaften zwingend erforderlich machen.[179]

a) Übernahme der Aktien der SE durch einen Treuhänder

Nach der hier vorgeschlagenen rechtlichen Hilfskonstruktion ist aufgrund entsprechender Anwendung der §§ 71 UmwG, 186 Abs. 5 S. 1 AktG über Art. 15 Abs. 1 die Bestellung eines Treuhänders erforderlich. Als Grundkapital der SE muss der Wert aller Anteile der Gründungsgesellschaften, die maximal eingebracht werden können, festgesetzt werden. Dieser Wert kann bereits bei Feststellung des Gründungsplans bestimmt und in der Satzung nach Art. 15 Abs. 1 iVm. § 23 Abs. 3 Nr. 3 AktG angegeben werden. Das in der Satzung ausgewiesene Grundkapital der Aktiengesellschaften kann dann durch den Treuhänder vollständig gezeichnet werden (Art. 15 Abs. 1 iVm. § 29 AktG).[180] Als Einlageleistung verspricht dieser Anteile der Gründungsgesellschaften (Sachgründung) zu leisten. Gleichzeitig verpflichtet sich der Treuhänder die ausgegebenen Wertpapiere der SE an die Anteilsinhaber zu übertragen, die ihre Anteile zur Gründung der SE einbringen. Die Sacheinlagevereinbarung muss unter der auflösenden Bedingung der Einbringung der Anteile durch die Anteilsinhaber der Gründungsgesellschaften zu den gesetzlichen Fristen nach Art. 33 Abs. 1 und Art. 33 Abs. 3 Unterabs. 2 erfolgen. Der Grundsatz der realen Kapitalaufbringung ist durch die Vereinbarung einer Bedingung nicht gefährdet, denn bei Eintritt der Bedingung tritt ipso jure der frühere Zustand ein, der ohne Vornahme des Rechtsgeschäfts

---

[177] *Theißen*, Die Gründung einer Holding, S. 30.

[178] So auch *DAV*, NZG 2004, 75, 79.

[179] Siehe oben, Teil 1 G, S. 19 f.

[180] Als Treuhänder bietet sich wie beim mittelbaren Bezugsrecht nach § 186 Abs. 5 AktG ein Kreditinstitut oder ein nach § 53 Abs. 1 S. 1 oder § 53 b Abs. 1 S. 1 oder Abs. 7 des Gesetzes über das Kreditwesen (KWG) tätiges Unternehmen an.

bestehen würde.[181] Bei Unwirksamkeit der Sacheinlagevereinbarung besteht die Pflicht zur Erbringung der Einlage in bar.[182]

b) Einbringung der Aktien in die Holding-SE nach Art. 33 Abs. 1

Die Anteilsinhaber, die sich an der Gründung der SE beteiligen wollen, übertragen ihre Anteile dem Treuhänder, der die Anteile in Erfüllung seiner Einlagepflicht in die SE einbringt. Die SE ist gegründet und kann zur Eintragung angemeldet werden (Art. 33 Abs. 2 und Abs. 5), wenn die im Gründungsplan vereinbarte erforderliche Anzahl an Anteilen innerhalb der Frist nach Art. 33 Abs. 1 eingebracht wird und die anderen Erfordernisse erfüllt sind. Nach Eintragung der SE werden die Aktien der SE an den Treuhänder ausgegeben. Dieser wird zunächst Aktionär der SE und überträgt die Aktien an die Anteilsinhaber der Gründungsgesellschaften, die sich an der Gründung beteiligt haben.

Die SE-VO schreibt jedoch vor, dass die Gesellschafter, die ihre Anteile im Hinblick auf die Gründung der SE eingebracht haben, Aktien der SE erhalten (Art. 33 Abs. 4). Diese Regelung könnte einen Widerspruch zu dem hier verfolgten Lösungsweg darstellen. Handelt es sich nach der Regelung in der SE-VO um einen gesetzlichen Erwerb der Anteilsinhaber, die sich an der Gründung der SE beteiligen, so wäre die hier gewählte Hilfskonstruktion der Übernahme der Aktien durch einen Treuhänder mit schuldrechtlicher Pflicht zur Weiterübertragung an die Anteilsinhaber nicht möglich, denn die sich an der Gründung beteiligenden Anteilsinhaber würden mit Entstehung der Gesellschaft kraft Gesetzes Aktionäre der SE. Gegen einen gesetzlichen Erwerb spricht aber bereits der Wortlaut der Regelung. Danach sollen die Gesellschafter Aktien der SE „erhalten“.[183] Im Gegensatz dazu sollen nach Art. 19 Abs. 1 Buchst. b Dritte RiL bei der Verschmelzung die Aktionäre der übertragenden Gesellschaft zu Aktionären der übernehmenden Gesellschaft „werden“. Dazu soll es keiner weiteren Rechtsakte bedürfen.[184] Damit wird dort ein gesetzlicher Erwerb vorausgesetzt. Es besteht ein deutlicher Unterschied im Wortlaut gegenüber der SE-VO. Die Gründung einer

---

[181] Palandt/*Heinrichs*, BGB, § 158 Rn. 2.

[182] So wandelt sich auch bei Leistungsstörungen die Sachleistungspflicht in eine Pflicht zur Bareinlage um; vgl. *Hüffer*, AktG, § 27 Rn. 18; MünchKomm-AktG/*Pentz* § 27 Rn. 50 ff.

[183] Vgl. der Wortlaut der englischen Version der SE-VO: „Shareholders who have contributed their securities to the formation of the SE shall receive shares in the holding SE“.

[184] Vgl. Vorschlag Dritte RiL, Begründung, BT-Drs. VI/1027, S. 13; *Schwarz*, Europäisches Gesellschaftsrecht, Rn. 655.

Holding-SE sollte nach dem Willen des Verordnungsgebers gerade anders behandelt werden als die Verschmelzung.[185] Es liegt daher kein gesetzlicher Erwerb der Aktien der SE durch die einbringenden Anteilsinhaber vor, der die Einschaltung eines Treuhänders zur Übernahme der Aktien unzulässig machen könnte.

Werden die Gesellschafter der Gründungsgesellschaften nicht kraft Gesetzes Aktionäre der SE, dann müssen die Aktien der SE wie bei einer normalen Sachgründung übernommen werden. Das nach der SE-VO bestehende Wahlrecht der Anteilsinhaber der Gründungsgesellschafter,[186] ihre Anteile im Hinblick auf die Gründung der SE einzubringen, spricht daher für ein gesetzliches Aktienübernahmerecht entsprechend dem Bezugsrecht bei Kapitalerhöhungen (Art. 29 Abs. 1 Zweite RiL). Die Aktionäre haben somit ein Recht auf Abschluss eines Zeichnungsvertrages mit der SE zu den im Gründungsplan festgesetzten Bedingungen. Allerdings wird bei Übernahme der Aktien durch einen Treuhänder dieses gesetzliche Zeichnungsrecht der Anteilsinhaber der Gründungsgesellschaften grundsätzlich ausgeschlossen. Das vertraglich abgeleitete Recht, die Aktien von dem Treuhänder zu beziehen, sollte den Anforderungen des Art. 33 Abs. 4 jedoch Genüge tun. Dies ergibt sich aus dem Rechtsgedanken des Art. 29 Abs. 7 Zweite RiL, wonach ein Ausschluss des Bezugsrechts nicht vorliegen soll, wenn die Aktien an Banken oder andere Finanzinstitute ausgegeben werden, damit diese sie den Aktionären anbieten.

Die hier vorgeschlagene Lösung der Übernahme der Aktien durch einen Treuhänder widerspricht somit im Ergebnis nicht der Regelung des Art. 33 Abs. 4. Den Gesellschaftern, die ihre Anteile im Hinblick auf die Gründung der SE eingebracht haben, werden die Aktien der SE von dem Treuhänder übertragen.

c) Einbringung der Aktien nach Art. 33 Abs. 3 Unterabs. 2

Wird innerhalb der Frist nach Art. 33 Abs. 1 die erforderliche Anzahl der Anteile eingebracht und sind alle übrigen Bedingungen erfüllt, so ist die SE gegründet (Art. 33 Abs. 2). Sie kann gemäß Art. 33 Abs. 5 zur Eintragung angemeldet werden.[187] Nach Art. 33 Abs. 3 Unterabs. 2 haben jedoch die Aktionäre, die ihre Anteile nicht innerhalb der Dreimonatsfrist eingebracht haben, erneut die Möglichkeit, ihre Anteile im Hinblick auf

---

185 SE-VOV 1991, Begründung, BT-Drs. XII/1004, S. 5.

186 Zum Wahlrecht der Aktionäre SE-VOV 1991, Begründung, BT-Drs. XII/1004, S. 5; *Theißen*, Die Gründung einer Holding, S. 72 ff.

187 Siehe oben, Teil 3 B II 1, S. 44 f.

die Gründung der SE zur Verfügung zu stellen. Ihnen können dann die Aktien der SE von dem Treuhänder übertragen werden. Nach der hier vorgeschlagenen Hilfskonstruktion sind dazu bereits ausreichend Aktien vorhanden, da der Treuhänder Aktien der SE im Wert der maximal einbringbaren Anteile der Gründungsgesellschaften übernommen hat. Bringen nicht alle Gesellschafter der Gründungsgesellschaften ihre Anteile in die SE ein, wandelt sich die Sacheinlageverpflichtung des Treuhänders mit Ablauf der Frist nach Art. 33 Abs. 3 Unterabs. 2 in eine Pflicht zur Leistung der Einlage in bar um.[188] Den Treuhänder trifft dann die Pflicht zur Leistung des Ausgabebetrages in Höhe des Fehlbetrages in bar. Die restlichen Aktien der SE, die aufgrund nicht vollständiger Einbringung der Anteile der Gründungsgesellschaften noch im Eigentum des Treuhänders stehen, können auf dem freien Markt veräußert werden.

d) Fehlschlagen der Gründung

Wird der im Gründungsplan festgesetzte Mindestprozentsatz der Aktien oder sonstigen Anteile nicht fristgemäß eingebracht, so scheitert die Gründung der Holding-SE (vgl. Art. 33 Abs. 2). Die Übernahme der Anteile durch den Treuhänder ist dann ohne rechtliche Wirkung (Art. 33 Abs. 2 iVm. § 158 Abs. 2 BGB).[189]

4. Zusammenfassung

Das Modell der abgestuften Festsetzung des Grundkapitals entspricht zwar der Systematik der SE-VO, findet aber im deutschen Recht keine Grundlage. Die Bereitstellung eines bedingten Kapitals scheidet aufgrund fehlender gesetzlicher Grundlage ebenfalls aus. Solange das SEAG keine besonderen Regelungen zur Gründung einer Holding-SE bereithält, ist eine Lösung auf Grundlage der aktienrechtlichen Vorschriften zu wählen.

Hierzu ist aufgrund entsprechender Anwendung der §§ 71 UmwG, 186 Abs. 5 S. 1 AktG über Art. 15 Abs. 1 von den Gründungsgesellschaften ein Treuhänder zu bestellen, der zunächst die Aktien der Holding-SE

---

[188] Zur bedingten Sacheinlagevereinbarung siehe oben, Teil 3 B II 2 a, S. 47.

[189] Die bedingte Aktienübernahme ist nach dem Aktienrecht nicht zulässig, da bedingte Beitritte zur Gesellschaft mit den Bedürfnissen des Rechtsverkehrs an der erforderlichen Rechtssicherheit und Rechtsklarheit nicht vereinbar sind; MünchKommAktG/*Pentz* § 23 Rn. 56. Nach Art. 33 Abs. 2 müssen bedingte Beitritte zur Holding-SE jedoch möglich sein, so dass das nationale Aktienrecht dem nicht entgegenstehen kann.

vollständig übernimmt und sie dann an die Gesellschafter überträgt, die ihre Anteile zur Gründung der SE einbringen. Damit ist es möglich, das Grundkapital bereits bei Feststellung der Satzung endgültig festzusetzen und dennoch allen Anteilsinhabern die Teilnahme an der Gründung der SE entsprechend den Vorgaben der SE-VO zu ermöglichen.

III. Festsetzung in der Satzung

Bei ergänzender Anwendung des für die Sachgründung geltenden Sitzstaatrechts sind grundsätzlich auch §§ 26, 27 AktG zu beachten. Demzufolge sind nach § 27 Abs. 1 S. 1 AktG grundsätzlich der Gegenstand der Sacheinlage, die Person, von der die Gesellschaft den Gegenstand erwirbt, und der Nennbetrag bzw. die Zahl der zu gewährenden Aktien in der Satzung anzugeben. Durch die Satzungspublizität soll ein Schutz der Gläubiger und Aktionäre vor unzureichender Kapitalaufbringung erreicht werden.[190] Die Satzung ist jedoch zwingender Bestandteil des Gründungsplans (Art. 32 Abs. 2 S. 3 iVm. Art. 20 Abs. 1 Buchst. h), der schon vor der Beschlussfassung durch die Hauptversammlung aufzustellen ist.[191] Zu diesem Zeitpunkt ist allerdings noch nicht bekannt, welche Anteilsinhaber sich an der Gründung beteiligen und ihre Anteile einbringen und damit auch Anteile an der SE erhalten.

In der Literatur wird daher vertreten, dass § 27 Abs. 1 AktG bei der Gründung einer Holding-SE nicht anwendbar ist.[192] Die Anforderungen des § 27 Abs. 1 AktG sollten aber zumindest soweit wie tatsächlich möglich und zum Aktionärs- und Gläubigerschutz zwingend erforderlich erfüllt werden. So muss als Gegenstand der Sacheinlage „Anteile der Gründungsgesellschaften" bezeichnet werden. Hier sollte ein Hinweis genügen, dass das Grundkapital der SE durch Einbringung von mindestens 50 % bzw. dem im Gründungsplan festgesetzten Prozentsatz der Anteile der Gründungsgesellschaften aufgebracht worden ist. Als Person des Einbringenden kann der Treuhänder angegeben werden. Die Angabe der tatsächlichen, ihre Anteile einbringenden, Personen ist bei dieser Gründungsvariante, wo grundsätzlich jeder Anteilsinhaber seine Anteile zu einem festgesetzten Umtauschverhältnis einbringen kann, weniger von Bedeutung.[193] Ferner sollte das Umtauschverhältnis angegeben werden, so dass ersichtlich ist, wie viele Aktien der SE für eine Aktie der Gründungsgesellschaften ausgegeben wurden. Durch diese Angaben

---

[190] *Hüffer*, AktG, § 27 Rn. 1.
[191] Siehe oben, Teil 3 B II, S. 43.
[192] *Neun*, in: Theisen/Wenz, Die Europäische Aktiengesellschaft, S. 51, 152.
[193] Vgl. *Röhricht*, in: Großkommentar zum AktG, § 27 Rn. 8.

wird der Schutzzweck der Satzungspublizität zumindest in einem Mindestmaß verwirklicht.

IV. Einbringung der Aktien

Wann und wie die Anteile tatsächlich in die SE einzubringen sind, ist in der SE-VO nicht näher geregelt. Da die Anteile das Kapital der SE bilden, ist dies jedoch für die Kapitalaufbringung von Bedeutung.

1. Mitteilung i.S. des Art. 33 Abs. 1

Die SE-VO legt lediglich fest, dass die Gesellschafter der Gründungsgesellschaften innerhalb der Dreimonatsfrist mitteilen müssen, ob sie beabsichtigen, ihre Anteile bei der Gründung einzubringen (Art. 33 Abs. 1). Die rechtliche Bedeutung dieser „Mitteilung" der Anteilsinhaber nach Art. 33 Abs. 1 ist jedoch unklar.

Hierbei könnte es sich bereits um eine Verpflichtung handeln, die Anteile als Einlage in die SE einzubringen. Dafür spricht vor allem der Wortlaut des Art. 33 Abs. 2. Danach ist die SE bereits gegründet, wenn die Gesellschafter der die Gründung anstrebenden Gesellschaften innerhalb der in Absatz 1 genannten Frist den nach dem Gründungsplan für jede Gesellschaft festgelegten Mindestprozentsatz der Gesellschaftsanteile „eingebracht haben" und alle übrigen Bedingungen erfüllt sind. Eine unverbindliche Absichtserklärung wäre im Hinblick auf die Sicherung der Aufbringung des Grundkapitals keine tragfähige Grundlage für die Gründung einer Kapitalgesellschaft.[194]

Die Erklärung der Anteilsinhaber, ihre Anteile bei Gründung der SE einbringen zu wollen, stellt daher eine rechtsverbindliche Erklärung dar. Hierbei handelt es sich nicht um einen Tauschvertrag i.S. des § 480 BGB, da die die Gegenleistung bildenden Aktien der SE erst durch ein besonderes Rechtsgeschäft entstehen, das gesellschaftsrechtlicher Natur ist. Vielmehr stellt die „Mitteilung" grundsätzlich die Übernahme der Aktien der SE dar. Nach der hier vertretenen Hilfskonstruktion werden die Aktien der SE von dem Treuhänder übernommen.[195] In diesem Fall haben die Anteilsinhaber, die sich an der Gründung beteiligen wollen, mit diesem innerhalb der Frist nach Art. 33 Abs. 1 einen rechtsverbindlichen Tauschvertrag abzuschließen.

---

[194] *Teichmann*, ZGR 2002, 383, 436; *Oplustil*, GLJ Vol. 4 Nr. 2 – 1 February 2003, sec. 20; *Heckschen*, DNotZ 2003, 251, 262.

[195] Siehe oben, Teil 3 B II 2 a, S. 47 f.

2. Einbringung der Anteile i.S. des Art. 33 Abs. 1

Fraglich ist hier aber dennoch, ob die Eingehung einer Sacheinlageverpflichtung ausreichend ist, oder ob hier nicht auch die Anteile vollständig übertragen werden müssen. Unter dem Aspekt der realen Kapitalaufbringung wäre die Eingehung einer „Verpflichtung" zur Leistung der Sacheinlage für die Gründung der Gesellschaft ausreichend, da nach Art. 9 Abs. 2 Zweite RiL Sacheinlagen erst fünf Jahre nach Gründung oder der Erteilung der Geschäftsfähigkeit vollständig geleistet werden müssen.[196]

Jedoch müssen nach der Regelung des Art. 33 Abs. 2 die Anteile innerhalb der Dreimonatsfrist (Art. 33 Abs. 1) „eingebracht" werden, damit die Holding-SE gegründet ist. Auch Art. 31 a SE-VOV 1991 forderte noch ausdrücklich ein „Einbringen" der Anteile innerhalb der Dreimonatsfrist.[197] Daher muss auch hier davon ausgegangen werden, dass bereits nach Art. 33 Abs. 1 nicht nur die Übernahme der Aktien und eine Sacheinlagevereinbarung erfolgen muss, sondern zugleich auch ein Einbringen der Anteile an den Gründungsgesellschaften als Sacheinlage tatsächlich erforderlich ist.

Ferner spricht für die sofortige Einbringungspflicht, dass hier nicht lediglich eine Kapitalgesellschaft gegründet wird, sondern eine Holding-Gesellschaft. Zur Holding wird die Gesellschaft einerseits durch Einbringung der Anteile, andererseits durch die Zuordnung der Gestaltungs- und Führungsfunktion. Diese macht den wesentlichen Gegenstand des Unternehmens aus und ist im Gesellschaftsvertrag zu verankern. Die Umsetzung der Leitungsmacht erfolgt primär durch die Ausübung der der Holding zustehenden Gesellschafterrechte, die grundsätzlich mit dem Erwerb der Mitgliedschaft beginnen.[198] Die Anteile müssen demnach vollständig auf die SE übertragen werden, damit die SE ihre Funktion als Holding tatsächlich erfüllen kann. Somit müssen hier, anders als bei einer normalen Sachgründung, die Anteile bereits vor Eintragung innerhalb der Dreimonatsfrist vollständig übertragen werden.[199]

Art. 33 Abs. 1 ist daher in dem Sinne auszulegen, dass neben der Eingehung der Sacheinlageverpflichtung zur Einbringung der Anteile diese

---

[196] Zum Zweck der Zweiten RiL und speziell des Art. 9 Abs. 2 Zweite RiL *Krebs/Wagner*, AG 1998, 467, 468.

[197] Dazu *Trojan-Limmer*, RIW 1991, 1010, 1015.

[198] Vgl. *Kraft*, in: Lutter (Hrsg.), Holding-Handbuch, Rn. B 74; ferner SE-VOV 1991, Begründung, BT-Drs. XII/1004, S. 5.

[199] Art. 9 Abs. 2 Zweite RiL steht dem nicht entgegen, da es sich um eine Mindestvorschrift handelt; vgl. *Krebs/Wagner*, AG 1998, 467, 469 f.

auch tatsächlich vor Ablauf der Dreimonatsfrist auf die (Vor-) SE übertragen werden müssen.[200] Allerdings haben die Verpflichtung und die Übertragung der Anteile unter der Bedingung zu erfolgen, dass die Voraussetzung für eine Gründung nach Art. 33 Abs. 2 erreicht werden.[201]

3. Zwischenergebnis

Die Gesellschafter der Gründungsgesellschaften, die ihre Anteile in die SE einbringen wollen, müssen nach Art. 33 Abs. 1 innerhalb der Dreimonatsfrist rechtsverbindlich die Einbringung der Anteile in die SE erklären und diese vor Ablauf der Dreimonatsfrist tatsächlich auf die (Vor-) SE übertragen haben. Die Sacheinlageverpflichtung und die Übertragung der Anteile haben unter der Bedingung zu erfolgen, dass die Voraussetzung für eine Gründung nach Art. 33 Abs. 2 erreicht werden.

Bei der hier vorgeschlagenen Lösung der Zeichnung durch einen Treuhänder, heißt das, dass die Anteilsinhaber innerhalb der Frist nach Art. 33 Abs. 1 mit diesem einen Tauschvertrag abschließen müssen, unter der Bedingung, dass die Voraussetzung für eine Gründung nach Art. 33 Abs. 2 erreicht wird. Ferner müssen sie unter der gleichen Bedingung ihre Anteile innerhalb der Dreimonatsfrist auf den Treuhänder übertragen, damit dieser seiner Einlageverpflichtung innerhalb der Frist nach Art. 33 Abs. 1 nachkommen kann.

V. Gründungsbericht und Gründungsprüfung

1. Erforderlichkeit eines Gründungsberichts und einer Gründungsprüfung

Um die tatsächliche Werthaltigkeit des Grundkapitals zum Zeitpunkt der Eintragung zu gewährleisten, ordnen §§ 32 und 33 ff. AktG die Erstellung eines Gründungsberichts und die Vornahme einer Gründungsprüfung an.[202] Diese Pflicht zur Erstellung eines Gründungsberichts und der Vornahme einer Gründungsprüfung müsste grundsätzlich über Art. 15 Abs. 1 auch auf die Gründung einer Holding-SE Anwendung finden. Es stellt sich jedoch die Frage, ob die Pflicht zur Erstellung eines Holding-Berichts nach Art. 32 Abs. 2 S. 2 und zur Vornahme einer Holding-

---

200 Zur Vor-SE siehe *Kersting*, DB 2001, 2079 ff.

201 *Theißen*, Die Gründung einer Holding, S. 78; *Oplustil*, GLJ Vol. 4 Nr. 2 – 1 February 2003, sec. 20.

202 Bei Sacheinlagen ist die externe Prüfung ein gemeinschaftsweit zwingendes Erfordernis; vgl. Art. 10 Zweite RiL.

Prüfung nach Art. 32 Abs. 4 eine ergänzende Anwendung der §§ 32 und 33 ff. AktG ausschließen.

Im Hinblick auf die bewusste Unvollständigkeit der SE-VO ist anzunehmen, dass in Bereichen, wo bereits Richtlinien zur Harmonisierung der nationalen Aktienrechte ergangen sind, eine Anwendung des harmonisierten nationalen Rechts über eine Verweisungsvorschrift gewollt war.[203] Nach Art. 10 Zweite RiL ist zur Sicherung der Kapitalaufbringung bei Sacheinlagen eine Werthaltigkeitsprüfung durch Sachverständige vorgeschrieben. Dementsprechend sind wohl auch §§ 32 ff. AktG anzuwenden, die diese Vorgabe umsetzen.

Letztlich kann nur entscheidend sein, ob die Holdingprüfung und der zu erstellende Bericht der Sachverständigen bereits die von der Zweiten RiL für Sacheinlagen aufgestellten Anforderungen (vgl. Art. 10 Zweite RiL) erfüllen. Dann bestünde für die Anwendung der nationalen Vorschriften mangels Unvollständigkeit der Verordnung kein Anlass. Dies wird aber bereits deshalb abgelehnt, weil durch die verschiedenen Prüfungen unterschiedliche Zwecke verfolgt werden.[204] Während die Holdingprüfung dem a-priori-Schutz der Aktionäre der Gründungsgesellschaften dient,[205] soll die Gründungsprüfung die ordnungsgemäße Errichtung der Gesellschaft, insbesondere die tatsächliche Aufbringung des Grundkapitals, zum Schutz der Gläubiger der neuen Gesellschaft und der künftigen Aktionäre sicherstellen.[206]

Ein wesentlicher Bestandteil der Holdingprüfung ist jedoch ist die Angemessenheitsprüfung des vorgeschlagenen Umtauschverhältnisses (vgl. Art. 32 Abs. 5). Das Umtauschverhältnis bestimmt die Wertigkeit von Leistung (übertragendes Vermögen) und Gegenleistung (Gewährung von Anteilen des übernehmenden Rechtsträgers). Da die Anteilsinhaber der Tochtergesellschaften praktisch eine Sacheinlage erbringen, muss eine Gleichwertigkeit von Leistung und Gegenleistung erreicht werden (vgl. §§ 32 Abs. 2, 34 Abs. 1 Nr. 2 AktG). Das Umtauschverhältnis ist dann angemessen, wenn die den Anteilsinhabern der Gründungsgesellschaften zugewiesenen Anteile wertmäßig den eingebrachten Anteilen entsprechen.[207] Daher ist die Angemessenheit des Umtauschverhältnis-

---

[203] Vgl. Erwägungsgrund 9.

[204] *Neun*, in: Theisen/Wenz, Die Europäische Aktiengesellschaft, S. 51, 148; *Oplustil*, GLJ Vol. 4 Nr. 2 – 1 February 2003, sec. 15.

[205] *Neun*, in: Theisen/Wenz, Die Europäische Aktiengesellschaft, S. 51, 132, 136.

[206] *Schwarz*, Europäisches Gesellschaftsrecht, Rn. 582 ff.

[207] Vgl. *Mayer*, in: Widmann/Mayer, UmwG, 71. Erg.-Lfg. Sept. 2003, § 5 Rn. 95; *Müller*, in: Kallmeyer, UmwG, § 5 Rn. 19.

ses auch entscheidend für die Kapitaldeckung, und die Holdingprüfung dient somit auch mittelbar der Sicherung der Kapitalaufbringung, dem wesentlichen Zweck der Zweiten RiL.[208] Allerdings wird mit der Angemessenheitsprüfung keine Aussage getroffen, ob der wahre Wert der einzubringenden Anteile mindestens dem Nennbetrag oder dem auf die einzelne Stückaktie entfallenden anteiligen Betrag des Grundkapitals und gegebenenfalls dem Mehrbetrag der ausgegebenen Aktien der SE entspricht (vgl. § 9 Abs. 1 AktG bzw. Art. 10 Abs. 2 Zweite RiL).[209] Gerade das Verbot der Unterpariemission ist jedoch entscheidend im Hinblick auf die Sicherung der tatsächlichen Aufbringung des Grundkapitals.[210]

Richtigerweise kann hier auch der Rechtsgedanke des § 75 Abs. 2 UmwG einen Ausschluss nicht tragen.[211] Anders als bei der im Zuge der Verschmelzung erfolgenden Vermögensübertragung, bei der die Sicherung der Reinvermögensdeckung der übertragenden Rechtsträger die Kapitalaufbringung des übernehmenden Rechtsträgers sichert, geht es bei der Holding um die Einbringung von Anteilen. Die Reinvermögensdeckung der Gründungsgesellschaften kann dabei allenfalls mittelbar von Bedeutung sein.[212] Ferner ist zu beachten, dass auch ausländische Kapitalgesellschaften in Form einer GmbH Gründungsgesellschaft sein können (vgl. Art. 2 Abs. 2 und Anhang II), für die die Zweite RiL nicht gilt (vgl. Art. 1 Zweite RiL), und daher europaweit ein unterschiedlicher Standard bei der Sicherung der Kapitalaufbringung und Kapitalerhaltung besteht. Daher ist auch bei der Gründung der Holding-SE in ergänzender Anwendung der §§ 32 und 33 ff. AktG ein Gründungsbericht zu erstellen und eine Gründungsprüfung vorzunehmen.

2. Gründungsbericht

Somit haben die Gründer nach Art. 15 Abs. 1 iVm. § 32 Abs. 1 AktG einen schriftlichen Bericht über den Hergang der Gründung zu erstatten. Der Sachgründungsbericht soll vor allem die ordnungsgemäße Errichtung der Gesellschaft gewährleisten. Daneben soll er dem Gericht die Prüfung der Ordnungsmäßigkeit der Gründung erleichtern.[213]

---

208 *Neun*, in: Theisen/Wenz, Die Europäische Aktiengesellschaft, S. 51, 148.
209 *Oplustil*, GLJ Vol. 4 Nr. 2 – 1 February 2003, sec. 15; vgl. *Schiller*, AG 1992, 20, 21.
210 *Schiller*, AG 1992, 20, 21; vgl. Art 8 Abs. 1 Zweite RiL; dazu *Schwarz*, Europäisches Gesellschaftsrecht, Rn. 583.
211 Zum Rechtsgedanken des § 75 Abs. 2 UmwG siehe oben, Teil 3 A III 3, S. 38.
212 *Neun*, in: Theisen/Wenz, Die Europäische Aktiengesellschaft, S. 51, 148.
213 *Hüffer*, AktG, § 32 Rn. 1; MünchKommAktG/*Pentz* § 32 Rn. 3; *Schiller*, AG 1992, 20, 21.

Die Gründer der Holding-SE sind nach dem Konzept der SE-VO nicht die Gesellschafter, die ihre Anteile einbringen, sondern die Gründungsgesellschaften.[214] Gemäß Art. 32 Abs. 6 bestimmen nämlich nicht die einzelnen gründungswilligen Aktionäre bzw. Anteilsinhaber über den Gründungsplan und damit auch über die Satzung als Bestandteil dieses Plans, sondern die Hauptversammlung bzw. Gesellschafterversammlung als Organ der die Gründung der SE anstrebenden Aktiengesellschaft bzw. GmbH.[215] Ferner betreiben die Gründungsgesellschaften und nicht die Anteilsinhaber der Gründungsgesellschaften im Wesentlichen das Gründungsverfahren (vgl. Art. 32 Abs. 2). Daher sollten diese Gesellschaften auch zur Berichterstattung verpflichtet sein.[216]

Für die Aufbringung des Gesellschaftskapitals ist dabei die Berichtspflicht nach Art. 15 Abs. 1 iVm. § 32 Abs. 2 AktG wesentlich. Danach sind im Gründungsbericht alle wesentlichen Umstände darzulegen, von denen die Angemessenheit der Leistung für die Sacheinlage abhängt. Hier ist aufzuzeigen, dass der Wert der einzubringenden Aktien dem Ausgabebetrag der zu gewährenden Aktien der SE entspricht.

Erforderlich sind ferner die Angaben nach § 32 Abs. 2 S. Nr. 1 bis 3 AktG. Problematisch ist dabei insbesondere die Angabe der Anschaffungs- und Herstellungskosten aus den letzten beiden Jahren.[217] In der Literatur wird daher ein Verzicht auf die Angaben nach § 32 Abs. 2 S. 2 Nr. 1 bis 3 AktG gefordert, was jedoch richtigerweise nur aufgrund einer ausdrücklichen Anordnung des Gesetzgebers erfolgen könnte.[218]

3. Gründungsprüfung

Nach Art. 15 Abs. 1 iVm. § 33 Abs. 1 AktG haben die Mitglieder des Leitungsorgans und des Aufsichtsorgans bzw. des Verwaltungsrates (§ 22 Abs. 6 SEAG-RegE) der zu gründenden Gesellschaft den Hergang der Gründung zu prüfen. Da bei Gründung der Holding-SE eine Gründung durch Sacheinlagen vorliegt, ist nach Art. 15 Abs. 1 iVm. § 33 Abs. 2 Nr. 4 AktG auch eine Prüfung durch einen oder mehrere Prüfer vorzunehmen. Für die Bestellung der Prüfer gilt § 33 Abs. 3, 4 und 5 AktG.[219]

---

214 *Trojan-Limmer*, RIW 1991, 1010, 1015; *Neun*, in: Theisen/Wenz, Die Europäische Aktiengesellschaft, S. 51, 148 f.

215 *Trojan-Limmer*, RIW 1991, 1010, 1015; *Neun*, in: Theisen/Wenz, Die Europäische Aktiengesellschaft, S. 51, 148 f.

216 *Neun*, in: Theisen/Wenz, Die Europäische Aktiengesellschaft, S. 51, 148 f.

217 *Neun*, in: Theisen/Wenz, Die Europäische Aktiengesellschaft, S. 51, 150.

218 *Neun*, in: Theisen/Wenz, Die Europäische Aktiengesellschaft, S. 51, 150.

219 Im Einzelnen *Hüffer*, AktG, § 33 Rn. 7 ff.

Der Inhalt der Prüfung richtet sich nach § 34 Abs. 1 AktG.[220] Von besonderer Bedeutung ist dabei die Prüfung, ob der Wert der Sacheinlage den geringsten Ausgabebetrag der dafür zu gewährenden Aktien erreicht (§ 34 Abs. 1 Nr. 2 AktG).

Die Prüfer haben gemäß Art. 15 Abs. 1 iVm. § 34 Abs. 2 S. 1 AktG einen schriftlichen Bericht über jede Prüfung zu erstatten. Insbesondere ist in dem Bericht der Gegenstand der Sacheinlage und die für die Bestimmung der Umtauschrelation angewandte Bewertungsmethode anzugeben (Art. 15 Abs. 1 iVm. § 34 Abs. 2 S. 2 AktG).[221]

4. Zwischenergebnis

Bei Gründung einer Holding-SE ist ein Gründungsbericht und eine Gründungsprüfung nach Art. 15 Abs. 1 iVm. §§ 32, 33 ff. AktG durchzuführen. Nach Art. 15 Abs. 1 iVm. § 32 AktG haben die Gründungsgesellschaften als Gründer im Sinne der SE-VO einen schriftlichen Bericht über den Hergang der Gründung der Holding-SE zu erstatten. Ferner ist nach Art. 15 Abs. 1 iVm. § 33 Abs. 1 AktG eine Gründungsprüfung durch das Leitungsorgan und das Aufsichtsorgan bzw. den Verwaltungsrat und nach Art. 15 Abs. 1 iVm. § 33 Abs. 2 AktG eine externe Gründungsprüfung durchzuführen. Der Inhalt der Prüfung richtet sich nach §§ 34, 35 AktG.

VI. Kontrolle der Kapitalaufbringung

Die Holding-SE ist nach Art. 12 iVm. § 3 SEAG-RegE im Handelsregister beim Amtsgericht des Gesellschaftssitzes (§ 8 HGB, § 125 Abs. 1 FGG, § 14 AktG) einzutragen. Die SE-VO weist durch Art. 33 Abs. 5 der für die konstitutive Eintragung zuständigen Stelle einen Prüfungsauftrag zu.[222] Daneben gelten über Art. 15 Abs. 1 die speziell für die Gründung einer Aktiengesellschaft einzuhaltenden Kontrollmechanismen (§ 38 AktG). Das Registergericht hat hier somit neben den in Art. 33 Abs. 5 enthaltenen Vorgaben nach Art. 15 Abs. 1 iVm. § 38 Abs. 2 S. 2 die Werthaltigkeit der eingebrachten Anteile zu prüfen. Der Wert der eingebrachten Anteile darf nicht wesentlich hinter dem Ausgabebetrag der dafür zu gewährenden Aktien zurückbleiben. Maßgeblicher Zeitpunkt für die Prüfung

---

220 Im Einzelnen *Hüffer*, AktG, § 34 Rn. 2 ff.
221 Im Einzelnen *Hüffer*, AktG, § 34 Rn. 4 ff.
222 Näher dazu *Neun*, in: Theisen/Wenz, Die Europäische Aktiengesellschaft, S. 51,152.

der Wertdeckung durch das Registergericht ist hier entsprechend den Regeln der Sachgründung der Eintragungszeitpunkt.[223]

VII. Differenzhaftung

Die aktienrechtliche Differenzhaftung ist über Art. 5 grundsätzlich auch bei Gründung einer SE anwendbar.[224] Bei Gründung einer Holding-SE sind trotz erforderlicher Einbringung der Anteile durch die Gesellschafter der Gründungsgesellschaften nicht die Anteilsinhaber, sondern die die Gründung anstrebenden Gesellschaften als Gründer anzusehen.[225]

Anders als bei der Verschmelzung bleiben die Gründungsgesellschaften bei dieser Gründungsvariante bestehen. Dennoch ist eine Haftung der Gründer ausgeschlossen, da der Wert der Gründungsgesellschaften bzw. der eingebrachten Anteile (mindestens 50 %) das Grundkapital der SE bildet. Daher wäre eine Forderung der SE gegen die abhängigen Gründungsgesellschaften unter dem Gesichtspunkt der realen Kapitalaufbringung wertlos. Damit ist auch bei Gründung einer Holding-SE eine Differenzhaftung der Gründer ausgeschlossen.

Fraglich ist dann, ob hier eine Haftung der Anteilsinhaber in Betracht kommt, die sich an der Gründung der SE beteiligt haben, denn diese sind die Nutznießer einer Überbewertung der Gründungsgesellschaften. Jedoch haften sie als Anteilsinhaber der Gründungsgesellschaften nur beschränkt. Es erscheint daher problematisch, angesichts der Tatsache, dass es sich bei Gründung einer Holding-SE um eine Umstrukturierungsmaßnahme handelt, eine persönliche Haftung bei Gründung der SE wieder aufleben zu lassen. Insoweit ist es nicht sachgerecht die Anteilsinhaber hier anders zu behandeln als bei einer Gründung einer Kapitalgesellschaft durch Verschmelzung, denn bei beiden Strukturmaßnahmen betreiben die Gründungsgesellschaften maßgeblich das Gründungsverfahren. Zwar bringen die Aktionäre bei Gründung einer Holding-SE, anders als bei der Verschmelzung, ihre Anteile freiwillig in die zu gründende Holding-SE ein.[226] Die Gründung einer Holding-SE unterscheidet sich daher insoweit nicht von der Gründung einer Aktiengesellschaft durch Sacheinlage, bei der die Gründer der Differenzhaftung

---

[223] BGHZ 80, 128, 136 ff. = GmbHR 1981, 114, 116; *Hüffer*, AktG, § 38 Rn. 4 und 9; *Ihrig*, GmbHR 1995, 622, 627; MünchKommAktG/*Pentz* § 38 Rn. 23 ff.

[224] Siehe oben, Teil 3 A III 5, S. 40.

[225] Siehe oben, Teil 3 B V 2, S. 57.

[226] Vgl. *Rieger*, in: Widmann/Mayer, UmwG, 71. Erg.-Lfg. Sept. 2003, § 36 Rn. 169.

nicht entgehen können.[227] Ferner würde die Haftung auch tatsächlich nur diejenigen Aktionäre treffen, die sich willentlich an der Gründung der SE durch Einbringung der Anteile beteiligen.[228] Allerdings haben die sich an der Gründung beteiligenden Anteilsinhaber, im Unterschied zu den Sacheinlegern bei einer Sachgründung, keinen Einfluss auf die Bewertung des Gesellschaftsvermögens.[229] Die Wahlmöglichkeit der Einbringung der Anteile dient nur dem Schutz der Aktionäre.[230] Dieses gegenüber der Verschmelzung weitergehende Schutzinstrument kann nicht als Argument zur Begründung einer Haftung der Anteilsinhaber angeführt werden. Es ist daher nicht gerechtfertigt die Gründung einer Holding-SE, was die Annahme einer Differenzhaftung der Aktionäre betrifft, anders zu beurteilen als die Verschmelzung zur Neugründung. Die Differenzhaftung der sich an der Gründung der Holding-SE beteiligenden Anteilsinhaber bei Eintragung der SE trotz Unterpariemission ist somit abzulehnen.

VIII. Übernahmerecht

Unklar ist, ob das Verfahren der Einbringung der Aktien der Gründungsgesellschaften in die Holding-SE in den Anwendungsbereich des WpÜG fällt, und ob in diesem Fall das WpÜG neben der SE-VO Anwendung finden kann.

1. Anwendbarkeit des WpÜG

Das WpÜG gehört systematisch zum Kapitalmarktrecht.[231] Es bezweckt zum einen die angemessene Erfüllung der Anforderungen an die Finanzmärkte, zum anderen die Schaffung von Leitlinien für ein faires und geordnetes Angebotsverfahren, die Verbesserung der Transparenz und die Stärkung der rechtlichen Stellung der Minderheitsaktionäre bei Unternehmensübernahmen.[232]

---

227 Vgl. *Kersting*, DB 2001, 2079, 2084, der aus diesem Grund die Anteilsinhaber, die ihre Anteile zur Gründung einer SE einbringen, als Handelnde i.S. des Art. 16 Abs. 2 qualifiziert.

228 An der Verschmelzung nehmen grundsätzlich auch die Aktionäre teil, die sich im Hauptversammlungsbeschluss dagegen ausgesprochen haben; vgl. *Rieger*, in: Widmann/Mayer, UmwG, 71. Erg.-Lfg. Sept. 2003, § 36 Rn. 169.

229 Vgl. *Grunewald*, in: Geßler/Hefermehl, AktG, § 344 Rn. 20;

230 SE-VOV 1991, Begründung, BT-Drs. XII/ 1004, S. 5; *Theißen*, Die Gründung einer Holding, S. 72 ff.

231 *Fleischer*, NZG 2002, 545.

232 RegE WpÜG, Begründung, BT-Drs. XIV/7034, S. 27.

Zunächst ist hier die grundsätzliche Frage zu klären, ob kapitalmarktrechtliche Regelungen in den Regelungsbereich der SE-VO fallen. In diesem Fall wäre stets das Sitzstaatrecht ohne Rückgriff auf die Grundsätze des internationalen Privatrechts anzuwenden. Diese Frage hat praktische Bedeutung, da Gesellschaftssitz und Börsennotierung oft auseinanderfallen, und Mehrfachnotierungen in verschiedenen Ländern zunehmen.[233] Es liegt nahe über Art. 5 oder zumindest über die Generalverweisung Art. 9 grundsätzlich auch die vertriebsbezogenen, markt- und anlegerschützenden Regelungen des Sitzstaates anzuwenden. Der Zweck der Verweisungsvorschrift ist allerdings nicht die Schaffung einer einheitlichen Anknüpfung unter Ausschaltung des internationalen Privatrechts, sondern die Einbeziehung des nationalen Rechts in Bereichen, wo ursprünglich eine einheitliche Regelung erfolgen sollte, auf die dann aufgrund des Fortschreitens der Rechtsangleichung verzichtet wurde.[234] Die Errichtung eines einheitlichen Kapitalmarktes ist jedoch kein erklärtes Ziel der SE-VO.

In Erwägungsgrund 20 werden zwar ausdrücklich bestimmte Rechtsgebiete genannt, die nicht in den Regelungsbereich der SE-VO fallen, wobei das Übernahmerecht nicht enthalten ist. Aus Erwägungsgrund 20 ergibt sich aber auch, dass diese Aufzählung nicht abschließend ist, denn in den „oben genannten sowie anderen nicht von dieser Verordnung umfassten Bereichen“ sollen die Vorschriften der Mitgliedstaaten Anwendung finden. Dementsprechend spricht auch Erwägungsgrund 12 gegen eine Einbeziehung in den Regelungsbereich der Verordnung, da dort, ähnlich wie in Erwägungsgrund 20, statt auf das Recht des Sitzstaates zu verweisen, die Anwendbarkeit „einzelstaatlicher Bestimmungen“ für öffentlich zur Zeichnung auffordernde Aktiengesellschaften und für Wertpapiergeschäfte auf die SE ausdrücklich angeordnet wird.

Ferner ist die Regelung kapitalmarktrechtlicher Fragen in der SE-VO kompetenzrechtlich ausgeschlossen. Dies würde das Maß des zur Erreichung des Ziels („Verwirklichung des Binnenmarktes durch Ermöglichung einer gemeinschaftsweiten Reorganisation der Produktionsfaktoren“)[235] Erforderlichen übersteigen und somit dem Subsidiaritätsprinzip (Art. 5 Abs. 3 EG) widersprechen.[236] Regelungsgegenstand der SE-VO kann nur der Kernbereich des Gesellschaftsrechts sein.[237]

---

[233] *v. Hein*, AG 2001, 213.
[234] Erwägungsgrund 9.
[235] Erwägungsgrund 1.
[236] Vgl. Erwägungsgrund 10.
[237] Siehe oben, Teil 1 B, S. 9 ff.

Das Übernahmerecht liegt demzufolge außerhalb des Regelungsbereichs der SE-VO und ist nicht von den Verweisungsvorschriften erfasst. Die grundsätzliche Anwendbarkeit des WpÜG ergibt sich jedoch aus der Erforderlichkeit der Integration der SE in die nationalen Rechtsordnungen.[238] Die Anwendbarkeit von einzelstaatlichen Bestimmungen für öffentlich zur Zeichnung auffordernde Aktiengesellschaften und für Wertpapiergeschäfte sowohl auf die Gründung der SE als auch auf eine SE, die diese Finanzierungsinstrumente in Anspruch nehmen möchte, wird in Erwägungsgrund 12 ausdrücklich klargestellt. Daher bestimmt sich Anwendbarkeit des WpÜG auf die Gründung einer Holding-SE bzw. auf die bestehende SE alleine nach dem Anwendungsbereich des WpÜG.

2. Anwendungsbereich des WpÜG

a) Internationaler Anwendungsbereich

Der Anwendungsbereich von Normen, die Rechtsfragen außerhalb des Regelungsbereichs der SE-VO erfassen, wird durch das maßgebliche Kollisionsrecht bestimmt.[239] Bei Sachverhalten mit Auslandsbezug ist nach § 1 iVm. § 2 Abs. 3 WpÜG das deutsche Übernahmerecht dann anzuwenden, wenn der Sitz der Zielgesellschaft sich im Inland befindet, und die Aktien der Zielgesellschaft an einer Börse im EG-/ EWG Raum zum Handel im organisierten Markt zugelassen sind.[240]

Bei Gründung einer Holding-SE kann das WpÜG daher grundsätzlich nur auf das Einbringungsverfahren von Aktien einer Aktiengesellschaft mit Sitz in Deutschland angewendet werden, deren Aktien an einer Börse im EG-/ EWG Raum zum Handel im organisierten Markt zugelassen sind.

b) Sachlicher Anwendungsbereich

Unklar und im Schrifttum wenig diskutiert ist die Frage, ob der Anwendungsbereich des WpÜG durch die Gründung einer Holding-SE eröffnet ist.[241] Dies könnte dann der Fall sein, wenn eine Gründungsgesellschaft der SE eine Aktiengesellschaft mit Sitz in Deutschland ist, deren Aktien an einer Börse im EG-/ EWG Raum zum Handel im organisierten Markt

---

[238] Siehe oben, Teil 1 D II, S. 15.

[239] Siehe oben, Teil 1 D II, S. 15.

[240] Näher zu den kollisionsrechtlichen Problemen im Übernahmerecht *Hahn*, RIW 2002, 741 ff; *v. Hein*, AG 2001, 213 ff.

[241] Dazu bisher *Brandt*, NZG 2002, 991, 995; *Ihrig/Wagner*, BB 2003, 969, 973; *Oplustil*, GLJ Vol. 4 Nr. 2 – 1 February 2003, sec. 29 ff.; *Teichmann*, AG 2004, 67, 77 ff.; *Thoma/Leuering*, NJW 2002, 1449, 1453.

zugelassen sind. In Betracht kommt dabei zum einen die Anwendung des WpÜG auf das Verfahren der Einbringung der Aktien der Gründungsgesellschaften in die SE. Zum anderen stellt sich die Frage, ob bei Kontrollerwerb durch die SE bzw. durch Aktionäre der Gründungsgesellschaften im Rahmen des Gründungsvorgangs ein Pflichtangebot abzugeben ist.[242]

aa) Anwendung des WpÜG auf das Einbringungsverfahren

Fraglich ist zunächst, ob das Verfahren der Einbringung der Aktien der Gründungsgesellschaft mit Sitz in Deutschland, deren Aktien an einer Börse im EG-/ EWG Raum zum Handel im organisierten Markt zugelassen sind, ein öffentliches Übernahmeangebot i.S. des § 2 Abs. 1, § 29 Abs. 1 WpÜG darstellt. Dann wären die Bestimmungen des WpÜG bezüglich des Verfahrens und der Gegenleistung auf das Einbringungsverfahren anwendbar (Abschnitt 2 und 3 des WpÜG).

Nach § 1 WpÜG ist dieses Gesetz auf Angebote zum Erwerb von Wertpapieren anzuwenden, die von einer Zielgesellschaft ausgegeben wurden und zum Handel an einem organisierten Markt zugelassen sind. Angebote sind nach § 2 Abs. 1 WpÜG freiwillige oder auf Grund einer Verpflichtung nach diesem Gesetz erfolgende öffentliche Kauf- oder Tauschangebote zum Erwerb von Wertpapieren einer Zielgesellschaft. Ein Übernahmengebot liegt dann vor, wenn das Angebot auf den Erwerb der Kontrolle, das heißt das Halten von mindestens 30 % der Stimmrechte an der Zielgesellschaft, gerichtet ist (§ 29 WpÜG).[243]

Bei Gründung einer Holding-SE ergeht jedoch kein Angebot eines Bieters zum Erwerb von Wertpapieren. Die Gründungsgesellschaften geben kein Angebot ab, denn sie beabsichtigen nicht, die Aktien für sich selbst zu erwerben. Die SE, die die Anteile an den Gründungsgesellschaften erhalten soll, ist noch gar nicht entstanden. Von ihr kann somit ebenfalls kein Angebot zum Tausch von Wertpapieren ausgehen.[244] Vielmehr haben die Anteilsinhaber mit Festlegung des Gründungsplanes durch die Gründungsgesellschaften ein gesetzliches Aktienübernahmerecht gegen Einlage ihrer Anteile zu den im Gründungsplan festgesetzten Bedingungen (vgl. Art. 33 Abs. 1).[245] Daher ist das WpÜG nach seinem Wortlaut

---

242 Vgl. *Oplustil*, GLJ Vol. 4 Nr. 2 – 1 February 2003, sec. 29.

243 Zur Definition der Begriffe des WpÜG *Versteegen*, in: Kölner Komm-WpÜG, § 2 Rn. 9 ff.; *Angerer*, in: Geibel/Süßmann, § 1 WpÜG Rn. 4 ff.

244 Ebenso *Oplustil*, GLJ Vol. 4 Nr. 2 – 1 February 2003, sec. 31; a.A. *Kalls*, ZGR 2003, 593, 642.

245 Siehe oben, Teil 3 B II 3 b, S. 48 f.

nicht auf das Einbringungsverfahren bei Gründung einer Holding-SE anwendbar.[246] Die Einschaltung des Treuhänders darf zu keinem anderen Ergebnis führen, da dessen Einsatz nur zur Vereinfachung bzw. zur Ermöglichung der Verknüpfung der SE-VO mit den nationalen Sachgründungsvorschriften dient.

Wirtschaftlich liegt jedoch auch bei Gründung einer Holding-SE ein Fall der Unternehmensübernahme durch Aktientausch im Rahmen einer Sachgründung vor, bei der das WpÜG grundsätzlich Anwendung finden soll.[247] Die Besonderheit besteht hier in der Simultanität von Gründung der Obergesellschaft und Unternehmensübernahme. Die Tatsache, dass das übernehmende Unternehmen erst im Zuge der Übernahme gegründet wird, ändert nichts an der grundsätzlichen Situation einer Unternehmensübernahme, bei der die Aktionäre der Gründungsgesellschaften ihre Aktien zu bestimmten Bedingungen in die Obergesellschaft im Tausch gegen Aktien der Obergesellschaft einbringen. Daher könnte hier möglicherweise eine entsprechende Anwendung geboten sein. Es ergeht zwar kein Angebot eines Bieters, jedoch besteht aufgrund des gesetzlichen Zeichnungsrechts eine vergleichbare Situation. Denn anders als bei einer Verschmelzung haben die Aktionäre, wie bei Abgabe eines Angebots, auch die individuelle Entscheidungsmöglichkeit über die Einbringung ihrer Aktien zu vorgegebenen Bedingungen.[248]

Dies kann jedoch kein entscheidendes Kriterium sein. Das Einbringungsrecht sollte gegenüber dem gesetzlichen Erwerb der Anteile bei Gründung einer SE durch Verschmelzung einen zusätzlichen Schutz für die Aktionäre der Gründungsgesellschaften bieten.[249] Der gegenüber der Verschmelzung gesteigerte Aktionärsschutz lässt nicht den Schluss auf die Anwendung des WpÜG bei Gründung der Holding-SE zu.[250]

Zudem ist nicht jede Übernahme im wirtschaftlichen Sinn auch eine Übernahme im Sinne des WpÜG. Tatsächlich ist das von der SE-VO vorgesehene Verfahren der Holding-Gründung der Gründungsform der Ver-

---

[246] Mit unterschiedlichen Begründungen *Brandt*, NZG 2002, 991, 995; *Oplustil*, GLJ Vol. 4 Nr. 2 – 1 February 2003, sec. 31; a.A. *Thoma/Leuering*, NJW 2002, 1449, 1453.

[247] Vgl. *Volhard* in Semler/Volhard, ÜN Hdb. § 2 Rn. 47 ff.; *Stengel* in Semler/Volhard, ÜN Hdb. § 17 Rn. 362 ff.; *Versteegen*, in: Kölner Komm-WpÜG, § 2 Rn. 38 ff.

[248] *Kalls*, ZGR 2003, 593, 642; *Österreichische Übernahmekommission*, Stellungnahme, NZG 2001, 282, 284.

[249] Siehe oben Teil 3 B II 3 b, S. 48 f.

[250] A.A. *Kalls*, ZGR 2003, 593, 642.

schmelzung sehr stark angenähert.[251] Es besteht damit die Möglichkeit einer Strukturmaßnahme mit entsprechendem Verfahren, die bisher in der Rechtspraxis nur mit Hilfskonstruktionen möglich war. Die SE-VO belässt es nicht nur beim Tausch von Anteilen, sondern fordert die Erstellung eines Gründungsplanes mit Holding-Bericht, dessen Prüfung durch unabhängige Sachverständige, einen Beschluss der Gesellschafterversammlungen der beteiligten Gesellschaften, die Beteiligung der Arbeitnehmer und Vorschriften zum Schutz der die Gründung ablehnenden Minderheitsgesellschafter, der Gläubiger und Arbeitnehmer. Damit bietet sie ein speziell ausgestaltetes Gründungsverfahren an.

Dies unterscheidet die Gründung einer Holding-SE gegenüber dem Zusammenschluss durch Abgabe von Umtauschangeboten. Die Unternehmensübernahme i.S. des WpÜG ist nur eine Rechtstechnik, um grenzüberschreitende Zusammenschlüsse zu ermöglichen, die nach dem Willen des Gemeinschaftsgesetzgebers jedoch nicht zur Gründung einer SE führen kann. Aufgrund des in der SE-VO geregelten Verfahrens der Gründung einer Holding-SE, das vergleichbaren Schutz bietet, ist eine entsprechende Anwendung des WpÜG hier nicht geboten.

Es liegt kein öffentliches Übernahmeangebot i.S. des §§ 1, 2 Abs. 1, 29 Abs. 1 WpÜG vor. Das WpÜG ist auf die Einbringung der Aktien der Gründungsgesellschaft im Rahmen der Gründung einer Holding-SE auch nicht entsprechend anzuwenden.

bb) Pflichtangebot der SE

Die SE übernimmt nach Einbringung der Aktien durch die Gründungsgesellschafter die Kontrolle über die Gründungsgesellschaften. Daher ist fraglich, ob die SE aufgrund der Erlangung der Kontrolle über die Gründungesgesellschaften ein Pflichtangebot nach § 35 Abs. 1 S. 1, Abs. 2 WpÜG an die Minderheitsaktionäre der Gründungsgesellschaften abgeben muss, die ihre Aktien bei Gründung einer SE nicht eingebracht haben.

In der Literatur wird dagegen angeführt, dass Art. 33 Abs. 3 Unterabs. 2, wonach die Gesellschafter der Gründungsgesellschaften, die ihre Anteile bisher nicht in die SE eingebracht haben, eine zusätzliche Möglichkeit erhalten, ihre Anteile einzubringen, eine abschließende Regelung darstellt, und daher das WpÜG auf die Gründung einer Holding-SE keine Anwendung finden kann.[252]

---

[251] *Neye/Teichmann*, AG 2003, 169, 173; *Teichmann*, ZGR 2003, 367, 389.
[252] *Ihrig/Wagner*, BB 2003, 969, 973.

Das Übernahmegesetz mit seinem kapitalmarktrechtlichen Schutzweck gehört jedoch nicht zum Regelungsbereich der SE-VO.[253] Außerhalb des Regelungsbereichs der SE-VO hängt die Anwendbarkeit eines nationalen Gesetzes daher alleine von dessen Anwendungsbereich ab. Somit ist entscheidend, ob die Voraussetzungen des WpÜG für die Abgabe eines Pflichtangebots erfüllt sind.

Ist nach dem nationalen Recht ein Pflichtangebot abzugeben, wenn die Kontrolle anders als durch öffentliche Angebote i.S. des § 2 Abs. 1 WpÜG erlangt wird, so könnte dies bei Gründung einer Holding-SE auch dann erforderlich sein, wenn eine Gründungsgesellschaft ihren Sitz in Deutschland hat und ihre Aktien an einer Börse im EG-/ EWG Raum zum Handel im organisierten Markt zugelassen sind.[254] Diese Frage wird im Schrifttum im Hinblick auf die Regelungskonkurrenz zwischen Umwandlungsrecht und WpÜG kontrovers diskutiert.[255]

Der Gesetzgeber verzichtete auf eine ausdrückliche Regelung zur Gesetzeskonkurrenz. Die Gesetzesbegründung weist nur darauf hin, dass die Zulässigkeit von Übernahmen und anderer strukturändernder Maßnahmen stets nach den einschlägigen Rechtsvorschriften zu beurteilen ist. Ob und inwieweit für bestimmte Fallkonstellationen im Schnittbereich zwischen Umwandlungs-, Aktien- und Übernahmerecht in der Praxis besondere gesetzliche Regelungen erforderlich sind, soll abgewartet werden, da zunächst mit den neuen Vorschriften des Übernahmegesetzes Erfahrung gesammelt werden soll.[256] Der Gesetzgeber hat somit eine mögliche Regelungskonkurrenz nicht grundsätzlich durch einen Vorrang von Bestimmungen lösen wollen, vielmehr sollte die Problematik der Anwendung des WpÜG auf andere strukturändernde Maßnahmen als Übernahmen i.S. des WpÜG bewusst in Kauf genommen werden.[257]

Der Wortlaut des § 35 WpÜG spricht für eine Anwendung des WpÜG auf den Kontrollerwerb durch derartige Maßnahmen. Danach besteht die Verpflichtung zur Veröffentlichung und zur Abgabe eines Angebots für jeden, der die unmittelbare oder mittelbare Kontrolle über eine Zielgesellschaft erlangt. Auf die Technik der Kontrollerlangung kommt es dabei nicht an. Für den Anleger kommt es alleine darauf an, ob er seine Stel-

---

253 Siehe oben, Teil 3 B VIII 1, S. 60 ff.

254 Vgl. *Oplustil*, GLJ Vol. 4 Nr. 2 – 1 February 2003, sec. 32.

255 Dazu *Bülow*, in: Kölner Komm-WpÜG, § 35 Rn. 67 ff.; *Fleischer*, NZG 2002, 545, 549; *Hopt* ZHR 166 (2002), 383, 396 f.; *Kleindiek*, ZGR 2002, 546, 564 ff.; *Seibt/Heiser*, ZHR 165 (2001), 466 ff.; *Weber-Rey/Schütz*, AG 2001, 325, 328 f.

256 RegE WpÜG, Begründung, BT-Drs. XIV/7034, S. 31.

257 *Bülow*, in: Kölner Komm-WpÜG, § 35 Rn. 69; *Technau*, AG 2002, 260, 261; a.A. *Heckschen*, in: Heckschen/Simon, Umwandlungsrecht, § 6 Rn. 24.

lung als Aktionär in einer unkontrollierten bzw. durch jemand anderen kontrollierten Gesellschaft verliert.[258] Ferner bleibt, anders als bei den in der Literatur diskutierten Fällen der Verschmelzung zur Aufnahme, bei Gründung der Holding-SE die Gründungsgesellschaft als Zielgesellschaft bestehen, so dass die SE tatsächlich die Kontrolle über eine Zielgesellschaft erlangt.

Es ist jedoch aufgrund der Existenz der Schutzvorschriften der SE-VO und des SEAG-RegE zu untersuchen, ob nicht auf eine Anwendbarkeit des WpÜG bei Gründung einer Holding-SE verzichtet werden kann. Denn dem Pflichtangebot nach § 35 Abs. 1 S. 1, Abs. 2 WpÜG stehen das Erfordernis eines zustimmenden Hauptversammlungsbeschlusses, ein zusätzliches Einbringungsrecht nach Art. 33 Abs. 2 Unterabs. 2 und ein Austrittsrecht nach § 9 Abs. 1 SEAG-RegE gegenüber. Zudem würde eine kumulative Anwendung auch eine Doppelung der Verfahrensregeln und Informationspflichten bedeuten.[259] Es erscheint daher fraglich, ob neben den von der SE-VO bzw. SEAG vorgesehenen Schutzmechanismen noch Raum für ein kapitalmarktrechtliches Austrittsrecht bestehen kann.

Für die Anwendung des WpÜG spricht vor allem der kapitalmarktrechtliche Schutzzweck des WpÜG, der sich nicht mit dem verbandsrechtlichen Schutzzweck des Gesellschaftsrechts deckt.[260] § 35 Abs. 1 S. 1, Abs. 2 WpÜG bezweckt die Stärkung der rechtlichen Stellung von Minderheitsaktionären bei Übernahmen deutscher börsennotierter Gesellschaften. Durch die Pflicht zur Abgabe eines Pflichtangebots soll den Aktionären die Möglichkeit gegeben werden, im Fall eines Kontrollerwerbs durch einen Dritten, die von ihnen gehaltenen Aktien der Zielgesellschaft zu einem angemessenen Preis veräußern zu können.[261] Den Minderheitsaktionären wird so ein Austrittsrecht gewährt. Das Pflichtangebot trägt dabei der Tatsache Rechnung, dass sich der Aktionär ohne eigenes Zutun einer Situation ausgesetzt sehen kann, in der er seine Anlageent-

---

[258] *Teichmann*, AG 2004, 67, 77; *Kleindiek*, ZGR 2002, 546, 568; *Hopt*, ZHR 166 (2002), 383, 397.

[259] Zur Regelungskonkurrenz der Verfahrensvorschriften *Seibt/Heiser*, ZHR 165 (2001), 466, 475 ff.; *Bülow*, in: Kölner Komm-WpÜG, § 35 Rn. 75.

[260] So auch *Oplustil*, GLJ Vol. 4 Nr. 2 – 1 February 2003, sec. 32; vgl. *Kleindiek*, ZGR 2002, 546, 568 f.; *Hopt*, ZHR 166 (2002), 383, 397. Zum Vergleich des Austrittsrechts nach §§ 29 ff. UmwG und dem Pflichtangebot nach § 35 WpÜG *Seibt/Heiser*, ZHR 165 (2001), 466, 475 ff.; *Bülow*, in: Kölner Komm-WpÜG, § 35 Rn. 75.

[261] RegE WpÜG, Begründung, BT-Drs. XIV/7034, S. 30.

scheidung nicht mehr fortsetzen will.[262] Es bedeutet eine Vorverlagerung des vom Konzernrecht bezweckten Schutzes für Aktionäre börsennotierter Unternehmen und stellt daher ein Konzerneingangsschutz dar.[263]

Allerdings wird den Aktionären der Gründungsgesellschaft bereits auf gesellschaftsrechtliche Ebene ein Austrittsrecht gewährt, das das SEAG konzeptionell in das deutsche Recht fortschreibt.[264] Nach der SE-VO erhalten alle Gesellschafter der Gründungsgesellschaften die Möglichkeit, ihre Anteile an der Untergesellschaft gegen Anteile der Obergesellschaft einzutauschen. Ihnen werden der Austritt aus der Untergesellschaft und der Eintritt in die Obergesellschaft ermöglicht. Zudem wird den Aktionären im Fall, dass die SE ihren Sitz im Ausland haben soll oder ihrerseits abhängig ist, nach § 9 Abs. 1 SEAG-RegE sogar ein Austrittsrecht gegen Barabfindung gewährt. Es besteht somit bereits im Gründungsverfahren ein eigenständiger Konzerneingangsschutz, der es dem Aktionär ermöglicht, aufgrund der eingetretenen Veränderung seine Investitionsentscheidung zu überdenken.[265] Zudem sind die Anteilsinhaber der Gründungsgesellschaften durch den Gründungsplan ausreichend informiert und das Umtauschverhältnis wird im Gründungsplan festgelegt, so dass keine Ungleichbehandlung der Aktionäre zu befürchten ist. Das Gesellschaftsrecht berücksichtigt somit bereits die der Holding-Gründung zugrundeliegende Konzernbildung und sorgt für ausreichende Schutzvorkehrungen.

Zu beachten ist dennoch, dass sich der Aktionärsschutz des WpÜG bei der Preisermittlung von den gesellschaftsrechtlichen Schutzvorschriften unterscheidet. Nach dem WpÜG bestimmt sich die Gegenleistung nach dem durchschnittlichen Börsenkurs der vergangenen drei Monate, während zur Ermittlung des Umtauschverhältnisses und der Höhe des Barabfindungsangebots nach dem SEAG-RegE grundsätzlich eine Bewertung des Unternehmens durchzuführen ist. Jedoch ist auch bei der Unternehmensbewertung zur Ermittlung des Umtauschverhältnisses und der Barabfindung bei börsennotierten Gesellschaften der Börsenkurs als Bezugsgröße zu berücksichtigen,[266] so dass sich auch diese in der Re-

---

[262] *Weber-Rey/Schütz*, AG 2001, 325, 328; *Hommelhoff/Witt*, in: Haarmann/Riehmer/Schüppen, WpÜG, Vor §§ 35-39 Rn. 31.

[263] *Bülow*, in: Kölner Komm-WpÜG, § 35 Rn. 4; *Hommelhoff/Witt*, in: Haarmann/Riehmer/Schüppen, WpÜG, Vor §§ 35-39 Rn. 31.

[264] *Teichmann*, AG 2004, 67, 73.

[265] *Teichmann*, AG 2004, 67, 79.

[266] BVerfGE 100, 289 ff.; näher dazu *Neun*, in: Theisen/Wenz, Die Europäische Aktiengesellschaft, S. 51, 75 ff.

gel nach dem durchschnittlichen Börsenwert richtet.[267] Allerdings berücksichtigt das WpÜG im Gegensatz zu den gesellschaftsrechtlichen Vorschriften neben dem durchschnittlichen Börsenkurs als zweite Untergrenze den Preis für einen eventuellen Vorerwerb der Aktien (§ 31 Abs. 1 WpÜG) und sichert so eine strikte Gleichbehandlung der Aktionäre, die das Gesellschaftsrecht in dieser Form bisher nicht kennt.[268]

Eine teleologische Reduktion des § 35 WpÜG mit der Folge der Unanwendbarkeit kann daher wohl nicht angenommen werden. Allerdings bietet sich zur Vermeidung der kumulativen Anwendung von gesellschaftsrechtlichem Austrittsrecht und Pflichtangebot nach dem WpÜG die Erteilung einer Befreiung von der Pflicht zur Abgabe eines Pflichtangebots nach § 37 Abs. 1, 1. Alt. WpÜG an.[269] Danach kann das Bundesaufsichtsamt auf schriftlichen Antrag den Bieter von den Verpflichtungen nach § 35 Abs. 1 S. 1 und Abs. 2 S. 1 WpÜG befreien, sofern das im Hinblick auf die Art der Erlangung der Kontrolle unter Berücksichtigung der Interessen des Antragstellers und der Inhaber der Aktien der Zielgesellschaft gerechtfertigt erscheint. Die Befreiung sollte dann im Einzelfall grundsätzlich davon abhängig gemacht werden, ob die Interessen der Minderheitsaktionäre durch das gesellschaftsrechtliche Austrittsrecht in dem vom WpÜG intendierten Schutz gewahrt werden.[270]

cc) Pflichtangebot des kontrollierenden Aktionärs der SE

Die Aktionäre der Gründungsgesellschaften, die ihre Aktien in die Holding-SE einbringen, erhalten Aktien der SE. Dabei kann ein Aktionär im Rahmen des Aktientauschs die Kontrolle über andere Aktionäre der neu entstandenen SE erlangen. Dann stellt sich die Frage, ob dieser Aktionär ein Pflichtangebot nach § 35 Abs. 1 S. 1, Abs. 2 WpÜG an die Minderheitsaktionäre der SE abgeben muss.

Die Voraussetzungen des § 35 Abs. 1, S. 1, Abs. 2 WpÜG sind hier allerdings nicht erfüllt, da es sich bei dem kontrollierten Rechtsträger um eine Zielgesellschaft handeln muss, deren Aktien im Zeitpunkt der Kontrollerlangung zum Handel an einem organisierten Markt i.S. des § 2

---

267 *Teichmann*, AG 2004, 67, 80; *Neun*, in: Theisen/Wenz, Die Europäische Aktiengesellschaft, S. 51, 75 ff.

268 *Teichmann*, AG 2004, 67, 81; *Bülow*, in: Kölner Komm-WpÜG, § 35 Rn. 75.

269 Vgl. *Versteegen*, in: Kölner Komm-WpÜG, § 37 Rn. 3 ff.

270 Zutreffend *Teichmann*, AG 2004, 67, 82; zur Entscheidung über die Befreiung nach § 37 WpÜG *Meyer*, in: Geibel/Süßmann, § 37 WpÜG Rn. 15 ff.; *Versteegen*, in: Kölner Komm-WpÜG, § 37 Rn. 60 ff.

Abs. 7 WpÜG zugelassen sind (§ 1 WpÜG).[271] Die Aktien der SE sind im Zeitpunkt der Kontrollerlangung noch nicht börsenzugelassen. Die Börsenzulassung kann frühestens nach Übertragung der Aktien an die Anteilsinhaber, die ihre Anteile an den Gründungsgesellschaften eingebracht haben, erfolgen, da die Zulassung eine breite Streuung der Aktien voraussetzt (vgl. Art. 9 Abs. 1 BörsenZulVO).[272] Der Kontrollerwerb entsteht damit bereits vor Zulassung der Aktien an einem organisierten Markt, so dass der Anwendungsbereich des WpÜG nach §§ 1, 35 Abs. 1 S. 1, Abs. 2 WpÜG nicht eröffnet ist.

Das Abstellen auf die zur Zeit der Kontrollerlangung noch fehlende Börsenzulassung ist zugegebenermaßen ein formales Argument. Jedoch kommt eine Anwendung des WpÜG auch im Hinblick auf den Schutzzweck des Pflichtangebots nicht in Betracht. Ein Pflichtangebot nach § 35 Abs. 1 S. 1, Abs. 2 WpÜG ist nur dann abzugeben, wenn zum Zeitpunkt des Kontrollerwerbs bereits außenstehende Aktionäre vorhanden sind. Die Regelungen des Pflichtangebots sollen die Aktionäre vor dem erstmaligen Erlangen oder dem Wechsel der Kontrolle über die Gesellschaft schützen.[273] Für diesen Fall soll ihnen ein Austrittsrecht gewährt werden. Hier erfolgt der Erwerb der Anteile durch die Minderheitsgesellschafter jedoch zeitgleich mit dem Erwerb der Beteiligung durch den kontrollierenden Gesellschafter. Die Aktionäre entscheiden sich selbst für eine Mitgliedschaft in einer kontrollierten SE. Es fehlt somit an einem Schutzbedürfnis der Minderheitsaktionäre. Der vorliegende Sachverhalt ist daher auch vom Schutzzweck des WpÜG nicht erfasst.

c) Zwischenergebnis

Bei Gründung der Holding-SE liegt kein öffentliches Übernahmeangebot i.S. des §§ 1, 2 Abs. 1, 29 Abs. 1 WpÜG vor. Das WpÜG ist daher grundsätzlich nicht auf das Einbringungsverfahren bei Gründung einer Holding-SE anwendbar. Die Voraussetzungen des § 35 Abs. 1 S. 1 und 2 WpÜG sind bei Kontrollerwerb der Holding-SE über die Gründungsgesellschaften im Rahmen der Gründung erfüllt. Zur Vermeidung einer Verdoppelung von Schutzvorschriften sollte bei Gründung einer Holding-SE eine Befreiung von der Verpflichtung zur Abgabe eines Pflichtangebots nach § 37 WpÜG erteilt werden. Bei Kontrollerwerb eines Aktionärs über die anderen Aktionäre der neu entsehenden Holding-SE im Rahmen des Aktientauschs bei Gründung ist der kontrollierende Aktionär

---

271 Näher dazu *Versteegen*, in: Kölner Komm-WpÜG, § 1 Rn. 33.
272 *Claussen*, Bank- und Börsenrecht, § 9 Rn. 64.
273 *Technau*, AG 2002, 260, 263.

nicht zur Abgabe eines Pflichtangebots nach § 35 Abs. 1 S. 1 und 2 WpÜG verpflichtet.

IX. Zusammenfassung

Für die Gründung einer Holding-SE sind über Art. 15 Abs. 1 die für die Sachgründung einer Aktiengesellschaft anwendbaren Vorschriften entsprechend ergänzend anzuwenden. Dabei müssen die Besonderheiten dieser Gründungsform gegenüber einer reinen Sachgründung Berücksichtigung finden. Bei einer ergänzenden Anwendung der Vorschriften des Aktiengesetzes im Bereich der Kapitalaufbringung sind die Regelungen der SE-VO zu beachten. Daher ist hier zur Einhaltung der Anforderungen der SE-VO und der, die das Aktiengesetz an die Aufbringung des Gesellschaftskapitals stellt, die Einschaltung eines Treuhänders erforderlich. Das Grundkapital muss in Höhe des Wertes aller einbringbaren Anteile der Gründungsgesellschaften in der Satzung festgesetzt werden (Art. 15 Abs. 1 iVm. § 23 Abs. 3 Nr. 3 AktG). Der Treuhänder hat dieses zunächst vollständig zu übernehmen und die ausgegeben Aktien dann an die sich am Gründungsprozess beteiligenden Anteilsinhaber zu übertragen.

Zur Gründung der SE müssen die sich an der Gründung beteiligenden Anteilsinhaber innerhalb der Dreimonatsfrist nach Art. 33 Abs. 1 mit dem Treuhänder einen Tauschvertrag unter der Bedingung abschließen, dass die Voraussetzungen für eine Gründung nach Art. 33 Abs. 2 erreicht werden. Unter derselben Bedingung müssen sie ihre Anteile innerhalb der Dreimonatsfrist auf den Treuhänder tatsächlich übertragen, damit dieser seiner Einlageverpflichtung innerhalb der Frist nach Art. 33 Abs. 1 nachkommen kann.

Zur Sicherung der Kapitalaufbringung ist nach Art. 15 Abs. 1 iVm. §§ 32 und 33 ff. AktG die Erstellung eines Gründungsberichts und die Vornahme einer Gründungsprüfung erforderlich. Das Registergericht (Art. 12 iVm. § 3 SEAG-RegE iVm. § 8 HGB, § 125 Abs. 1 FGG, § 14 AktG) hat nach Art. 15 Abs. 1 iVm. § 38 Abs. 2 S. 2 die Werthaltigkeit der eingebrachten Anteile zu prüfen. Eine Differenzhaftung der Gründer oder der sich an der Gründung beteiligenden Anteilsinhaber besteht nicht.

Bei Gründung der Holding-SE liegt kein öffentliches Übernahmeangebot i.S. des §§ 1, 2 Abs. 1, 29 Abs. 1 WpÜG vor. Die Holding-SE ist nach Erlangung der Kontrolle über die Gründungsgesellschaften grundsätzlich verpflichtet ein Pflichtangebot nach § 35 Abs. 1 S. 1 und Abs. 2 WpÜG an die in den Gründungsgesellschaften verbliebenen Minderheitsaktionäre abzugeben. Um eine Verdoppelung von Schutzvorschriften zu vermeiden, sollte der SE jedoch eine Befreiung nach § 37 WpÜG erteilt werden. Erlangt ein Aktionär bei Gründung der Holding-SE die Kontrolle über die anderen Gründungsaktionäre der SE, so ist dieser nicht verpflichtet ein Pflichtangebot nach § 35 Abs. 1 S. 1 und 2 WpÜG abzugeben.

C. Umwandlung

Eine Aktiengesellschaft, die nach dem Recht eines Mitgliedstaats gegründet worden ist und ihren Sitz sowie ihre Hauptverwaltung in der Gemeinschaft hat, kann in eine SE umgewandelt werden, wenn sie seit mindestens zwei Jahren eine dem Recht eines anderen Mitgliedstaats unterliegende Tochtergesellschaft hat (Art. 2 Abs. 4). Unbeschadet dem Erfordernis einer Eintragung der SE (Art. 12) hat die Umwandlung einer Aktiengesellschaft in eine SE weder die Auflösung der Gesellschaft noch die Gründung einer neuen juristischen Person zur Folge (Art. 37 Abs. 5). Die Aktiengesellschaft wechselt unter Wahrung der Identität die rechtliche Form.[274] Die Gründung einer SE durch Umwandlung entspricht nach alledem dem Formwechsel nach dem deutschen Umwandlungsrecht.[275]

I. Anwendbares Recht

Neben den in der SE-VO geregelten Gründungsvorschriften richtet sich die Kapitalaufbringung über Art. 15 Abs. 1 nach dem für Aktiengesellschaften geltenden Recht des Staates, in dem die SE ihren Sitz begründet.[276] Wandelt sich eine Aktiengesellschaft in eine SE um, dann finden über Art. 15 Abs. 1 wegen der Ähnlichkeit der Strukturänderung die Vorschriften des Umwandlungsgesetzes über den Formwechsel einer Kapitalgesellschaft in eine Aktiengesellschaft zur Ergänzung der SE-VO Anwendung.

II. Gebot der Reinvermögensdeckung

Das Grundkapital kann beim Formwechsel nicht frei festgesetzt werden. Vielmehr wird das Grundkapital der sich umwandelnden Gesellschaft automatisch zum Grundkapital der SE.[277] Dabei ist zu beachten, dass das Mindestkapital der SE gemäß Art. 4 Abs. 2 mindestens 120000 Euro zu betragen hat. Beim Formwechsel einer Aktiengesellschaft mit einem

---

274 *Thoma/Leuering*, NJW 2002, 1449, 1552; *Kloster*, EuZW 2003, 293, 296.

275 Vgl. *Vossius*, in: Widmann/Mayer, UmwG, 71. Erg.-Lfg. Sept. 2003, § 190 Rn. 23.

276 Siehe oben, Teil 1 H II, S. 23 ff.

277 Dies ergibt sich mittelbar aus Art. 37 Abs. 2; vgl. auch § 247 Abs. 1 UmwG; dazu *Rieger*, in: Widmann/Mayer, UmwG, 71. Erg.-Lfg. Sept. 2003, § 197 Rn. 116.

Grundkapital von weniger als 120000 Euro ist im Zusammenhang mit der Umwandlung eine Kapitalerhöhung erforderlich.

Da die Gläubiger der SE grundsätzlich nur Befriedigung aus dem Gesellschaftsvermögen verlangen können, muss von Gesetzes wegen gesichert werden, dass das in der Satzung festgesetzte Grundkapital der SE auch ordnungsgemäß aufgebracht wird.[278] Nur soweit die Sicherung der Kapitalaufbringung nicht bereits abschließend durch die SE-VO geregelt ist, sind über Art. 15 Abs. 1 die Rechtsvorschriften des Umwandlungsgesetzes für einen Formwechsel einer Kapitalgesellschaft in eine Aktiengesellschaft (§§ 190 ff., §§ 238 ff. UmwG) ergänzend anzuwenden.

1. Funktion des Art. 37 Abs. 6

Durch Art. 37 Abs. 6 könnte die SE-VO selbst die Sicherung der Kapitalaufbringung gewährleisten. Danach ist vor der Hauptversammlung von einem oder mehreren unabhängigen Sachverständigen, die nach den einzelstaatlichen Durchführungsbestimmungen zu Artikel 10 der Richtlinie 78/855/EWG durch ein Gericht oder eine Verwaltungsbehörde des Mitgliedstaates, dessen Recht die sich in eine SE umwandelnde Aktiengesellschaft unterliegt, bestellt oder zugelassen sind, gemäß der Richtlinie 77/91/EWG (Zweite RiL) sinngemäß zu bescheinigen, dass die Gesellschaft über Nettovermögenswerte mindestens in Höhe ihres eigenen Kapitals zuzüglich der kraft Gesetzes oder Statut nicht ausschüttungsfähigen Rücklagen verfügt.

Fraglich ist dabei, welche Funktion dieser Wertprüfung zukommt. Es könnte sich hierbei um eine Regelung zur Sicherung der Kapitalaufbringung entsprechend dem Gebot der Reinvermögensdeckung (vgl. § 220 Abs. 1 UmwG) handeln.[279] Dann wäre eine ergänzende Anwendung der nationalen Vorschriften des Aktiengesetzes zur Sicherung der Aufbringung des Grundkapitals möglicherweise ausgeschlossen.

Allerdings ist durch die Sachverständigen nur zu bescheinigen, dass die formwechselnde Gesellschaft über Nettovermögenswerte mindestens in Höhe ihres eigenen Kapitals zuzüglich der kraft Gesetzes oder Statut nicht ausschüttungsfähigen Rücklagen verfügt. Damit wird nicht zum Ausdruck gebracht, dass das Nettovermögen der formwechselnden Gesellschaft auch dem Grundkapital der Zielrechtsform SE entspricht. Ge-

---

[278] Dazu siehe oben, Teil 2 A, S. 27 ff.

[279] So wohl *Neun*, in: Theisen/Wenz, Die Europäische Aktiengesellschaft, S. 51, 160.

nau das ist aber die zur Sicherung der Kapitalaufbringung entscheidende Feststellung.[280]

Ferner betreffen die in der SE-VO enthaltenen Sachregeln bezüglich der Gründung durch Umwandlung nur das Verfahren innerhalb der sich umwandelnden Gesellschaft.[281] Über die Anforderungen, die an die neue Rechtsform zu stellen sind, ist bis auf die Höhe des Mindestgrundkapitals (Art. 4 Abs. 2) nichts geregelt. Aus der Stellung des Art. 37 Abs. 6 in der SE-VO lässt sich somit schließen, dass auch Art. 37 Abs. 6 nur das Verfahren in der Gründungsgesellschaft betrifft. Die Wertprüfung soll nur als Informationsgrundlage der Aktionäre für die Zustimmung zu dem Umwandlungsplan oder für die Genehmigung der Satzung der SE dienen (Art. 37 Abs. 7). Da die Wertprüfung auch zwingend vor der über die Umwandlung entscheidenden Hauptversammlung durchzuführen ist, kommt ihr eine ähnliche Funktion zu, wie der bei Gründung einer SE durch Verschmelzung und Gründung einer Holding-SE geforderten Prüfung der Vermögenslage der Gründungsgesellschaften.[282]

Daher enthält die SE-VO keine weiteren Regelungen zur Sicherung der Kapitalaufbringung, sodass über Art. 15 Abs. 1 die für nationale Aktiengesellschaften geltenden Rechtsvorschriften entsprechend anzuwenden sind.

2. Anwendung des nationales Rechts

Die Sicherung der Kapitalaufbringung in der SE wird somit durch die ergänzende Anwendung des § 197 S. 1 UmwG gewährleistet, der die Geltung der für die neue Rechtsform geltenden Gründungsvorschriften auf den Formwechsel anordnet.[283] Die Gründungsvorschriften sind jedoch nicht uneingeschränkt anwendbar, denn ihre Anwendung soll nicht dazu führen, dass der Formwechsel, bei dem Rechtsidentität zwischen dem formwechselnden Rechtsträger und dem Rechtsträger neuer Rechtsform besteht, wie eine Sachgründung behandelt wird.[284] Die Anwendung der Gründungsvorschriften hat vielmehr zum Ziel, festzustellen, ob der formwechselnde Rechtsträger und insbesondere der Zustand seines

280 Näher dazu siehe unten, Teil 3 C IV, S. 76 ff.

281 Zum zweistufigen Gründungsverfahren siehe oben, Teil 1 H II, S. 24.

282 Zur Prüfung der Vermögenslage der Gründungsgesellschaften bei Gründung einer SE durch Verschmelzung und Gründung einer Holding-SE *Neun*, in: Theisen/Wenz, Die Europäische Aktiengesellschaft, S. 51, 75 u.129.

283 § 197 UmwG geht auf Art. 13 Zweite RiL zurück, der bei einer Umwandlung in eine Aktiengesellschaft gemeinschaftsweit zwingend die Anwendung der Gründungsvorschriften fordert; vgl. UmwBerG, Begründung, BR-Drs. 75/94, S. 141.

284 *Rieger*, in: Widmann/Mayer, UmwG, 71. Erg.-Lfg. Sept. 2003, § 197 Rn. 89.

Vermögens die Anforderungen des auf den neuen Rechtsträger neuer Rechtsform anwendbaren Normensystems erfüllt. Es soll eine Umgehung der strengeren Gründungsvoraussetzungen des Rechtsträgers neuer Rechtsform vermieden werden, besonders was Ausstattung und Aufbringung des Kapitals anbelangt.[285] Wesentliche Ausprägung dieses Grundsatzes ist das Gebot der Reinvermögensdeckung (§§ 220, 245 Abs. 1 S. 2 UmwG). Danach darf der Nennbetrag des Grundkapitals der Zielgesellschaft das nach Abzug der Schulden verbleibende Vermögen der formwechselnden Gesellschaft nicht überschreiten.[286]

Aus diesem Grund ist hier eine Bewertung der Gründungsgesellschaft erforderlich, die erkennen lässt, ob das in der Satzung der SE festgesetzte Grundkapital tatsächlich aufgebracht werden kann. Dabei kommt es auf den tatsächlichen Zeitwert des Vermögens der Gründungsgesellschaft an.[287] Da der Formwechsel nach der gesetzlichen Konzeption mit einer Sachgründung vergleichbar ist, kann für die Ermittlung der Verkehrswerte auf die Grundsätze für die Bewertung von Sacheinlagen bei der Gründung von Kapitalgesellschaften zurückgegriffen werden.[288] Die Reinvermögensdeckung ist Eintragungsvoraussetzung.[289]

3. Zwischenergebnis

Die SE-VO enthält keine Vorschriften zur Sicherung der Kapitalaufbringung. Um die tatsächliche Aufbringung des Grundkapitals zu gewährleisten sind bei Gründung einer SE durch Umwandlung über Art. 15 Abs. 1 iVm. § 197 UmwG die für eine Aktiengesellschaft geltenden Gründungsvorschriften ergänzend anzuwenden. Besondere Bedeutung kommt dabei dem Gebot der Reinvermögensdeckung zu (§§ 220, 245 Abs. 1 S. 2 UmwG).

---

285 *Rieger*, in: Widmann/Mayer, UmwG, 71. Erg.-Lfg. Sept. 2003, § 197 Rn. 89.

286 Der Grundsatz der Reinvermögensdeckung entspricht dem Verbot der Unterpariemission nach § 9 Abs. 1 AktG; vgl. *Rieger*, in: Widmann/Mayer, UmwG, 71. Erg.-Lfg. Sept. 2003, § 197 Rn. 126; *Stratz*, in: Schmitt/Hörtnagl/Stratz, UmwG, § 245 Rn. 6.

287 H.M. *Stratz*, in: Schmitt/Hörtnagl/Stratz, UmwG, § 220 Rn. 4 ff.; *Joost* in Lutter (Hrsg.), UmwG, § 220 Rn. 13 m.w.N.

288 Siehe dazu *Hüffer*, AktG, § 27 Rn. 27; *Lutter/Hommelhoff*, GmbHG, § 5 Rn. 22 ff.

289 Näher dazu siehe unten, Teil 3 C V, S. 79.

III. Festsetzung in der Satzung

Die Satzung muss nach Art. 15 Abs. 1 iVm. § 197 UmwG iVm. § 27 Abs. 1 S. 1 AktG Festsetzungen enthalten über den Gegenstand der Sacheinlage, über die Person, von der die Gesellschaft den Gegenstand erwirbt, über den Nennbetrag des Grundkapitals, auf den sich die Sacheinlage bezieht und bei Stückaktien über die Zahl der bei Sacheinlage zu gewährenden Aktien.[290] Im Rahmen der Umwandlung sind daher das Vermögen des sich umwandelnden Rechtsträgers und der umwandelnde Rechtsträger selbst zu bezeichnen. Es genügt dazu ein Hinweis, dass die SE durch Umwandlung der genau zu bezeichnenden Gesellschaft entstanden ist.[291]

IV. Gründungsbericht und Gründungsprüfung

Grundsätzlich ist bei Umwandlung einer Aktiengesellschaft in eine SE gemäß Art. 15 Abs. 1 iVm. § 197 UmwG, §§ 32 ff. AktG ein Gründungsbericht zu erstellen und eine Gründungsprüfung durchzuführen.

1. Erforderlichkeit eines Gründungsberichts und einer Gründungsprüfung

In der Literatur wird teilweise die Erforderlichkeit des Gründungsberichts und der Gründungsprüfung abgelehnt.[292] Der Zweck der Gründungsprüfung würde schon durch die Werthaltigkeitsprüfung erreicht. Diese soll, im Unterschied zu den bei Gründung einer SE durch Verschmelzung oder Gründung einer Holding-SE vorgesehenen Prüfungspflichten (Art. 22, Art. 32 Abs. 4), gerade der Sicherung der Kapitalaufbringung dienen.[293] Zwar könnte die Wertprüfung grundsätzlich wie auch der Gründungsbericht und die Gründungsprüfung nach §§ 32, 33, 34 AktG dem Registergericht die Prüfung ermöglichen, ob beim Formwechsel in eine Kapitalgesellschaft das Grundkapital gedeckt ist.[294] Problematisch ist jedoch das Auseinanderfallen der für die Werthaltigkeitsprüfung nach Art. 37 Abs. 6 und der Prüfung der Kapitaldeckung maßgeblichen Zeit-

---

290 Vgl. *Rieger*, in: Widmann/Mayer, UmwG, 71. Erg.-Lfg. Sept. 2003, § 197 Rn. 146; a.A. *Happ* in Lutter (Hrsg.), UmwG, § 245 Rn. 28.

291 Vgl. *Rieger*, in: Widmann/Mayer, UmwG, 71. Erg.-Lfg. Sept. 2003, § 197 Rn. 146.

292 *Neun*, in: Theisen/Wenz, Die Europäische Aktiengesellschaft, S. 51, 165; *Scheifele*, Die Gründung der SE, S. 426 ff.

293 *Neun*, in: Theisen/Wenz, Die Europäische Aktiengesellschaft, S. 51, 165.

294 Vgl. die Funktion der Vermögensaufstellung nach § 192 Abs. 2 UmwG bei Umwandlung in eine GmbH *Mayer*, in: Widmann/Mayer, UmwG, 71. Erg.-Lfg. Sept. 2003, § 192 Rn. 53.

punkte. So ist die Werthaltigkeitsprüfung bereits vor der Hauptversammlung nach Art. 37 Abs. 7 vorzunehmen. Der für die Feststellung der Kapitaldeckung maßgeblich Zeitpunkt ist die Eintragung der Gesellschaft. Der Wertnachweis zum Zeck der Prüfung der Kapitaldeckung sollte daher nur kurze Zeit vor Anmeldung erfolgen (4 bis 6 Wochen).[295] Das Gericht müsste hier die seit der Werthaltigkeitsprüfung eingetretenen Wertveränderungen berücksichtigen.

Die Entbehrlichkeit des Gründungsberichts und der Gründungsprüfung aufgrund der gemeinschaftsrechtlichen Pflicht zur Erstellung einer Werthaltigkeitsprüfung ist dennoch abzulehnen, weil die Werthaltigkeitsprüfung nach Art. 37 Abs. 6 eben gerade nicht der Sicherung der Kapitalaufbringung dient, sondern dem a-priori-Schutz der Anteilsinhaber.[296] Art. 37 Abs. 6 steht daher einer ergänzenden Anwendung des nationalen Rechts nicht entgegen.

Gegen eine ergänzende Anwendung der §§ 32 ff. AktG wird ferner geltend gemacht, dass sich die Entbehrlichkeit des Gründungsberichts und der Gründungsprüfung für die SE aus dem Rechtsgedanken des § 75 Abs. 2 UmwG ergibt.[297] Diese Vorschrift geht auf eine durch Art. 23 Abs. 4 Dritte RiL eingeräumte Option zurück, wonach bei einer Verschmelzung zur Neugründung ein Gründungsbericht und eine externe Gründungsprüfung nicht erforderlich sind, wenn eine übertragende Gesellschaft Kapitalgesellschaft ist, da das Organisationsrecht der übertragenden Gesellschaft die Kapitalsicherung gewährleistet. Auch beim Formwechsel in eine SE erscheint der nochmalige Gründungsbericht und die Gründungsprüfung nach §§ 32, 33 und 34 AktG insoweit überflüssig.

Jedoch kann diese allgemein in der Literatur zum Formwechsel nach dem UmwG geäußerte Kritik an der ausdrücklichen Anordnung einer Gründungsprüfung für die SE zu keinem anderen Ergebnis führen.[298] Eine SE-spezifische Auslegung, dass eine ergänzende Anwendung der §§ 32 ff. AktG nicht erforderlich sein soll, kann damit nicht gerechtfertigt

---

[295] Vgl. *Rieger*, in: Widmann/Mayer, UmwG, 71. Erg.-Lfg., § 245 Rn. 59; a.A. *Priester*, in: FS für Zöllner, S. 449, 459, der von einer 8-Monats-Frist ausgeht.

[296] Siehe oben, Teil 3 C II 1, S. 73 f.

[297] *Scheifele*, Die Gründung der SE, S. 426 ff.; vgl. *Neun*, in: Theisen/Wenz, Die Europäische Aktiengesellschaft, S. 51, 165, der im Ergebnis eine entsprechende Auslegung des Art. 15 Abs. 1 ablehnt und ein Tätigwerden des Gesetzgebers fordert.

[298] Zur allgemeinen Kritik *Rieger*, in: Widmann/Mayer, UmwG, 71. Erg.-Lfg. Sept. 2003, § 245 Rn. 81.

werden.[299] Es muss grundsätzlich in ergänzender Anwendung der §§ 32 ff. AktG über Art. 15 Abs. 1 iVm. §§ 220 Abs. 3, 197 S. 1 UmwG ein Gründungsbericht und eine Gründungsprüfung erfolgen.

2. Gründungsbericht

Im Fall des Formwechsels in eine SE ist nach Art. 15 Abs. 1 iVm. § 197 S. 1 UmwG iVm. § 32 AktG ein Gründungsbericht zu erstellen. Dieser ist von dem Umwandlungsbericht nach Art. 37 Abs. 3 zu unterscheiden.[300] Der notwendige Mindestinhalt des Berichts lässt sich aus § 32 Abs. 2 und 3 AktG entnehmen. Da der Formwechsel in Bezug auf die Sicherung der Kapitalaufbringung wie eine Sachgründung zu behandeln ist, sind zusätzlich zu der allgemeinen Schilderung über den Hergang der Gründung nach § 32 Abs. 2 AktG die wesentlichen Umstände darzulegen, aus denen die hinreichende Werthaltigkeit der Sacheinlage hervorgeht, damit der Nennbetrag des Grundkapitals das Nettovermögen der formwechselnden Gesellschaft nicht übersteigt (vgl. § 220 UmwG).[301] In dem Sachgründungsbericht ist auch der bisherige Geschäftsverlauf des formwechselnden Rechtsträgers anzugeben (§§ 220 Abs. 2, 245 Abs. 1 S. 2 UmwG).[302]

Der Gründungsbericht ist gemäß Art. 15 Abs. 1 iVm. § 197 S. 1 UmwG iVm. § 32 AktG von den Gründern zu erstellen. Nach § 245 Abs. 1 S. 1 UmwG treten beim Formwechsel einer GmbH in eine Aktiengesellschaft an die Stelle der Gründer die Gesellschafter, die für den Formwechsel gestimmt haben. Dies gilt mangels Regelung in der SE-VO über Art. 15 Abs. 1 auch für die SE.[303] Daher ist der Gründungsbericht von den Gesellschaftern zu erstellen, die für den Formwechsel gestimmt haben.

3. Gründungsprüfung

Gemäß Art. 15 Abs. 1 iVm. § 197 UmwG iVm. § 33 Abs. 1 AktG hat zunächst eine Gründungsprüfung durch die Mitglieder des Leitungs- und Aufsichtsorgans bzw. durch die Mitglieder des Verwaltungsrates (§ 22 Abs. 6 SEAG-RegE), so dann durch einen oder mehrere externe Prüfer

---

299 A.A. *Scheifele*, Die Gründung der SE, S. 426 ff.; zur SE-spezifischen Auslegung siehe oben, Teil 1 G, S. 19 f.

300 Zum Umwandlungsbericht *Neun*, in: Theisen/Wenz, Die Europäische Aktiengesellschaft, S. 51, 158.

301 *Decher* in Lutter (Hrsg.), UmwG, § 197 Rn. 25; *Rieger*, in: Widmann/Mayer, UmwG, 71. Erg.-Lfg. Sept. 2003, § 245 Rn. 75.

302 *Stratz*, in: Schmitt/Hörtnagl/Stratz, UmwG, § 197 Rn. 24.

303 *Neun*, in: Theisen/Wenz, Die Europäische Aktiengesellschaft, S. 51, 167.

(§§ 220 Abs. 3, 245 Abs. 1 S. 2 UmwG iVm. § 33 Abs. 2 AktG) zu erfolgen. Zu prüfen sind alle tatsächlichen und rechtlichen Vorgänge, die mit dem Formwechsel zusammenhängen.

Ein wesentlicher Bestandteil der Gründungsprüfung ist die Prüfung, ob der Nennbetrag des Grundkapitals durch das Nettovermögen der Gesellschaft gemäß § 220 Abs. 1 abgedeckt ist (vgl. § 34 Abs. 1 Nr. 2 AktG).[304] Die Prüfung der externen Prüfer bezieht sich auch auf die Prüfung durch das Leitungs- und Aufsichtsorgan bzw. durch die Mitglieder des Verwaltungsrates gemäß § 33 Abs. 1 AktG. Die Prüfer haben gemäß Art. 15 Abs. 1 iVm. § 197 UmwG iVm. § 34 Abs. 2 über die jeweilige Prüfung einen schriftlichen Bericht zu erstatten.

4. Zwischenergebnis

Die Erstellung eines Gründungsberichts und die Durchführung einer Gründungsprüfung sind beim Formwechsel in eine SE nach Art. 15 Abs. 1 iVm. §§ 245 Abs. 1 S. 2, 220 Abs. 3, 197 S. 1 UmwG iVm. §§ 32 ff. AktG erforderlich. Gründer sind nach Art. 15 Abs. 1 iVm. § 245 Abs. 1 S. 1 UmwG die Gesellschafter, die für den Formwechsel gestimmt haben.

V. Kontrolle der Kapitalaufbringung

Obwohl die Umwandlung weder die Auflösung der Gründungsgesellschaft noch die Gründung einer neuen juristischen Person zur Folge hat, ist die SE gemäß Art. 12 einzutragen (vgl. Art. 37 Abs. 2). Danach ist die SE grundsätzlich gemäß § 3 SEAG-RegE iVm. § 198 Abs. 1 UmwG im Handelsregister beim Amtsgericht des Gesellschaftssitzes der Gründungsgesellschaft (§ 8 HGB, § 125 Abs. 1 FGG, § 14 AktG) zur Eintragung anzumelden.[305] Die SE-VO enthält, anders als bei Gründung durch Verschmelzung und Gründung einer Holding-SE, keine Vorgaben für die vor Eintragung durchzuführende Rechtmäßigkeitskontrolle der Umwandlung.[306] Über Art. 15 Abs. 1 ist daher das Sitzstaatrecht ergänzend anzuwenden. Das Registergericht hat gemäß Art. 15 Abs. 1 iVm. § 197 UmwG iVm. § 38 AktG die Ordnungsmäßigkeit des Formwechsels zu

---

[304] *Decher* in Lutter (Hrsg.), UmwG, § 197 Rn. 29; *Rieger*, in: Widmann/Mayer, UmwG, 71. Erg.-Lfg. Sept. 2003, § 245 Rn. 85.

[305] Siehe oben, Teil 3 A II 2, S. 34 f.

[306] *Neun*, in: Theisen/Wenz, Die Europäische Aktiengesellschaft, S. 51, 166.

prüfen.[307] Dabei hat es insbesondere zu prüfen, ob die Anforderungen an die Kapitaldeckung nach §§ 220, 245 Abs. 1 S. 2 UmwG eingehalten wurden.[308] Es kann bei wesentlicher Abweichung des Wertes der Sacheinlage, hier also dem Wert des übertragenden Unternehmen, von dem Wert des geringsten Ausgabebetrages der dafür zu gewährenden Aktien die Eintragung der SE ablehnen (vgl. § 38 Abs. 2 S. 2 AktG). Maßgeblicher Zeitpunkt für die Wertprüfung des Gerichts ist hier der Zeitpunkt der Eintragung der neuen Rechtsform.[309]

VI. Differenzhaftung

Gründer bei der Umwandlung in eine SE sind in ergänzender Anwendung des § 245 Abs. 1 UmwG die Gesellschafter, die für den Formwechsel gestimmt haben.[310] Eine Differenzhaftung der Gründer wird in der Literatur zum UmwG jedoch abgelehnt. Die für die Umwandlung stimmenden Gesellschafter leisten keine „Einlage". Allein der Formwechsel kann nicht Grundlage für die Annahme einer Differenzhaftung sein.[311] Daher besteht auch für die Gründer der SE in ergänzender Anwendung des nationalen Rechts keine Differenzhaftung bei Eintragung der SE trotz Unterpariemission. In Betracht kommt nur eine Haftung der Gründer nach Art. 15 Abs. 1 iVm. § 197 iVm. § 46 AktG.[312]

VII. Zusammenfassung

Bei Gründung einer SE durch Umwandlung finden über Art. 15 Abs. 1 die Vorschriften über den Formwechsel einer Kapitalgesellschaft in eine Aktiengesellschaft zur Ergänzung der SE-VO Anwendung. Gemäß Art. 15 Abs. 1 iVm. § 197 UmwG sind daher die für eine Aktiengesellschaft geltenden Gründungsvorschriften ergänzend anzuwenden. Von besonderer Bedeutung ist dabei das Gebot der Reinvermögensdeckung (§§ 220, 245 Abs. 1 S. 2 UmwG). Nach Art. 15 Abs. 1 iVm. §§ 245

---

307 *Rieger*, in: Widmann/Mayer, UmwG, 71. Erg.-Lfg. Sept. 2003, § 197 Rn. 190; für die monistisch strukturierte SE ist § 21 Abs. 3 SEAG-RegE zu beachten, der § 38 Abs. 2 AktG ergänzt.

308 Vgl. *Decher* in Lutter (Hrsg.), UmwG, § 197 Rn. 31; *Meister/Klöcker*, in: Kallmeyer, UmwG, § 197 Rn. 28.

309 *Hüffer*, AktG, § 38 Rn. 4 u. 9; *Ihrig*, GmbHR 1995, 622, 627; MünchKomm-AktG/*Pentz* § 38 Rn. 23 ff.

310 *Neun*, in: Theisen/Wenz, Die Europäische Aktiengesellschaft, S. 51, 166.

311 *Busch*, AG 1995, 555, 559; *Happ* in Lutter (Hrsg.), UmwG, § 245 Rn. 54; *Rieger*, in: Widmann/Mayer, UmwG, 71. Erg.-Lfg. Sept. 2003, § 197 Rn. 128 ff.

312 *Happ* in Lutter (Hrsg.), UmwG, § 245 Rn. 54; *Stratz*, in: Schmitt/Hörtnagl/Stratz, UmwG, § 197 Rn. 31.

Abs. 1 S. 2, 220 Abs. 3, 197 S. 1 UmwG iVm. §§ 32 ff. AktG ist die Erstellung eines Gründungsberichts und die Durchführung einer Gründungsprüfung erforderlich. Das Registergericht (§ 3 SEAG-RegE iVm. § 198 Abs. 1 UmwG iVm. § 8 HGB, § 125 Abs. 1 FGG, § 14 AktG) hat gemäß Art. 15 Abs. 1 iVm. § 197 UmwG iVm. § 38 AktG (ggf. iVm. § 21 Abs. 3 SEAG-RegE) die Ordnungsmäßigkeit des Formwechsels zu prüfen, insbesondere ob die Anforderungen an die Kapitaldeckung nach §§ 220, 245 Abs. 1 S. 2 UmwG eingehalten wurden. Eine Differenzhaftung der Gründer bei Eintragung der SE trotz Unterpariemission besteht nicht.

D. Gründung einer Tochter SE

Nach Art. 2 Abs. 3 können Gesellschaften im Sinne des Art. 48 Abs. 2 EG sowie juristische Personen des öffentlichen oder des privaten Rechts, die nach dem Recht eines Mitgliedstaates gegründet worden sind und ihren Sitz sowie ihre Hauptverwaltung in der Gemeinschaft haben, eine Tochter-SE durch Zeichnung ihrer Aktien gründen, wenn mindestens zwei von ihnen dem Recht verschiedener Mitgliedstaaten unterliegen (Art. 2 Abs. 3 Buchst. a) oder seit mindestens zwei Jahren eine dem Recht eines anderen Mitgliedstaates unterliegende Tochtergesellschaft oder eine Zweigniederlassung in einem anderen Mitgliedstaat haben (Art. 2 Abs. 3 Buchst. b).

Die SE-VO beinhaltet keine Sachvorschriften zur Gründung einer Tochter-SE. Art. 36 bestimmt lediglich, dass auf die an der Gründung beteiligten Gesellschaften oder sonstige juristische Personen die Vorschriften über deren Beteiligung an der Gründung einer Tochtergesellschaft in Form einer Aktiengesellschaft nationalen Rechts Anwendung finden. Art. 36 ist daher eine Verweisungsvorschrift für das Verfahren in den Gründungsgesellschaften und entspricht der Regelung des Art. 18 im Rahmen der Verschmelzung.[313] Für die Gründung der SE und damit auch für die Aufbringung des Gesellschaftskapitals findet über die allgemeine Verweisungsvorschrift des Art. 15 Abs. 1 das für Aktiengesellschaften geltende nationale Recht des Staates Anwendung, in dem die SE ihren Sitz begründet. Die Kapitalaufbringung einer Tochter-SE mit Sitz in Deutschland richtet sich daher über Art. 15 Abs. 1 vollständig nach dem für Aktiengesellschaften geltenden Recht. Das Grundkapital

---

[313] Anders *Bungert/Beier*, EWS 2002, 1, 8, die Art. 36 als maßgebliche Verweisungsvorschrift für die Gründung der SE ansehen und nur durch eine Auslegung der Vorschrift eine „Kumulation der Gründungsrechte mehrerer Gründungsgesellschaften" vermeiden. Zu Art. 18 siehe oben, Teil 1 H II, S. 24.

wird aus dem Vermögen der Gründungsgesellschaften aufgebracht. Diese bringen Teile ihres Vermögens in die SE ein. Es kommt sowohl eine Bar- als auch eine Sachgründung der SE in Betracht. Auf eine Darstellung der nationalen Regelungen soll hier verzichtet werden.

Teil 4: Aktien der SE und Erwerb eigener Aktien

A. Aktien

Nach Art. 1 Abs. 2 ist die SE eine Gesellschaft, deren Kapital in Aktien zerlegt ist. Durch die Aktien sind die Anteile am Grundkapital der SE wertpapierrechtlich verbrieft und dem Kapitalmarkt zugänglich.[314] Weitere Regelungen bezüglich der Aktien der SE sind in der SE-VO nicht vorhanden, sondern gemäß Art. 5 wird auf das Recht des Sitzstaates verwiesen. Maßgeblich für die SE mit Sitz in Deutschland sind somit grundsätzlich die Regelungen des Aktiengesetzes.

I. Aktienart

1. Inhaber- oder Namensaktien

Die SE mit Sitz in Deutschland kann daher gemäß Art. 5 iVm. § 10 Abs. 1 AktG Inhaber- oder Namensaktien ausgeben. Die Wahl der Aktienart hat durch die Satzung zu erfolgen (Art. 9 Abs. 1 Buchst. c Ziffer ii iVm. § 23 Abs. 3 Nr. 5 AktG). Sie müssen auf den Namen lauten, wenn sie vor der vollen Leistung des Ausgabebetrages ausgegeben werden (Art. 5 iVm. § 10 Abs. 2 AktG).[315]

2. Nennbetrags- und Stückaktien

Gemäß Art. 5 iVm. § 8 Abs. 1 AktG kann die SE entweder Nennbetragsaktien oder Stückaktien ausgeben. Der Mindestnennbetrag der einzelnen Nennbetragsaktie beträgt ein Euro (§ 8 Abs. 2 AktG). Aufgrund der Vorgaben durch die Zweite RiL war dem deutschen Gesetzgeber am 1.1.1999 nur die Einführung einer unechten nennwertlosen Aktie, der man einen rechnerischen Nennbetrag zuordnen kann, möglich, da nach der Zweiten RiL die unmittelbare Bezogenheit zum Kapital erhalten bleiben sollte.[316] Dem entspricht es, dass nach Art. 1 Abs. 2 für die SE nur unechte nennwertlose Aktien zulässig sein können, da trotz der grundsätzlichen Verweisung auf das Recht der Mitgliedstaaten zumindest die unmittelbare Bezogenheit der Wertpapapiere zum Kapital von der SE-VO vorausgesetzt wird. Die Stückaktien lauten auf keinen Nennbetrag. Sie sind jedoch alle am Grundkapital in gleichem Umfang beteiligt (Art. 5 iVm. § 8 Abs. 3 AktG).

---

[314] *Thoma/Leuering*, NJW 2002, 1449, 1452.
[315] Im Einzelnen MünchHdb. GesR VI/*Wiesner* § 13 Rn. 1 ff.
[316] Dazu MünchKommAktG/*Heider* § 8 Rn. 51.

II. Aktiengattung

1. Gewährung verschiedener Rechte

Die Aktien einer Aktiengesellschaft können gemäß § 11 AktG verschiedene Rechte gewähren, namentlich bei der Verteilung des Gewinns und des Gesellschaftsvermögens. Die inhaltliche Ausgestaltung der Aktie ist danach durch Satzungsregelung möglich, soweit das Aktiengesetz diesbezüglich Satzungsautonomie gewährt (vgl. § 23 Abs. 5 AktG).[317]

Über Art. 5 können auch die Aktien der SE durch Satzungsregelung grundsätzlich mit verschiedenen Rechten ausgestaltet sein. Dabei legt Art. 9 Abs. 1 Buchst. b und Buchst. c Ziffer iii den Umfang der Gestaltungsfreiheit der Satzung der SE fest. Entsprechend den verschiedenen Rechtsquellen der SE ergibt sich auch für die Frage der Gestaltungsfreiheit der Satzung eine zweigeteilte Regelung. Die Satzungsautonomie kann ihre Grundlage zum einen in der SE-VO selbst haben (Art. 9 Abs. 1 Buchst. b), zum anderen im nationalen Recht, sofern dies aufgrund eines Anwendungsbefehls Anwendung finden kann (Art. 9 Abs. 1 Buchst. c Ziffer iii).[318] Da die SE-VO keine Regelungen bezüglich der Gewährung verschiedener Rechte enthält, richtet sich die Zulässigkeit der inhaltlichen Ausgestaltung der Aktien über Art. 5 alleine nach dem Aktienrecht.

Möglich ist daher, was die unterschiedliche Gewährung von Herrschaftsrechten angeht, die Gewährung von stimmrechtslosen Vorzugsaktien (Art. 5 iVm. §§ 12 Abs. 1 S. 2, 139 ff. AktG). Die SE kann gemäß Art. 5 iVm. §§ 12 Abs. 1 S. 2, 139, 140 AktG bis zur Hälfte des Grundkapitals Vorzugsaktien ohne Stimmrecht ausgeben, wenn die Aktien mit einem nachzuzahlenden Vorzug bei der Verteilung des Gewinns ausgestattet sind.[319] Die stimmrechtslosen Vorzugsaktien können nur durch Satzung, die von Anfang an die entsprechenden Bestimmungen enthält, oder durch spätere Satzungsänderung eingeführt werden.[320]

Von den vermögensrechtlichen Ansprüchen können durch Satzung das Gewinnbezugsrecht und das Recht auf den Liquidationserlös unterschiedlich ausgestaltet werden (Art. 5 iVm. §§ 11, 139 ff., 271 Abs. 2).[321]

---

[317] Im Einzelnen MünchKommAktG/*Heider* § 11 Rn. 4 ff.; *Hüffer*, AktG, § 11 Rn. 3 ff.; MünchHdb. GesR VI/*Wiesner* § 13 Rn. 7 ff.

[318] Vgl. *Hirte*, NZG 2002, 1, 5; *Lutter*, BB 2002, 1, 4; *Wagner*, NZG 2002, 985, 986; *Hommelhoff*, in: FS für Ulmer, S. 267, 272 u. 276.

[319] Näher zu den Vorzugsaktien ohne Stimmrecht *Hüffer*, AktG, § 139 Rn. 4 ff.

[320] *Hüffer*, AktG, § 139 Rn. 11 ff.

[321] MünchKommAktG/*Heider* § 11 Rn. 10 ff.; *Hüffer*, AktG, § 11 Rn. 4.

Die Aktien mit gleichen Rechten bilden eine Gattung (Art. 5 iVm. § 11 S. 2 AktG). Bedeutung hat dies vor allem bei der Beschlussfassung der Hauptversammlung. Sind mehrere Gattungen von Aktien vorhanden, so erfordert jeder Beschluss der Hauptversammlung noch eine gesonderte Abstimmung durch jede Gruppe von Aktionären, deren spezifische Rechte durch den Beschluss berührt werden (Art. 60 Abs. 1 und 2).[322]

2. Veränderung der Aktionärsrechte

a) Veränderung von Aktionärsrechten bestehender Gattungen

Die Veränderung des Verhältnisses der bisherigen Aktiengattungen der SE bedarf einer Satzungsänderung (vgl. § 23 Abs. 3 Nr. 4 AktG) und fällt daher in den Zuständigkeitsbereich der Hauptversammlung der SE (Art. 52 Buchst. a, Art. 59 Abs. 1). Nach Art. 59 Abs. 1 ist dazu ein satzungsändernder Beschluss der Hauptversammlung erforderlich. Dabei ist fraglich, ob hier § 179 Abs. 3 AktG zur Ergänzung der SE-VO anwendbar ist. Danach wird ein Sonderbeschluss der benachteiligten Aktionäre gefordert, wenn das bisherige Verhältnis mehrerer Gattungen von Aktien zum Nachteil einer Gattung verändert wird. Auch die SE-VO hat das Erfordernis eines Sonderbeschlusses geregelt. Nach Art. 60 Abs. 1 soll ein Sonderbeschluss erforderlich sein, wenn mehrere Gattungen von Aktien vorhanden sind und durch den Beschluss der Hauptversammlung spezifische Rechte einer Gruppe von Aktionären berührt werden.

Die Veränderung von Rechten bereits bestehender Gattungen berührt grundsätzlich das Verbot der Ungleichbehandlung ohne sachlichen Grund.[323] Der Grundsatz der Gleichbehandlung der Aktionäre ist in der SE-VO, anders als in den SE-VOV 1989 und 1990 (Art. 40 SE-VOV 1989 und 1991), nicht ausdrücklich geregelt. Jedoch stellt das Verbot der Ungleichbehandlung ohne sachlichen Grund ein grundlegendes Prinzip im Europäischen Gemeinschaftsrecht und im Besonderen auch im Europäischen Gesellschaftsrecht dar.[324] Mit der Regelung des Sonderbeschlusses der Aktionäre einer Aktiengattung, deren Rechte durch einen Hauptversammlungsbeschluss berührt werden (Art. 60), wird der Grund-

---

[322] Näher dazu siehe unten, Teil 4 A II 2 a, S. 85 ff. sowie Teil 5 B I 3, S. 134 f.
[323] *Kraft*, in: Kölner Kommentar zum AktG, § 11 Rn 32.
[324] Vgl. Art. 42 Zweite RiL; weitere Nachweise *Wagner*, EUV, S. 150.

satz der Gleichbehandlung der Aktionäre unmittelbar angewendet. Er wird daher auch von der SE-VO als grundlegend vorausgesetzt.[325]

Der Grundsatz der Gleichbehandlung schließt jedoch nicht aus, dass Aktien verschiedener Gattungen gewährt werden können, und auch nicht, dass das Verhältnis verschiedener Gattungen zueinander veränderbar ist. Dem Gebot der Gleichbehandlung wird bereits dadurch Rechnung getragen, dass die Benachteiligung einzelner Aktionäre deren Zustimmung bzw. zumindest eines Sonderbeschlusses bedarf. Soweit ein Sonderbeschluss ausreicht, hat sich der Gesetzgeber bewusst dafür entschieden, die Beeinträchtigung der Mitgliedschaftsrechte zu Lasten einer Gattung zu erleichtern und den Gleichbehandlungsgrundsatz insofern zu modifizieren.[326] Der Sonderbeschluss ersetzt die häufig in der Praxis gar nicht mögliche Einzelzustimmungen durch einen Mehrheitsbeschluss der betroffenen Aktionäre und macht damit das Zustimmungserfordernis erst praktikabel.[327] Aus der Gesetzesbegründung zu der wortgleichen Regelung in der SE-VOV 1991 ergibt sich, dass Art. 60 dem Schutz der Inhaber von Aktien verschiedener Gattungen vor Mehrheitsbeschlüssen der Hauptversammlung dienen soll, wenn sich durch die geplanten Maßnahmen das Verhältnis dieser Gattungen ändert.[328] Nach dem Willen der Verordnungsgeber soll somit bei Veränderungen des Verhältnisses mehrerer Gattungen zum Nachteil einer Gattung ein Sonderbeschluss nach Art. 60 ausreichen.

Bei Art. 60 handelt es sich auch um eine abschließende Regelung, soweit es um das Erfordernis eines Sonderbeschlusses aufgrund des Eingriffs in gattungsspezifische Rechte geht. Dafür spricht der gegenüber den Verweisungsvorschriften abschließende Charakter der Art. 57 und Art. 59 für die Beschlussfassung der Hauptversammlung.[329] Es kann davon ausgegangen werden, dass der Verordnungsgeber auch die Vor-

---

325 SE-VOV 1989, Begründung, BT-Drs. XI/5427, S. 10; SE-VOV 1975, Begründung, BT-Drs. VII/3713, S. 208; sowie Vorschlag Zweite RiL, Begründung, BT-Drs. VI/595, S. 14; vgl. *Voges*, AG 1975, 197, 198, der den Schluss von der Regelung des Sonderbeschlusses (§ 179 Abs. 3 AktG) auf die Geltung des Gleichheitsgrundsatzes ablehnt.

326 Vgl. MünchKommAktG/*Heider* § 11 Rn. 48; *Hueck*, Grundsatz der gleichmäßigen Behandlung im Privatrecht, S. 309; *Zöllner*, in: Kölner Kommentar zum AktG, § 179 Rn. 175.

327 Der Sonderbeschluss ist eine Erleichterung für eine Satzungsänderung, die die Sonderrechte einer Aktionärsgattung berührt; vgl. *Bezzenberger*, in: Großkommentar zum AktG, § 138 Rn. 7; *Wiedemann*, in: Großkommentar zum AktG, § 179 Rn. 138.

328 Vgl. SE-VOV 1991, Begründung, BT-Drs. XII/5427, S. 15.

329 Ausführlich dazu siehe unten, Teil 5 B I 2 a aa, S. 120 ff.

aussetzungen für das Erfordernis eines Sonderbeschlusses grundsätzlich abschließend regeln wollte. Da Art. 60 den Fall der Veränderung bestehender Gattungen erfasst und eine abschließende Regelung darstellt, ist für den Rückgriff auf die Regelungen im Aktiengesetz (§ 179 Abs. 3 AktG) mangels ergänzungsbedürftiger Unvollständigkeit der SE-VO kein Raum.

Bestätigt wird dieses Ergebnis bei Betrachtung der Verordnungsvorentwürfe. Der Sanders-Vorentwurf, die SE-VOV 1970, 1975, 1989 und 1991 enthielten noch Vorschriften für die Gewährung von unterschiedlichen Rechten für Aktien, in deren unmittelbarem Zusammenhang auch das Erfordernis eines Sonderbeschlusses zum Schutz der Aktionäre einer Gattung vor Benachteiligung geregelt wurde (Art. III-2-2 Sanders-Vorentwurf, Art. 49 Abs. 5 SE-VOV 1970, 1975 und Art. 52 SE-VOV 1989, 1991). Bereits im Sanders-Vorentwurf wurde erkannt, dass die Veränderung des Verhältnisses der Gattungen stets einer Satzungsänderung bedarf, und die Regelung des Sonderbeschlusses daher, wie auch im Aktiengesetz der Fall, im Kapitel über Satzungsänderungen geregelt werden könnte. Trotzdem wurde aufgrund des Zusammenhangs mit dem Verhältnis mehrerer Gattungen zueinander bis zum SE-VOV 1991 an der Stellung der Vorschrift festgehalten.[330] In dem SE-VOV 1989 war das Erfordernis des Sonderbeschlusses gleich zweimal geregelt. Nach Art. 52 Abs. 5 SE-VOV 1989 war ein Sonderbeschluss der Aktionäre einer Gattung erforderlich, deren Rechte von einem Hauptversammlungsbeschluss berührt werden. Daneben enthielt aber Art. 98 SE-VOV 1989 eine inhaltsgleiche Regelung im Rahmen der Vorschriften für die Beschlussfassung der Hauptversammlung. Ohne wesentliche sonstige Änderung der betreffenden Vorschriften wurde die Regelung des Sonderbeschlusses im Zusammenhang mit den Vorschriften über die Aktien (Art. 52 Abs. 5 SE-VOV 1989) in dem SE-VOV 1991 gestrichen, mit der Begründung, die Frage der gesonderten Abstimmung sei bereits im Rahmen der Vorschriften über die Beschlussfassung der Hauptversammlung geregelt (Art. 98 SE-VOV 1989 und 1991).[331] Der Sonderbeschluss der Aktionäre, deren Rechte durch einen Hauptversammlungsbeschluss betroffen sind, sollte abschließend im Zusammenhang mit den Vorschriften zur Beschlussfassung der Hauptversammlung in Art. 98 SE-VOV 1991 geregelt werden.

Die praktisch unveränderte Übernahme dieser Vorschrift in die SE-VO spricht für die abschließende Regelung des Art. 60 im Fall der Verände-

---

[330] Sanders-Vorentwurf, Begründung, S. 47.
[331] SE-VOV 1991, Begründung, BT-Drs. XII/1004, S. 7.

rung von Aktionärsrechten im Rahmen der Vorschriften zur Beschlussfassung. Insoweit ist die Anwendung des § 179 Abs. 3 AktG über eine Verweisungsvorschrift mangels ergänzungsbedürftiger Unvollständigkeit ausgeschlossen.

Ein Sonderbeschluss ist nach dem Wortlaut des Art. 60 Abs. 1 abweichend von § 179 Abs. 3 AktG bereits dann erforderlich, wenn bei Bestehen mehrerer Gattungen von Aktien die Rechte von Aktionären einer Gattung „berührt" werden. Eine „nachteilige Änderung" wäre danach nicht erforderlich. Wann ein „berühren" der spezifischen Rechte vorliegt, ist durch Auslegung des Gemeinschaftsrechts zu ermitteln.[332] Nach dem Wortlaut würde auch jedes mittelbare „Berührtsein" der Rechte aus den Aktiengattungen erfasst werden.[333] Es muss jedoch davon ausgegangen werden, dass auch nach Art. 60 Abs. 1 eine Beeinträchtigung im Sinne einer nachteiligen Betroffenheit der für die Gattung spezifischen Rechte gefordert wird, denn die inhaltsgleiche Vorschrift sollte nach der Begründung zu den Vorentwürfen dem Schutz vor einer „Schädigung" durch den Beschluss bzw. vor jeder „Benachteiligung" dienen.[334]

Stets erforderlich ist jedenfalls, dass ein Eingriff in die gattungsspezifischen Rechte erfolgt. Eingriffe in die allgemeinen gesetzlichen Rechte werden nicht erfasst.[335] Spezielle Verfahrensvorschriften für die Durchführung eines Sonderbeschlusses existieren nicht.[336] Die Grenzen der mit Zustimmung der betroffenen Aktionäre möglichen Änderung der Rechte der Gattungen richten sich über Art. 5 nach dem nationalen Recht.[337]

---

332 Siehe oben, Teil 1 C, S. 11 f.

333 Stellungnahme des Gemeinsamen Arbeitsausschusses des BDI u.a. von 1991, S. 25.

334 Vgl. SE-VOV 1975, Begründung, BT-Drs. VII/3713, S. 207; SE-VOV 1989, Begründung, BT-Drs. XI/5427, S. 15.

335 Ebenso *Brandt*, Die Hauptversammlung der SE, S. 260; vgl. *Schwarz*, ZIP 2001, 1847, 1857; vgl. Wortlaut der englischen Version der SE-VO, der das Erfordernis des Berührens von gattungsspezifischen Rechten deutlicher aufzeigt: "Where an SE has two or more classes of shares, every decision by the general meeting shall be subject to a separate vote by each class of shareholders whose class rights are affected thereby."

336 Dazu *Brandt*, Die Hauptversammlung der SE, S. 257 ff.

337 Im Einzelnen MünchKommAktG/*Heider* § 11 Rn. 48 ff.

b) Kapitalerhöhung

Werden durch eine Kapitalerhöhung neue Aktien ausgegeben, so kann ebenfalls ein Sonderbeschluss nach Art. 60 Abs. 1 erforderlich sein, wenn durch den Kapitalerhöhungsbeschluss spezifische Rechte, die von Aktien einer Gattung gewährt werden, berührt werden. Aufgrund des abschließenden Charakters der Regelungen der SE-VO bezüglich des Erfordernisses eines Sonderbeschlusses, ist eine Anwendung des § 182 Abs. 2 AktG über Art. 5 ausgeschlossen.[338]

c) Vorzugsaktien ohne Stimmrecht

aa) Einführung durch Satzungsänderung

Die stimmrechtslosen Vorzugsaktien können durch Satzung, die von Anfang an die entsprechenden Bestimmungen enthält, oder durch spätere Satzungsänderung eingeführt werden.[339] Soweit die nachträgliche Einführung von Vorzugsaktien mit Eingriffen in das Stimmrecht von Aktionären verbunden ist, bedarf es neben der satzungsändernden Mehrheit der Zustimmung der betroffenen Aktionäre. Das Stimmrecht ist ein Mitgliedschaftsrecht, dessen grundsätzliche Unentziehbarkeit sich aus dem Wesen der Aktiengesellschaft ergibt.[340] Sollen Stammaktien in Vorzugsaktien ohne Stimmrecht umgewandelt werden, so bedarf dieser Satzungsänderungsbeschluss somit grundsätzlich der Zustimmung aller betroffenen Aktionäre, auch die von dem Umwandlungsrecht nicht Gebrauch machenden Stammaktionäre müssen einzeln zustimmen.[341] Ein Sonderbeschluss nach Art. 60 kann hier nicht ausreichen, denn der Tatbestand des Art. 60 setzt das Bestehen von mehreren Gattungen voraus. Nur bei Veränderung des Verhältnisses mehrerer Gattungen soll nach dem Willen des Verordnungsgebers ein Sonderbeschluss der betroffenen Aktionäre die grundsätzlich erforderliche Einzelzustimmung ausnahmsweise ersetzen.[342] Daher ist Art. 60 dann nicht anwendbar, wenn durch den Beschluss erst verschiedene Gattungen geschaffen werden sollen. Hier ist die Zustimmung jedes einzelnen Aktionärs erforderlich.

---

[338] Näher dazu unten, Teil 5 B I 3, S. 134 f.

[339] Siehe oben, Teil 4 A II 1, S. 84 f.

[340] Vgl. *Eckardt*, in: Geßler/Hefermehl, AktG, § 11 Rn. 40.

[341] Vgl. *Brändel*, in: Großkommentar zum AktG, § 11 Rn. 25; *Zöllner*, in: Kölner Kommentar zum AktG, § 179 Rn. 181.

[342] Vgl. Sanders-Vorentwurf, Begründung, S. 47; SE-VOV 1975, Begründung, BT-Drs. VII/3713, S. 207; SE-VOV 1989, Begründung, BT-Drs. XI/5427, S. 15.

bb) Aufhebung oder Beschränkung des Vorzugs

(1) Anwendbarkeit des § 141 AktG über Art. 5

Die Aufhebung oder Beschränkung des Vorzugs bedarf bei der SE eines satzungsändernden Beschlusses der Hauptversammlung. Nach Art. 59 Abs. 1 ist danach grundsätzlich eine Mehrheit von zwei Dritteln der abgegebenen Stimmen erforderlich. Da jedoch Art. 59 Abs. 1 a.E. auch die Berücksichtigung mitgliedstaatlichen Rechts vorsieht, ist, unter Berücksichtigung des § 179 Abs. 2 S. 1 AktG, für den Hauptversammlungsbeschluss grundsätzlich eine Mehrheit von drei Vierteln der abgegebenen Stimmen erforderlich (Art. 59 Abs. 1 iVm. § 179 Abs. 2 S. 1 AktG iVm. SE-spezifischer Auslegung).[343] Die Satzung der SE kann eine andere Mehrheit, die größer als die von Art. 59 Abs. 1 vorausgesetzte Mehrheit von zwei Dritteln der abgegebenen Stimmen zu sein hat (Art. 59 Abs. 1 iVm. § 179 Abs. 2 S. 2 AktG iVm. SE-spezifischer Auslegung), für die Änderung des Unternehmensgegenstandes jedoch nur eine größere Mehrheit als drei Viertel der abgegebenen Stimmen bestimmen.[344]

Unklar ist, ob bei einem Beschluss über die Aufhebung oder Beschränkung des Vorzugs § 141 AktG über Art. 5 ergänzend auf die SE anwendbar ist. Nach § 141 Abs. 1 und Abs. 2 AktG bedarf jeder Beschluss, durch den der Vorzug aufgehoben oder beschränkt wird, sowie jeder Beschluss über die Ausgabe von Vorzugsaktien, die bei der Verteilung des Gewinns oder des Gesellschaftsvermögens den Vorzugsaktien ohne Stimmrecht vorgehen oder gleichstehen, der Zustimmung der Vorzugsaktionäre. Das Zustimmungserfordernis bezweckt den Schutz der Vorzugsaktionäre, die mangels Stimmrechts nicht an dem Hauptversammlungsbeschluss teilnehmen können, vor dem Entzug ihrer Rechte. Ausreichend ist hier jedoch ein Sonderbeschluss der Aktionäre (§ 141 Abs. 3 AktG), der eine Einzelzustimmung der betroffenen Aktionäre ersetzt.[345]

Ob diese Regelungen des Aktiengesetztes über Art. 5 ergänzend auf die SE Anwendung finden können erscheint fraglich. Soweit ein Beschluss unmittelbar den Vorzug von stimmrechtslosen Vorzugsaktien aufhebt, beschränkt oder mittelbar durch die Ausgabe von Vorzugsaktien mit gleichen oder besseren Rechten als die bereits bestehenden beeinträchtigt

---

[343] Zu den Mehrheitserfordernissen bei satzungsändernden Beschlüssen siehe unten, Teil 5 B I 2, S. 119 ff.

[344] Zur Berücksichtigung der im Aktiengesetz vorgesehenen Mehrheiten siehe unten, Teil 5 B I 2 a cc, S. 123 ff.

[345] Vgl. *Senger/Vogelmann*, AG 2002, 193, 194.

(vgl. § 141 Abs. 1 AktG), werden spezifische Rechte einer Gruppe von Aktionären berührt, und damit ist der Tatbestand des Art. 60 erfüllt, der für diesen Fall einen Sonderbeschluss der betroffenen Aktionäre fordert. Wie oben festgestellt wurde, ist Art. 60 eine abschließende Regelung für alle Hauptversammlungsbeschlüsse, die spezifische Rechte von Aktionären berühren.[346] Somit fehlt es hier an einer ergänzungsbedürftigen Unvollständigkeit, so dass § 141 AktG über Art. 5 nicht anzuwenden ist, soweit die Regelung der SE-VO (Art. 60) reicht. Eine Anwendung des § 141 Abs. 1, Abs. 2 S. 1 und Abs. 3 S. 2 bis 3 AktG ist daher über Art. 5 nicht möglich.

Fraglich ist weiter, ob § 141 Abs. 2 S. 2 AktG auf die SE angewendet werden kann. Danach bedarf es keiner Zustimmung der Vorzugsaktionäre bei mittelbarer Beeinträchtigung des Vorzugs, wenn die Ausgabe von Vorzugsaktien, die bei der Verteilung des Gewinns oder des Gesellschaftsvermögens den Vorzugsaktien ohne Stimmrecht vorgehen oder gleichstehen, bei Einräumung des Vorzugs, oder wenn dass Stimmrecht später ausgeschlossen wurde, bei der Ausschließung ausdrücklich vorbehalten worden war und das Bezugsrecht der Vorzugsaktionäre nicht ausgeschlossen wird.[347] Gegen eine Anwendung spricht jedoch die abschließende Regelung des Erfordernisses eines Sonderbeschlusses durch die SE-VO. Es können über das ergänzend anwendbare Sitzstaatrecht keine Ausnahmen zu dem Erfordernis eines Sonderbeschlusses bestimmt werden. Demnach ist auch § 141 Abs. 2 S. 2 AktG über Art. 5 nicht auf eine SE mit Sitz in Deutschland anwendbar. Sind die Voraussetzungen des Art. 60 Abs. 1 erfüllt, so ist stets ein Sonderbeschluss erforderlich.

(2) Mehrheitserfordernis

Bedarf der Beschluss der Hauptversammlung der Mehrheit der Stimmen gemäß Art. 59 Abs. 1 oder 2, so soll nach Art. 60 Abs. 2 diese Mehrheit auch für die gesonderte Abstimmung jeder Gruppe von Aktionären erforderlich sein, deren spezifische Rechte durch den Beschluss berührt werden. Der Beschluss über die Aufhebung oder Beschränkung des Vorzugs ist ein satzungsändernder Beschluss und bedarf eines Mehrheitserfordernisses nach Art. 59 Abs. 1. Somit richtet sich das Mehrheitserfordernis des der Sonderbeschlusses nach Art. 59 Abs. 1.

---

[346] Siehe oben, Teil 4 A II 2 a, S. 85 ff.

[347] Dazu *Bezzenberger*, in: Großkommentar zum AktG, § 141 Rn. 31 ff.; *Hüffer*, AktG, § 141 Rn. 16 f.

Da über Art. 59 Abs. 1 a.E. auch mitgliedstaatliches Recht Berücksichtigung findet,[348] ist fraglich, welche Vorschriften des Aktiengesetzes hier ergänzend anzuwenden sind. Es könnten die Mehrheitserfordernisse des § 179 Abs. 2 AktG entsprechend zu berücksichtigen sein.[349] Dies wäre dann der Fall, wenn man Art. 60 Abs. 2 in dem Sinne auslegen würde, dass für den Sonderbeschluss dieselben Mehrheitserfordernisse gelten sollen wie für den Hauptversammlungsbeschluss, das heißt, wenn unter „dieser Mehrheit" auch die für den Hauptversammlungsbeschluss geltenden, besonderen Mehrheitserfordernisse des Sitzstaatrechts zu berücksichtigen wären.[350]

Das Aktiengesetz stellt jedoch speziell für den Sonderbeschluss aufgrund einer Aufhebung oder Beschränkung des Vorzugs in § 141 Abs. 3 S. 2 bis 3 AktG besondere, gegenüber der Satzungsänderung abweichende, Erfordernisse auf, die den Besonderheiten der Vorzugsaktien ohne Stimmrecht gerecht werden,[351] sodass hier auch eine den Art. 59 Abs. 1 ergänzende Anwendung des § 141 Abs. 3 S. 2 bis 3 AktG in Betracht käme.

Auswirkungen hat dies bei der Frage der Satzungsautonomie. Während nach Art. 59 Abs. 1 a.E. iVm. § 179 Abs. 2 S. 2 AktG eine Festsetzung einer anderen Mehrheit in der Satzung und eine Regelung nach § 51 S. 1 SEAG-RegE möglich wären, ließe die ergänzende Anwendung des § 141 Abs. 3 S. 3 AktG über Art. 59 Abs. 1 a.E. keine Abweichung von der gesetzlichen Dreiviertelmehrheit zu.[352] Darin liegt gerade die den Besonderheiten der Vorzugsaktien Rechnung tragende Abweichung gegenüber den für Satzungsänderungen geltenden Vorschriften. Weil die Vorzugsaktien ohne Stimmrecht keinen Einfluss auf die Gestaltung der Satzung geben, sollen die Mehrheitserfordernisse statutarischer Gestaltung entzogen sein.[353]

Gegen die ergänzende Anwendung der Mehrheitserfordernisse des § 141 Abs. 3 S. 2 bis 3 AktG spricht der Wortlaut des Art. 60 Abs. 2, der für den Sonderbeschluss dieselbe Mehrheit fordert, wie sie für den Hauptversammlungsbeschluss erforderlich ist. Daher könnte von Art. 60 Abs. 2 auch das über Art. 59 Abs. 1 a.E. für den Hauptversammlungsbe-

---

[348] Ausführlich dazu siehe unten, Teil 5 B I 2 a cc, S. 123 ff.

[349] Siehe bereits oben, Teil 4 A II 2 c bb (1), S. 90 f.

[350] Zur Berücksichtigung des Sitzstaatrechts über Art. 59 Abs. 1 a.E. siehe unten, Teil 5 B I 2 a cc, S. 123 ff.

[351] Vgl. *Bezzenberger, T.*, Vorzugsaktien, S. 134.

[352] Zur Satzungsautonomie iRd. Art. 59 Abs. 1 a.E. und zu § 51 SEAG-RegE siehe unten, Teil 5 B I 2 b u. c, S. 129 ff.

[353] *Bezzenberger, T.*, Vorzugsaktien, S. 134.

schluss ergänzend anzuwendende Mehrheitserfordernis erfasst sein. Jedoch wurde mit der Berücksichtigung des nationalen Rechts über Art. 59 Abs. 1 a.E. gerade den Besonderheiten der Sitzstaatrechte Rechnung getragen.[354] Es ist somit naheliegend, das vom mitgliedstaatlichen Gesetzgeber für den zu regelnden Sachverhalt vorgesehene spezielle Recht anzuwenden. Dem steht auch die SE-VO nicht entgegen, denn entsprechend der Möglichkeit der Berücksichtigung des nationalen Rechts kann sich Art. 60 Abs. 2 primär nur auf die Anwendung des Art. 59 Abs. 1 und Abs. 2 beziehen und nicht auf das über Art. 59 Abs. 1 a.E. ergänzend anwendbare nationale Recht. Diese Auslegung des Art. 60 Abs. 2 wird auch durch Erwägungsgrund 5 bestätigt, wonach die Mitgliedstaaten dazu verpflichtet sind, dafür zu sorgen, dass die Bestimmungen, die auf Europäische Gesellschaften aufgrund dieser Verordnung anwendbar sind, zu keiner Diskriminierung dadurch führen, dass die Europäischen Gesellschaften ungerechtfertigterweise anders behandelt werden als die Aktiengesellschaften. Soweit die SE-VO eine Berücksichtigung des mitgliedstaatlichen Rechts vorsieht, soll eine Ungleichbehandlung der SE gegenüber Aktiengesellschaften vermieden werden.

Daher sind hier im Rahmen der von der SE-VO vorgegebenen Möglichkeit die speziellen Vorschriften des Aktiengesetzes über die Aufhebung und Beschränkung des Vorzugs anzuwenden. Der Sonderbeschluss bedarf daher nach Art. 60 Abs. 2, Art. 59 Abs. 1 a.E. iVm. § 141 Abs. 3 S. 2 AktG einer Mehrheit von mindestens drei Vierteln der abgegebenen Stimmen. Die Satzung kann hier keine anderen Mehrheiten und weitere Erfordernisse vorsehen.[355] Auch eine Bestimmung einer Regelung i.S. des § 51 S. 1 SEAG-RegE in der Satzung der SE ist nicht möglich, da das ergänzend anwendbare Recht eine höhere Mehrheit zwingend vorschreibt.[356]

(3) Verfahren

Art. 60 beinhaltet keine Regelungen bezüglich des Verfahrens des Sonderbeschlusses, daher ist diesbezüglich das Sitzstaatrecht ergänzend anzuwenden.[357] Insoweit ist neben § 138 AktG auch § 141 Abs. 3 S. 1 AktG ergänzend anzuwenden, der speziell für den Sonderbeschluss der

---

[354] Vgl. *Jaeger*, ZEUP 1994, 206.

[355] Die Möglichkeit der Bestimmung weiterer Erfordernisse in der Satzung der SE ist durch Art. 59 Abs. 1 a.E. grundsätzlich ausgeschlossen; siehe unten, Teil 5 B I 2 b bb, S. 131 f.

[356] Zu § 51 SEAG-RegE siehe unten, Teil 5 B I 2 c, S. 133 f.

[357] Ebenso *Mahi*, Die Europäische Aktiengesellschaft, S. 95.

Vorzugsaktionäre ohne Stimmrecht bei Aufhebung oder Beschränkung des Vorzugs eine gesonderte Versammlung fordert.[358]

(4) Besonderheiten bei Bezugsrechtsausschluss

Sollen als Aktien Vorzugsaktien ausgegeben werden, kann das Bezugsrecht der Aktionäre der SE grundsätzlich nach den allgemeinen Regeln ausgeschlossen werden.[359] Nach § 141 Abs. 3 S. 4 AktG soll für den Sonderbeschluss § 186 Abs. 3 bis 5 AktG sinngemäß gelten, wenn bei der Ausgabe von Vorzugsaktien, die bei der Verteilung des Gewinns oder des Gesellschaftsvermögens den Vorzugsaktien ohne Stimmrecht vorgehen oder gleichstehen, das Bezugsrecht der Vorzugsaktionäre auf den Bezug solcher Aktien ausgeschlossen wird. Das heißt, der Sonderbeschluss muss neben der Zustimmung zur Ausgabe von Vorzugsaktien auch den Bezugsrechtsausschluss zum Gegenstand haben und auch die für den Bezugsrechtsauschluss geltenden Beschlussvoraussetzungen erfüllen.[360]

Die ergänzende Anwendbarkeit des Verweises auf die Vorschriften zum Bezugsrechtsausschluss ergibt sich aus den Vorgaben der Zweiten RiL. Nach Art. 29 Zweite RiL sind bestimmte Erfordernisse beim Ausschluss des Bezugsrechts zwingend einzuhalten. Dies gilt auch für den Ausschluss des Bezugsrechts der Vorzugsaktionäre ohne Stimmrecht. Dementsprechend müssen auch die Vorzugsaktionäre für den Ausschluss ihres Bezugsrechts einen Beschluss entsprechend den Vorgaben des Art. 29 Zweite RiL fassen. § 141 Abs. 3 S. 4 AktG stellt dies durch den Verweis auf § 185 Abs. 3 bis 5 AktG sicher. Somit muss der Sonderbeschluss nach Art. 60 über Art. 5 iVm. § 141 Abs. 3 S. 4 AktG den Anforderungen des § 186 Abs. 3 bis 5 AktG genügen, soweit diese für die SE gelten.[361] Der Sonderbeschluss muss daher neben der Zustimmung zur Ausgabe von Vorzugsaktien auch den Bezugsrechtsausschluss zum Gegenstand haben und auch die für den Bezugsrechtsauschluss geltenden Beschlussvoraussetzungen erfüllen.[362] Die Mehrheitserfordernisse richten sich sowohl nach dem für die Zustim-

---

[358] A.A. *Brandt*, Die Hauptversammlung der SE, S. 261; näher zum Verhältnis des § 138 AktG zu § 141 Abs. 3 S. 1 AktG *Hüffer*, AktG, § 138 Rn. 2 ff. und § 141 Rn. 18 ff.; *Bezzenberger*, in: Großkommentar zum AktG, § 141 Rn. 48 ff.

[359] Dazu unten, Teil 5 B VII, S. 152 ff.

[360] Vgl. *Bezzenberger, T.*, Vorzugsaktien, S. 150; *Hüffer*, AktG, § 141 Rn. 21.

[361] Näher zum Bezugsrechtsausschluss siehe unten, Teil 5 A VII, S. 152 ff.

[362] Dazu siehe unten, Teil 5 A VII, S. 152 ff.

mung zur Ausgabe von Vorzugsaktien geltendem als auch nach dem für den Bezugsrechtsausschluss geltendem Mehrheitserfordernis.[363]

cc) Zwischenergebnis

Bei einem Beschluss, der unmittelbar den Vorzug von stimmrechtslosen Vorzugsaktien aufhebt, beschränkt oder mittelbar durch die Ausgabe von Vorzugsaktien mit gleichen oder besseren Rechten als die bereits bestehenden beeinträchtigt, ist ein Sonderbeschluss nach Art. 60 erforderlich. § 141 Abs. 1, Abs. 2 und Abs. 3 S. 2 bis 3 AktG sind über Art. 5 nicht anwendbar. Der Sonderbeschluss bedarf nach Art. 60 Abs. 2, Art. 59 Abs. 1 a.E. iVm. § 141 Abs. 3 S. 2 AktG einer Mehrheit von mindestens drei Vierteln der abgegebenen Stimmen. Die Satzung kann hier keine anderen Mehrheiten und weitere Erfordernisse vorsehen (Art. 60 Abs. 2, Art. 59 Abs. 1 a.E. iVm. § 141 Abs. 3 S. 3 AktG). Die Bestimmung einer Regelung i.S. des § 51 S. 1 SEAG-RegE in der Satzung der SE ist nicht möglich. § 141 Abs. 3 S. 1 AktG ist über Art. 5 ergänzend anzuwenden, so dass für den Sonderbeschluss bei Aufhebung oder Beschränkung des Vorzugs eine gesonderte Versammlung der Vorzugsaktionäre erforderlich ist. Wird bei der Ausgabe von Vorzugsaktien, die bei der Verteilung des Gewinns oder des Gesellschaftsvermögens den Vorzugsaktien ohne Stimmrecht vorgehen oder gleichstehen, das Bezugsrecht der Vorzugsaktionäre auf den Bezug solcher Aktien ausgeschlossen, so gelten gemäß Art. 5 iVm. § 141 Abs. 3 S. 4 AktG für den Sonderbeschluss die Vorschriften über den Ausschluss des Bezugsrechts entsprechend (§ 186 Abs. 3 bis 5 AktG), soweit sie auf die SE anwendbar sind. Ist der Vorzug aufgehoben, gewähren die Aktien nach Art. 5 iVm. § 141 Abs. 4 AktG wieder das Stimmrecht.

III. Stimmrechte

Das Stimmrecht der Aktionäre der SE ist in der SE-VO nicht geregelt und richtet sich daher über Art. 5 grundsätzlich nach dem Aktienrecht. Gemäß § 12 Abs. 1 AktG gewährt jede Aktie ein Stimmrecht. Das deutsche Aktienrecht geht grundsätzlich von einer direkten Proportionalität der Kapitalbeteiligung des Aktionärs zu seinem Stimmrecht aus.[364] Es gibt jedoch verschiedentlich Durchbrechungen von diesem Grundsatz. Durch Verbindung der Aktien mit einem Gewinnvorzugsrecht können gemäß Art. 5 iVm. § 12 Abs. 1 S. 2 iVm. §§ 139 ff. AktG Aktien ohne Stimmrecht

---

[363] Dazu siehe unten, Teil 5 A VII, S. 152 ff.

[364] *Terbrack/Wermeckes*, DZWiR 1989, 186; kritisch dazu *Zöller/Noack*, AG 1991, 117, 118.

geschaffen werden.[365] Ferner kann bei nicht börsennotierten Aktiengesellschaften das Stimmrecht durch Festsetzung eines Höchstbetrages oder von Abstufungen in der Satzung beschränkt werden.[366] Mehrstimmrechte sind jedoch nach Art. 5 iVm. § 12 Abs. 2 AktG unzulässig.[367] Damit ist auch für die SE gemäß Art. 5 iVm. § 12 Abs. 2 AktG keine Satzungsgestaltung möglich, die Aktien mehr Stimmrechte gewährt, als ihrer Beteiligungsquote am Grundkapital entspricht.

IV. Aktientausch bei Gründung

Bestehen bei den Gründungsgesellschaften Anteile mit anderer Ausstattung als bei der SE nach dem Sitzstaatrecht zulässig sind, so stellt sich im Rahmen der Gründung einer SE durch Verschmelzung und Gründung einer Holding-SE die Frage, wie die zu gewährenden Anteile der SE aussehen müssen. Bei Gründung einer SE durch Verschmelzung (Art. 29 Abs. 1 Buchst. b und Abs. 2 Buchst. b) und Gründung einer Holding-SE (Art. 32 Abs. 2, 33 Abs. 2 und 4) erhalten die Aktionäre der Gründungsgesellschaften Aktien der SE. Im Verschmelzungsplan bzw. Gründungsplan (Art. 20 Abs. 1 Buchst. b, c und f, Art. 32 Abs. 2) sind daher die Einzelheiten hinsichtlich des Umtauschverhältnisses, der Übertragung der Aktien sowie etwaige Rechte, die die SE den mit Sonderrechten ausgestatteten Aktionären der Gründungsgesellschaften gewährt, anzugeben. Der Verschmelzungsplan bzw. Gründungsplan muss somit neben dem Umtauschverhältnis festlegen, welche Aktien den einbringenden Aktionären der Gründungsgesellschaften und gegebenenfalls welche Sonderrechte gewährt werden. Die Aktionäre der Gründungsgesellschaften sollen nicht nur vermögensmäßig (vgl. Art. 20 Abs. 1 Buchst. b, Art. 25 bzw. Art. 32 Abs. 2 iVm. Art. 20 Abs. 1 Buchst. b, Art. 32 Abs. 4 und 5), sondern auch im Hinblick auf ihre Rechtsstellung im neuen Rechtsträger eine möglichst gleichwertige Position wie in den Gründungsgesellschaften erhalten. Das ergibt sich mittelbar aus dem Bestreben der SE-VO, den Aktionären der Gründungsgesellschaften keinen Vermögensnachteil zumuten zu wollen. Um angemessen zu sein (vgl. Art. 18 iVm. §§ 8, 9 UmwG bzw. Art. 32 Abs. 5), muss das Umtauschangebot neben der Forderung nach dem gleichen Wert der Beteiligung auch der Forderung nach Gleichwertigkeit der Herrschaftsrechte gerecht werden.[368] Welche Art von Anteilen zu

---

[365] Siehe oben, Teil 4 A II 1, S. 84 f.

[366] *Hüffer*, AktG, § 134 Rn. 6.

[367] *Hüffer*, AktG, § 12 Rn. 10.

[368] Vgl. *Lutter*, in: FS für Mestmäcker, S. 943, 950; *ders.* in Lutter (Hrsg.), UmwG, § 5 Rn. 9 ff.

gewähren ist, schreibt die SE-VO jedoch nicht vor und ist mangels Regelung auch nicht dem über Art. 18 (analog für Holding) subsidiär anzuwendenden nationalen Rechten der Gründungsgesellschaften zu entnehmen.[369] Die Bestimmung der zu gewährenden Anteile der SE unterliegt daher der Vereinbarung der Gründungsgesellschaften.

Fraglich ist jedoch, welche Aktien der SE zum Tausch angeboten werden können, wenn die Gründungsgesellschaften Aktien ausgegeben haben, die für die SE unzulässig sind. So sind zum Beispiel Mehrstimmrechtsaktien gemäß Art. 5 iVm. § 12 Abs. 2 AktG grundsätzlich unzulässig.[370] Bereits bestehende Mehrstimmrechtsaktien von deutschen nationalen Aktiengesellschaften haben gemäß § 5 Abs. 1 EGAktG bis zum 30.05.2003 Bestand, die Hauptversammlung kann jedoch gemäß § 5 Abs. 1 S. 1 HS. 2 EGAktG die Fortgeltung der Mehrstimmrechtsaktien beschließen.[371] In anderen Mitgliedstaaten sind Mehrstimmrechtsaktien dagegen weiterhin zulässig.[372] Grundsätzlich können jedoch nur die für die SE nach dem Sitzstaatrecht zulässigen Aktien an die Aktionäre der Gründungsgesellschaften gewährt werden. Die Gewährung von Aktien, die gleichwertige Rechte gewähren, muss gegebenenfalls aus rechtlichen Gründen ausscheiden, wenn eine Gründungsgesellschaft Aktien ausgegeben hat, die in dem Sitzstaat der SE, nach dessen Aktienrecht sich die Zulässigkeit der Wertpapiere richtet (Art. 5), nicht zulässig sind.[373] Entscheiden sich die Aktionäre der Gründungsgesellschaften für die Beteiligung an einer SE mit Sitz in Deutschland, so müssen sie auch die damit gegebenenfalls einhergehenden Rechtsverluste hinnehmen.[374]

V. Verfügungen über Aktien der SE

Der derivative Erwerb von Aktien der SE ist in der SE-VO nicht geregelt. Fraglich ist hier, ob dieser von Art. 5 erfasst wird, und somit einheitlich das Sitzstaatrecht der SE ohne Zwischenschaltung des internationalen Privatrechts Anwendung findet. Art. 5 verweist für „Aktien" auf die Vor-

---

369 Vgl. *Marsch-Barner*, in: Kallmeyer, UmwG, § 5 Rn. 6 ff.; *Volhard* in Semler/Volhard, ÜN Hdb. § 17 Rn. 123; zur analogen Anwendung des Art. 18 bei Gründung einer Holding-SE *Scheifele*, Die Gründung der SE, S. 46 ff.

370 Siehe oben, Teil 4 A III, S. 95 f.

371 *Hüffer*, AktG, § 12 Rn. 8 ff.

372 Während es neben Deutschland auch in Italien, Österreich und Spanien keine Mehrstimmrechtsaktien mehr gibt, ist diese Aktienform in Frankreich, Schweden und den anderen skandinavischen Ländern nach wie vor üblich.

373 Vgl. Stellungnahme des Gemeinsamen Arbeitsausschusses des BDI u.a. von 1991, S. 11.

374 Vgl. *Lutter*, in: FS für Mestmäcker, S. 943, 954; *Würdinger*, S. 232.

schriften, die für Aktiengesellschaften mit Sitz in dem Mitgliedstaat, in dem die SE eingetragen ist, gelten würden. Es ist jedoch nicht ersichtlich, ob damit auch die Übertragung der Aktien erfasst sein soll. Durch die Verweisung auf das Recht des Sitzstaates würde, trotz Verzicht auf eine gemeinschaftsrechtlich einheitliche Regelung der Übertragung, eine zumindest für die einzelne SE gemeinschaftsweit einheitliche Rechtsanwendung erreicht.[375] Dies ist jedoch nur der Fall, wenn die Regelung der Übertragung der Aktien in den Regelungsbereich der Verordnung fällt.[376]

Die Fragen, ob eine Beteiligung überhaupt fungibel ist und welche Erfordernisse für die Übertragung eingehalten werden müssen, sind rein gesellschaftsrechtliche Fragen und müssen daher über Art. 5 nach dem Recht des Sitzstaates beurteilt werden.[377] Die Verweisung auf das Recht des Sitzstaates geht jedoch nicht soweit, dass sich das für die Übertragung anwendbare Recht stets über Art. 5 nach dem Recht des Sitzstaates richtet. Dies ergibt sich aus der ausdrücklichen Aufgabe der gemeinschaftsweit einheitlichen Regelung der Übertragung durch den Verordnungsgeber im SE-VOV 1975. Im Sanders-Vorentwurf wurde die Übertragung der Inhaber- und Namensaktien noch ausdrücklich gemeinschaftseinheitlich geregelt. Inhaberaktien sollten gemeinschaftsweit durch Übertragung und Namensaktien durch Übertragung und Indossament übertragen werden (Art. III-2-5 und Art. III-2-6). Auch der SE-VOV 1970 sollte eine gemeinschaftsrechtliche Regelung bezüglich der Übertragung der Aktien treffen. Dies wurde im SE-VOV 1975 jedoch insoweit eingeschränkt, dass die gemeinschaftsrechtliche Regelung nur noch die Wirksamkeit der Übertragung der SE gegenüber regeln sollte. Im Verhältnis zwischen Erwerber und Veräußerer, dem Verhältnis in dem die Übertragung der Aktie stattfindet, sollte das geltende Recht nach der über das internationale Privatrecht zu bestimmenden Rechtsordnungen ermittelt werden.[378] Da eine gemeinschaftsweit einheitliche Regelung der Übertragung vom Gemeinschaftsgesetzgeber ausdrücklich zugunsten der Anwendung des über die Grundsätze des internationalen Privatrechts zu bestimmenden nationalen Rechts aufgegeben wurde, ist diesbezüglich auch nicht über Art. 5 das Recht des Sitzstaates anzuwenden.

---

375 Vgl. *Lutter*, in: Lutter, Die Europäische Aktiengesellschaft, S. 146, 154, der schon im SE-VOV 1975 eine ergänzende Anwendung des Sitzstaatrechts in Betracht zieht, um zu einer einheitlichen Rechtsanwendung zu kommen.

376 Zur Bestimmung des Regelungsbereichs der SE-VO siehe oben, Teil 1 C, S. 11 f.

377 So auch *Hirte*, NZG 2002, 1, 9.

378 SE-VOV 1975, Begründung, BT-Drs. VII/3713, S. 208; *Lutter*, in: Lutter, Die Europäische Aktiengesellschaft, S. 146, 150.

Auswirkung hat diese Unterscheidung nur bei Inhaberaktien, zu deren Übertragung nach Art. 5 in Anwendung des deutschen Rechts eine Übertragung der Urkunde erforderlich ist.[379] Nach deutschen IPR ist daher zur Übertragung das Recht des Ortes maßgeblich, an dem sich die Urkunde befindet (lex cartae sitae).[380]

Die Namensaktie ist nach Art. 5 durch Indossament (§ 68 Abs. 1 AktG) oder Abtretung des Rechts zu übertragen.[381] Das zur Übertragung der Namensaktien anwendbare Recht richtet sich nach dem Gesellschaftsstatut,[382] das heißt für die SE mit Sitz in Deutschland ist ausschließlich deutsches Recht anwendbar (§ 68 AktG iVm. Art. 12 ff. WG oder §§ 413, 398 ff. BGB).

Keinesfalls in den Regelungsbereich des Art. 5 fällt der dem Aktienerwerb zugrunde liegende schuldrechtliche Vertrag. Hier fehlt der gesellschaftsrechtliche Bezug. Das für den Schuldvertrag anzuwendende Recht bestimmt sich somit nach dem internationalen Privatrecht. Maßgeblich ist das Schuldstatut.[383]

VI. Zusammenfassung

Die Zulässigkeit der inhaltlichen Ausgestaltung der Aktie richtet sich über Art. 5 nach dem Aktienrecht. Die Veränderung des Verhältnisses bereits bestehender Aktiengattungen bedarf eines Sonderbeschlusses nach Art. 60 Abs. 1 und 2. Die Anwendung des Art. 179 Abs. 3 AktG über eine Verweisungsvorschrift ist mangels Unvollständigkeit der Verordnung ausgeschlossen. Abweichend vom Wortlaut des Art. 60 Abs. 1 ist ein Sonderbeschluss nur bei einer Beeinträchtigung im Sinne einer nachteiligen Betroffenheit der für die Gattung spezifischen Rechte erforderlich. Ein Sonderbeschluss nach Art. 60 ist nicht ausreichend für Beschlüsse, durch die verschiedene Gattungen von Aktien geschaffen werden. Hier ist die Zustimmung der betroffenen Aktionäre erforderlich. Bei Kapitalerhöhungen ist die Anwendung des § 182 Abs. 2 AktG über Art. 5 aufgrund des abschließenden Charakters des Art. 60 ausgeschlossen.

---

[379] *Lutter*, in: Kölner Kommentar zum AktG, Anhang § 68 Rn. 14 ff.

[380] *Lutter*, in: Kölner Kommentar zum AktG, Anhang § 68 Rn. 30 ff.; Staudinger/*Großfeld* (1998) IntGesR Rn. 341; *Wiedemann*, Gesellschaftsrecht, S. 816.

[381] *Hüffer*, AktG, § 68 Rn. 3; *Lutter*, in: Kölner Kommentar zum AktG, Anhang § 68 Rn. 17.

[382] *Lutter*, in: Kölner Kommentar zum AktG, Anhang § 68 Rn. 31.

[383] *Lutter*, in: Kölner Kommentar zum AktG, Anhang § 68 Rn. 32; Staudinger/*Großfeld* (1998) IntGesR Rn. 342.

Das Stimmrecht der Aktionäre der SE mit Sitz in Deutschland richtet sich über Art. 5 grundsätzlich nach dem Aktienrecht (§ 12 AktG). Wird bei einem Beschluss der Vorzug von stimmrechtslosen Vorzugsaktien aufgehoben, beschränkt oder mittelbar beeinträchtigt, so hat ein Sonderbeschluss nach Art. 60 zu erfolgen. § 141 Abs. 1, Abs. 2 und Abs. 3 S. 2 bis 3 AktG sind über Art. 5 nicht anwendbar. Der Sonderbeschluss bedarf nach Art. 60 Abs. 2, Art. 59 Abs. 1 a.E. iVm. § 141 Abs. 3 S. 2 AktG einer Mehrheit von mindestens drei Vierteln der abgegebenen Stimmen. Die Satzung kann hier keine anderen Mehrheiten und weitere Erfordernisse vorsehen (Art. 60 Abs. 2, Art. 59 Abs. 1 a.E. iVm. § 141 Abs. 3 S. 3 AktG). Die Bestimmung einer Regelung i.S. des § 51 S. 1 SEAG-RegE in der Satzung der SE ist nicht möglich. Für den Sonderbeschluss ist in ergänzender Anwendung des § 141 Abs. 3 S. 1 AktG eine gesonderte Versammlung der Vorzugsaktionäre erforderlich. Gemäß Art. 5 iVm. § 141 Abs. 3 S. 4 AktG gelten für den Sonderbeschluss die Vorschriften über den Ausschluss des Bezugsrechts entsprechend. Ist der Vorzug aufgehoben gewähren die Aktien nach Art. 5 iVm. § 141 Abs. 4 AktG wieder das Stimmrecht.

Bei Gründung einer SE durch Verschmelzung und Gründung einer Holding-SE erhalten die Aktionäre der Gründungsgesellschaften Aktien der SE. Die Zulässigkeit der Aktien der SE richtet sich stets über Art. 5 nach dem Sitzstaatrecht. Eventuelle Rechtsverluste müssen dabei gegebenenfalls gegen eine Entschädigung hingenommen werden.

Die Frage des Ob und des Wie der Übertragbarkeit der Aktien der SE beurteilt sich über Art. 5 nach dem Recht des Sitzstaates. Das zwischen den Erwerbern geltende Recht bestimmt sich jedoch nach den Grundsätzen des internationalen Privatrechts.

B. Erwerb eigener Aktien

I. Verbot des Erwerbs eigener Aktien

Das Grundkapital der SE kann seine Garantiefunktion für die Gläubiger und die künftigen Aktionäre nur erfüllen, wenn sichergestellt ist, dass das aufgebrachte Kapital auch erhalten bleibt (Prinzip der Kapitalerhaltung). Der Erwerb eigener Aktien führt jedoch zu einem Abfluss von Kapital aus dem Gesellschaftsvermögen, ohne dass der Gesellschaft ein reeller Gegenwert zufließt, und muss daher auch für die SE grundsätzlich verboten bzw. eingeschränkt werden.[384]

Der Sanders-Vorentwurf sowie der SE-VOV 1970 untersagten den unmittelbaren und mittelbaren Erwerb eigener Aktien wegen der Gefahr der verschleierten Rückzahlung der erbrachten Einlage vollständig, da sie kein Bedürfnis für Ausnahmeregelungen sahen.[385] Erst in dem SE-VOV 1975 wurde das grundsätzliche Verbot gelockert, womit Wünschen des WSA Rechnung getragen wurde.[386] Den Forderungen des WSA, die Regelungen des Erwerbs eigener Aktien der Zweiten RiL anzupassen, wurden in dem SE-VOV 1991 durch einen Verweis auf die nationalen Vorschriften, die nach Maßgabe der Art. 18 bis 24 a der Zweiten RiL erlassen worden sind, Rechnung getragen.[387]

Der Erwerb eigener Aktien ist in der SE-VO nicht mehr ausdrücklich geregelt, sondern es soll über die Verweisungsvorschrift Art. 5 das Recht des Sitzstaates ergänzend angewendet werden. Die SE-VO stellt durch die Verweisung auf das mit der Zweiten RiL in Einklang stehende nationale Aktienrecht die Aufbringung des Kapitals und dessen Erhaltung im Rahmen des Standards der Zweiten RiL sicher.[388] Die Vorschriften der Zweiten RiL über den Erwerb eigener Aktien sind von solcher Regelungsdichte, dass sie relevante Unterschiede zwischen den Mitgliedstaaten nicht zulassen.[389] Nach Art. 5 iVm. § 71 AktG ist der SE mit Sitz in Deutschland daher der derivative Erwerb eigener Aktien grundsätzlich verboten.

---

384 SE-VOV 1989, Begründung, BT-Drs. XI/5427, S. 10.

385 Sanders-Vorentwurf, Begründung, S. 44; SE-VOV 1970, Begründung, BT-Drs. VI/1109, S. 21.

386 SE-VOV 1975, Begründung, BT-Drs. VII/3713, S. 205.

387 SE-VOV 1991, Begründung, BT-Drs. XII/1004, S. 7.

388 Zur Erwerb eigener Aktien nach der Zweiten RiL *Kindl*, ZEuP 1994, 77 ff.; *Schwarz*, Europäisches Gesellschaftsrecht, Rn. 599 ff.

389 *Raiser*, in: FS für Semler, S. 277, 288.

II. Ausnahmen vom Erwerbsverbot

Nach Art. 5 iVm. § 71 Abs. 1 Nr. 1 bis 8 AktG ist der Erwerb eigener Aktien unter bestimmten Voraussetzungen zulässig. Die nationalen Vorschriften sollen hier nur der Vollständigkeit halber skizziert werden, soweit sich keine besonderen Probleme durch die Anwendung auf die SE ergeben.

So darf die SE nach § 71 Abs. 1 Nr. 1 AktG eigene Aktien erwerben, wenn der Erwerb notwendig ist, um einen schweren oder unmittelbar bevorstehenden Schaden von der Gesellschaft abzuwenden. Das Leitungs- bzw. Verwaltungsorgan (§ 22 Abs. 6 SEAG-RegE) trifft hier besondere Berichtspflichten (Art. 5 iVm. § 71 Abs. 3 S. 1 AktG). Nach Art. 5 iVm. § 71 Abs. 1 Nr. 2 AktG ist der Erwerb eigener Aktien auch dann zulässig, wenn die Aktien den Arbeitnehmern der Gesellschaft oder den mit ihr verbundenen Unternehmen zum Erwerb angeboten werden sollen. Die Aktien sind nach § 71 Abs. 3 S. 2 AktG innerhalb eines Jahres an die Arbeitnehmer abzugeben. Bei beiden Ausnahmetatbeständen ist zusätzlich erforderlich, dass die eigenen Aktien einen Gesamtnennbetrag von 10 % des Grundkapitals nicht überschreiten und eine Rücklage für eigene Aktien gebildet werden kann, ohne das Grundkapital sowie die gebundenen Rücklagen zu mindern (§ 72 Abs. 2 S. 1 und 2 AktG). Erworben werden dürfen nur voll eingezahlte Aktien (§ 71 Abs. 2 S. 3 AktG).

Unbeschränkt zulässig ist der Erwerb eigener Aktien, wenn die SE ihre eigenen Aktien unentgeltlich erwirbt oder als Kreditinstitut mit dem Erwerb eine Einkaufskommission ausführt sowie der Erwerb im Wege der Gesamtrechtsnachfolge oder durch Herabsetzung des Grundkapitals (§ 71 Abs. 1 Nr. 4 bis 6 AktG). Beim Erwerb nach § 71 Abs.1 Nr. 4 AktG ist § 71 Abs. 2 S. 3 AktG zu beachten. Daneben finden die Ausnahmetatbestände nach § 71 Abs. 1 Nr. 7 und 8 AktG auf die SE über Art. 5 Anwendung. Zu beachten ist hier die Beschränkungen nach § 71 Abs. 2 AktG. Im Fall des § 71 Abs. 1 Nr. 8 ist die Pflicht des § 71 Abs. 3 S. 1 und 3 AktG zu beachten.

Der SE stehen jedoch grundsätzlich nach Art. 5 iVm. § 71 b AktG keine Rechte aus den eigenen Aktien zu.

1. Erwerb zwecks Erfüllung einer Abfindungspflicht

Genauerer Betrachtung bedarf der Ausnahmetatbestand § 71 Abs. 1 Nr. 3 AktG. Nach § 71 Abs. 1 Nr. 3 AktG soll der Erwerb dann möglich sein, wenn er erfolgt, um Aktionäre nach § 305 Abs. 2, § 320 b AktG oder nach § 29 Abs. 1, § 125 S. 1 iVm. § 29 Abs. 1, § 207 Abs. 1 S. 1 UmwG abzufinden. Ob die Ausnahmeregelung des § 71 Abs. 1 Nr. 3

AktG auch für die SE Anwendung finden kann, hängt davon ab, ob die SE die dort bestimmten Abfindungspflichten treffen kann.

a) Konzernrechtliche Abfindungspflichten

Die Zulässigkeit des Erwerbs eigener Aktien über § 71 Abs. 1 Nr. 3 AktG ist für die SE nur dann möglich, wenn auch die SE eine entsprechende Abfindungspflicht nach § 305 AktG und § 320 b AktG treffen kann.

aa) Abfindungspflicht nach § 305 Abs. 2 AktG

§ 305 AktG regelt den Anspruch auf angemessene Abfindung außenstehender Aktionäre in einem Vertragskonzern (Beherrschungs- oder Gewinnabführungsvertrag). Die herrschende Gesellschaft hat die Aktien der außenstehenden Aktionäre gegen eine Abfindung zu erwerben. Der Regelfall der Abfindung soll dabei in Aktien des herrschenden Unternehmens erfolgen.[390] Diesem ist daher der Erwerb eigener Aktien zu Abfindungszwecken ausdrücklich erlaubt (§ 71 Abs. 1 Nr. 3 AktG).[391]

Die Abfindungspflicht trifft jeweils die herrschende Gesellschaft (§ 305 Abs. 2 AktG). Entscheidend ist somit, ob die SE mit Sitz in Deutschland herrschende Gesellschaft in einem Vertragskonzern sein kann, und die Regelungen des Aktiengesetzes, die entsprechende Abfindungspflichten vorsehen, für sie gelten.

Zwar wird teilweise bestritten, dass die SE eine abhängige Gesellschaft im Vertragskonzern sein kann.[392] Die hier maßgebliche Frage, ob die SE

---

390 *Hüffer*, AktG, § 305 Rn. 9 ff.; MünchHdb. GesR IV/*Krieger* § 70 Rn. 89 ff.

391 Die zur Abfindung erforderlichen Aktien werden im Allgemeinen durch bedingte Kapitalerhöhung geschaffen; vgl. MünchHdb. GesR IV/*Krieger* § 70 Rn. 97.

392 So wenig überzeugend *Hommelhoff*, AG 2003, 179, 182 ff., nach dessen Ansicht sich keines der vertragskonzernrechtlichen Kernelemente mit dem Gemeinschaftsrecht der Europäischen Aktiengesellschaft in Übereinstimmung bringen lässt, und es daher ausgeschlossen ist, die SE als abhängige Gesellschaft in einen Vertragskonzern in Deutschland zu integrieren. Dies ist jedoch abzulehnen. Das Konzernrecht sollte gerade nicht in der Verordnung geregelt werden (vgl. Erwägungsgrund 16). Demzufolge können die Regelungen der Verordnung der Anwendung des nationalen Rechts grundsätzlich nicht entgegenstehen. Erwägungsgrund 16 sieht ausdrücklich die Möglichkeit einer kontrollierten SE vor. Es wäre daher widersprüchlich, wenn gerade die gemeinschaftsrechtlichen Vorgaben diese Möglichkeit dann nicht zuließen. Ebenso *Maul*, in: Theisen/Wenz, Die Europäische Aktiengesellschaft, S. 399, 446; *Brandi*, NZG 2003, 889, 893; *Veil*, WM 2003, 2169, 2173; *Habersack*, ZGR 2003, 724, 731 ff.

herrschende Gesellschaft im Vertragskonzern sein kann, ist jedoch unstrittig zu bejahen.[393]

Fraglich ist weiterhin, ob die konzernrechtlichen Regelungen des Aktiengesetzes auf die SE Anwendung finden können. Anders als im Sanders-Vorentwurf und den SE-VOV 1970 und 1975 ist das Konzernrecht in der SE-VO nicht geregelt, sieht man von den Verweisen in Art. 61 und Art. 62 ab.[394] Für eine Sonderregelung für die SE wurde gegenwärtig kein Bedarf gesehen. Hier könnte daher entsprechend der Verweisungstechnik der SE-VO über Art. 9 Abs. 1 Buchst. c Ziffer ii stets das Recht des Sitzstaates ergänzend Anwendung finden.

Allerdings soll nach Erwägungsgrund 16 sowohl für den Fall, dass die SE die Kontrolle ausübt, als auch für den Fall, dass die SE das kontrollierte Unternehmen ist, auf die allgemeinen Vorschriften und Grundsätze zurückgegriffen werden.[395] Die SE-VO sieht in ihren Erwägungsgründen für diese Fälle ausdrücklich die Zwischenschaltung des internationalen Privatrechts vor. Die Rechte und Pflichten hinsichtlich des Schutzes von Minderheitsaktionären und von Dritten, die sich für ein Unternehmen aus der Kontrolle durch ein anderes, das einer anderen Rechtsordnung unterliegt, ergeben, sollen sich gemäß den Vorschriften und allgemeinen Grundsätzen des internationalen Privatrechts nach dem für das kontrollierte Unternehmen geltenden Recht bestimmen, unbeschadet der sich für das herrschende Unternehmen aus den geltenden Rechtsvorschriften ergebenden Pflichten, beispielsweise bei der Aufstellung der konsolidierten Abschlüsse (Art. 61).[396] Daraus wird ersichtlich, dass das Konzernrecht nicht zum Regelungsbereich der SE-VO gehören soll, denn ansonsten wäre nach dem Regelungskonzept der SE-VO aufgrund der internationalprivatrechtlichen Funktion der Verweisungsvorschriften das

---

[393] *Maul*, in: Theisen/Wenz, Die Europäische Aktiengesellschaft, S. 399, 446; *Hommelhoff*, AG 2003, 179, 182 ff.; *Brandi*, NZG 2003, 889, 891.

[394] Kritisch zur Aufgabe der Regelung *Lutter*, AG 1990, 413, 419; *Hommelhoff*, AG 2001, 279, 282; *ders.*, AG 2003, 179, 180; *Schwarz*, Europäisches Gesellschaftsrecht, Rn. 935 m.w.N.

[395] Erwägungsgrund 16.

[396] Erwägungsgrund 15.

Sitzstaatrecht der SE direkt und ohne Zwischenschaltung des internationalen Privatrechts zur Anwendung berufen.[397]

Auf ein anderes Ergebnis deutet zwar der Erwägungsgrund 17 hin, wonach anzugeben sein soll, welches Recht anwendbar ist, wenn die SE von einem anderen Unternehmen beherrscht wird; hierzu soll auf die Rechtsvorschriften verwiesen werden, die für Aktiengesellschaften gelten, die dem Recht des Sitzstaates der SE unterliegen. Erwägungsgrund 17 wurde jedoch im SE-VOV 1989 eingeführt, der selbst noch eine kollisionsrechtliche Regelung für das Konzernrecht enthielt.[398] Der Erwägungsgrund sollte demzufolge die Notwendigkeit einer kollisionsrechtlichen Regelung im Statut erläutern. Nach völliger Streichung konzernrechtlicher Vorschriften im Statut der SE wurde wohl die Anpassung der Erwägungsgründe versäumt. Es handelt sich daher bei Erwägungsgrund 17 um ein Redaktionsversehen.[399]

Das Konzernrecht liegt somit nicht im Regelungsbereich der SE-VO und kann daher nicht Gegenstand der Generalverweisung Art. 9 Buchst. c sein. Das anwendbare Recht ist somit nicht generell nach Art. 9 Abs. 1 Buchst. c Ziffer ii das Sitzstaatrecht der SE, sondern es ist stets nach den Grundsätzen des internationalen Privatrechts zu bestimmen. Danach ist das Statut der abhängigen Gesellschaft maßgeblich, weil das Konzernverhältnis auf der Beteiligung an dieser Gesellschaft fußt.[400]

Die SE mit Sitz in Deutschland kann die Abfindungspflicht nach § 305 Abs. 2 AktG nach den oben genannten Grundsätzen des Konzernkollisionsrechts daher nur dann treffen, wenn das von ihr beherrschte Unternehmen eine inländische Aktiengesellschaft ist. Für diesen Fall muss ihr

---

[397] So auch *Casper*, in: FS für Ulmer, S. 51, 67; *Habersack*, ZGR 2003, 724, 727; ebenso *Brandi*, NZG 2003, 889, 893, nach dessen Ansicht das Konzernrecht trotzdem Gegenstand der Generalverweisung ist. Im Hinblick auf Erwägungsgrund 15 soll Art. 9 Buchst. c jedoch ausnahmsweise als Gesamtnormverweisung qualifiziert werden. A.A. *Jaecks/Schönborn*, RIW 2003, 254, 255, 257, nach denen das Konzernrecht vom Regelungsbereich der SE-VO erfasst sein soll. Um ein schlüssiges Ergebnis im Hinblick auf Erwägungsgrund 15 zu erreichen, wollen sie das Konzernrecht jedoch vom Anwendungsbereich des Art. 9 Abs. 1 Buchst. c Ziffer ii ausnehmen oder diese Verweisungsnorm für den Fall des Konzernrechts ausnahmsweise als Gesamtnormverweisung qualifizieren. Im Ergebnis offen *Veil*, WM 2003, 2169, 2172.

[398] Vgl. Art. 114 SE-VOV 1989.

[399] Überzeugend *Teichmann*, ZGR 2002, 363, 445; *Habersack*, ZGR 2003, 724, 737 ff.; a.A. *Jaecks/Schönborn*, RIW 2003, 254, 257.

[400] Erwägungsgrund 15; allgemein zum Konzernkollisionsrecht MünchKommIntGesR/*Kindler* Rn. 549.

auch der Erwerb eigener Aktien zu Abfindungszwecken nach Art. 5 iVm. § 71 Abs. 1 Nr. 3, § 305 Abs. 2 AktG möglich sein.

bb) Abfindungspflicht nach § 320 b AktG

§ 320 b AktG regelt die Abfindung ausgeschiedener Aktionäre der eingegliederten Gesellschaft. Auch diese Abfindungspflicht trifft die Hauptgesellschaft und soll grundsätzlich in eigenen Aktien der Hauptgesellschaft erfolgen.[401] Daher ist der Erwerb eigener Aktien zu Abfindungszwecken auch hier ausdrücklich erlaubt (§ 71 Abs. 1 Nr. 3 AktG).

Die SE wird nach Art. 10 wie eine Aktiengesellschaft behandelt, die nach dem Sitzstaatrecht gegründet wurde. Sie kann daher Hauptgesellschaft i.S. des § 320 Abs. 1 AktG sein.[402] Die einzugliedernde Gesellschaft muss ebenfalls eine Aktiengesellschaft mit Sitz im Inland sein.[403] Wird eine inländische Aktiengesellschaft in eine SE mit Sitz in Deutschland als Hauptgesellschaft eingegliedert, so kann die SE demzufolge die Abfindungspflicht nach § 320 b S. 1 AktG treffen. Daher muss der SE auch ein Erwerb eigener Aktien nach Art. 5 iVm. § 71 Abs. 1 Nr. 3, § 320 b AktG grundsätzlich möglich sein, um diese als Abfindung gewähren zu können.

cc) Zwischenergebnis

Die SE kann somit gemäß § 305 Abs. 2 und § 320 b AktG zur Abfindung verpflichtet sein. Demzufolge kann die SE auch gemäß Art. 5 iVm. § 71 Abs. 1 Nr. 3 AktG eigene Aktien erwerben, um Aktionäre nach § 305 Abs. 2, § 320 b AktG abzufinden. Für diese Erwerbstatbestände ist die Beschränkung des § 72 Abs. 2 S. 1 und 2 AktG zu beachten.

b) Abfindung bei Umwandlungen

Der Erwerb eigener Aktien ist nach § 71 Abs. 1 Nr. 3 AktG ferner dann zulässig, wenn die Gesellschaft bei Verschmelzung, bei Auf- und Abspaltung und bei Formwechsel in der Lage sein muss, eigene Aktien zu erwerben, da sie den Erwerb der Anteile den widersprechenden Aktionären anzubieten hat (§ 29 Abs. 1, § 125 S. 1 iVm. § 29 Abs. 1, § 207 Abs. 1 S. 1 UmwG). Die Abfindungspflicht trifft grundsätzlich den Rechts-

---

401 *Hüffer*, AktG, § 320 b Rn. 2 ff.; MünchKommAktG/*Grunewald* § 320 b Rn. 2 ff.

402 Die Hauptgesellschaft muss gemäß § 320 Abs. 1 AktG eine Aktiengesellschaft mit Sitz im Inland sein.

403 MünchHdb. GesR IV/*Krieger* § 73 Rn. 3.

träger neuer Rechtsform.[404] Die SE könnten diese Abfindungspflichten dann treffen, wenn sie durch Verschmelzung, Auf- und Abspaltung und Formwechsel gegründet werden kann und die § 29 Abs. 1, § 125 S. 1 iVm. § 29 Abs. 1, § 207 Abs. 1 S. 1 UmwG Anwendung finden würden. Für diese Fälle müsste es der SE möglich sein, ihre Aktien zu erwerben, um ihre gesetzliche Pflicht zu erfüllen. § 71 Abs. 1 Nr. 3 AktG wäre demzufolge über Art. 5 ergänzend auf die SE anzuwenden.

aa) Gründung durch Verschmelzung

Die Gründung einer SE durch Verschmelzung ist nach Art. 2 Abs. 1 und Art. 17 ff. grundsätzlich möglich. Im Fall der Verschmelzung nach dem Umwandlungsgesetz soll § 29 UmwG die Aktionäre, die sich gegen die Verschmelzung aussprechen, durch das Angebot des Erwerbs ihrer umgewandelten Anteile gegen eine Barabfindung schützen. Dieser Schutz besteht jedoch nur für die Aktionäre der übertragenden Gesellschaft bei Verschmelzung auf eine andere Rechtsform oder auf eine Gesellschaft mit Verfügungsbeschränkungen.

Eine vergleichbare Interessenlage kann auch bei einer Verschmelzung zur SE entstehen. Daher wird von der Ermächtigung des Art. 24 Abs. 2 Gebrauch gemacht, wonach die Mitgliedstaaten ermächtigt werden, für einen angemessenen Schutz der Minderheitsaktionäre, die sich gegen die Verschmelzung aussprechen, Vorschriften zu erlassen.[405] Nach § 7 Abs. 1 SEAG-RegE hat die übertragende Gesellschaft bei Gründung einer SE, die ihren Sitz im Ausland haben soll, jedem Aktionär, der gegen den Verschmelzungsbeschluss Widerspruch zur Niederschrift einlegt, den Erwerb seiner Aktien gegen eine angemessene Barabfindung anzubieten.[406] Die Verpflichtung zur Barabfindung geht mit Wirksamwerden der Verschmelzung im Wege der Universalsukzession auf die SE über. Diese hat nach Vollzug des im Rahmen der Verschmelzung stattfindenden Aktientauschs ihre eigenen Aktien zu erwerben.[407] Der SE muss es daher möglich sein, eigene Aktien zu erwerben, um ihrer Pflicht zur Barabfindung nachzukommen. Allerdings besteht ein Austrittsrecht für die

---

404 *Lutter* in Lutter (Hrsg.), UmwG, § 29 Rn. 23 u. § 207 Rn. 13; *Stratz*, in: Schmitt/Hörtnagl/Stratz, UmwG, § 29 Rn. 16.

405 Dazu *Teichmann*, ZGR 2002, 383, 426; *ders.*, ZIP 2002, 1109, 1112, *ders.*, in: Theisen/Wenz, Die Europäische Aktiengesellschaft, S. 573, 584.

406 Zum Hintergrund der Vorschrift SEAG-RegE, Begründung, S. 81; *DAV*, NZG 2004, 75, 77 f.; *Teichmann*, AG 2004, 67, 68 f.

407 Der austrittswillige Anteilsinhaber nimmt an der Verschmelzung teil und ist daher jedenfalls erst mal Aktionär der SE; vgl. *Grunewald* in Lutter (Hrsg.), UmwG, § 29 Rn. 23.

Aktionäre einer deutschen Gründungsgesellschaft nur dann, wenn die SE ihren Sitz in einem anderen Mitgliedstaat haben wird. In diesem Fall richtet sich jedoch die rechtliche Zulässigkeit des Erwerbs eigener Aktien nach dem Recht desjenigen Sitzstaates, in dem die SE ihren Sitz begründet hat. Das deutsche Aktiengesetz findet in dieser Konstellation jedenfalls keine Anwendung.

§ 7 Abs. 1 SEAG-RegE erklärt zwar die Vorschriften des Aktiengesetzes über den Erweb eigener Aktien für entsprechend anwendbar, jedoch kann sich das nur auf die rechtliche Zulässigkeit für die deutsche Gründungsgesellschaft beziehen, dieses Angebot zu unterbreiten. Eine Möglichkeit zum Erwerb eigener Aktien nach § 7 Abs. 1 SEAG-RegE war bisher im Aktiengesetz nicht vorgesehen. Die tatsächliche Erwerbspflicht trifft die entstandene SE und demzufolge richtet sich die rechtliche Zulässigkeit des Erwerbs eigener Aktien alleine nach dem Recht eines anderen Staates (Sitzstaatrecht). Insoweit muss dort für eine entsprechende Regelung gesorgt werden.[408]

Allerdings können über Art. 24 Abs. 2 auch andere Mitgliedstaaten eine entsprechende Pflicht zur Barabfindung der widersprechenden Minderheitsaktionäre in ihren Ausführungsgesetzen festsetzen.[409] Ist der Sitz der durch Verschmelzung gegründeten SE in Deutschland, so wäre ein Erwerb der Aktien der SE zum Zwecke der Barabfindung der ausländischen Aktionäre nach dem Wortlaut des Aktiengesetzes nicht möglich, da § 71 AktG nur Ausnahmen vom Verbot des Erwerbs eigener Aktien zulässt, wo das UmwG bzw. das SE-Ausführungsgesetz dies fordert. Die Ausnahmevorschrift des § 71 Abs. 1 Nr. 3 AktG muss daher immer dann entsprechende Anwendung finden, wenn eine in Ausführung der Ermächtigung zum Erlass von Vorschriften zum Schutz von Minderheitsaktionären (Art. 24 Abs. 2) ergangene Regelung die Pflicht zum Erwerb der eigenen Aktien widersprechender Aktionäre gegen eine Barabfindung festlegt.[410]

---

[408] Zur Problematik der Abfindungspflicht, wenn die SE ihren Sitz in einem anderen Mitgliedstaat hat; vgl. *Teichmann*, ZGR 2003, 367, 377 f.

[409] Österreich beabsichtigt eine § 7 SEAG-RegE entsprechende Regelung; vgl. *Kalls*, ZGR 2003, 593, 625; *Schindler*, ecolex 2003, Heft 06, Script 26, 1, 6 f.

[410] Vgl. Wortlaut Art. 20 Abs. 1 Buchst. d Zweite RiL: Danach ist der Erwerb eigener Aktien ausnahmsweise dann zugelassen, wenn Aktien aufgrund einer gesetzlichen Verpflichtung oder gerichtlichen Entscheidung zum Schutz von Minderheitsaktionären erworben werden.

bb) Auf- und Abspaltung

Die SE muss in ergänzender Anwendung des § 71 Abs. 1 Nr. 3 AktG in der Lage sein, ihre eigenen Aktien zu erwerben, wenn sie die Abfindungspflicht nach §§ 125, 29 UmwG treffen kann. Dazu müsste die SE aufnehmender oder neugegründeter Rechtsträger im Sinne des § 123 UmwG sein.

Unproblematisch ist die Aufspaltung einer Gesellschaft oder Abspaltung eines Teils oder mehrerer Teile einer Gesellschaft zur Aufnahme auf eine existierende SE mit Sitz in Deutschland (§§ 123 Abs. 1 Nr. 1 und Abs. 2 Nr. 1 UmwG). Die SE wird wie eine Aktiengesellschaft behandelt (vgl. Art. 10), und demzufolge kann sie aufnehmender Rechtsträger nach dem Umwandlungsgesetz sein.[411] Die SE kann somit in ergänzender Anwendung der §§ 123 ff. UmwG zur Barabfindung nach §§ 125, 29 UmwG verpflichtet sein, so dass ihr der Erwerb ihrer eigenen Aktien nach § 71 Abs. 1 Nr. 3 AktG möglich sein muss. Ist die auf- oder abspaltende Gesellschaft eine Aktiengesellschaft, wird zu klären sein, ob es sich bei der SE um einen Rechtsträger anderer Rechtsform i.S. des § 29 Abs. 1 S. 1 UmwG handelt.

Problematischer erscheint zunächst die Auf- oder Abspaltung zur Neugründung einer SE. Die Gründung einer SE durch Spaltung einer Gesellschaft nationalen Rechts ist von der SE-VO nicht vorgesehen (vgl. Art. 2 und 3). Möglicherweise kann eine SE durch Spaltung von einer bestehenden SE gegründet werden. Art. 66 Abs. 1 bestimmt jedoch, dass eine SE in eine dem Recht ihres Sitzstaates unterliegende Aktiengesellschaft umgewandelt werden kann. Fraglich ist daher, ob die Möglichkeit der Umwandlung einer existierenden SE mit Art. 66 Abs. 1 abschließend geregelt werden sollte und somit eine Umwandlung der SE durch Spaltung gemeinschaftsrechtlich ausgeschlossen ist. Dies ist jedoch abzulehnen, da dafür keine Gründe ersichtlich sind.[412] Ist die Spaltung für nationale Aktiengesellschaften möglich, so muss dies nach Art. 9 Abs. 1 Buchst. c Ziffer ii für die SE der Fall sein.[413] Auch dem numerus clausus der Gründungvarianten lässt sich kein Verbot entnehmen, eine SE durch Spaltung einer bereits existierenden SE zu gründen. In der SE-VO ist nur die Beteiligung nationaler Gesellschaften an der Gründung der SE abschließend geregelt.[414]

---

411 *Vossius*, in: Widmann/Mayer, UmwG, 71. Erg.-Lfg. Sept. 2003, § 20 Rn. 423 f.
412 Vgl. *Hirte*, NZG 2002, 1, 10.
413 *Oplustil/Schneider*, NZG 2003, 13, 15 ff.
414 *Oplustil/Schneider*, NZG 2003, 13, 17.

Daher gelten für die Spaltung einer SE über die Generalverweisung (Art. 9 Abs. 1 Buchst. c Ziffer ii) die Vorschriften des Umwandlungsgesetzes ergänzend und somit auch die Barabfindungspflicht nach § 125 S. 1 iVm. § 29 Abs. 1 UmwG. Der SE muss daher auch in diesem Fall der Erwerb eigener Aktien nach Art. 5 iVm. § 71 Abs. 1 Nr. 3 AktG möglich sein.

cc) Umwandlung in eine SE

Ein Formwechsel in eine SE ist gemäß Art. 2 Abs. 4 und Art. 37 ff. einer Aktiengesellschaft möglich, die seit mindestens zwei Jahren eine dem Recht eines anderen Mitgliedstaates unterliegende Tochtergesellschaft hat. Das Verfahren der Umwandlung entspricht dem deutschen Formwechsel.[415] Für die Umwandlung nach dem Umwandlungsgesetz regelt § 207 UmwG die Pflicht des formwechselnden Rechtsträgers, jedem Anteilsinhaber, der gegen den Umwandlungsbeschluss Widerspruch zur Niederschrift erklärt, den Erwerb seiner umgewandelten Anteile gegen eine angemessene Barabfindung anzubieten. Die SE-VO enthält jedoch keine entsprechende Ermächtigung zum Erlass von Schutzvorschriften für widersprechende Anteilsinhaber durch das Ausführungsgesetz, wie es bei Gründung einer SE durch Verschmelzung und bei Gründung einer Holding-SE der Fall ist. Dementsprechend wurde auch im Ausführungsgesetz dazu keine Regelung vorgesehen.[416]

Somit kann sich für die SE bei Gründung durch Umwandlung keine Verpflichtung ergeben, ihre eigenen Aktien zu erwerben. Eine Anwendung des § 71 Abs. 1 Nr. 3 AktG über Art. 5 ist insoweit ausgeschlossen.

dd) Gründung einer Holding

Bei Gründung einer Holding-SE sieht Art. 34 eine Ermächtigung der Mitgliedstaaten vor, wonach diese Vorschriften zum Schutz der die Gründung ablehnenden Minderheitsgesellschafter erlassen können. Auch hier soll das SEAG ein Austrittsrecht vorsehen.[417] Nach § 9 Abs. 1 SEAG-RegE hat eine Aktiengesellschaft, die die Gründung einer Holding-SE anstrebt, jedem Anteilsinhaber, der gegen den Zustimmungsbeschluss dieser Gesellschaft zum Gründungsplan Widerspruch zur Niederschrift

---

[415] Siehe oben, Teil 3 C, S. 72 ff.

[416] *Teichmann*, ZGR 2003, 367, 395; *Kalls*, ZGR 2003, 593, 614.

[417] *Teichmann*, AG 2004, 67, 69; *ders.*, ZGR 2002, 383, 437; *ders.*, ZIP 2002, 1109, 1113; *ders.*, in: Theisen/Wenz, Die Europäische Aktiengesellschaft, S. 573, 584; kritisch gegenüber der noch im SEAG-DiskE vorgesehenen Regelung *DAV*, NZG 2004, 75, 79.

erklärt, den Erwerb seiner Anteile gegen eine angemessene Barabfindung anzubieten, wenn die SE ihren Sitz im Ausland haben soll, oder ihrerseits abhängig im Sinne des §17 AktG ist.[418] Dazu erklärt das Ausführungsgesetz die Regelungen des Erwerbs eigener Aktien, mit Ausnahme des § 71 Abs. 4 S. 2 AktG, für anwendbar (§ 9 Abs. 1 SEAG-RegE). Zu beachten ist jedoch, dass hier, anders als bei der Gründung einer SE durch Verschmelzung, die Gründungsgesellschaften bestehen bleiben.[419] Die Abfindungspflicht geht also nicht auf die SE über. Ferner wird der Anteilsinhaber nur dann Aktionär der SE, wenn er seine Anteile aktiv einbringt.[420] Die SE trifft bei dieser Gründungsvariante damit keinesfalls die Pflicht ihre eigenen Aktien zu kaufen. Verpflichtet ist nur die deutsche Gründungsgesellschaft, ihre eigenen Aktien von den widersprechenden Anteilsinhabern zurückzukaufen. Für diese sieht daher § 9 Abs. 1 SEAG-RegE die entsprechende Anwendbarkeit des § 71 Abs. 1 Nr. 3 AktG vor.[421] Der Erwerb eigener Aktien hat für die SE selbst im Rahmen dieser Gründungvariante keine Bedeutung.

ee) Zwischenergebnis

Bei Gründung einer SE durch Verschmelzung kann sich nach § 7 Abs. 1 SEAG-RegE eine Verpflichtung der SE zum Erwerb eigener Aktien nur dann ergeben, wenn diese ihren Sitz in einem anderen Mitgliedstaat haben wird. In diesem Fall beurteilt sich die rechtliche Zulässigkeit des Erwerbs eigener Aktien für die SE jedoch ausschließlich nach dem ergänzend anwendbaren Recht des Sitzstaates. § 71 Abs. 1 Nr. 3 AktG ist nicht ergänzend anzuwenden. Wird der Sitz der SE in Deutschland sein, so muss der SE ein Erwerb ihrer eigenen Aktien nach § 71 Abs. 1 Nr. 3 AktG auch immer dann rechtlich möglich sein, wenn das SE-Ausführungsgesetz anderer Mitgliedstaaten, deren Rechtsordnung die an der Gründung beteiligte Gesellschaft unterliegt, dies vorschreibt. Dies

---

418 Näher dazu SEAG-RegE, Begründung, S. 84 f.; *Waclawik*, DB 2004, 1191, 1193.

419 Vgl. Art. 32 Abs. 1 Unterabs. 2; SEAG-RegE, Begründung, S. 85; *Neye/Teichmann*, AG 2003, 169, 173.

420 *Neye/Teichmann*, AG 2003, 169, 172. Anders ist dies bei Gründung durch Verschmelzung und Umwandlung: Der austrittswillige Anteilsinhaber nimmt an der Verschmelzung oder Umwandlung teil und wird daher erst mal Aktionär der SE; vgl. *Grunewald* in Lutter (Hrsg.), UmwG, § 29 Rn. 23; *Decher* in Lutter (Hrsg.), UmwG, § 207 Rn. 13.

421 Obwohl es hier um die Anwendung der Vorschrift auf eine deutsche Aktiengesellschaft geht, muss die Anwendbarkeit im Ausführungsgesetz ausdrücklich klargestellt werden, da § 71 Abs. 1 Nr. 3 AktG bisher grundsätzlich nur im Fall von Abfindungspflichten nach dem AktG oder UmwG gilt.

sollte im deutschen Ausführungsgesetz im Rahmen der Ausführungen zu Art. 24 Abs. 2 geregelt werden.

Die SE kann aufnehmende Gesellschaft durch Auf- oder Abspaltung einer SE oder einer Gesellschaft nationalen Rechts sein sowie neugegründete Gesellschaft durch Auf- oder Abspaltung einer existierenden SE im Sinne des § 123 UmwG. Die SE kann daher in ergänzender Anwendung der §§ 123 ff. UmwG zur Barabfindung nach §§ 125, 29 UmwG verpflichtet sein, so dass ihr der Erwerb ihrer eigenen Aktien nach Art. 5 iVm. § 71 Abs. 1 Nr. 3 AktG möglich sein muss. Für diese Erwerbstatbestände sind die Beschränkungen des § 72 Abs. 2 S. 1 und 2 AktG zu beachten.

Bei Gründung einer SE durch Umwandlung und Gründung einer Holding-SE kann für die SE keine Verpflichtung entstehen, ihre eigenen Aktien zu erwerben. § 71 Abs. 1 Nr. 3 AktG findet keine ergänzende Anwendung.

III. Rechtsfolgen bei unzulässigem Erwerb

Ein Verstoß gegen Art. 5 iVm. § 71 Abs. 1 und 2 AktG macht das Erwerbsgeschäft nicht unwirksam. Die Gesellschaft wird Inhaberin der Mitgliedsrechte, ihr stehen jedoch keine Rechte aus den eigenen Aktien zu (Art. 5 iVm. § 71 b AktG). Die unzulässig erworbenen Aktien sind nach § 71 c AktG wieder zu veräußern.

Ein Verstoß gegen § 71 Abs. 1 und 2 AktG soll jedoch grundsätzlich zur Nichtigkeit des Verpflichtungsgeschäfts führen (§ 71 Abs. 4 S. 2 AktG).[422] Mangels Zuordnung zum Regelungsbereich bestimmt sich das Kausalgeschäft über den Erwerb von Aktien nach dem internationalen Privatrecht.[423] Daran ändert sich auch nichts, wenn die Gesellschaft selbst der Käufer ist. Für das Verpflichtungsgeschäft beim Erwerb eigener Aktien bestimmt das Schuldstatut das maßgebliche Recht.[424] Das Kausalgeschäft kann somit gemäß Art. 27 EGBGB aufgrund einer entsprechenden Rechtswahl der Parteien oder kraft objektiver Anknüpfung nach Art. 28 EGBGB ausländischem Recht unterliegen.

Fraglich ist dann jedoch, ob der über Art. 5 anwendbare § 71 Abs. 4 S. 2 AktG die Nichtigkeit des Verpflichtungsgeschäfts anordnen kann, wenn

---

422 Zum praktischen Wert der Sanktion des § 71 Abs. 4 S. 2 AktG *Lutter*, in: Kölner Kommentar zum AktG, § 71 Rn. 75.

423 Siehe oben, Teil 4 A V, S. 97 ff.

424 *Lutter*, in: Kölner Kommentar zum AktG, Anhang § 68 Rn. 32; Staudinger/*Großfeld* (1998) IntGesR Rn. 342.

das Verpflichtungsgeschäft nicht der deutschen Rechtsordnung unterliegt.[425]

Bei nationalen Aktiengesellschaften muss dies abgelehnt werden, denn die Vorschriften über den Erwerb eigener Aktien sind nur insoweit dem Gesellschaftsstatut einer Aktiengesellschaft zu entnehmen, als sie das Innenverhältnis der Gesellschaft regeln. Rechtsfolgen, die das schuldrechtliche Geschäft über den Rückerwerb eigener Aktien betreffen, insbesondere die Nichtigkeitssanktion des § 71 Abs. 4 S. 2 AktG, unterliegen dem Vertragsstatut.[426] Das ist damit zu begründen, dass sich nach Art. 31 Abs. 1 EGBGB das Zustandekommen und die Wirksamkeit eines Vertrags nach dem Recht beurteilt, das bei Wirksamkeit des Vertrags anzuwenden wäre.[427] Im Hinblick darauf, dass das schuldrechtliche Geschäft über den Erwerb eigener Aktien dem Schuldvertragsstatut unterliegt, muss das Gleiche auch für die Regelung des § 71 Abs. 4 S. 2 AktG gelten, der die Nichtigkeit dieses Schuldvertrages anordnet.

Anders stellt sich die Situation jedoch für die SE dar. Um ein vollumfängliches Gesellschaftsstatut zu bilden, muss das zur Ergänzung herangezogene Recht dieselbe Wirkung haben wie die Verordnung selbst, nämlich die unmittelbare Geltung in den Mitgliedstaaten.[428] An der Rechtsqualität der nationalen Vorschriften ändert sich jedoch nichts, denn das nationale Recht wird von den einzelstaatlichen Gesetzgebern geschaffen und stammt somit aus einer anderen Rechtsquelle als das sekundäre Gemeinschaftsrecht.[429] Die unmittelbare Geltung des mitgliedstaatlichen Rechts ergibt sich vielmehr aus dem Charakter der SE als supranationale Gesellschaft und der daraus resultierenden Notwendigkeit einer Einbindung in die Rechte der Mitgliedstaaten. Der Zweck von Schutzvorschriften, die über Verweisungsnormen zum Gesellschaftsstatut werden (hier der Schutz des Gesellschaftskapitals), kann nur erreicht werden, wenn die Vorschriften auch in anderen Mitgliedstaa-

---

[425] Zu der Problematik der Umgehung des § 71 Abs. 4 S. 2 AktG durch das internationale Privatrecht bei einer deutschen Aktiengesellschaft *Spieckhoff*, BB 1997, 2593 ff.

[426] *Spieckhoff*, BB 1997, 2593, 2594.

[427] *Kropholler*, IPR, § 52 3 a, S. 435.

[428] Vgl. *Leupold*, Die Europäische Aktiengesellschaft, S. 21, der dem nationalen Recht die gleiche Geltungskraft wie den Vorschriften des Statuts zuspricht, dann aber die Wirkung auf den Sitzstaat beschränkt.

[429] *Leupold*, Die Europäische Aktiengesellschaft, S. 20 f.; *Casper*, in: FS für Ulmer, S. 51, 65; a.A. *Grote*, Das neue Statut der SE, S. 54, der davon ausgeht, dass das zur Ergänzung heranzuziehende nationale Recht die Rechtsqualität der Verweisungsnormen teilt und so zu einer unmittelbaren Geltung des „unechten Gemeinschaftsrechts“ kommt.

ten unmittelbar Geltung beanspruchen. Das aufgrund von Verweisungen zur Ergänzung des SE-Statuts berufene Recht muss daher, wie die Verordnung selbst, unmittelbare Wirkung in den Mitgliedstaaten haben, so dass Art. 5 iVm. § 71 Abs. 4 S. 2 AktG auch die Nichtigkeit von Verträgen anordnen kann, deren Wirksamkeit sich grundsätzlich über die Regeln des internationalen Privatrechts nach dem Recht eines anderen Mitgliedstaates beurteilt.

IV. Umgehungsgeschäfte und gleichgestellte Vorgänge

Art. 5 iVm. § 71 a Abs. 1 AktG verbietet die Gewährung eines Vorschusses, Darlehens oder der Leistung einer Sicherheit durch die Gesellschaft an einen Dritten zum Zweck des Erwerbs von Aktien der Gesellschaft durch diesen Dritten.[430] Verhindert wird ferner die Umgehung durch die Einschaltung eines mittelbaren Stellvertreters (Art. 5 iVm. § 71 a Abs. 2 AktG). Das entsprechende schuldrechtliche Rechtsgeschäft ist nichtig (§ 71 a Abs. 1 S. 1 AktG). Auch hier muss das zur Ergänzung der SE-VO anzuwendende Recht die Nichtigkeit aller entgegenstehenden Verträge anordnen können, auch wenn sich im Einzelfall die Frage der Wirksamkeit grundsätzlich nach dem Recht eines anderen Mitgliedstaates als dem Sitzstaat beurteilt.[431]

Ferner verbietet Art. 5 iVm. § 71 d AktG der SE den Erwerb eigener Aktien über einen mittelbaren Stellvertreter, einem Tochterunternehmen oder einem für das Tochterunternehmen handelnden mittelbaren Stellvertreter, soweit dies der Gesellschaft selbst nicht nach § 71 Abs. 1 Nr. 1 bis 5, 7 und 8 und Abs. 2 AktG gestattet wäre.[432] Soweit hier durch das Aktiengesetz die Nichtigkeitsfolge des schuldrechtlichen Geschäfts angeordnet wird (§ 71 Abs. 4 S. 2 iVm. § 71 d S. 4 AktG), gilt dies aufgrund der gemeinschaftsweiten Geltung des über die Verweisung anwendbaren Sitzstaatrechts auch dann, wenn sich im Einzelfall das schuldrechtliche Geschäft nach dem Recht eines anderen Mitgliedstaates beurteilt.[433]

Zu beachten ist hier, dass sich die Frage der Abhängigkeit ausländischer Gesellschaften von der SE oder des Mehrheitsbesitzes an ausländischen Gesellschaften durch die SE im Rahmen der §§ 71 a, 71 d AktG nicht wie bei konzernrechtlichen Fragestellungen über die Grundsätze des internationalen Privatrechts nach dem Gesellschaftsstatut der ab-

---

[430] § 71 Abs. 1 AktG beruht auf Art. 23 Abs. 1 Zweite RiL; näher dazu *Kindl*, ZEuP 1994, 77, 84.
[431] Siehe oben, Teil 4 B III, S. 112 ff.
[432] Zu den Rechtsfolgen *Hüffer*, AktG, § 71 d Rn. 8 ff.
[433] Siehe oben, Teil 4 B III, S. 112 ff.

hängigen Gesellschaft richtet.[434] §§ 71 a, 71 d AktG sind keine konzernrechtlichen Vorschriften, die dem Schutz der abhängigen Gesellschaft dienen sollen, sondern bezwecken gerade den Schutz des Kapitals der herrschenden Gesellschaft. Entsprechend der ergänzenden Anwendung der §§ 71 a, 71 d AktG über Art. 5 muss auch die Bestimmung der Abhängigkeit und des Mehrheitsbesitzes nach dem Sitzstaatrecht erfolgen (§§ 16, 17 AktG).

Bei Auslandsbezügen zu Staaten außerhalb der Europäischen Gemeinschaft beurteilt sich mangels unmittelbarer Geltung der SE-VO die Frage der Wirkung der §§ 71 a, 71 d AktG nach den Grundsätzen des internationalen Privatrechts. Danach gelten zwar die Verbote des § 71 a, § 71 d AktG ebenfalls. Der Grund liegt hier jedoch nicht in der Wirkung des über die Verweisung ergänzend anwendbaren Sitzstaatrechts, sondern in der Qualifikation des § 71 a und § 71 d AktG als Teil des Gesellschaftsstatuts.[435] Der entscheidende Unterschied ist dann, dass die Nichtigkeit der schuldrechtlichen Geschäfte nur dann rechtsverbindlich angeordnet werden kann, wenn diese dem deutschen Recht unterliegen.[436]

Gemäß Art. 5 iVm. § 71 e AktG wird die Inpfandnahme eigener Aktien dem Erwerb eigener Aktien gleichgestellt. Ein Verstoß macht die Inpfandnahme unwirksam, wenn der Ausgabebetrag auf die Aktien noch nicht vollständig geleistet ist (§ 71 Abs. 2 S. 1 AktG). Für die Nichtigkeit des schuldrechtlichen Geschäfts gilt das oben Gesagte.

V. Zusammenfassung

Nach Art. 5 iVm. § 71 AktG ist der SE der derivative Erwerb eigener Aktien grundsätzlich verboten. Die Ausnahmetatbestände des § 71 Abs. 1 Nr. 1, 2 und 4 bis 8, Abs. 2 und 3 AktG gelten über Art. 5 für die SE.

Die SE kann nach § 305 und § 320 b Abs. 1 S. 1 AktG zur Abfindung verpflichtet sein. Demzufolge muss sie auch gemäß Art. 5 iVm. § 71 Abs. 1 Nr. 3, Abs. 2 AktG eigene Aktien erwerben können, um Aktionäre, wie es nach § 305 Abs. 2 bzw. § 320 b Abs. 1 S. 2 AktG im Regelfall vorgesehen ist, in eigenen Aktien abzufinden.

Bei Gründung einer SE durch Verschmelzung kann eine Abfindungspflicht nach § 7 Abs. 1 S. 1 SEAG-RegE für die SE nur dann bestehen,

---

[434] Siehe oben, Teil 4 B II 1 a aa, S. 104.

[435] *Lutter*, in: Kölner Kommentar zum AktG, § 71 d Rn. 81 ff.; *Kindl*, ZEuP 1994, 77, 95 ff.

[436] *Kindl*, ZEuP 1994, 77, 97; *Lutter*, in: Kölner Kommentar zum AktG, § 71 d Rn. 81 ff.

wenn diese ihren Sitz in einem anderen Mitgliedstaat begründet. In diesem Fall findet auf den Erwerb eigener Aktien keinesfalls § 71 Abs. 1 Nr. 3 AktG ergänzend Anwendung, sondern das Recht dieses Mitgliedstaates. Wird die durch Verschmelzung gegründete SE ihren Sitz in Deutschland haben, so muss ihr ein Erwerb eigener Aktien nach § 71 Abs. 1 Nr. 3 AktG auch dann rechtlich möglich sein, wenn das Ausführungsgesetz anderer Mitgliedstaaten, deren Rechtsordnung die an der Gründung beteiligte SE unterliegt, dies vorschreibt. Die SE kann als aufnehmende Gesellschaft bei Auf- oder Abspaltung einer SE oder einer Gesellschaft nationalen Rechts im Sinne des § 123 Abs. 1 Nr. 1 und Abs. 2 Nr. 1 UmwG sowie als neugegründete Gesellschaft durch Auf- oder Abspaltung einer existierenden SE im Sinne des § 123 Abs. 1 Nr. 2 und Abs. 2 Nr. 2 UmwG zur Barabfindung nach § 125 S. 1 iVm. § 29 Abs. 1 UmwG verpflichtet sein. Zur Erfüllung dieser Abfindungspflicht ist der Erwerb eigener Aktien nach Art. 5 iVm. § 71 Abs. 1 Nr. 3 AktG für die SE zulässig. Die Einschränkung des § 72 Abs. 2 S. 1 und 2 AktG ist bei dem Ausnahmetatbestand § 71 Abs. 1 Nr. 3 AktG zu beachten.

Trotz Verstoßes gegen Art. 5 iVm. § 71 Abs. 1 und 2 AktG wird die Gesellschaft Inhaberin der Mitgliedsrechte. Ihr stehen jedoch keine Rechte aus den eigenen Aktien zu (Art. 5 iVm. §§ 71 Abs. 4, 71 b AktG). Die eigenen Aktien sind nach Art. 5 iVm. § 71 c AktG wieder zu veräußern. Ein Verstoß gegen § 71 Abs. 1 und 2 AktG führt zur Nichtigkeit des Verpflichtungsgeschäfts (Art. 5 iVm. § 71 Abs. 4 S. 2 AktG). Art. 5 iVm. § 71 Abs. 4 S. 2 AktG kann auch die Nichtigkeit von Verträgen anordnen, deren Wirksamkeit sich grundsätzlich über die Regeln des internationalen Privatrechts nach anderem mitgliedstaatlichen Recht beurteilt.

§ 71 a AktG findet über Art. 5 auf die SE Anwendung. Ein Verstoß führt zur Nichtigkeit des schuldrechtlichen Rechtsgeschäfts, auch wenn sich die Frage der Wirksamkeit dieses Rechtsgeschäfts nach den Grundsätzen des internationalen Privatrechts grundsätzlich nach dem Recht eines anderen Mitgliedstaates beurteilen würde. § 71 d AktG ist über Art. 5 auf die SE anwendbar. Die Nichtigkeit des schuldrechtlichen Rechtsgeschäfts richtet sich hier auch bei Auslandsbezug grundsätzlich nach § 71 Abs. 4 S. 2 iVm. § 71 d AktG. Die Frage der Abhängigkeit oder des Mehrheitsbesitzes ausländischer Gesellschaften von der SE im Rahmen des § 71 d AktG ist über Art. 5 dem Sitzstaatrecht der SE zu entnehmen (§§ 16, 17 AktG). Die Inpfandnahme eigener Aktien wird über Art. 5 iVm. § 71 e AktG dem Erwerb eigener Aktien nach § 71 Abs. 1 und 2 und § 71 d AktG gleichgestellt.

Teil 5: Kapitalerhöhung

A. Regelung in der SE-VO

Eine ausdrückliche Regelung der Kapitalerhöhung und Kapitalherabsetzung ist in der SE-VO nicht erfolgt. Vielmehr verweist Art. 5 für die „Änderung des Kapitals" auf die Vorschriften des Sitzstaates. Damit sind grundsätzlich die Regelungen des Aktiengesetzes für Erhöhung des Gesellschaftskapitals über Art. 5 auf die SE anzuwenden.

Das Aktiengesetz kennt vier Formen der Kapitalerhöhung: die ordentliche Kapitalerhöhung (§§ 182 bis 191 AktG), die bedingte Kapitalerhöhung (§§ 192 bis 201 AktG), die Kapitalerhöhung aus genehmigtem Kapital (§§ 202 bis 206 AktG) sowie die Kapitalerhöhung aus Gesellschaftsmitteln[437] (§§ 207 bis 220 AktG). Diese Kapitalmaßnahmen sind auch vom Regelungsbereich der Verweisung umfasst. Dafür spricht zum einen der Wortlaut des Art. 5, wonach für „Änderung" des Kapitals auf das Recht der Mitgliedstaaten verwiesen wird. Ferner sahen auch die SE-VOV 1970 und 1975 sowie 1989 ausdrücklich die Möglichkeit der Erhöhung des Kapitals durch ordentliche und genehmigte Kapitalerhöhung, sowie die Kapitalerhöhung durch Umbuchung freier Rücklagen vor. Die Möglichkeit der bedingten Kapitalerhöhung war nicht vorgesehen. Jedoch sollte bereits durch Art. 42 Abs. 2 SE-VOV 1991 der SE die Möglichkeit gegeben werden, die Erhöhung ihres Kapitals nach sämtlichen den Aktiengesellschaften des Sitzstaates gebotenen Verfahren vorzunehmen. Damit müssen auch über Art. 5 grundsätzlich alle nach dem Gesellschaftsrecht der Mitgliedstaaten möglichen Formen der Kapitalerhöhung umfasst sein.[438]

---

[437] Die Kapitalerhöhung aus Gesellschaftsmitteln gehört nicht zu den Maßnahmen der Kapitalbeschaffung, denn bei ihr wird das Kapital nicht durch Neueinlagen, sondern durch Umbuchung vorhandener Reserven erhöht. Es erfolgt daher keine Vermehrung des verfügbaren Kapitals, sondern eine stärkere Bindung bereits vorhandenen Eigenkapitals. Im Einzelnen dazu *Hefermehl/Bungeroth* in Geßler/Hefermehl, AktG, Vor § 182 Rn. 12; *Karsten Schmidt*, Gesellschaftsrecht, § 29 III 1, S. 897 ff.

[438] So auch *Schindler*, Die Europäische Aktiengesellschaft, S. 56; *Theisen/Widmayer*, in: Theisen/Wenz; Die Europäische Aktiengesellschaft, S. 333, 344; *Torggler*, ecolex 2001, 442, 446.

B. Ordentliche Kapitalerhöhung (Art. 5 iVm. §§ 182 bis 191 AktG)

Eine Erhöhung des Gesellschaftskapitals gegen Einlagen (ordentliche Kapitalerhöhung) ist bei der SE gemäß Art. 5 iVm. §§ 182 ff. AktG grundsätzlich möglich. Im Einzelnen ist jedoch fraglich, welche Vorschriften des Aktiengesetzes aufgrund der Verweisung des Art. 5 erfasst sind und ob diese uneingeschränkt anwendbar sind.

I. Kapitalerhöhungsbeschluss

1. Zuständigkeit

Die SE-VO enthält keine ausdrückliche Zuweisung der Zuständigkeit für Kapitalerhöhungen. Allerdings hat gemäß Art. 52 Buchst. a die Hauptversammlung über Angelegenheiten zu beschließen, für die ihr durch diese Verordnung die alleinige Zuständigkeit übertragen wird, sowie nach Art. 52 Unterabs. 2 in Angelegenheiten, für die der Hauptversammlung einer dem Recht des Sitzstaats der SE unterliegenden Aktiengesellschaft die Zuständigkeit entweder aufgrund der Rechtsvorschriften dieses Mitgliedstaats oder aufgrund der mit diesen Rechtsvorschriften in Einklang stehenden Satzung übertragen worden ist. Art. 59 Abs. 1 bestimmt, dass für jede Änderung der Satzung ein Beschluss der Hauptversammlung erforderlich ist.[439] Da die Höhe des Grundkapitals der SE gemäß Art. 9 Abs. 1 Buchst. c Ziffer ii iVm. § 23 Abs. 3 Nr. 3 AktG in der Satzung anzugeben ist, stellt jeder Kapitalerhöhungsbeschluss, mit Ausnahme der genehmigten Kapitalerhöhung,[440] zugleich eine Satzungsänderung dar.[441] Daher ist nach Art. 52 Buchst. a, Art. 59 Abs. 1 auch für jede Kapitalerhöhung ein Beschluss der Hauptversammlung notwendig. Es ergibt sich somit bereits aus der Systematik des europäischen Rechts, nämlich der Kombination aus Art. 52 Buchst. a, Art. 59 Abs. 1 und der Verweisung auf das durch Art. 2 c Zweite RiL angeglichene nati-

---

439 Zur Zuständigkeit der Hauptversammlung *Artmann*, wbl 2002, 189, 196; *Bungert/Beier*, EWS 2002, 1, 4; *Hirte*, NZG 2002, 1, 8; *Schulz/Geismar*, DStR 2001, 1078, 1082; *Schwarz*, ZIP 2001, 1847, 1856 f.

440 Siehe unten, Teil 5 D, S. 173 ff.

441 Aufgrund Art. 2 c Zweite RiL ist die Angabe des Grundkapitals in der Satzung nationaler Aktiengesellschaften ein gemeinschaftsweit zwingendes Erfordernis. Damit stellt die Erhöhung des Grundkapitals gemeinschaftsweit eine Satzungsänderung dar. Die Zuständigkeit der Hauptversammlung für Satzungsänderungen und die erforderlichen Mehrheitsverhältnisse bei nationalen Aktiengesellschaften sollten jedoch durch die gescheiterte Fünfte RiL (Strukturrichtlinie) gemeinschaftsweit festgelegt werden (vgl. Art. 37 Vorschlag Fünfte RiL); dazu *Schwarz*, Europäisches Gesellschaftsrecht, Rn. 615.

onale Recht, die Zuständigkeit der Hauptversammlung für den Kapitalerhöhungsbeschluss.

Die Zuständigkeit der Hauptversammlung für Änderungen der Satzung bzw. Erhöhung des Gesellschaftskapitals ist ein Grundsatz des europäischen Rechts, wodurch dem Schutzbedürfnis der Aktionäre Rechnung getragen werden soll.[442]

2. Mehrheitserfordernis

a) Gesetzliches Mehrheitserfordernis

Aufgrund der Verweisung auf das Recht des Sitzstaates ist unklar, welche Mehrheitserfordernisse für den Hauptversammlungsbeschluss zur Erhöhung des Gesellschaftskapitals notwendig sind. Art. 59 Abs. 1 schreibt für Satzungsänderungen eine Mehrheit von nicht weniger als zwei Drittel der abgegebenen Stimmen vor, sofern die Rechtsvorschriften für Aktiengesellschaften im Sitzstaat der SE keine größere Mehrheit vorsehen oder zulassen. § 182 Abs. 1 S. 1 AktG, der über Art. 5 zur Anwendung berufen sein könnte, sieht speziell für Kapitalerhöhungen das Erfordernis einer Dreiviertelmehrheit des bei der Beschlussfassung vertretenen Grundkapitals vor. Daneben ist nach § 133 Abs. 1 AktG für alle Beschlüsse der Hauptversammlung eine einfache Mehrheit der abgegebenen Stimmen erforderlich.[443]

Ob das Mehrheitserfordernis der §§ 133 Abs. 1, 182 Abs. 1 S. 1 AktG über Art. 5 auf die SE Anwendung findet, ist zunächst eine Frage der Reichweite der Verweisungsnorm Art. 5, die wiederum im Zusammenhang mit der Frage steht, ob Art. 59 eine abschließende Regelung darstellt.[444] Regelt Art. 59 Abs. 1 die Mehrheitserfordernisse für satzungsändernde Beschlüsse abschließend, abgesehen von der dort ausdrücklich vorgesehenen Berücksichtigung größerer Mehrheiten des mitgliedstaatlichen Rechts, kann das Mehrheitserfordernis des §§ 133

---

[442] Vgl. Art. 25 Zweite RiL sowie Art. 37 Abs. 1 Vorschlag Fünfte RiL. Zu Art. 25 Zweite RiL EuGH, Urteil v. 30.5.1991, verb. Rs. C-19/90 und C-20/90, (Karella und Karellas), Slg. 1991, I-2691; näher dazu *Habersack*, Europäisches Gesellschaftsrecht, Rn. 187.

[443] Dazu siehe *Hefermehl/Bungeroth*, in: Geßler/Hefermehl, AktG, § 182 Rn. 22; *Hüffer*, AktG, § 182 Rn. 3.

[444] Zu diesem Problembereich bereits bei SE-VOV 1991 *Trojan-Limmer*, RIW 1991, 1010, 1012.

Abs. 1, 182 Abs. 1 S. 1 AktG über Art. 5 keine Anwendung finden, da dann keine ergänzungsbedürftige Unvollständigkeit besteht.[445]

Art. 59 Abs. 1 lässt jedoch die Berücksichtigung des Sitzstaatrechts zu, soweit dieses eine größere Mehrheit vorsieht oder zulässt. Somit kann das Mehrheitserfordernis des §§ 133 Abs. 1, 182 Abs. 1 S. 1 AktG auch bei Beurteilung des Art. 59 Abs. 1 als abschließende Regelung dennoch anwendbar sein, wenn es eine „größere Mehrheit" im Sinne des Art. 59 Abs. 1 a.E. darstellt.

aa) Reichweite der Verweisung des Art. 5

Die Bestimmung der Reichweite des Art. 5 bzw. des abschließenden Charakters des Art. 59 Abs. 1 ist eine Frage der Auslegung der SE-VO.[446] Diese hat nach gemeinschaftsrechtlichen Grundsätzen zu erfolgen.[447]

Zur Auslegung der SE-VO bietet sich zunächst ein Blick auf die Verordnungsvorentwürfe an.[448] In den SE-VOV 1970, 1975, 1989 und 1991 sind die Vorschriften über die Kapitalerhöhung ausdrücklich geregelt worden. Gefordert war stets ein satzungsändernder Beschluss der Hauptversammlung.[449] Die Mehrheitserfordernisse für Satzungsänderungen wurden jedoch in einer gesonderten Regelung außerhalb des Titels „Kapital" festgesetzt.[450]

Die Ersetzung der Vorschriften für das Kapital der Gesellschaft durch die Generalverweisung Art. 5, deutet darauf hin, dass nur die in Titel III der Vorgängerentwürfe geregelten Fragen von der Verweisungsvorschrift umfasst werden sollten. Die Bestimmung der Mehrheitserfordernisse gehört danach nicht zum Regelungsbereich des Art. 5. Die Mehrheitserfordernisse für Hauptversammlungsbeschlüsse der SE sollen vielmehr abschließend in Art. 57 und Art. 59 geregelt werden.

---

445 Siehe oben, Teil 1 D I 1, S. 13 f.

446 Siehe oben, Teil 1 E, S. 16 ff.

447 Zur Auslegung der SE-VO siehe oben, Teil 1 C, S. 11 f.

448 Zur historischen Auslegung bei sekundärem Gemeinschaftsrecht *Bleckmann*, NJW 1982, 1177, 1178; *Schwarz*, Europäisches Gesellschaftsrecht, Rn. 87; speziell bei der SE-VO *Merkt*, BB 1992, 654, 657; *Teichmann*, ZGR 2002, 383, 404; *Casper*, in: FS für Ulmer, S. 51, 54.

449 Vgl. Art. 41 Abs. 1 SE-VOV 1970; Art. 41 Abs. 1, Art. 83 Abs. 1 a, Art. 241 Abs. 1, Art. 243 SE-VOV 1975; Art. 42 Abs. 1, Art. 95 SE-VOV 1989 u. Art. 42 Abs. 1, Art. 97 SE-VOV 1991.

450 Art. 243 Abs. 1 und Abs. 2 SE-VOV 1970 und 1975, Art. 96 SE-VOV 1989 und Art. 97 Abs. 1 SE-VOV 1991.

Man könnte jedoch auch annehmen, Art. 59 Abs. 1 gelte nur für Satzungsänderungen im Allgemeinen und, aufgrund der Verweisung des Art. 5, könnten für besondere Satzungsänderungen im Rahmen der Kapitalmaßnahmen andere Mehrheitserfordernisse nach den Regeln des nationalen Rechts des Sitzstaates erforderlich sein.

Dafür würde sprechen, dass Art. 5 nur vorbehaltlich Art. 4 Abs. 1 und Abs. 2 auf das Recht des Sitzstaates verweist, während andere Verweisungsvorschriften der SE-VO „vorbehaltlich den Bestimmungen dieser Verordnung" auf das Recht der Mitgliedstaaten verweisen (vgl. Art. 15 Abs. 1). Danach würden andere Vorschriften der SE-VO als Art. 4 Abs. 1 und 2, hier also Art. 59, eine Anwendung des Sitzstaatrechts über Art. 5 nicht ausschließen. Jedoch ergibt sich die grundsätzliche Ergänzungsfunktion des Sitzstaatrechts bereits aus der Systematik der Verordnung. Der Verweis auf das Sitzstaatrecht dient nur der Ergänzung einer unvollständigen Regelung im europäischen Recht.[451] Soweit die SE-VO abschließende Regelungen beinhaltet, ist eine ergänzende Anwendung des Sitzstaatrechts ausgeschlossen.

Art. 59 Abs. 1 bestimmt die Mehrheitserfordernisse für satzungsändernde Beschlüsse in der SE. Die Möglichkeit der Berücksichtigung der nationalen Vorschriften für Aktiengesellschaften (Art. 59 Abs. 1 a.E.), die eine „größere Mehrheit" zulassen, lässt darauf schließen, dass Art. 59 Abs. 1 insoweit abschließend ist, das heißt, es können über andere Verweisungsnormen keine Vorschriften des Sitzstaatrechts bezüglich Mehrheitserfordernisse angewendet werden. Dies entspricht auch dem Ziel der SE-VO, gemeinschaftsweit eine einheitliche Gesellschaftsform auf europäischer Ebene anzubieten.[452] Insbesondere satzungsändernde Beschlüsse begründen wegen ihrer Tragweite für die Gesellschaft und für die Aktionäre ein Bedürfnis nach Rechtssicherheit. Aus Sicht der Publikumsaktionäre ist ein gemeinschaftsweit einheitliches Niveau des Anlegerschutzes von zentraler Bedeutung.[453] Sieht die SE-VO eine Regelung für Satzungsänderungen vor, so spricht das Bedürfnis nach einheitlicher

---

451 Siehe oben, Teil 1 D I 1, S. 13 f.

452 Vgl. Erwägungsgrund 6: Es soll eine Gesellschaftsform geschaffen werden, deren Struktur und Funktionsweise durch eine in allen Mitgliedstaaten unmittelbar geltende gemeinschaftsrechtliche Verordnung geregelt werden. Zur Bedeutung der Ziele der Verordnung als Auslegungskriterium *Bleckmann*, NJW 1982, 1177, 1178; *Maul*, Die faktisch abhängige SE, S. 20. Speziell zur Berücksichtigung des Ziels eine funktionsfähige supranationale Aktiengesellschaft bereitzustellen im Rahmen der Auslegung *Teichmann*, ZGR 2002, 383, 406.

453 *Raiser*, in: FS für Semler, S. 277, 279; *Niessen*, AG 1970, 281, 292.

Struktur und Funktionsweise der SE für den abschließenden Charakter des Art. 59 Abs. 1.

Demzufolge ist es damit mangels ergänzungsbedürftiger Unvollständigkeit ausgeschlossen, andere Mehrheitserfordernisse für Satzungsänderungen aus dem Sitzstaatrecht über die partielle Generalverweisung Art. 5 zur Anwendung zu bringen.

Ferner ist der Wortlaut des Art. 5 vor dem Hintergrund der Vorentwürfe zu betrachten. Die Verordnungsgeber betrachteten die Vorschriften für das Kapital abstrakt und verwiesen für die Beschlussfassung der Hauptversammlung auf die außerhalb des Titels III (Kapital) geregelten, für Satzungsänderungen geltenden, Vorschriften.[454]

Aus diesem Grund wurde auch bei der für das Kapital maßgeblichen Generalverweisung nur vorbehaltlich der in der SE-VO noch enthaltenen Vorschriften für das Kapital (Art. 4 Abs. 1 und 2) auf das Recht des Sitzstaates verwiesen. Die grundsätzliche Ergänzungsfunktion des Sitzstaatrechts im Fall der Unvollständigkeit der SE-VO wird dadurch nicht berührt. Vielmehr bestätigt der Wortlaut des Art. 5 vor dem dargelegten historischen Hintergrund, dass Art. 59 Abs. 1 eine grundsätzlich abschließende Regelung für die Mehrheitserfordernisse bei allen satzungsändernden Beschlüssen ist.

Dies zeigt auch der Vergleich mit der partiellen Generalverweisung für Auflösung, Liquidation, Zahlungsunfähigkeit und Zahlungseinstellung (Art. 63). Auch diese Vorschrift verweist auf das für Aktiengesellschaften geltende Recht des Sitzstaates. Um allerdings die Anwendung der Mehrheitserfordernisse für Beschlüsse der Hauptversammlung nach den Vorschriften der SE-VO zu vermeiden, sind ausdrücklich auch die mitgliedstaatlichen Mehrheitserfordernisse von der Verweisung umfasst (vgl. Art. 63). Daraus wird deutlich, dass der Verordnungsgeber grundsätzlich von einem abschließenden Charakter der Art. 57 und 59 ausgeht. Soll von den Spezialverweisungen oder (partiellen) Generalverweisungen auch ein besonderes Mehrheitserfordernis umfasst werden, so lässt die SE-VO dies, wie es bei Art. 63 der Fall ist, ausdrücklich zu.[455]

---

[454] Siehe oben, Teil 5 B 2 a aa, S. 120 ff.

[455] Im Ergebnis ebenso *Hirte*, NZG 2002, 1, 9, der Art. 5 im Rahmen der Kapitalerhöhung als Sonderfall der Satzungsänderung nur bezüglich der Art und Weise der Kapitalaufbringung anwenden will. A.A. *Jaeger*, Die Europäische Aktiengesellschaft, S. 82; *ders.*, ZEUP 1994, 206, 210, der im Hinblick auf den Ratsentwurf, der bereits keine Vorschriften zum Kapital enthalten hat, undifferenziert ohne weitere Begründung die Mehrheitserfordernisse des § 182 Abs. 1 AktG aufgrund der für das Kapital maßgeblichen Verweisungsvorschrift anwendet.

bb) Zwischenergebnis

Art. 59 Abs. 1 regelt die Mehrheitserfordernisse bei satzungsändernden Beschlüssen der SE gegenüber anderen Verweisungsvorschriften innerhalb der SE-VO abschließend. Insoweit können mitgliedstaatliche Mehrheitserfordernisse über Art. 5 keine Anwendung finden. Dieselben Erwägungen gelten auch für einfache Beschlüsse nach Art. 57, auf den hier aufgrund seiner geringeren Mehrheitserfordernisse jedoch nicht weiter eingegangen werden soll.

cc) Verweisung über Art. 59 Abs. 1 a.E.

Nach Art. 59 Abs. 1 a.E. bedarf die Änderung der Satzung eines Beschlusses der Hauptversammlung, der mit der Mehrheit von nicht weniger als zwei Drittel der abgegebenen Stimmen gefasst worden ist, sofern die Rechtsvorschriften für Aktiengesellschaften im Sitzstaat der SE keine größere Mehrheit vorsehen oder zulassen. Die von der SE-VO geforderten Mehrheitserfordernisse werden somit grundsätzlich dann angehoben, wenn das im Sitzstaat maßgebliche Recht für Aktiengesellschaften eine größere Mehrheit vorschreibt.[456]

In Betracht kommt daher eine ergänzende Anwendung des § 182 Abs. 1 S. 1 AktG, der eine Mehrheit fordert, die mindestens drei Viertel des bei der Beschlussfassung vertretenen Kapitals umfasst.

Nach einer Ansicht in der Literatur sollen über Art. 59 Abs. 1 jedoch nur im Sitzstaat gesetzlich zwingend vorgeschriebene Mehrheiten berücksichtigt werden.[457] Da nach § 182 Abs. 1 S. 2 AktG, abgesehen von der Ausgabe von Vorzugsaktien ohne Stimmrecht, durch Satzungsregelung grundsätzlich von der gesetzlichen Dreiviertelmehrheit bis hin zu einer einfachen Mehrheit abgewichen werden kann, soll eine größere Mehrheit nicht „vorgesehen" sein im Sinne des Art. 59 Abs. 1 a.E. Eine Anwendung des § 182 Abs. 1 S. 1 AktG soll demnach von vorneherein ausscheiden.

Dies ist jedoch abzulehnen. Aus der Entwicklungsgeschichte des Art. 59 Abs. 1 wird deutlich, dass dieser im Sinne einer gemeinschaftseinheitlichen Mindestvorschrift zu verstehen ist, die Raum für die Besonderheiten der nationalen Rechte lässt.[458] Dabei wird aus Art. 59 Abs. 1 die Unterscheidung zwischen der gesetzlich geforderten („vorsehen") und einer durch Satzung bestimmtem Mehrheit („zulassen") deutlich. Schreibt das

---

[456] *Schwarz*, ZIP 2001, 1847, 1857.
[457] *Brandt*, Die Hauptversammlung der SE, S. 243 ff.
[458] Vgl. *Jaeger*, ZEUP 1994, 206; anders noch Art. 97 Abs. 1 SE-VOV 1991.

nationale Recht eine größere Mehrheit als die von Art. 59 Abs. 1 geforderte Zweidrittelmehrheit vor, so ist dies über Art. 59 Abs. 1 a.E. zu berücksichtigen, unabhängig davon, ob aufgrund der im entsprechenden nationalen Recht gewährten Satzungsautonomie von diesem gesetzlichen Mehrheitserfordernis abgewichen werden darf.[459] Die Frage, inwieweit die im Sitzstaatrecht gewährte Satzungsautonomie für die SE gelten kann und somit von der gesetzlichen Mehrheit abgewichen werden darf, ist getrennt davon zu untersuchen.[460]

Demnach könnte das Mehrheitserfordernis des § 182 Abs. 1 S. 1 AktG anwendbar sein, wenn es eine „größere Mehrheit" i.S. des Art. 59 Abs. 1 a.E. darstellt.[461]

Für Aktiengesellschaften fordert § 133 AktG für alle Beschlüsse der Hauptversammlung eine Mehrheit der abgegebenen Stimmen, soweit nicht das Gesetz oder die Satzung eine größere Stimmenmehrheit oder weitere Erfordernisse aufstellen. Daneben besteht das Erfordernis der Dreiviertelmehrheit des bei der Beschlussfassung vertretenen Grundkapitals (Kapitalmehrheit) nach § 182 Abs. 1 S. 1 AktG, das gegenüber der einfachen Mehrheit nach § 133 AktG keine „größere Mehrheit", sondern ein „weiteres gesetzliches Erfordernis" darstellt.[462] Demzufolge scheint eine Anwendung des § 182 Abs. 1 S. 1 AktG ausgeschlossen zu sein. Die SE-VO ist jedoch Bestandteil einer eigenständigen Rechtsordnung, weshalb eine autonome gemeinschaftsrechtliche Begriffsbildung stattfinden muss. Die verwendeten Begriffe dürfen grundsätzlich nicht entsprechend den mitgliedstaatlichen Begriffsinhalten ausgelegt werden.[463] Die im Aktiengesetz getroffene begriffliche Differenzierung kann damit nicht ohne weiteres auf die Verordnung übertragen werden.

Nach Art. 59 Abs. 1 ist grundsätzlich eine Stimmenmehrheit von zwei Dritteln erforderlich. Wie sich aus dem Bezug zum ersten Halbsatz des Art. 59 Abs. 1 ergibt, kann „eine größere Mehrheit" im Sinne des Art. 59 Abs. 1 a.E. dann ebenfalls nur eine Stimmenmehrheit sein, die mehr als

---

[459] So auch *Artmann*, wbl 2002, 189,197; a.A. *Brandt*, Die Hauptversammlung der SE, S. 243 ff.

[460] Zur Berücksichtigung der im Recht des Sitzstaates gewährten Satzungsautonomie siehe unten Teil 5 B I 2 b, S. 129 ff.

[461] Die nach § 133 Abs. 1 AktG geforderte einfache Stimmenmehrheit hat gegenüber Art. 57 und Art. 59 keine weitere Bedeutung.

[462] *Hefermehl/Bungeroth*, in: Geßler/Hefermehl, AktG, § 182 Rn. 22; *Hüffer*, AktG, § 182 Rn. 3.

[463] *Bleckmann*, Europarecht, Rn. 557; *Schwarz*, Europäisches Gesellschaftsrecht, Rn. 80; *Teichmann*, ZGR 2002, S. 383, 402 ff.

zwei Drittel der abgegebenen Stimmen umfasst.[464] Bei Auslegung des Art. 59 Abs. 1 a.E. in diesem Sinn scheidet die Berücksichtigung einer nach dem Sitzstaatrecht vorgesehenen Kapitalmehrheit aus.

Bei Betrachtung der Art. 57 und Art. 59 wird dieses Ergebnis der Auslegung bestätigt. So ist nach Art. 57 eine Mehrheit der abgegebenen gültigen Stimmen für die Beschlussfassung der Hauptversammlung erforderlich, sofern die SE-VO oder das im Sitzstaat der SE für Aktiengesellschaften maßgebliche Recht nicht eine „größere Mehrheit" vorschreibt. Die SE-VO schreibt dann in Art. 59 Abs. 1 für Satzungsänderungen eine Mehrheit von nicht weniger als zwei Drittel der abgegebenen Stimmen, also eine Stimmenmehrheit, vor. Somit ist die Stimmenmehrheit nach Art. 59 Abs. 1 die „größere Mehrheit" im Sinne des Art. 57. Demzufolge kann die „größere Mehrheit" nach Art. 59 Abs. 1 a.E. ebenfalls nur die Bedeutung einer Stimmenmehrheit haben.

Auch Verordnungsvorentwürfe stellten ausschließlich auf eine Stimmenmehrheit ab.[465] Zwar sollte im SE-VO 1970 die Satzung für Satzungsänderungen zusätzlich zu der gesetzlichen Mehrheit von mindestens drei Vierteln der abgegeben Stimmen "weitere Erfordernisse" aufstellen können (Art. 243 Abs. 2 SE-VOV 1970). Dies wurde jedoch im SE-VOV 1975 wieder aufgegeben. Die Satzung konnte gemäß Art. 243 Abs. 2 S. 2 SE-VOV 1975 nur noch „weitergehende Mehrheitserfordernisse" aufstellen. Für das Erfordernis des Aufstellens „weiterer Erfordernisse" sah die Kommission keinen Anlass, denn dies könnte bei Gesellschaften auf europäischer Ebene eher Anlass zu Zweifelsfragen geben.[466]

---

[464] Vgl. Wortlaut der englischen Fassung der SE-VO: "...by a majority which may not be less than two thirds of the votes cast, unless the law applicable to public limited-liability companies in the Member State in which an SE's registered office is situated requires or permits a larger majority".

[465] Anders *Leupold*, Die Europäische Aktiengesellschaft, S. 110, der das Mehrheitserfordernis des Art. 97 SE-VOV 1989 als Kapitalmehrheit versteht; zur historischen Auslegung der SE-VO *Teichmann*, ZGR 2002, 383, 402; allgemein zur historischen Auslegung des europäischen Sekundärrechts *Bleckmann*, NJW 1982, 1177, 1178; *Schwarz*, Europäisches Gesellschaftsrecht, Rn. 77 ff.

[466] SE-VOV 1975, Begründung, BT-Drs. VII/ 3713, S. 242.

Ein anderes Ergebnis ergibt sich auch nicht aus der Betrachtung der Zweiten RiL.[467] Sie regelt nicht ausdrücklich die Mehrheitserfordernisse für Kapitalerhöhungsbeschlüsse, sondern nur für die Kapitalherabsetzung (vgl. Art. 40 Zweite RiL). Diese ist jedoch ebenfalls eine Satzungsänderung,[468] so dass dieselbe Problematik besteht. Würde die Zweite RiL dort eine Kapitalmehrheit vorschreiben, so würde das gegen die oben gefundene Auslegung sprechen, da die SE-VO durch ihre Verweisung die bereits ergangenen Richtlinien berücksichtigt.[469] Es wäre widersprüchlich, wenn die SE-VO nur größere Stimmenmehrheiten berücksichtigen würde, obwohl sie durch die ergangene Richtlinie Kapitalmehrheiten in den nationalen Aktienrechten der Mitgliedstaaten forderte. Art. 40 Zweite RiL schreibt jedoch vor, dass bei den dort angegebenen Beschlüssen der Hauptversammlung (u.a. Kapitalherabsetzung) eine Mehrheit von nicht weniger als zwei Drittel der Stimmen der vertretenen Wertpapiere oder des vertretenen gezeichneten Kapitals erforderlich ist. Damit setzt Art. 40 eine Zweidrittelmehrheit der abgegebenen Stimmen (Stimmenmehrheit) voraus. Durch den missverständlichen Wortlaut („der vertretenen Wertpapiere oder des vertretenen gezeichneten Kapitals") soll nur berücksichtigt werden, dass in Mitgliedstaaten Stimmrechte auch aus Wertpapieren ausgeübt werden können, die nicht einem Anteil am Kapital der Aktiengesellschaft entsprechen.[470] Somit steht auch die Zweite RiL der Auslegung des Art. 59 Abs. 1 im Sinne der ausschließlichen Berücksichtigung einer größeren Stimmenmehrheit nicht entgegen.

Unter „größeren Mehrheiten" im Sinne des Art. 59 Abs. 1 a.E. sind daher nur größere Stimmenmehrheiten zu verstehen. Über die Verweisung auf das Sitzstaatrecht in Art. 59 Abs. 1 a.E. kann demzufolge nur Sitzstaatrecht ergänzend angewendet werden, das eine größere Stimmenmehrheit als zwei Drittel der abgegebenen Stimmen vorsieht. Das Mehrheitserfordernis des § 182 Abs. 1 S. 1 AktG von drei Vierteln des bei der Beschlussfassung vertretenen Grundkapitals (Kapitalmehrheit) kann über Art. 59 Abs. 1 a.E. nicht berücksichtigt werden.

---

467 Ein Rückgriff auf die Zweite RiL zur Auslegung bietet sich trotz unterschiedlicher Regelungssubjekte an, da die häufigen Verweise der Verordnung auf harmonisiertes Recht eine innere Abgestimmtheit dieses Normenkomplexes voraussetzen; Erwägungsgrund 9; *Schön*, RabelsZ 64 (2000), 1, 7; *Teichmann*, ZGR 2002, 383, 404.

468 Siehe unten, Teil 7, S. 217 ff.

469 Erwägungsgrund 9.

470 In Belgien können Genussscheine von der Satzung mit Stimmrecht ausgestattet sein (Art. 483 Code des Soc.).

dd) Zwischenergebnis

Der Beschluss der Hauptversammlung der SE zur Erhöhung des Kapitals bedarf gemäß Art. 59 Abs. 1 einer Mehrheit von zwei Dritteln der abgegebenen Stimmen. Nach Art. 59 Abs. 1 a.E. kann grundsätzlich nur mitgliedstaatliches Recht berücksichtigt werden, das eine größere Stimmenmehrheit vorsieht. Das Erfordernis der Dreiviertelmehrheit des vertretenen Grundkapitals (Kapitalmehrheit) nach § 182 Abs. 1 S. 1 AktG kann über § 59 Abs. 1 a.E. grundsätzlich keine Berücksichtigung finden.

ee) Entsprechende Anwendung des Mehrheitserfordernisses des § 182 Abs. 1 S. 1 AktG als Stimmenmehrheit über SE-spezifische Auslegung

In Betracht käme jedoch eine entsprechende Anwendung der Mehrheitserfordernisse des § 182 Abs. 1 S. 1 AktG über eine SE-spezifische Auslegung als „drei Viertel der abgegebenen Stimmen". Erforderliche Mehrheit für die Beschlussfassung bei Kapitalerhöhungen wäre dann gemäß Art. 59 Abs. 1 a.E. iVm. § 182 Abs. 1 S. 1 AktG eine Mehrheit von mindestens drei Vierteln der abgegeben Stimmen.

Die Begründung für eine mögliche Anpassung (SE-spezifische Auslegung) liegt in der Unterschiedlichkeit der beiden Rechtsebenen. Es muss bei der ergänzenden Anwendung des nationalen Rechts berücksichtigt werden, dass die SE-VO aus einer anderen Rechtsquelle stammt, als die durch die Verweisung mit einbezogenen Rechte der Mitgliedstaaten. Ferner sind die Gesellschaftsrechte der Mitgliedstaaten nicht zur Anwendung auf eine supranationale Gesellschaftsform vorgesehen. Dadurch entstehen Schwierigkeiten bei der Verknüpfung des nationalen Rechts mit dem europäischen Aktienrecht, die durch die Anpassung des nationalen Rechts beseitigt werden müssen. Daher kann es im Einzelfall grundsätzlich geboten sein, das Verweisungsobjekt an das System und die Begrifflichkeiten des Gemeinschaftsrechts anzupassen.[471]

Das Aktiengesetz fordert in Beschlüssen, die aufgrund ihres Eingriffs in besonders schutzwürdige Interessen eine qualifizierte Mehrheit erfordern, meist eine Dreiviertelmehrheit.[472] Allerdings wird bei den satzungsändernden Beschlüssen und den Kapitalmaßnahmen auf eine Kapitalmehrheit abgestellt. Daneben ist gemäß § 133 Abs. 1 AktG zusätzlich eine einfache Stimmenmehrheit erforderlich.[473]

---

471 Siehe oben, Teil 1 G, S. 19 f.
472 *Karsten Schmidt*, Gesellschaftsrecht, § 16 II Rn. 3, S. 460.
473 *Hüffer*, AktG, § 182 Rn. 7.

Der Zweck des Abstellens auf die Kapitalmehrheit ist, dass die Beschlüsse nicht hauptsächlich durch Inhaber von Mehrstimmrechtsaktien gefasst werden können, die nicht zugleich auch eine entsprechende Kapitalmehrheit hinter sich haben. Daneben bewirkt das Abstellen auf die Kapitalmehrheit bei Stimmrechtsbeschränkungen, dass jeder Aktionär das Gewicht seiner Kapitalbeteiligung zur Geltung bringen kann. Stimmt das Stimmgewicht mit dem Nennbetrag bzw. mit dem auf die Stückaktien entfallenden Anteil am Grundkapital überein, hat das Erfordernis einer Kapitalmehrheit gegenüber der Stimmenmehrheit keine weitergehende Bedeutung.[474] Dabei ist zu berücksichtigen, dass nach § 12 Abs. 2 AktG keine Mehrstimmrechte mehr zulässig sind. Noch bestehende Mehrstimmrechte erlöschen gemäß § 5 Abs. 1 S. 1 HS. 1 EGAktG am 1.3.2003.[475] Auch Beschränkungen des Stimmrechts durch Satzung sind seit dem Gesetz zur Kontrolle und Transparenz im Unternehmensbereich (KonTraG) vom 27.04.1998 nur noch bei nicht börsennotierten Aktiengesellschaften möglich. Das Erfordernis der Kapitalmehrheit wird somit in Zukunft gegenüber der Stimmenmehrheit keine besondere Bedeutung haben.

Die SE-VOV 1970, 1975, 1989 und 1991 sahen allesamt ein Verbot von Mehrstimmrechtsaktien und Stimmrechtsbeschränkungen (mit Ausnahme von Vorzugsaktien) vor.[476] Daher bestand kein Bedürfnis für das Erfordernis der Kapitalmehrheit. Dies ist zwar in der SE-VO aufgrund der Verweisung auf das Recht des Sitzstaates über Art. 5 und des Scheiterns der Fünften RiL (Strukturrichtlinie), die gemeinschaftsweit ein Verbot von Mehrstimmrechtsaktien einführen wollte, nicht mehr zwingend der Fall. Dennoch wurde hier an dem Erfordernis der Stimmenmehrheit festgehalten.[477]

Die Verordnungsgeber waren sich der unterschiedlichen Mehrheitserfordernisse für Satzungsänderungen bzw. für satzungsändernde Kapitalmaßnahmen in den verschiedenen Mitgliedstaaten bewusst. Die Berücksichtigung der „größeren Mehrheiten“ in Art. 57 und 59 wäre ansonsten sinnlos. Die Forderung einer einheitlichen Regelung für die Beschlussfassung ohne Berücksichtigung des nationalen Rechts, wie es noch nach

---

474 Für alle *Hüffer*, AktG, § 179 Rn. 14; *Hefermehl/Bungeroth*, in: Geßler/Hefermehl, AktG, § 179 Rn. 72.

475 *Hüffer*, AktG, § 12 Rn. 11; dazu auch siehe oben, Teil 4 A III und IV, S. 95 ff.

476 Vgl. Art. 49 Abs. 3 SE-VOV 1970 und 1975; Art. 52 Abs. 3 SE-VOV 1989 und 1991. Zum SE-VOV 1975 *Wiedemann*, in: Lutter, Die Europäische Aktiengesellschaft, S. 39, 45.

477 Siehe oben, Teil 5 B I 2 a cc, S. 123 ff.

dem SE-VOV 1991 vorgesehen war,[478] fiel einem politischen Kompromiss zum Opfer.[479] Deutlich wird dabei jedoch der Wille des Verordnungsgebers, die mitgliedstaatlichen Mehrheitserfordernisse zu berücksichtigen. Das Abstellen auf die Stimmenmehrheit in der SE-VO und das Erfordernis der Kapitalmehrheit nach dem Aktiengesetz sind dabei vor ihrem historischen Hintergrund zu betrachten. Berücksichtigt die SE-VO nur größere Stimmenmehrheiten der nationalen Aktienrechte, weil sie kein Bedürfnis für Kapitalmehrheiten sieht, dann muss zumindest die höhere Quote des nationalen Rechts von „drei Vierteln" als Stimmenmehrheit Berücksichtigung finden. Nur so wird den Besonderheiten des Aktiengesetzes Rechnung getragen, das als qualifizierte Mehrheit grundsätzlich eine Dreiviertelmehrheit vorsieht, und trotzdem das Ziel der SE-VO verwirklicht, möglichst einheitliche Regelungen für eine SE zu treffen.[480]

ff) Zwischenergebnis

Das Mehrheitserfordernis des § 182 Abs. 1 S. 1 AktG findet nach SE-spezifischer Auslegung über Art. 59 Abs. 1 a.E. grundsätzlich Anwendung. Nach Art. 59 Abs. 1 a.E. iVm. § 182 Abs. 1 S. 1 AktG ist daher für den Kapitalerhöhungsbeschluss eine Mehrheit von mindestens drei Vierteln der abgegeben Stimmen erforderlich.

b) Satzung

aa) Mehrheitserfordernisse

Es ist zu untersuchen, ob die Satzung der SE von den gesetzlichen Mehrheitserfordernissen abweichen darf. Nach § 182 Abs. 1 S. 2 AktG kann die Satzung von Aktiengesellschaften eine andere Kapitalmehrheit bestimmen. Für die Ausgabe von Vorzugsaktien ohne Stimmrecht kann jedoch nur eine größere Kapitalmehrheit bestimmt werden. Ob dies auch für die SE gilt, ist durch Auslegung der SE-VO festzustellen. Die satzungsmäßige Festsetzung anderer Mehrheitserfordernisse kann nur dann erfolgen, wenn für die SE diesbezüglich Satzungsautonomie besteht.

Wie die SE-VO ausdrücklich klarstellt, kann die Satzungsautonomie ihre Grundlage zum einen in der SE-VO selbst haben (Art. 9 Abs. 1 Buchst. b), zum anderen im nationalen Recht, sofern dies aufgrund eines

---

[478] Vgl. *Trojan-Limmer*, RIW 1991, 1010, 1017.
[479] Dazu *Jaeger*, ZEUP 1994, 206, 207.
[480] Vgl. *Teichmann*, GLJ Vol. 4 No. 4 – 1 April 2003, sec. 17.

Anwendungsbefehls Anwendung finden kann (Art. 9 Abs. 1 Buchst. c Ziffer iii).[481] Art. 59 Abs. 1 ist für satzungsändernde Beschlüsse innerhalb der SE-VO grundsätzlich eine abschließende Regelung,[482] so dass für Fragen, die die Mehrheitsverhältnisse betreffen, für die SE weder über Art. 5 noch über Art. 9 Abs. 1 Buchst. c Ziffer ii iVm. § 182 Abs. 1 S. 2 AktG Satzungsautonomie bestehen kann.

Jedoch ist gemäß Art. 59 Abs. 1 a.E. dann eine größere Mehrheit als zwei Drittel der abgegebenen Stimmen erforderlich, wenn die Rechtsvorschriften für Aktiengesellschaften im Sitzstaat der SE dies vorsehen oder zulassen. Ein „Zulassen" von größeren Mehrheiten liegt dann vor, wenn das Recht der Mitgliedstaaten für nationale Aktiengesellschaften die Aktionäre ermächtigt, in der Satzung eine größere Mehrheit zu fordern, das heißt, wenn das Sitzstaatrecht Satzungsautonomie gewährt. Somit können auch die Mehrheitserfordernisse für satzungsändernde Beschlüsse der SE grundsätzlich durch Satzungsregelung bestimmt werden, wenn das Sitzstaatrecht dies vorsieht. Die nach Art. 59 Abs. 1 a.E. mögliche Satzungsregelung aufgrund sitzstaatrechtlich gewährter Satzungsautonomie wird jedoch zugleich durch die SE-VO insoweit begrenzt, als die Satzung grundsätzlich nur eine größere Mehrheit als die durch die SE-VO bestimmte Zweidrittelmehrheit der abgegebenen Stimmen vorsehen kann.[483] Daher kann nach Art. 59 Abs. 1 a.E. die durch § 182 Abs. 1 S. 2 AktG gewährte Satzungsautonomie grundsätzlich berücksichtigt werden. Entsprechend dem oben gefundenen Ergebnis ist hier im Rahmen des § 182 Abs. 1 S. 2 AktG auf Stimmenmehrheit abzustellen.[484] Nach dem Aktienrecht kann die Satzung das Erfordernis einer einfachen Mehrheit ausreichen lassen (§ 182 Abs. 1 S. 2 HS. 1 AktG). Die Satzungsautonomie wird jedoch durch Art. 59 Abs. 1 nach unten begrenzt, so dass in der Satzung der SE nach § 182 Abs. 1 S. 2 HS. 1 AktG iVm. Art. 59 Abs. 1 a.E. eine andere Stimmenmehrheit als die gesetzliche Dreiviertelmehrheit bestimmt werden kann, die jedoch größer als zwei Drittel der abgegebenen Stimmen zu sein hat.

---

[481] Siehe oben, Teil 4 A II 1, S. 84 f.

[482] Siehe oben, Teil 5 B I 2 a aa, S. 120 ff.

[483] So auch *Artmann*, wbl 2002, 189, 197; *Schindler*, Die Europäische Aktiengesellschaft, S. 79. Insoweit steht Art. 59 Abs. 1 a.E. zwischen den beiden Quellen der Satzungsregelung (Art. 9 Abs. 1 Buchst. b und Art. 9 Abs. 1 Buchst. c Ziffer iii): Es wird weder durch die SE-VO unabhängig von nationalem Recht Satzungsautonomie gewährt, noch ist mangels Regelung ausschließlich das nationale Recht als Grundlage für die Satzungsregelung heranzuziehen.

[484] Dazu siehe oben, Teil 5 I B 2 a ee, S. 127 ff.

Für die Ausgabe von Vorzugsaktien ohne Stimmrecht schränkt das Aktiengesetz die Satzungsautonomie selbst ein (§ 182 Abs. 1 S. 2 HS. 2 AktG). Die Satzung kann diesbezüglich nur eine größere Mehrheit als die nach § 182 Abs. 1 S. 1 AktG erforderliche Dreiviertelmehrheit festsetzen. Es ist daher für die SE ebenfalls nur die Festsetzung einer größeren Mehrheit als drei Viertel der abgegebenen Stimmen möglich (Art. 59 Abs. 1 a.E. iVm. § 182 Abs. 1 S. 2 HS. 2 AktG).

bb) Weitere Erfordernisse

Es ist weiterhin fraglich, ob nach Art. 59 Abs. 1 a.E. in der Satzung der SE an den Kapitalerhöhungsbeschluss weitere Erfordernisse gestellt werden können. Gemäß § 182 Abs. 1 S. 3 AktG ist dies für nationale Aktiengesellschaften möglich.

Wie oben bereits festgestellt wurde, kennt auch das Europäische Gesellschaftsrecht die Unterscheidung zwischen „weiteren Erfordernissen" und „größeren Mehrheitserfordernissen".[485] Nach Art. 59 Abs. 1 a.E. kann durch Satzung nur eine größere Mehrheit vorgesehen werden, wenn das Sitzstaatrecht dies zulässt. Aufgrund des eindeutigen Wortlauts des Art. 59 Abs. 1 ist daher eine satzungsmäßige Festsetzung weiterer Erfordernisse über Art. 59 Abs. 1 a.E. nicht möglich. Die für Aktiengesellschaften bestehende Satzungsautonomie bezüglich der Festsetzung weiterer Erfordernisse besteht somit nicht für die SE.

Jedoch wurde nur der abschließende Charakter des Art. 59 gegenüber Art. 5 bejaht, soweit es um Mehrheitserfordernisse geht. Bei den „weiteren Erfordernissen" handelt es sich um andere Anforderungen als Verschärfungen des Mehrheitserfordernisses. Weitere Erfordernisse können zum Beispiel die Einführung eines Quorums, die Zustimmung bestimmter Aktionäre aber auch weitere, unter Umständen völlig neuartige, Erfordernisse sein.[486] Es ist somit zu trennen zwischen den satzungsmäßigen Verschärfungen von Mehrheitserfordernissen und der satzungsmäßigen Zulässigkeit von weiteren Erfordernissen.[487] Damit könnte sich die Zulässigkeit der satzungsmäßigen Festsetzung weiterer Erfordernisse für die SE über Art. 5 oder über Art. 9 Abs. 1 Buchst. c Ziffer ii aus dem

---

[485] Siehe oben, Teil 5 B I 2 a cc, S. 123 ff.; vgl. ferner Art. 36 Abs. 1 Vorschlag Fünfte RiL.

[486] Weitere Beispiele in *Hefermehl/Bungeroth*, in: Geßler/Hefermehl, AktG, § 179 Rn. 123 ff.

[487] *Hefermehl/Bungeroth*, in: Geßler/Hefermehl, AktG, § 179 Rn. 87 und 121; *Zöllner*, in: Kölner Kommentar zum AktG, § 179 Rn. 169.

Recht des Sitzstaates ergeben, wenn die SE-VO diesbezüglich keine abschließende Regelung enthält.

Dagegen sprechen jedoch wieder die Systematik der SE-VO und der Vergleich mit den SE-VOV 1970, 1975, 1989 und 1991. Art. 5 verweist zwar für die Änderung des Kapitals auf das Recht des Sitzstaates, jedoch soll vom Regelungsbereich des Art. 5 grundsätzlich nur das erfasst sein, was in den Vorentwürfen in Titel III geregelt wurde.[488]

Damit sind Regelungen, die die Beschlussfassung betreffen, auch soweit es sich um andere Wirksamkeitserfordernisse handelt, grundsätzlich nicht über Art. 5 dem nationalen Recht zu entnehmen. Es würde auch keinen Sinn machen, vor allem unter Beachtung des Ziels der Schaffung eines einheitlichen Gesellschaftsstatuts, Vorschriften für die Beschlussfassung in der SE-VO zu regeln, wenn diese Voraussetzungen durch die Anwendung von mitgliedstaatlichem Recht über andere Verweisungsvorschriften umgangen werden könnten.

Gegen die Berücksichtigung des § 182 Abs. 1 S. 3 AktG spricht auch die ausdrückliche Aufgabe der Möglichkeit durch die Satzung weitere Erfordernisse festzusetzen im SE-VOV 1975. Für das Erfordernis des Aufstellens „weiterer Erfordernisse“ sah die Kommission keinen Anlass, denn sie könnten bei Gesellschaften auf europäischer Ebene eher Anlass zu Zweifelsfragen geben.[489]

Daher kann grundsätzlich von einem abschließenden Charakter der Art. 57 und Art. 59 Abs. 1 gegenüber den Verweisungsnormen Art. 5 und Art. 9 Abs. 1 Buchst. b Ziffer ii bezüglich der Bestimmung weiterer Erfordernisse in der Satzung der SE ausgegangen werden. Die im Sitzstaatrecht gewährte Satzungsautonomie bezüglich der Bestimmung weiterer Erfordernisse kann weder über Art. 59 Abs. 1 a.E. noch über Art. 5 oder Art. 9 Abs. 1 Buchst. c Ziffer ii für die SE gelten. § 182 Abs. 1 S. 3 AktG findet daher für die SE keine Anwendung.

cc) Zwischenergebnis

Nach Art. 59 Abs. 1 a.E. iVm. § 182 Abs. 1 S. 2 HS. 1 AktG kann die Satzung der SE eine andere Mehrheit festsetzen. Zwingend erforderlich ist jedoch eine größere Mehrheit als zwei Drittel der abgegebenen Stimmen. Für die Ausgabe von Vorzugsaktien ist gemäß Art. 59 Abs. 1 a.E. iVm. § 182 Abs. 1 S. 2 HS. 2 AktG nur die Festsetzung einer größeren Mehrheit als drei Viertel der abgegebenen Stimmen möglich. § 182

---

488 Siehe oben, Teil 5 B I 2 a aa, S. 120 ff.

489 Siehe oben, Teil 5 B I 2 a cc, S. 123 ff.

Abs. 1 S. 2 AktG kann daher über Art. 59 Abs. 1 a.E. nur eingeschränkt Anwendung finden. Es können keine weiteren Erfordernisse durch Satzung aufgestellt werden. § 182 Abs. 1 S. 3 AktG ist nicht ergänzend anwendbar.

c) Satzungsregelung nach Art. 59 Abs. 2

Nach Art. 59 Abs. 2 soll jeder Mitgliedstaat bestimmen können, dass für Satzungsänderungen die einfache Mehrheit der Stimmen im Sinne Art. 59 Abs. 1 ausreicht, sofern mindestens die Hälfte des gezeichneten Kapitals vertreten ist. Um einen Gleichlauf mit dem allgemeinen Aktienrecht herzustellen, soll von dieser Ermächtigung im Ausführungsgesetz Gebrauch gemacht werden.[490]

Daher soll die Satzung der SE nach § 51 SEAG-RegE bestimmen können, dass für einen Beschluss der Hauptversammlung über die Änderung der Satzung die einfache Mehrheit der abgegebenen Stimmen ausreicht, sofern mindestens die Hälfte des Grundkapitals vertreten ist.[491] Dies soll nicht für die Änderung des Gegenstands des Unternehmens, für einen Beschluss gemäß Art. 8 Abs. 6 der Verordnung sowie für die Fälle gelten, für die eine höhere Kapitalmehrheit gesetzlich zwingend vorgeschrieben ist (§ 51 S. 2 SEAG-RegE).

Unklar ist aber, was mit dem Ausschluss nach § 51 S. 2 SEAG-RegE für „Fälle, für die eine höhere Kapitalmehrheit gesetzlich vorgeschrieben ist“ erfasst werden soll. Das ist schon insoweit missverständlich, als schon Art. 59 Abs. 1 eine Mehrheit von zwei Dritteln fordert, also eine größere Mehrheit, und auch nur mitgliedstaatliches Recht berücksichtigt, das größere Mehrheiten vorsieht und zulässt. Logischerweise soll aber § 51 SEAG-RegE gerade eine Ausnahme von Art. 59 Abs. 1 darstellen (vgl. Art. 59 Abs. 2) und darf daher nicht in diesem Sinne ausgelegt werden.

Maßgeblich für einen Ausschluss der Satzungsautonomie nach § 51 S. 2 SEAG-RegE kann nur das über Art. 59 Abs. 1 ergänzend anzuwendende nationale Recht sein. Das will der deutsche Gesetzgeber mit seiner Regelung, die auf eine „Kapitalmehrheit“ abstellt, auch deutlich machen. Eine höhere „Kapitalmehrheit“ kann jedoch für die SE nicht vorgeschrieben sein, da Art. 59 Abs. 1 nur mitgliedstaatliches Recht berücksichtigt,

---

490 SEAG-RegE, Begründung, S. 100; gegen die Zulässigkeit einer Umsetzung im dt. Ausführungsgesetz *Brandt*, NZG 2002, 991, 994; *ders.*, DStR 2003, 1208, 12012.

491 Der SEAG-RegE nimmt in seiner Begründung zu § 51 SEAG-RegE fälschlicherweise an, Art. 59 Abs. 2 ermächtige dazu, eine „geringere Kapitalmehrheit“ als die in Art. 59 Abs. 1 genannte zuzulassen. Der Gesetzestext stellt dann jedoch richtigerweise auf eine Stimmenmehrheit ab.

das eine größere Stimmenmehrheit vorsieht.[492] Um Missverständnisse zu vermeiden müsste § 51 S. 2 SEAG-RegE vielmehr lauten: "... sowie für die Fälle, für die das über Art. 59 Abs. 1 ergänzend anzuwendende Sitzstaatrecht eine höhere Mehrheit gesetzlich zwingend vorschreibt."

Konkret für den Fall der ordentlichen Kapitalerhöhung bedeutet dies, dass die Satzung grundsätzlich eine Bestimmung nach § 51 S. 1 SEAG-RegE enthalten kann. Dies ergibt sich aus dem ergänzend anzuwendenden § 182 Abs. 1 S. 2 HS. 1 AktG, wonach die Satzung eine geringere Mehrheit als die gesetzliche Dreiviertelmehrheit vorsehen kann. Für die SE bedeutet dies in Anwendung des § 51 S. 2 SEAG-RegE, dass das ergänzend anzuwendende nationale Recht höhere Mehrheitserfordernisse als eine einfache Mehrheit nicht zwingend fordert.

Ein Fall des Ausschlusses der Satzungsautonomie i.S. des § 51 S. 2 SEAG-RegE stellt jedoch § 182 S. 2 HS. 2 AktG dar. Danach kann für die Ausgabe der Vorzugsaktien ohne Stimmrecht nur eine größere Mehrheit als die gesetzliche Dreiviertelmehrheit bestimmt werden. Hier ist also für die SE ein größeres Mehrheitserfordernis als eine einfache Mehrheit durch das ergänzend anzuwendende Sitzstaatrecht gesetzlich zwingend vorgeschrieben. Demnach kann die Satzung bezüglich des Kapitalerhöhungsbeschlusses zur Ausgabe von Vorzugsaktien ohne Stimmrecht hier keine Regelung nach § 51 S. 1 SEAG-RegE treffen.

3. Weitere Wirksamkeitserfordernisse – Sonderbeschluss

Sind mehrere Gattungen von Aktien vorhanden, so ist gemäß Art. 60 Abs. 1 eine gesonderte Abstimmung durch jede Gruppe von Aktionären durchzuführen, deren spezifische Rechte durch den Beschluss berührt werden (Sonderbeschluss).[493] Die Mehrheitserfordernisse des Art. 59 Abs. 1 gelten dabei auch für die gesonderte Abstimmung (Art. 60 Abs. 2). Jedoch sieht auch das nationale Recht für den Fall der ordentlichen Kapitalerhöhung einen Sonderbeschluss vor (§ 182 Abs. 2 AktG). Anders als Art. 60 Abs. 1 fordert § 182 Abs. 2 AktG grundsätzlich die Zustimmung der Aktionäre jeder Gattung in einem Sonderbeschluss, unabhängig davon, ob ihre Rechte durch den Beschluss berührt werden.[494] Aufgrund der Schwierigkeit des Nachweises der Rechtsbeeinträchtigung sollte die Wirksamkeit der Kapitalerhöhungsbeschlüsse zum erforderli-

---

[492] Siehe oben, Teil 5 B I 2 a cc, S. 123 ff.

[493] Dazu *Schindler*, Die Europäische Aktiengesellschaft, S. 80.

[494] Unstr.; vgl. *Hüffer*, AktG, § 182 Rn. 18. Vgl. Art. 22 Abs. 2 Zweite RiL, der einen Sonderbeschluss ebenfalls nur dann fordert, wenn Rechte einer Aktiengattung berührt werden.

chen Schutz der Rechte bereits ausgegebener Aktien immer von der Zustimmung der Aktionäre jeder Gattung abhängig gemacht werden.[495]

Hier stellt sich daher die Frage, ob § 182 Abs. 2 AktG von der Verweisungsvorschrift Art. 5 erfasst ist, oder ob Art. 60 für das Erfordernis eines Sonderbeschlusses der Aktionäre bei Erhöhung des Gesellschaftskapitals eine abschließende Regelung darstellen soll. Für letzteres spricht die abschließende Regelung der Vorschriften für die Beschlussfassung der Hauptversammlung (Art. 57 und Art. 59).[496] Es muss daher davon ausgegangen werden, dass auch Art. 60 Abs. 1 generell eine abschließende Regelung des Erfordernisses eines Sonderbeschlusses darstellt.[497]

Somit ist in Art. 60 das Erfordernis eines Sonderbeschlusses abschließend geregelt. Für die Anwendung des § 182 Abs. 2 über Art. 5 besteht mangels Unvollständigkeit der SE-VO kein Raum. Damit ist gemäß Art. 60 Abs. 1 bei der Erhöhung des Gesellschaftskapitals der SE nur dann ein Sonderbeschluss erforderlich, wenn mehrere Gattungen von Aktien vorhanden sind und die spezifischen Rechte einer Gattung durch den Beschluss tatsächlich berührt werden.[498]

4. Inhalt des Beschlusses

Einer sachlichen Rechtfertigung für eine Kapitalerhöhung bedarf es nicht.[499] Die Hauptversammlung der SE als das zur Beschlussfassung berufene Organ muss den wesentlichen Inhalt der Kapitalerhöhung selbst bestimmen und im Kapitalerhöhungsbeschluss festlegen.[500] Dazu gehören vor allem der Erhöhungsbetrag, die Zahl der neuen Aktien,[501] bei Gesellschaften mit Nennbetragsaktien auch deren Nennbeträge, die Art der neuen Aktien (Inhaber- oder Namensaktien) sowie die Gattungen der neuen Aktien und die Zahl der Aktien aus der entsprechenden Gattung. Diese Angaben stellen alle den notwendigen Satzungsinhalt nach Art. 9 Abs. 1 Buchst. c Ziffer ii iVm. § 23 Abs. 3 Nr. 3, 4 und 5 AktG dar. Der Beschluss hat ebenfalls die Festsetzung des Ausgabekurses zu beinhalten. Die Ausgabe muss gemäß Art. 5 iVm. § 9 Abs. 1 AktG min-

---

495 *Bezzenberger*, in: Großkommentar zum AktG, § 141 Rn. 6.
496 Siehe oben, Teil 5 B I 2 a aa, S. 120 ff.
497 Siehe oben, Teil 4 A II 2 a, S. 85 ff.
498 Siehe oben, Teil 4 A II 2 a, S. 85 ff.
499 MünchHdb. GesR IV/*Krieger* § 56 Rn. 7.
500 Im Einzelnen in MünchHdb. GesR IV/*Krieger* § 556 Rn. 22; *Hefermehl/Bungeroth*, in: Geßler/Hefermehl, AktG, § 182 Rn. 51.
501 Gemäß Art. 5 iVm. § 182 Abs. 1 S. 4 AktG kann die Kapitalerhöhung nur gegen Ausgabe neuer Aktien ausgeführt werden.

destens zum Nennbetrag (Nennbetragsaktie) oder zum anteiligen Betrag des Grundkapitals (Stückaktie) erfolgen.[502] Die sich aus der Durchführung der Kapitalerhöhung resultierende Satzungsänderung kann gleichzeitig beschlossen werden.[503]

5. Zusammenfassung

Der Kapitalerhöhungsbeschluss der SE mit Sitz in Deutschland bedarf gemäß Art. 52 Buchst. a, Art. 59 Abs. 1 a.E. iVm. § 182 Abs. 1 S. 1 AktG iVm. SE-spezifischer Auslegung eines Hauptversammlungsbeschlusses mit einer Mehrheit von mindestens drei Vierteln der abgegebenen Stimmen. Nach Art. 59 Abs. 1 a.E. kann die Satzung der SE größere Mehrheiten vorsehen, wenn die Rechtsvorschriften des Sitzstaates dies zulassen. Sieht das Sitzstaatrecht eine Satzungsautonomie vor, so wird diese durch Art. 59 Abs. 1 a.E. jedoch zugleich insoweit begrenzt, als die Satzung der SE grundsätzlich nur eine größere Mehrheit als die durch die SE-VO bestimmte Zweidrittelmehrheit vorsehen kann. Die Satzung der SE kann nach Art. 59 Abs. 1 a.E. iVm. §§ 23 Abs. 5, 182 Abs. 1 S. 2 HS. 1 AktG für den Kapitalerhöhungsbeschluss nur größere Mehrheiten als zwei Drittel der abgegebenen Stimmen festsetzen. Für die Ausgabe von Vorzugsaktien ohne Stimmrecht kann die Satzung nur eine größere Mehrheit als drei Viertel der abgegebenen Stimmen bestimmen (Art. 59 Abs. 1 a.E. iVm. §§ 23 Abs. 5, 182 Abs. 1 S. 2 HS. 2 AktG). Es besteht für die SE keine Satzungsautonomie im Sinne der Zulässigkeit einer satzungsmäßigen Festsetzung weiterer Erfordernisse. § 182 Abs. 1 S. 3 AktG ist nicht ergänzend anwendbar.

Für den Beschluss über die ordentliche Kapitalerhöhung kann die Satzung der SE jedoch nach § 51 S. 1 SEAG-RegE bestimmen, dass die einfache Mehrheit der abgegebenen Stimmen ausreicht, sofern mindestens die Hälfte des Grundkapitals vertreten ist. Für einen Beschluss über die Ausgabe von Vorzugsaktien ist eine solche Satzungsregelung nicht möglich (vgl. § 51 S. 2 SEAG-RegE).

Art. 60 ist für Sonderbeschlüsse generell abschließend, so dass für die Anwendung des § 182 Abs. 2 AktG über Art. 5 mangels Unvollständigkeit der SE-VO kein Raum besteht.

Die sich aus der Kapitalerhöhung ergebende formelle Satzungsänderung bedarf grundsätzlich wieder eines Beschlusses der Hauptversammlung

---

502 Dazu im einzelnen *Hüffer*, AktG, § 182 Rn. 22 ff.; MünchHdb. GesR IV/*Krieger* § 56 Rn. 22 ff.

503 MünchHdb. GesR IV/*Krieger* § 56 Rn. 33.

gemäß Art. 59 Abs. 1 iVm. § 179 Abs. 2 AktG iVm. SE-spezifischer Auslegung, welcher gleichzeitig mit dem Kapitalerhöhungsbeschluss vorgenommen werden kann. Da es sich lediglich um eine Fassungsänderung handelt, kann im dualistischen System, nach Übertragung der Befugnis durch die Hauptversammlung das Aufsichtsorgan die Änderung beschließen (vgl. Art. 9 Abs. 1 Buchst. c Ziffer ii iVm. § 179 Abs. 1 S. 2 AktG).[504]

Für das monistische System ist hier keine ausdrückliche Regelung erfolgt. Nach § 22 Abs. 6 SEAG-RegE werden dem Verwaltungsrat der SE die Rechte und Pflichten zugewiesen, die nach dem Aktiengesetz dem Aufsichtsrat zugewiesen sind. Aufgrund dieser Regelung kann in der monistisch strukturierten SE die Hauptversammlung die Befugnis zur Änderung der Fassung der Satzung dem Verwaltungsrat übertragen (Art. 9 Abs. 1 Buchst. c Ziffer ii iVm. § 179 Abs. 1 S. 2 AktG, § 22 Abs. 6 SEAG-RegE).

II. Sacheinlagen

1. Anwendung des § 183 AktG

Der Ausgabebetrag, der durch den Zeichner der Aktien zu erbringen ist, kann auch durch Sacheinlagen erbracht werden. Die Einlagefähigkeit richtet sich über Art. 5 nach dem Sitzstaatrecht.[505] Sollen Sacheinlagen erbracht werden, so müssen jedoch die in Art. 5 iVm. § 183 Abs. 1 S. 1 AktG geforderten Angaben im Beschluss über die Erhöhung des Grundkapitals festgesetzt werden. Der Beschluss darf nur gefasst werden, wenn die Einbringung von Sacheinlagen und die Festsetzungen ausdrücklich und ordnungsgemäß bekannt gemacht worden sind (Art. 5 iVm. § 183 Abs. 1 S. 2 AktG). Die Frage der Einberufung der Hauptversammlung unterliegt über die Verweisung des Art. 53 dem nationalen Recht.[506] Die erforderliche Bekanntgabe richtet sich somit nach Art. 53 iVm. § 124 AktG. Ohne die erforderlichen Festsetzungen sind die Verträge über die Sacheinlage und die Rechtshandlungen zu deren Ausführung der Gesellschaft gegenüber unwirksam (vgl. Art. 5 iVm. § 183 Abs. 2 AktG).[507]

---

504 Vgl. *Hüffer*, AktG, § 188 Rn. 11; *Lutter*, in: Kölner Kommentar zum AktG, § 188 Rn. 3; *Wiedemann*, in: Großkommentar zum AktG, § 188 Rn. 65.

505 Siehe dazu *Lutter*, in: Kölner Kommentar zum AktG, § 183 Rn. 9 ff.

506 *Hirte*, NZG 2002, 1, 8.

507 Siehe dazu *Hüffer*, AktG, § 183 Rn. 11 ff.; *Lutter*, in: Kölner Kommentar zum AktG, § 183 Rn. 54 ff.

Die Prüfung der Werthaltigkeit der Sacheinlagen durch einen oder mehrere Prüfer erfolgt nach Art. 5 iVm. § 183 Abs. 3 AktG.[508]

2. Verdeckte Sacheinlage

Zur Umgehung der zeitaufwendigen und teueren gesetzlichen Regeln zur Sacheinlage kann der wirtschaftliche Vorgang der Sacheinlage in eine Barzeichnung und ein Verkehrsgeschäft über den Einlagegegenstand aufgeteilt werden. Um dies zu verhindern und damit die Einhaltung der strengen Sacheinlagevorschriften sicherzustellen, wurde schon vom Reichsgericht die Lehre von der verdeckten Sacheinlage entwickelt.[509] Ziel dieser Regelung ist es, den Grundsatz der realen Kapitalaufbringung zu sichern. Danach bleibt bei Verstoß gegen die Sachgründungsvorschriften unter nur scheinbarer Geldzuführung die Pflicht zur Leistung der Bareinlage bestehen. Der Einlage wird jegliche Erfüllungswirkung abgesprochen.[510] Die Anwendbarkeit der Grundsätze auf deutsche Aktiengesellschaften war lange umstritten,[511] gilt jedoch seit der IBH-Entscheidung des BGH[512] als für die Praxis geklärt.[513] Die nach wie vor umstrittene Frage der Vereinbarkeit der Lehre mit der Zweiten RiL hat für die SE aufgrund der Verweisung auf das Sitzstaatrecht keine andere Bedeutung als bei der Anwendung der Grundsätze auf rein nationale Sachverhalte.[514]

In den Vorentwürfen war die Erbringung der Sacheinlage zumindest teilweise ausdrücklich geregelt.[515] Aus diesem Grund war fraglich, inwieweit die von der nationalen Rechtsprechung entwickelten Grundsätze zur verdeckten Sacheinlage als strengeres Recht auch auf die SE Anwendung finden könnten. Aufgrund des nahezu vollständigen Verweises auf

---

508 Siehe dazu *Hüffer*, AktG, § 183 Rn. 16 ff.; *Lutter*, in: Kölner Kommentar zum AktG, § 183 Rn. 52.

509 Vgl. RGZ 121, 99, 102; RGZ 157, 213, 224; RGZ 167, 99, 108; Weiterführung durch BHGZ 28, 314 = NJW 1959, 383, 384; BGH, NJW 1979, 216; BGH, NJW 1982, 2444, 2446.

510 Näher dazu *Hüffer*, AktG, § 27 Rn. 9 ff.; MünchKommAktG/*Pentz* § 27 Rn. 84 ff.; *Röhricht*, in: Großkommentar zum AktG, § 27 Rn. 188 ff.

511 Ablehnend *Einsele*, NJW 1996, 2682, 2685 ff.; *Meilicke*, DB 1998, 1067 ff. und 1119 ff.

512 BGHZ 110, 47 ff. = NJW 1990, 982 ff. = ZIP 1990, S. 156 ff. (IBH/Lemmerz).

513 Vgl. *Hüffer*, AktG, § 27 Rn. 9 ff.; MünchKommAktG/*Pentz* § 27 Rn. 84 ff. m.w.N.

514 Zur Vereinbarkeit der Rechtsprechung mit der Zweiten RiL *Drinkuth*, Kapitalrichtlinie, S. 169 ff., *Hüffer*, AktG, § 27 Rn. 13 ff.; *Schwarz*, Europäisches Gesellschaftsrecht, Rn. 592 ff.

515 Vgl. Art. 42 Abs. 3 SE-VOV 1970; Art. 41 Abs. 2 SE-VOV 1975; Art. 42 Abs. 2 SE-VOV 1989.

mitgliedstaatliches Recht stellt sich jetzt nur noch die Frage der Anwendbarkeit der nationalen richterlichen Auslegung und Rechtsfortbildung über die Verweisungsvorschriften der SE-VO. Da die Verweisungsvorschriften richtigerweise auch die richterliche Auslegung und Rechtsfortbildung erfassen,[516] finden hier die von der Rechtsprechung entwickelten Grundsätze zur verdeckten Sacheinlage auf die SE über Art. 5 Anwendung.

3. Zusammenfassung

Bei Leistung einer Sacheinlage ist § 183 AktG über Art. 5 auf die SE anzuwenden. Die von der Rechtsprechung entwickelten Grundsätze zur verdeckten Sacheinlage finden über Art. 5 auf eine SE mit Sitz in Deutschland uneingeschränkt Anwendung.

III. Publizität des Kapitalerhöhungsbeschlusses

Gemäß § 184 Abs. 1 AktG ist bei nationalen Aktiengesellschaften der Beschluss über die Erhöhung des Grundkapitals vom Vorstand und vom Vorsitzenden des Aufsichtsrates zur Eintragung anzumelden. Die SE-VO sieht jedoch nach Art. 59 Abs. 3 vor, dass jede Änderung der Satzung nach Art. 13 offen zu legen ist.

Die Anwendbarkeit des § 184 Abs. 1 AktG über die Verweisungsnorm Art. 5 hängt davon ab, inwieweit Art. 59 Abs. 3 die Publizität bei Kapitalerhöhungen überhaupt regelt beziehungsweise abschließend regelt. Dies wird eingehend im Zusammenhang mit der Publizität der Durchführung der Kapitalerhöhung behandelt.[517]

IV. Zeichnung neuer Aktien

1. Zeichnungsvertrag

Die Erhöhung des Gesellschaftskapitals setzt die Zeichnung der neuen Aktien voraus. Mit der Zeichnung beginnt die Durchführung der Kapitalerhöhung und damit ist sie eine unverzichtbare Voraussetzung für die Erhöhung des Gesellschaftskapitals.[518] Für die Zeichnung der Aktien der SE ist daher über Art. 5 das für Aktiengesellschaften geltende Recht des Sitzstaates anzuwenden.

---

[516] Siehe oben, Teil 1 F, S. 18 f.

[517] Siehe unten, Teil 5 V, S. 144 ff.

[518] Die Zeichnung der Aktien der SE wird von der SE-VO als Wesensmerkmal der Aktiengesellschaft vorausgesetzt (vgl. Art. 1 Abs. 2 S. 2 und Art. 4 Abs. 2).

Soweit dies für die Zeichnung erforderlich ist, müssen auch die Regelungen des BGB von der Verweisung des Art. 5 umfasst sein.[519] Art. 5 verweist auf die Vorschriften, die für eine Aktiengesellschaft mit Sitz in dem Mitgliedstaat, in dem die SE eingetragen ist, gelten würden. Damit können nicht nur die Vorschriften des Aktiengesetzes umfasst sein. Eine isolierte Verweisung auf das Aktienrecht ist aufgrund seiner umfassenden Einbindung in die Rechtsordnung nicht möglich. Maßgeblich für das anwendbare Recht ist vielmehr nur der Regelungsbereich der SE-VO.

Die neuen Aktien sind durch Abgabe einer schriftlichen Erklärung (Zeichnungsschein) zu zeichnen (Art. 5 iVm. § 185 Abs. 1 AktG). Die Zeichnung ist die auf den Erwerb von jungen Aktien gerichtete Offerte an die SE und ist eine empfangsbedürftige Willenserklärung.[520] Mit der Zeichnung kann nach Beschluss der Hauptversammlung zur Erhöhung des Kapitals begonnen werden und spätestens bis zur Anmeldung der Durchführung der Kapitalerhöhung muss damit abgeschlossen sein (Art. 5 iVm. § 188 Abs. 3 Nr. 1 AktG). Die Zeichnung hat in Form einer schriftlichen Erklärung, dem Zeichnungsschein, zu erfolgen Die inhaltlichen Anforderungen richten sich nach Art. 5 iVm. § 185 Abs. 1 AktG. Die Form des Zeichnungsscheins muss gemäß Art. 5 iVm. § 185 AktG den Anforderungen des § 126 Abs. 1 BGB entsprechen.

Fraglich ist dabei, in welcher Sprache die Zeichnungsscheine abgefasst werden müssen. Aufgrund des grenzüberschreitenden Charakters der SE liegt es nahe, auch andere Sprachen der Mitgliedsländer der Gemeinschaft zuzulassen. Im europäischen Recht stehen alle Sprachen der Mitgliedsländer gleichwertig nebeneinander.[521] Nach einer Ansicht müssen Zeichnungsscheine für deutsche Aktiengesellschaften, die im Ausland ausgestellt worden sind, in deutscher Sprache abgefasst werden, da sie für den deutschen Rechtsverkehr und für die deutschen Gerichte bestimmt sind.[522]

Dies müsste über Art. 5 jedenfalls dann auch für die SE gelten, wenn die deutsche Sprache ein Erfordernis des § 126 Abs. 1 BGB ist. Dies ist jedoch nicht der Fall. Ausreichend für die Schriftform des § 126 Abs. 1 BGB ist jede lebende oder tote Sprache.[523] Somit würde ein Zeichnungsschein in der Sprache eines anderen Mitgliedslandes den Anforderungen

---

519 A.A. wohl *Grote*, Das neue Statut der SE, S. 89.
520 *Hüffer*, AktG, § 185 Rn. 3.
521 *Zimmer*, Int. Gesellschaftsrecht, § 1 VIII, S. 20.
522 *Wiedemann*, in: Großkommentar zum AktG, § 185 Rn. 15.
523 MünchKommBGB/*Einsele* § 126 Rn. 5; Palandt/*Heinrichs*, BGB, § 126 Rn. 2.

der Schriftform nach Art. 5 iVm. § 185 Abs. 1 AktG, § 126 Abs. 1 BGB grundsätzlich genügen.

Fraglich ist jedoch, ob das Argument, dass der Zeichnungsschein nur für den deutschen Rechtsverkehr bestimmt ist, für eine Gesellschaft auf europäischer Ebene geltend gemacht werden kann und dies somit trotz fehlendem gesetzlichem Erfordernis für die Anwendung der Sprache des Sitzstaates spricht. Der Zweck der Schriftform, Schutz des Zeichners,[524] ist eher gewahrt, wenn der Zeichnungsschein in der Sprache des Zeichners abgefasst ist. Jedoch ist der Empfänger aufgrund der Einbindung der SE in das nationale Registerrecht auch ein deutsches Registergericht, dem der Zeichnungsschein zur Beweissicherung dient und Gegenstand der registerrechtlichen Kontrolle ist.[525] Daher sollten auch die prüfungsrelevanten Urkunden in der Gerichtssprache, die gemäß § 184 GVG die deutsche Sprache ist, eingereicht werden. Der im Ausland ausgestellte Zeichnungsschein zur Zeichnung von Aktien einer SE mit Sitz in Deutschland muss somit in deutscher Sprache abgefasst werden.

Der Zeichnungsvertrag kommt durch die Annahme der Zeichnungserklärung durch die SE zustande, die dem Zeichner gegenüber nicht erklärt zu werden braucht. Insoweit findet § 151 S. 1 BGB Anwendung. Einer Schriftform bedarf dieser nicht.[526] Mit dem Zeichnungsvertrag entsteht die Verpflichtung des Zeichners, die gesetzlich vorgeschriebene Einlage und eine von der Hauptversammlung darüber hinaus festgelegte Sofort-einlage zu erbringen (bei Bareinlagen gemäß Art. 5 iVm. §§ 188 Abs. 2 S. 1, 36 a Abs. 1 ein Viertel des Nennbetrages der jungen Aktien sowie ein Aufgeld in voller Höhe; Sacheinlagen vollständig gemäß Art. 5 iVm. §§ 188 Abs. 2 S. 1, 36 a Abs. 2).[527] Eine Mitgliedschaft in der SE entsteht aber erst durch Eintragung der Durchführung der Kapitalerhöhung gemäß Art. 5 iVm. § 189 Abs. 1 AktG, da die Kapitalerhöhung erst mit Eintragung der Durchführung in das Handelsregister Wirksamkeit erlangt.[528]

Bei der Festübernahme der Aktien durch ein Konsortium aus einem anderen Mitgliedstaat ist zu unterscheiden zwischen dem Zeichnungsvertrag, der über Art. 5 ausschließlich dem Sitzstaatrecht unterliegt, und dem schuldrechtlichen Übernahmevertrag, der mangels Zugehörigkeit

---

[524] *Lutter*, in: Kölner Kommentar zum AktG, § 185 Rn. 44.
[525] *Lutter*, in: Kölner Kommentar zum AktG, § 185 Rn. 44.
[526] *Hefermehl/Bungeroth*, in: Geßler/Hefermehl, AktG, § 185 Rn. 46.
[527] *Hefermehl/Bungeroth*, in: Geßler/Hefermehl, AktG, § 185 Rn. 51; *Hüffer*, AktG, § 185 Rn. 4; *Wiedemann*, in: Großkommentar zum AktG, § 185 Rn. 34.
[528] Siehe unten, Teil 5 B IV 2, S. 151.

zum Kernbereich des Gesellschaftsrechts nicht in den Regelungsbereich des Art. 5 gehört.[529] Das auf den Übernahmevertrag anwendbare Recht ist über das IPR zu bestimmen, wonach mangels Rechtswahl gemäß Art. 28 EGBGB das Recht des Niederlassungsortes der Konsortialbank bzw. der für die Konsorten auftretenden Konsortialführerin Anwendung findet.[530]

2. Zeichner

Der Kreis der zur Zeichnung fähigen Personen geht über die gründungsfähigen Gesellschaften hinaus.[531] Als Zeichner kommt jede natürliche Person und jede inländische oder ausländische juristische Person des Privatrechts sowie juristische Personen des öffentlichen Rechts in Betracht. Eine Einschränkung wie bei der Gründung der SE ist hier nicht notwendig und sogar unerwünscht, denn mit der Möglichkeit der effektiven Kapitalerhöhung sollte der SE ein wirksames Mittel zur Finanzierung zu Verfügung gestellt werden.[532] Durch Aufforderung zur öffentlichen Zeichnung soll die SE ihren Bedarf an Eigenkapital decken können und diesbezüglich nicht schlechter stehen als die nationalen Aktiengesellschaften.[533]

3. Verbot eigene Aktien zu zeichnen

Die SE selbst kann ihre eigenen Aktien nicht zeichnen. Das Verbot eigene Aktien zu zeichnen ergibt sich aus Art. 5 iVm. § 56 Abs. 1 AktG. Es ist jedoch auch in der SE-VO angelegt, da das Verbot eigene Aktien zu zeichnen direkter Ausfluss des Gebots der realen Kapitalaufbringung ist, das im Statut verankert ist.[534] Mangels ausdrücklicher Regelung in der SE-VO ist § 56 Abs. 1 AktG von der Verweisung des Art. 5 umfasst.

§ 56 Abs. 2 AktG untersagt aus den oben genannten Gründen die Zeichnung von Aktien im Rahmen der Kapitalerhöhung durch ein abhängiges

---

529 Zum Rechtsverhältnis zwischen Emittent und Emissionsbank *Hopt*, in: FS für Kellermann, S. 181, 190.

530 MünchKommIPR/*Martiny* Art. 28 Rn. 135.

531 Zu den möglichen Gründern einer SE siehe *Hirte*, NZG 2002, 1, 3; *Hommelhoff*, AG 2001, 279, 280; *ders.* in: FS für Ulmer, S. 267, 273.

532 Zu den möglichen Gründen für die Einschränkung der Gründungsfähigkeit *Hommelhoff*, AG 2001, 279, 280. Zur Frage, ob in der Einschränkung der Gründungsfähigkeit ein Verstoß gegen die Niederlassungsfreiheit besteht *Scheifele*, Die Gründung der SE, S. 95 ff.

533 Erwägungsgrund 12 und 13.

534 Siehe oben, Teil 2 A, S. 27 ff. Für nationale Aktiengesellschaften ist das Verbot eigene Aktien zu zeichnen in Art. 18 Zweite RiL gemeinschaftsweit festegelegt.

Unternehmen oder ein im Mehrheitsbesitz der Aktiengesellschaft stehendes Unternehmen.[535] § 56 Abs. 2 AktG dient ebenfalls der realen Kapitalaufbringung und muss somit über Art. 5 auf eine SE mit Sitz in Deutschland Anwendung finden.[536] Soweit es um den Schutz der Gläubiger und Aktionäre der SE mit Sitz in Deutschland geht, ist unbeachtlich, dass die abhängige oder in Mehrheitsbesitz stehende Gesellschaft ihren Sitz in einem anderen Mitgliedsland hat. Die Gewährleistung der realen Kapitalaufbringung der SE hat sich über Art. 5 nach dem Sitzstaatrecht zu richten. Dementsprechend beurteilt sich die Frage der „Abhängigkeit" von der SE oder die Frage der „Mehrheitsbeteiligung" der SE nach §§ 16, 17 AktG iVm. Art. 5.[537]

Nicht anwendbar ist § 56 Abs. 2 AktG auf eine abhängige SE mit Sitz in Deutschland, die Aktien ihrer ausländischen Muttergesellschaft zeichnen will.[538] Gefährdet ist in diesem Fall die reale Kapitalaufbringung der ausländischen Muttergesellschaft. Für diesen Tatbestand muss über das IPR des Sitzstaates der Muttergesellschaft das anwendbare Recht bestimmt werden.

4. Zusammenfassung

Für die Zeichnung der Aktien der SE ist über Art. 5 das Aktienrecht (§ 185 AktG) anzuwenden. Der Zeichnungsschein muss in deutscher Sprache abgefasst werden. Jede natürliche Person und jede inländische oder ausländische juristische Person des Privatrechts sowie juristische Person des öffentlichen Rechts kann Aktien der SE zeichnen. Nach Art. 5 iVm. § 56 Abs. 1 AktG darf die SE keine eigenen Aktien zeichnen. Nach Art. 5 iVm. § 56 Abs. 2 AktG darf ein abhängiges Unternehmen oder ein im Mehrheitsbesitz der SE stehendes Unternehmen keine Aktien der SE zeichnen. Die Frage der „Abhängigkeit" von der SE oder die

---

[535] Das Verbot der Zeichnung von Aktien durch ein abhängiges Unternehmen wurde für nationale Aktiengesellschaften gemeinschaftsweit festgesetzt (Art. 24 a Zweite RiL).

[536] Dabei hat jedoch die Alternative des § 56 Abs. 1 AktG „Zeichnung als Gründer" wie auch im Bereich des nationalen Rechts für die SE keine Bedeutung, da ein Unternehmen nicht von einer noch nicht gegründeten SE abhängig sein kann bzw. in Mehrheitsbesitz stehen kann; vgl. *Hefermehl/Bungeroth*, in: Geßler/Hefermehl, AktG, § 56 Rn. 21; *Hüffer*, AktG, § 56 Rn. 9.

[537] Anders im Konzernrecht, wo die anwendbare Rechtsordnung nach den Grundsätzen des internationalen Privatrechts bestimmt werden muss; siehe oben, Teil 4 B II 1 a aa, S. 103 ff.

[538] Vgl. *Kindl*, ZEuP 1994, 77, 97.

Frage der „Mehrheitsbeteiligung“ der SE beurteilt sich über Art. 5 nach §§ 16, 17 AktG.

V. Publizität

1. Offenlegung der Satzungsänderung

Art. 59 Abs. 3 schreibt für Satzungsänderungen die Offenlegung gemäß Art. 13 vor. Die Erhöhung des Gesellschaftskapitals ist eine Satzungsänderung, die demzufolge gemäß Art. 13 offen zu legen ist.

Nach Art. 13 müssen die die SE betreffenden Urkunden und Angaben, die nach dieser Verordnung der Offenlegungspflicht unterliegen, gemäß der Richtlinie 68/151/EWG (Erste RiL) nach Maßgabe der Rechtsvorschriften des Sitzstaats der SE offen gelegt werden. Es sind also die in Umsetzung der Ersten RiL erlassenen, für Aktiengesellschaften geltenden Vorschriften anzuwenden. Dementsprechend sieht § 3 SEAG-RegE vor, dass die SE nach den für Aktiengesellschaften geltenden Vorschriften im Handelsregister eingetragen werden soll.[539] Die Satzungsänderung ist somit gemäß Art. 59 Abs. 3, Art. 13 iVm. § 3 SEAG-RegE, § 181 Abs. 1 AktG im Handelsregister einzutragen.[540] Sachlich zuständig ist nach § 8 HGB, § 125 Abs. 1 FGG das Amtsgericht. Die örtliche Zuständigkeit richtet sich gemäß § 14 AktG nach dem Sitz der Gesellschaft.[541]

Die SE ist damit hinsichtlich ihrer Publizität vollinhaltlich in das nationale Recht integriert. Der Regelung liegt die Entscheidung zugrunde, für die SE kein eigenes, beim EuGH zu führendes Handelsregister einzurichten, wie es noch in den SE-VOV 1970 und 1975 vorgesehen war.[542] Forderungen der Praxis nach einem einheitlichen europäischen Register werden damit nicht berücksichtigt.[543] Die Bekanntmachung zu Informationszwecken im Amtsblatt der Europäischen Gemeinschaften erfolgt gemäß

---

[539] Vgl. dazu SEAG-RegE, Begründung, S. 78.

[540] § 181 Abs. 1 AktG setzt den Art. 2 Abs. 1 Erste RiL um; vgl. *Schwarz*, Europäisches Gesellschaftsrecht, Rn. 306.

[541] *Hüffer*, AktG, § 181 Rn. 3.

[542] Vgl. SE-VOV 1989, Begründung, BT-Drs. XI/5427, S. 6; *Raiser*, in: FS für Semler, S. 277, 280. Die Vorschriften über die Registrierung von Kapitalgesellschaften beinhalten aufgrund der Harmonisierung durch die Erste Richtlinie (Publizitätsrichtlinie) in allen Mitgliedstaaten im Wesentlichen gleiche Vorschriften; vgl. dazu *Schwarz*, Europäisches Gesellschaftsrecht, Rn. 297 ff.; vgl. auch bei der EWIV *Niessen*, in: Müller-Gugenberger/Schotthöfer (Hrsg.), Die EWIV in Europa, Rn. 12 ff.

[543] *Schäfer*, in: Scheuing/Schwarz/Wollenschläger (Hrsg.), Europäisches Unternehmensrecht, S. 61, 78.

Art. 14 Abs. 1 und 2 nur für die Eintragung einer SE, die Löschung der Eintragung einer SE und für die Verlegung des Gesellschaftssitzes. Dementsprechend sind die nach Art. 14 Abs. 1 geforderten Angaben über den Ort der Eintragung sowie den Ort und den Titel der Veröffentlichung von besonderer Bedeutung.[544] Zur weiteren Informationsgewinnung muss anhand dieser Angaben auf das entsprechende nationale Publizitätsmedium zurückgriffen werden.

Allerdings ist festzustellen, dass bei börsennotierten Unternehmen ein hohes Maß an Publizität durch das Internet gewährleistet wird und dadurch die für den Aktionär und Gläubiger erforderlichen Informationen öffentlich gemacht werden.

2. Offenlegung des Beschlusses und Durchführung der Kapitalerhöhung

Wie bereits dargestellt wurde, ergibt sich die Pflicht zur Offenlegung der Satzungsänderung direkt aus der SE-VO. Nach § 184 AktG und nach § 188 Abs. 1 AktG sind jedoch auch der Beschluss und die Durchführung der Kapitalerhöhung zur Eintragung in das Handelsregister anzumelden. Es ist hier somit zu untersuchen, ob Art. 59 Abs. 3 die Publizität von Satzungsänderungen abschließend regelt, und damit §§ 184, 188 AktG mangels ergänzungsbedürftiger Unvollständigkeit nicht von der Verweisung des Art. 5 umfasst sind.[545]

Eine zusätzliche Anwendbarkeit der §§ 184, 188 AktG über Art. 5 erscheint jedoch inkonsequent, da von Art. 5 auch nicht die besonderen Mehrheitserfordernisse der Kapitalmaßnahmen umfasst sind, weil die SE-VO insoweit abschließend ist. Es ist daher zunächst unverständlich, weshalb Art. 5 die nationalen Vorschriften über die Publizität von satzungsändernden Beschlüssen erfassen soll, wenn die SE-VO diesbezüglich selbst eine spezielle Regelung enthält.

Für die Anwendung der §§ 184, 188 AktG spricht jedoch die Systematik der Ersten und Zweiten RiL. Die zeitlich frühere Erste RiL legte eine Pflicht zur Offenlegung jeder Satzungsänderung fest (Art. 3 Abs. 2 iVm. Art. 2 Abs. 1 Erste RiL). Da nach Art. 2 Buchst. c Zweite RiL das Gesellschaftskapital in der Satzung anzugeben ist, ist jede Kapitalerhöhung eine Satzungsänderung, die somit bereits nach der Ersten RiL offen zu legen ist. Dennoch wurde in der Zweiten RiL ausdrücklich die Offenlegung

---

[544] *Bungert/Beier*, EWS 2002, 1, 3.

[545] Zu dieser Problematik bei dem SE-VOV 1991 *Trojan-Limmer*, RIW 1991, 1010, 1012.

des Beschlusses und der Durchführung der Kapitalerhöhung gefordert (Art. 25 Abs. 1 Zweite RiL). Dies macht jedoch nur dann Sinn, wenn diesen Publizitätspflichten gegenüber denen der Satzungsänderung eine eigenständige Bedeutung zukommt. Durch die Publizität sollten die verschiedenen Abschnitte, in denen sich die Erhöhung des Gesellschaftskapitals vollzieht, offen gelegt und damit die Rechtssicherheit erhöht werden.[546] Demnach sind nach der Ersten und Zweiten RiL der Beschluss und die Durchführung der Kapitalerhöhung offen zu legen sowie die sich daraus ergebende Satzungsänderung. Diese Systematik macht sich auch die SE-VO zu Eigen, indem sie für Satzungsänderungen die Offenlegung nach Art. 59 Abs. 3 fordert, jedoch für die Publizität des Beschlusses und der Durchführung der Kapitalmaßnahme auf das durch die Zweite RiL harmonisierte Sitzstaatrecht verweist.

Der SE-VOV 1975 sah zwar nur die Eintragung der Satzungsänderung vor (Art. 41 iVm. Art. 244 SE-VOV 1975). Eine Trennung zwischen Eintragung des Beschlusses und der Durchführung der Kapitalerhöhung und der daraus folgenden Satzungsänderung war dort nicht vorgesehen. Beachtlich sind jedoch vor allem die SE-VOV 1989 und 1991, da sie nach Erlass der Ersten und Zweiten RiL ergingen und insoweit den in Europa für nationale Aktiengesellschaften zwingend festgelegten Standard berücksichtigten und Grundprinzipien des Europäischen Gesellschaftsrechts festlegten.[547] So ist nach Art. 42 Abs. 4 SE-VOV 1989 der Kapitalerhöhungsbeschluss und die Durchführung gemäß Art. 9 SE-VOV 1989 offen zu legen. Daneben sollte nach Art. 97 SE-VOV 1989 der Beschluss über die Satzungsänderung gemäß Art. 9 offen gelegt werden. In der SE-VOV 1991 ist insoweit keine Veränderung erfolgt. Es sind nach wie vor der Beschluss sowie die Durchführung der Kapitalerhöhung als auch die Satzungsänderung an sich offen zu legen (vgl. Art. 42 Abs. 1 und Art. 9 SE-VOV 1991 iVm. §§ 188, 189 AktG und Art. 97 Abs. 3, Art. 9 SE-VOV 1991 iVm. § 181 AktG). Somit folgten auch die SE-VOV 1989 und 1991 der Systematik der Ersten und Zweiten RiL.

Aufgrund der Technik der Verweisung auf harmonisiertes Recht kann davon ausgegangen werden, dass die SE-VO insoweit nicht von den gemeinschaftsweit anerkannten und bereits in nationales Recht umgesetzten Regelungen abweicht.[548] Aus diesem Grund ist nach Art. 5 iVm.

---

[546] Zum AktG *Wiedemann*, in: Großkommentar zum AktG, § 184 Rn. 4. Es kann davon ausgegangen werden, dass die Übernahme des doppelten Eintragungsverfahrens in der Zweiten RiL mit derselben Absicht erfolgte.

[547] SE-VOV 1989, Begründung, BT-Drs. XI/ 5427, S. 2; dazu *Hauschka*, AG 1990, 85, 100; *Lutter*, AG 1990, 413, 414 u. 417.

[548] Siehe oben, Teil 1 A, S. 7.

§ 184 AktG und § 188 Abs. 1, § 189 AktG der Beschluss und die Durchführung der Kapitalerhöhung zur Eintragung in das Handelsregister anzumelden.

3. Zwischenergebnis

§ 184 AktG und § 188 AktG sind über die Verweisungsvorschrift Art. 5 neben Art. 59 Abs. 3 anwendbar. Der Beschluss und die Durchführung der Kapitalerhöhung sind gemäß Art. 5 iVm. §§ 184, 188 AktG zur Eintragung in das Handelsregister anzumelden. Daneben ist die sich aus der Erhöhung des Grundkapitals ergebende Satzungsänderung nach den allgemeinen Regeln über Satzungsänderungen gemäß Art. 59 Abs. 3, Art. 13 iVm. § 3 SEAG-RegE, § 181 AktG offen zu legen.

4. Anmeldung zur Eintragung

a) Dualistisches System

Der Beschluss sowie die Durchführung der Kapitalerhöhung sind gemäß Art. 5 iVm. § 184 Abs. 1 AktG und § 188 Abs. 1 AktG vom Leitungsorgan und vom Vorsitzenden des Aufsichtsorgans zur Eintragung in das Handelsregister anzumelden.[549]

Die sich aus der Durchführung der Kapitalerhöhung ergebende Satzungsänderung ist gemäß Art. 59 Abs. 3, Art. 13 iVm. § 3 SEAG-RegE, § 181 Abs. 1 S. 1 AktG vom Leitungsorgan zur Eintragung in das Handelsregister anzumelden.

b) Monistisches System

Fraglich ist, wie die Aufgabenverteilung im monistischen System zu erfolgen hat, wo nach Art. 43 Abs. 1 das Verwaltungsorgan die Geschäfte der SE führt.[550] Wegen der Verweisung der SE-VO auf das nationale Recht des Sitzstaates muss das monistische System auch mit dem Aktienrecht kompatibel sein. Problemtisch ist dabei jedoch, dass das Aktiengesetz in einer Vielzahl von Vorschriften die Trennung von Leitungs- und Aufsichtsorgan voraussetzt. Aus diesem Grund fordert der SEAG-RegE die zwingende Einführung von geschäftsführenden Direktoren, denen neben der laufenden Geschäftsführung (§ 40 Abs. 2 S. 1 SEAG-RegE) einzelne Zuständigkeiten zugewiesen werden, bei denen das Aktiengesetz mit der Aufgabenverteilung zwischen Vorstand und Aufsichtsrat gezielt ein „Vier-

---

549 Zum Leitungs- und Aufsichtsorgan der SE siehe unten, Teil 5 D IV, S. 176 ff.

550 Näher dazu unten, Teil 5 D IV, S. 176 ff.

Augen-Prinzip“ voraussetzt.[551] Art. 43 Abs. 4 verleiht dem nationalen Gesetzgeber die dazu notwendige Regelungskompetenz.[552]

Daher bestimmt § 22 Abs. 6 SEAG-RegE im Sinne des Art. 43 Abs. 1 SE-VO, dass Rechtsvorschriften, die außerhalb des SEAG dem Vorstand oder dem Aufsichtsrat einer Aktiengesellschaft Rechte oder Pflichten zuweisen, sinngemäß für den Verwaltungsrat gelten, soweit nicht das SEAG besondere Regelungen enthält. Damit wird deutlich gemacht, dass die Verantwortlichkeiten, die im dualistischen System unter Vorstand und Aufsichtsrat aufgeteilt sind, im monistischen System grundsätzlich beim Verwaltungsrat liegen.[553] Bei der Anmeldung zum Handelsregister handelt es sich um eine Aufgabe der laufenden Geschäftsführung, so dass diese nicht zwingend durch den Verwaltungsrat erledigt werden muss.[554] Daher bestimmt § 40 Abs. 2 S. 4 SEAG-RegE, dass, soweit nach den für Aktiengesellschaften geltenden Rechtsvorschriften der Vorstand Anmeldungen und die Einreichung von Unterlagen zum Handelsregister vorzunehmen hat, die geschäftsführenden Direktoren an die Stelle des Vorstands treten.

Nach § 184 Abs. 1 AktG und § 188 Abs. 1 AktG ist der Beschluss und die Durchführung der Kapitalerhöhung vom Vorstand und vom Vorsitzenden des Aufsichtsrates gemeinsam zur Eintragung in das Handelsregister anzumelden. Im monistischen System haben daher die geschäftsführenden Direktoren nach § 40 Abs. 2 S. 4 SEAG-RegE und der Vorsitzende des Verwaltungsrates nach § 22 Abs. 6 SEAG-RegE gemeinsam die Anmeldung zur Eintragung und die Einreichung von Unterlagen nach Art. 5 iVm. § 184 Abs. 1 und 2 AktG und § 188 Abs. 1 und 3 AktG vorzunehmen.[555] Für die geschäftsführenden Direktoren, die hier die Aufgabe des Vorstandes wahrnehmen (vgl. § 40 Abs. 2 S. 4 SEAG-RegE), genügt die Mitwirkung einer vertretungsberechtigten Mitgliederzahl.[556] Der Vorsitzende des Verwaltungsrates und die geschäftsführenden Direktoren haben die zur Anmeldung erforderlichen Erklärungen abzugeben (vgl. § 184 Abs. 2; § 188 Abs. 2 iVm. § 36 Abs. 2, § 36 a und § 37 Abs. 1 AktG). Daher muss diese Personen auch die strafrechtliche

---

551 SEAG-RegE, Begründung, S. 92; *Neye/Teichmann*, AG 2003, 169, 177 ff.; *Brandt*, DStR 2003, 1209, 1212.

552 *Teichmann*, BB 2004, 53, 60; kritisch dazu *DAV*, NZG 2004, 75, 82; näher dazu siehe unten, Teil 5 D IV, S. 176 ff.

553 SEAG-RegE, Begründung, S. 92.

554 *Neye/Teichmann*, AG 2003, 169, 178.

555 So auch *Neye/Teichmann*, AG 2003, 169, 178 (Fn. 55).

556 Vgl. *Hüffer*, AktG, § 184 Rn. 3; *Lutter*, in: Kölner Kommentar zum AktG, § 184 Rn. 10; *Wiedemann*, in: Großkommentar zum AktG, § 184 Rn. 10.

Verantwortlichkeit nach § 399 Abs. 1 Nr. 4 AktG treffen (§ 53 SEAG-RegE).

Die sich aus der Durchführung der Kapitalerhöhung ergebende Satzungsänderung ist gemäß Art. 59 Abs. 3, Art. 13 iVm. § 3 SEAG-RegE, § 181 Abs. 1 S. 1 AktG iVm. § 40 Abs. 2 S. 4 SEAG-RegE von den geschäftsführenden Direktoren zur Eintragung in das Handelsregister anzumelden.

5. Zusammenfassung

Der Beschluss und die Durchführung der Kapitalerhöhung sind gemäß Art. 5 iVm. §§ 184, 188 AktG zur Eintragung in das Handelsregister anzumelden. Daneben ist die sich aus der Erhöhung des Grundkapitals ergebende Satzungsänderung nach den allgemeinen Regeln über Satzungsänderungen gemäß Art. 59 Abs. 3, Art. 13 iVm. § 3 SEAG-RegE, § 181 AktG offen zu legen.

Im monistischen System haben gemäß § 40 Abs. 2 S. 4, § 22 Abs. 6 SEAG-RegE die geschäftsführenden Direktoren und der Vorsitzende des Verwaltungsrates gemeinsam die Anmeldung zur Eintragung nach Art. 5 iVm. § 184 Abs. 1 AktG und § 188 Abs. 1 AktG vorzunehmen. Die sich aus der Durchführung der Kapitalerhöhung ergebende Satzungsänderung ist gemäß Art. 59 Abs. 3, Art. 13 iVm. § 3 SEAG-RegE, § 181 Abs. 1 S. 1 AktG iVm. § 40 Abs. 2 S. 4 SEAG-RegE von den geschäftsführenden Direktoren zur Eintragung in das Handelsregister anzumelden.

VI. Wirksamkeit der Satzungsänderung und der Kapitalerhöhung

Ob die Kapitalerhöhung sowie die einfache Satzungsänderung bereits mit Änderungsbeschluss ihre Wirksamkeit erlangen, ist in der SE-VO nicht ausdrücklich geregelt. Offen ist ferner, ob vor dem Wirksamwerden eine Rechtmäßigkeitskontrolle erfolgt.

1. Wirksamkeit der Satzungsänderung

Die SE-VO fordert in Art. 59 Abs. 3 iVm. Art. 13 für Satzungsänderungen lediglich die Offenlegung gemäß den mit der Richtlinie 68/151/EWG (Erste RiL) übereinstimmenden Vorschriften des Sitzstaates. Der Zeitpunkt des Wirksamwerdens wird damit nicht bestimmt. Dieser könnte abweichend vom deutschen Recht (§ 181 Abs. 3 AktG) auch im Zeitpunkt des Beschlusses liegen, wenn die SE-VO insoweit abschließend wäre.[557]

Dafür könnte sprechen, dass Art. 8 Abs. 10 das Wirksamwerden der Sitzverlegung sowie die sich daraus ergebenden Satzungsänderungen an den Zeitpunkt der Registereintragung knüpft. Ist der Zeitpunkt des Wirksamwerdens für Satzungsänderungen in Art. 8 Abs. 10 ausdrücklich geregelt, nicht aber in Art. 59 Abs. 3, so deutet dies auf den ersten Blick auf eine bewusste Nichtregelung hin, die absichtlich nicht die Eintragung als Wirksamkeitsvoraussetzung macht. Dieser Umkehrschluss widerspricht jedoch dem Willen der Verordnungsgeber, der sich durch weitere Auslegung der SE-VO ergibt.

Nach dem SE-VOV 1989 sollte sich der Zeitpunkt der Wirksamkeit der Gründung und damit wohl, der Verordnungsentwurf regelte diesbezüglich nichts, auch von satzungsändernden Beschlüssen grundsätzlich nach dem Recht der Mitgliedstaaten richten (Art. 16 SE-VOV 1989). Der SE-VOV 1991 sah dagegen für das Wirksamwerden der SE bei Gründung einen einheitlichen Zeitpunkt vor, nämlich die Eintragung in das Register des Sitzstaates (Art. 16 SE-VOV 1991). Damit wurden die Bedenken des WSA berücksichtigt, dass die Bestimmung des Zeitpunkts des Wirksamwerdens nach dem Recht des Sitzstaates bei Gläubigern und Aktionären aus anderen Mitgliedstaaten zu Unsicherheiten führen kann und es daher ein Gebot der Rechtssicherheit ist, eine einheitliche Regelung zu bestimmen.[558] Die Sitzverlegung in einen anderen Mitgliedstaat und die sich daraus ergebenden Satzungsänderungen entsprechen von der Interessenslage grundsätzlich der Gründung einer SE, auch wenn die Sitzverlegung nach Art. 8 Abs. 1 weder zur Auflösung noch zur Neugründung der juristischen Person führt. Der Sitzverlegung wird daher ebenso wie der Gründung gegenüber anderen Beschlüssen besondere Bedeutung beigemessen,[559] weshalb für sie ein einheitlicher Zeitpunkt des Wirksamwerdens, nämlich die Eintragung, aus Gründen der Rechtssicherheit ausdrücklich bestimmt wird.

Daraus kann dann jedoch nicht geschlossen werden, dass bei Satzungsänderungen die Eintragung nicht Wirksamkeitsvoraussetzung sein darf. Vielmehr bleibt es bei Satzungsänderungen nach der Systematik

---

557 Zur gleichen Problematik beim EUV *Wagner*, EUV, S. 246.

558 SE-VOV 1991, Begründung, BT-Drs. XII/1004, S. 3; SE-VOV 1989, Stellungnahme WSA, S. 38.

559 Das wird auch dadurch deutlich, dass Gründung und Sitzverlegung nach Art. 14 Abs. 1 und 2 im Amtsblatt der Europäischen Gemeinschaft zu veröffentlichen sind.

der SE-VO bei der ergänzenden Anwendung des Sitzstaatrechts. Entsprechend dem durch die Erste RiL gefundenen Minimalkonsens ist gemeinschaftsweit zum Schutz der Gläubiger und Aktionäre lediglich die Offenlegung vorgeschrieben. Die Frage der Wirksamkeit richtet sich nach wie vor nach dem Sitzstaatrecht. Demzufolge erlangt die Satzungsänderung einer SE mit Sitz in Deutschland gemäß Art. 9 Abs. 1 Buchst. c Ziffer ii iVm. § 181 Abs. 3 mit Eintragung in das Handelsregister Wirksamkeit.

2. Wirksamkeit der Kapitalerhöhung

Der Zeitpunkt der Wirksamkeit der Kapitalerhöhung ist in der SE-VO ebenfalls nicht geregelt. Anders als bei der allgemeinen Satzungsänderung ergibt sich die Publizitätspflicht des Beschlusses und der Durchführung der Kapitalerhöhung nicht direkt aus der SE-VO, sondern erst aus dem über Art. 5 anwendbaren Recht (§§ 184, 188 AktG).[560] Damit kann der oben gezogene Umkehrschluss aus Art. 8 Abs. 10 schon nicht gezogen werden. Entsprechend der Systematik der SE-VO für die Kapitalmaßnahmen auf das Recht der Mitgliedstaaten zu verweisen, muss sich dann auch die Frage der Wirksamkeit nach dem Recht des Sitzstaates beurteilen.[561] Die Kapitalerhöhung einer SE mit Sitz in Deutschland wird daher gemäß Art. 5 iVm. § 189 AktG mit Eintragung der Durchführung wirksam.

3. Prüfung des Gerichts

a) Allgemeine Satzungsänderungen

Das Statut schreibt keine Prüfung durch das Registergericht vor. Es können jedoch keine Anhaltspunkte entnommen werden, dass die SE-VO insoweit abschließend ist. Da nach dem Aktienrecht vor Eintragung der Satzungsänderung das Registergericht eine formelle und materielle Prüfung der Anmeldung vorzunehmen hat, muss nach Art. 9 Abs. 1 Buchst. c Ziffer ii auch vor der Eintragung der Satzungsänderung und damit dem Wirksamwerden des Beschlusses eine Prüfung des Registergerichts erfolgen.[562]

---

560 Siehe oben, Teil 5 B V 2, S. 145 ff.

561 Ein rechtsvergleichender Überblick bei *Jaeger*, Die Europäische Aktiengesellschaft, S. 84.

562 Zur Prüfung des Registergerichts *Hüffer*, AktG, § 181 Rn. 12; *Keidel/Stöber*, Registerrecht, Rn. 402 ff.

b) Kapitalerhöhungen

Die Regelungen der Kapitalerhöhung ist Gegenstand der partiellen Generalverweisung des Art. 5, so dass hier unproblematisch die Vorschriften des Aktiengesetzes Anwendung finden können. Daher hat vor Eintragung des Beschlusses und der Durchführung der Kapitalerhöhung nach Art. 5 iVm. §§ 184, 188 AktG eine Prüfung durch das Registergericht zu erfolgen.[563]

4. Zusammenfassung

Die Satzungsänderung einer SE mit Sitz in Deutschland erlangt gemäß Art. 9 Abs. 1 Buchst. c Ziffer ii iVm. § 181 Abs. 3 AktG mit Eintragung in das Handelsregister Wirksamkeit. Bei Satzungsänderungen ist eine Prüfung des Registergerichts vor Eintragung nach Art. 9 Abs. 1 Buchst. c Ziffer ii iVm. § 181 AktG erforderlich.

Die Kapitalerhöhung einer SE mit Sitz in Deutschland wird gemäß Art. 5 iVm. § 189 AktG mit Eintragung der Durchführung wirksam. Vor Eintragung des Beschlusses und der Durchführung der Kapitalerhöhung nach Art. 5 iVm. §§ 184, 188 AktG ist durch das Registergericht eine Prüfung vorzunehmen.

VII. Bezugsrecht

1. Bezugsrecht der Aktionäre

Die Erhöhung des Gesellschaftskapitals kann die Interessen der Altaktionäre beeinträchtigen, da sich die mit ihren Aktien verbundene bisherige Beteiligung verringern kann, und die alten Aktien bei Ausgabe der neuen Aktien unter Wert einen Wertverlust erleiden.[564] Aus diesem Grund wurde das Bezugsrecht in Art. 29 Zweite RiL für Kapitalerhöhungen mit Bareinlagen für nationale Aktiengesellschaften gemeinschaftsweit zwingend vorgeschrieben. Es dient in erster Linie dem Schutz der Altaktionäre und soll die mitgliedschaftliche Stellung sowie die vermögensmäßigen Bezüge der Altaktionäre sichern.[565]

Aufgrund des weitgehenden Verzichts auf Regelungen der Finanzverfassung beinhaltet die SE-VO keine Regelungen bezüglich des Bezugs-

---

[563] Dazu *Hüffer*, AktG, § 184 Rn. 6 und § 188 Rn. 20; *Keidel/Stöber*, Registerrecht, Rn. 418 ff.

[564] *Hefermehl/Bungeroth*, in: Geßler/Hefermehl, AktG, § 182 Rn. 4.

[565] *Habersack*, Europäisches Gesellschaftsrecht, Rn. 196; Wymeersch, AG 1998, 382, 383.

rechts. § 186 Abs. 1 S. 1 AktG, der den Altaktionären bei Kapitalerhöhungen gegen Bar- und Sacheinlagen ein Recht auf ihrem Anteil am Grundkapital entsprechenden Teil der neuen Aktien einräumt, ist damit grundsätzlich über Art. 5 anwendbar.[566] Danach muss jedem Aktionär auf sein Verlangen ein seinem Anteil am Grundkapital entsprechender Teil der neuen Aktien zugeteilt werden. Ein Ausschluss des Bezugsrechts durch die Satzung ist nicht möglich, denn Satzungsautonomie besteht nur dort, wo sie die SE-VO ausdrücklich gewährt (vgl. Art. 9 Abs. 1 Buchst. b) oder in den von einer Verweisungsnorm erfassten Bereichen, wenn das Recht des Sitzstaates die Regelung durch Satzung zulässt (Art. 9 Abs. 1 Buchst. c Ziffer iii).[567] Da das Bezugsrecht für nationale Aktiengesellschaften aufgrund der zwingenden Vorgaben des Art. 29 Abs. 4 Zweite RiL satzungsfest sein muss, sieht das Aktiengesetz dementsprechend keine Ausschlussmöglichkeit durch Satzung vor (vgl. §§ 186 Abs. 1 S. 1, 23 Abs. 5 S. 1 AktG). Somit ist auch für die SE das Bezugsrecht ein satzungsfestes Recht der Aktionäre.

2. Bekanntmachung und Ausübungsfrist

Das Leitungsorgan bzw. der Verwaltungsrat (§ 22 Abs. 6 SEAG-RegE) hat gemäß Art. 5 iVm. § 186 Abs. 2 AktG den Ausgabebetrag und eine Ausübungsfrist (§ 186 Abs. 1 AktG) in den Gesellschaftsblättern bekannt zu machen. Dem Aktionär ist zur Ausübung seines Bezugsrechts eine Frist von mindestens zwei Wochen gemäß Art. 5 iVm. § 186 Abs. 1 AktG zu gewähren. Das Aktiengesetz erfüllt mit der Bestimmung der Mindestfrist von zwei Wochen die Mindestanforderung nach Art. 29 Abs. 4 Zweite RiL für nationale Aktiengesellschaften.

Entsprechend den Empfehlungen des Wirtschafts- und Sozialausschuss (WSA) wurde in dem SE-VOV 1991 die Mindestfrist auf einen Monat erhöht. Diese Ausweitung der Frist gegenüber den Bestimmungen der Zweiten RiL für nationale Aktiengesellschaften soll sich bei der SE durch die längeren Postlaufzeiten rechtfertigen.[568] Inwieweit die jetzt geltende Mindestfrist von zwei Wochen ausreichend ist, wird sich herausstellen. Da es sich um eine Mindestfrist handelt, bleibt es den Aktionären jedoch

---

[566] § 186 Abs. 1 AktG gewährt dem Aktionär bei Bar- und bei Sachkapitalerhöhung ein Bezugsrecht und geht damit über Art. 29 Zweite RiL hinaus; dazu *Bagel*, Der Ausschluss des Bezugsrechts in Europa, S. 341. Das Bezugsrecht bei Sachkapitalerhöhung ist in der EU nur in Deutschland und Dänemark bekannt; vgl. Wymeersch, AG 1989, 382, 383.

[567] Siehe oben, Teil 4 A II 1, S. 84 f.

[568] SE-VOV 1989, Stellungnahme WSA, S. 38.

unbenommen, eine längere Frist in der Satzung oder in dem Kapitalerhöhungsbeschluss zu bestimmen.[569]

Gemäß Art. 5 iVm. § 186 Abs. 2, § 25 AktG beginnt die Frist mit Bekanntmachung des Ausgabebetrages und der Frist nach § 186 Abs. 1 AktG in den Gesellschaftsblättern. Dies ist nach § 25 S. 1 AktG seit 1.1. 2003 grundsätzlich der elektronische Bundesanzeiger.[570] Die Bekanntmachungsinstitution „Bundesanzeiger" gewährleistet als einheitliches nationales Veröffentlichungsinstitut die Veröffentlichung der Daten. Grundsätzlich sollte die Veröffentlichung von Informationen für die Aktionäre einer supranationalen Aktiengesellschaft in einem nationalen Medium kritisch betrachtet werden. Wenigstens kann die Bekanntmachung zusätzlich auf der Homepage der Gesellschaft erfolgen, sei es formlos oder über § 25 S. 2 AktG, nach dem die Gesellschaft ihre Website auch als weiteres Gesellschaftsblatt bezeichnen kann.[571]

3. Bezugsrechtsausschluss

Wie das Bezugsrecht selbst muss auch die Möglichkeit des Ausschlusses nach § 186 Abs. 3 AktG über die Verweisungsnorm Art. 5 auf die SE Anwendung finden.

a) Formelle Voraussetzungen des Bezugsrechtsausschlusses

aa) Zuständigkeit

Die SE-VO enthält keine Regelung zur Zuständigkeit für den Ausschluss des Bezugsrechts. Der Ausschluss des Bezugsrechts stellt einen schwerwiegenden Eingriff in die Interessen der Aktionäre dar.[572] Aus diesem Grund wurde die Zuständigkeit der Hauptversammlung bei nationalen Aktiengesellschaften für den Ausschluss gemeinschaftsweit durch Art. 29 Abs. 4 Zweite RiL festgelegt.[573] Zuständig für den Ausschluss des Bezugsrechts für die SE mit Sitz in Deutschland ist die

---

569 MünchHdb. GesR IV/*Krieger* § 56 Rn. 66; *Wiedemannn*, in: Großkommentar zum AktG, § 186 Rn. 95.

570 Näher dazu *Schwarz*, MMR 2003, 23, 24. Der Bundesanzeiger stellt das nach Art. 29 Abs. 3 Zweite RiL zur Bekanntmachung dienende Amtsblatt dar, das gemäß Art. 3 Abs. 4 Erste RiL von dem Mitgliedstaat zu bestimmen ist; dazu *Schwarz*, Europäisches Gesellschaftsrecht, Rn. 316.

571 *Schwarz*, MMR 2003, 23, 24.

572 *Hefermehl/Bungeroth*, in: Geßler/Hefermehl, AktG, § 186 Rn. 83.

573 *Wiedemann*, in: Großkommentar zum AktG, § 186 Rn. 104.

Hauptversammlung gemäß Art. 52 Unterabs. 2 iVm. § 186 Abs. 3 S. 1 AktG.

bb) Mehrheitserfordernisse

(1) Gesetzliche Mehrheitserfordernisse

(a) Anwendbare Vorschrift der SE-VO

Die SE-VO selbst trifft keine Aussage über die Voraussetzungen für den Bezugsrechtsausschluss. Wie bereits im Rahmen der Ausführungen zum Kapitalerhöhungsbeschluss dargestellt wurde, sind die Vorschriften der SE-VO zur Beschlussfassung der Hauptversammlung abschließend, so dass die Mehrheitserfordernisse des Aktiengesetzes (§ 186 Abs. 3 AktG) über Art. 5 keine Anwendung finden können.[574] Eine Anwendung der Mehrheitserfordernisse des Aktiengesetzes kommt nur über die ausdrückliche Möglichkeit der Berücksichtigung des Sitzstaatrechts durch Art. 57 oder Art. 59 in Betracht.

Da der Bezugsrechtsausschluss nicht zwingend eine Satzungsänderung beinhaltet (vgl. Art. 2 und 3 Zweite RiL), ergibt sich nicht bereits aus der Systematik des europäischen Rechts die Erforderlichkeit eines satzungsändernden Beschlusses nach Art. 59 Abs. 1.[575] Aufgrund der Schwere des Eingriffs in die Interessen der Aktionäre kann der Ausschluss des Bezugsrechts jedoch nur aufgrund eines Hauptversammlungsbeschlusses mit qualifizierter Mehrheit möglich sein. Dieser Grundsatz des Europäischen Gesellschaftsrechts ergibt sich aus der Zweiten RiL.[576] Danach wird zum Schutz der Aktionäre der nationalen Aktiengesellschaften für den Ausschluss des Bezugsrechts gemeinschaftsweit das Erfordernis eines Hauptversammlungsbeschlusses mit einer qualifizierten Mehrheit von zwei Dritteln der Stimmen der vertretenen Wertpapiere oder des vertretenen gezeichneten Kapitals gefordert (Art. 29 Abs. 4, 40 Abs. 1 Zweite RiL).[577] Der Verordnungsgeber wird den für nationale Aktiengesellschaften bereits gemeinschaftsweit durchgesetzten

---

[574] Siehe oben, Teil 5 B I 2 a aa, S. 120 ff.

[575] Siehe oben, Teil 5 B I 1, S. 118.

[576] Zur Berücksichtigung der Zweiten RiL im Rahmen der Auslegung der SE-VO siehe oben, Fn. 467.

[577] Vorschlag Zweite RiL, Begründung, BT-Drs. VI/595, S. 15.

(Mindest-)[578] Standard des Aktionärsschutzes bei der SE nicht unterschreiten.[579]

Auch die Verordnungsvorentwürfe stellten grundsätzlich den Bezugsrechtsausschluss bezüglich der Mehrheitserfordernisse einem satzungsändernden Beschluss gleich. So konnte nach Art. 42 SE-VOV 1970 und Art. 43 SE-VOV 1975 das Bezugsrecht nur in dem Beschluss über die Kapitalerhöhung ganz oder zum Teil ausgeschlossen werden. Damit war eine satzungsändernde Mehrheit erforderlich. Art. 44 Abs. 3 SE-VOV 1989 forderte für den Hauptversammlungsbeschluss ein Mehrheitserfordernis, dass mit dem für Satzungsänderungen übereinstimmte, wohingegen Art. 44 Abs. 3 SE-VOV 1991 für die Beschlussfassung auf die Vorschriften für satzungsändernde Beschlüsse (Art. Art. 97 Abs. 3 SE-VOV 1991) verwies.

Ferner kann nach § 186 Abs. 3 S. 1 AktG das Bezugsrecht nur im Beschluss über die Erhöhung des Gesellschaftskapitals ausgeschlossen werden und stellt damit einen unselbständigen Bestandteil des Hauptversammlungsbeschlusses dar.[580] Dadurch ist nach der Systematik des Aktiengesetzes mindestens eine für Satzungsänderungen erforderliche qualifizierte Mehrheit vorgeschrieben. Es erscheint zwar zunächst systemwidrig, würde man aus der Systematik des Aktiengesetzes Rückschlüsse für das europäische Recht ziehen. Jedoch ist der normbestimmende Rückschluss vom nationalen Recht des Sitzstaates auf das Gemeinschaftsrecht in der SE-VO angelegt. So legt die SE-VO bezüglich Satzungsänderungen durch Art. 59 Abs. 1 nur die Zuständigkeit der Hauptversammlung der SE sowie das mindestens einzuhaltende Mehrheitserfordernis fest. Wann im Einzelnen eine Satzungsänderung vorliegt, ist auch vom Sitzstaatrecht abhängig, da sich der Inhalt der Satzung, abgesehen von den durch die Zweite RiL gemachten zwingenden Vorgaben, nach nationalem Recht richtet.[581] Somit bestimmt sich die Anwendung von Vorschriften der SE-VO sehr wohl auch nach nationalem Recht. Ist nach dem AktG der Bezugsrechtsauschluss ein untrennbarer Bestandteil des Kapitalerhöhungsbeschlusses, so gilt das bei ergänzender Anwendung des nationalen Rechts auch für die SE.

---

578 *Drinkuth*, Kapitalrichtlinie, S. 265 ff.

579 Vgl. SE-VOV 1989, Begründung, BT-Drs. XI/ 5427, S. 2; *Hauschka*, AG 1990, 85, 100; *Lutter*, AG 1990, 413, 414 u. 417.

580 *Hefermehl/Bungeroth*, in: Geßler/Hefermehl, AktG, § 186 Rn. 87; *Lutter*, in: Kölner Kommentar zum AktG, § 186 Rn. 51 f.; *Wiedemann*, in: Großkommentar zum AktG, § 186 Rn. 109.

581 Siehe oben, Teil 2 B, S. 29.

Für den Hauptversammlungsbeschluss über den Ausschluss des Bezugsrechts ist daher nach Art. 59 Abs. 1 ein satzungsändernder Beschluss mit einer Mehrheit von mindestens zwei Dritteln der abgegebenen Stimmen erforderlich. In ergänzender Anwendung des Aktienrechts ist der Beschluss über den Bezugsrechtsauschluss ein untrennbarer Bestandteil des Kapitalerhöhungsbeschlusses.

(b) Berücksichtigung des nationalen Rechts

Nach dem oben gefundenen Ergebnis kann über Art. 59 Abs. 1 a.E. das Recht des Sitzstaates berücksichtigt werden, das größere Mehrheiten vorsieht.[582] Nach § 186 Abs. 3 S. 2 AktG bedarf der Hauptversammlungsbeschluss neben den im Gesetz oder Satzung für die Kapitalerhöhung vorgesehenen Erfordernissen einer Mehrheit, die mindestens drei Viertel des bei der Beschlussfassung vertretenen Grundkapitals umfasst. Nach der SE-spezifischen Auslegung des § 186 Abs. 3 S. 2 AktG ist für den Bezugsrechtsauschluss gemäß Art. 59 Abs. 1 a.E. iVm. § 186 Abs. 3 S. 2 AktG eine Mehrheit von mindestens drei Vierteln der abgegeben Stimmen erforderlich.[583]

(2) Satzungsautonomie

Nach Art. 59 Abs. 1 a.E. ist die Bestimmung größerer Mehrheitserfordernisse als die von der SE-VO vorausgesetzten zwei Drittel der abgegebenen Stimmen in der Satzung der SE möglich, wenn das mitgliedstaatliche Recht dies zulässt. Somit kann über Art. 59 Abs. 1 a.E. eine im Sitzstaatrecht gewährte Satzungsautonomie auch für die SE gelten, soweit sie sich in dem durch die SE-VO vorgegebenen Rahmen hält.[584]

Gemäß § 186 Abs. 3 S. 3 AktG kann die Satzung nur eine größere Mehrheit als die in § 186 Abs. 3 S. 2 AktG geforderte Dreiviertelmehrheit bestimmen. Dementsprechend kann in der Satzung der SE gemäß Art. 59 Abs. 1 a.E. iVm. § 186 Abs. 3 S. 3 HS. 1 AktG iVm. SE-spezifischer Auslegung auch nur eine größere Mehrheit als drei Viertel

[582] Siehe oben, Teil 5 B I 2 a cc, S. 123 ff.
[583] Zur SE-spezifischen Auslegung der Mehrheitserfordernisse des AktG im Rahmen der Kapitalmaßnahmen siehe oben, Teil 5 B I 2 a ee, S. 127 ff.
[584] Siehe oben, Teil 5 B I 2 b aa, S. 129 ff.

der abgegebenen Stimmen festgesetzt werden.[585] Die Einschränkung der Satzungsautonomie durch Art. 59 Abs. 1 a.E. ist hier ohne Bedeutung, da das Sitzstaatrecht selbst ein Mindesterfordernis aufstellt, das über dem der SE-VO liegt.

Nach dem oben gefundenen Ergebnis besteht für die SE keine Satzungsautonomie bezüglich der Bestimmung weitergehender Erfordernisse.[586] Daher kann § 186 Abs. 3 S. 3 HS. 2 AktG auf die SE keine Anwendung finden.

Die Satzung der SE kann keine Regelung i.S. des § 51 S.1 SEAG-RegE bestimmen, wonach für einen Beschluss der Hauptversammlung über die Änderung der Satzung die einfache Mehrheit der abgegebenen Stimmen ausreicht, sofern mindestens die Hälfte des Grundkapitals vertreten ist. Das über Art. 59 Abs. 1 a.E. ergänzend anzuwendende Aktienrecht schreibt hier zwingend eine größere Mehrheit vor (vgl. § 51 S. 2 SEAG-RegE, § 186 Abs. 3 S. 3 AktG).[587]

(3) Zwischenergebnis

Für die Beschlussfassung über den Ausschluss des Bezugsrechts ist somit gemäß Art. 59 Abs. 1 iVm. § 186 Abs. 3 S. 2 AktG iVm. SE-spezifischer Auslegung eine Mehrheit von mindestens drei Vierteln der abgegeben Stimmen erforderlich. In der Satzung der SE können nach Art. 59 Abs. 1 a.E. iVm. § 186 Abs. 3 S. 3 HS. 1 AktG iVm. SE-spezifischer Auslegung nur größere Stimmenmehrheiten bestimmt werden. § 186 Abs. 3 S. 3 HS. 2 AktG findet auf die SE keine Anwendung. In der Satzung der SE kann keine Regelung im Sinne des § 51 S. 1 SEAG-RegE getroffen werden. Ist für die Kapitalerhöhung ein Sonderbeschluss nach Art. 60 erforderlich, so gelten wegen der Einheit der Beschlüsse die Mehrheitserfordernisse des Bezugsrechtsausschlusses auch für den Sonderbeschluss (vgl. Art. 60 Abs. 2).

---

585 Die Mehrheitserfordernisse für den Bezugsrechtsausschluss stellen gegenüber den Mehrheitserfordernissen für Kapitalerhöhungen aufgrund der Einheit beider Beschlüsse nur insoweit eine Verschärfung dar, als eine satzungsmäßige Herabsetzung der erforderlichen Mehrheit hier nicht möglich ist; näher dazu siehe oben, Teil 5 B I 2 b aa, S. 129 ff.

586 Siehe oben, Teil 5 B I 2 b bb, S. 131 f.

587 Siehe oben, Teil 5 B I 2 c, S. 133 f.

cc) Bekanntmachung des Bezugsrechtsausschluss

Der geplante Bezugsrechtsausschluss muss gemäß Art. 5 iVm. § 186 Abs. 4 AktG ausdrücklich bekannt gemacht werden.[588] § 186 Abs. 4 AktG verweist bezüglich der Art und Weise der Bekanntmachung auf § 124 Abs. 1 AktG. Da die Frage der Einberufung der Hauptversammlung über die Verweisung des Art. 53 dem nationalen Recht unterliegt, und daher § 124 Abs. 1 AktG iVm. Art. 53 auch für die SE anzuwenden ist,[589] ergeben sich aus der Verweisung im Aktienrecht keine Probleme bei der Rechtsanwendung. Der geplante Bezugsrechtsausschluss ist daher gemäß Art. 5 iVm. § 186 Abs. 4 AktG und Art. 53 iVm. § 124 Abs. 1 AktG in den Gesellschaftsblättern bekannt zu machen,[590] wobei die Bekanntmachung in der Regel gleichzeitig mit der Einberufung der Hauptversammlung und der Bekanntmachung der Tagesordnung zu erfolgen hat.[591]

dd) Bericht des Leitungsorgans bzw. Verwaltungsorgans

Gemäß Art. 5 iVm. § 186 Abs. 4 S. 2 AktG muss der Hauptversammlung ein schriftlicher Bericht über den Grund für den teilweisen oder vollständigen Ausschluss des Bezugsrechts vorliegen. In dem Bericht ist der vorgeschlagene Ausgabebetrag zu begründen.[592] Im dualistischen System muss dieser Bericht entsprechend der Aufgabenverteilung des Aktiengesetzes vom Leitungsorgan der SE vorgelegt werden.

Im monistischen System muss die Pflicht zur Erstellung des Berichts entsprechend seiner Bedeutung als grundlegende Leitungsaufgabe dem Verwaltungsrat zugewiesen werden. Der Bericht soll dem Aktionär, in dessen Interessen mit dem Bezugsrechtsausschluss eingegriffen wird, eine sachgerechte Entscheidung ermöglichen und zudem Grundlage der gerichtlichen Prüfung im Anfechtungsprozess sein.[593] Die Erstellung des Berichts geht daher über die laufende Geschäftsführung hinaus und kann nicht den geschäftsführenden Direktoren übertragen werden.[594]

---

588 *Hüffer*, AktG, § 186 Rn. 22.
589 *Hirte*, NZG 2002, 1, 8.
590 Zur Bekanntmachung in den Gesellschaftsblättern siehe oben, Teil 5 B VII 2, S. 153 f.
591 *Hüffer*, AktG, § 186 Rn. 22.
592 Zum Zeitpunkt, der Art und Weise der Vorlage und zum Umfang des Berichts *Hüffer*, AktG, § 186 Rn. 23 u. Rn. 24.
593 BGHZ 83, 319, 326 = NJW 1982, 2444.
594 *Neye/Teichmann*, AG 2003, 169, 178.

Ausreichend für die Zuweisung der Berichtspflicht an den Verwaltungsrat ist die Generalklausel § 22 Abs. 6 SEAG-RegE. Danach sollen Rechtsvorschriften, die außerhalb des SEAG dem Vorstand oder dem Aufsichtsrat einer Aktiengesellschaft Rechte oder Pflichten zuweisen, sinngemäß für den Verwaltungsrat gelten.

Die Berichtspflicht hat ihre Grundlage in Art. 29 Abs. 4 Zweite RiL und ist daher in allen nationalen Aktienrechten der Gemeinschaft zwingend vorgeschrieben. Unklar ist, in welcher Sprache der Bericht verfasst sein muss. Die deutsche Sprache ist jedoch keine Voraussetzung für die Einhaltung des Erfordernisses der Schriftlichkeit gemäß Art. 5 iVm. § 186 Abs. 4 S. 2 AktG, § 126 BGB.[595]

b) Materielle Voraussetzung

Obwohl § 186 Abs. 3 und 4 AktG keine materiellen Voraussetzungen für den Ausschluss des Bezugsrechts nennt, herrscht in der Rechtsprechung[596] und Literatur[597] Einigkeit, dass ein Bezugsrechtsausschluss sowohl bei Bar- als auch bei Sacheinlagen wegen der Schwere des Eingriffs in die Mitgliedschaft einer sachlichen Rechtfertigung bedarf. Fraglich ist, ob diese durch die Rechtsprechung aufgestellten Anforderungen an den Beschluss auch über die Verweisungsvorschrift (Art. 5) auf die SE Anwendung finden können.

In den Vorentwürfen war der Ausschluss des Bezugsrechts noch geregelt. Da jedoch nicht ausdrücklich eine materielle Rechtfertigung für den Ausschluss gefordert wurde (vgl. Art. 44 Abs. 3 SE-VOV 1989), stellte sich die Frage, ob die Regelungen der Verordnung abschließend sind, oder ob die zum Ausschluss des Bezugsrechts ergangene Rechtsprechung der nationalen Gerichte ergänzend Anwendung finden kann.[598]

Die SE-VO beinhaltet keine Sachregeln bezüglich des Ausschlusses des Bezugsrechts, sondern es soll über Art. 5 das nationale Recht angewendet werden. Da von der Verweisung des Art. 5 auch die nationale richterliche Auslegung und Rechtsfortbildung des nationalen Rechts als Verweisungsobjekt miteinbezogen ist, müssen auch die von der

---

595 MünchKommBGB/*Einsele* § 126 Rn. 5; Palandt/*Heinrichs*, BGB, § 126 Rn. 2.
596 BGHZ 71, 40, 46; 83, 319, 321; 120, 141, 145; 125, 239, 241.
597 *Hüffer*, AktG, § 186 Rn. 25 ff.; *Lutter*, in: Kölner Kommentar zum AktG, § 186 Rn. 61 ff.; *Wiedemann*, in: Großkommentar zum AktG, § 186 Rn. 137 f. m.w.N.
598 Vgl. *Lutter*, AG 1990, 413, 419.

Rechtsprechung aufgestellten materiellen Anforderungen an den Bezugsrechtsausschluss auf die SE Anwendung finden.[599]

Aus der Anwendbarkeit der Rechtsprechung über Art. 5 ergibt sich daher für die SE, dass der Ausschluss des Bezugsrechts nur dann gerechtfertigt ist, wenn er einem Zweck dient, der im Interesse der Gesellschaft liegt, zur Erreichung des beabsichtigten Zwecks geeignet und überdies erforderlich sowie verhältnismäßig ist.[600] Nach § 186 Abs. 3 S. 4 AktG ist ein Ausschluss des Bezugsrechts insbesondere dann zulässig, wenn die Kapitalerhöhung gegen Bareinlagen 10 % des Grundkapitals nicht übersteigt und der Ausgabebetrag den Börsenpreis nicht wesentlich unterschreitet.[601]

Bei Sacheinlagen muss die Gesellschaft ein dringendes Interesse am Erwerb des Einlagegegenstandes haben, und es muss zu erwarten sein, dass der damit angestrebte und allen Aktionären zugute kommende Nutzen den verhältnismäßigen Beteiligungs- und Stimmverlust der vom Bezugsrecht ausgeschlossenen Aktionäre aufwiegen wird.[602]

Die Tatsache, dass es sich hier um Rechtsprechung zu harmonisiertem Recht handelt,[603] ist für die Anwendung auf die SE nicht von Bedeutung. Zwar ist die Frage der Vereinbarkeit der strengen nationalen Rechtsprechung mit der Zweiten RiL umstritten.[604] Insoweit bestehen jedoch keine Besonderheiten gegenüber der Anwendung auf rein nationale Sachverhalte.[605]

---

599 Siehe oben, Teil 1 F, S. 18 f.

600 BGHZ 71, 40, 46 (Kali und Salz); 83, 319, 321; 120, 141, 145; 125, 239, 241; dazu *Hüffer*, AktG, § 186 Rn. 25; *Lutter*, in: Kölner Kommentar zum AktG, § 186 Rn. 61 ff.; *Wiedemann*, in: Großkommentar zum AktG, § 186 Rn. 137 f.

601 Näher dazu *Hüffer*, AktG, § 186 Rn. 39 a ff.; *Wiedemann*, in: Großkommentar zum AktG, § 186 Rn. 10 ff. u. 148 ff.

602 BGHZ 71, 40, 46 f. (Kali und Salz).

603 Vgl. Art. 29 Abs. 4 Zweite RiL.

604 Für Sachkapitalerhöhungen hat der EUGH die Vereinbarkeit der deutschen Rechtsprechung mit Art. 29 Abs. 4 Zweite RiL bejaht; EuGH, Urteil v. 19.11.1996, Rs. C-42/95 (Siemens AG/ Henry Nold), Slg. 1996, I-6017, 6034 ff. = NJW 1997, 721 ff. Zu dieser Thematik *Drinkuth*, Kapitalrichtlinie, S. 239 ff.; *Schwarz*, Europäisches Gesellschaftsrecht, Rn. 621 ff.

605 So auch *Casper*, in: FS für Ulmer, S. 51, 69.

4. Mittelbares Bezugsrecht

Nach § 186 Abs. 5 AktG iVm. Art. 5 gilt die Übernahme der Aktien der SE durch ein Kreditinstitut oder einem nach § 53 Abs. 1 S. 1 oder § 53 b Abs. 1 S. 1 oder Abs. 7 des Gesetzes über das Kreditwesen (KWG) tätigen Unternehmen mit der Verpflichtung, sie den Aktionären zum Bezug anzubieten, nicht als Ausschluss des Bezugsrechts. Liegen die Voraussetzungen des § 186 Abs. 5 AktG vor, sind die formellen und materiellen Erfordernisse nicht einzuhalten.

a) Rechtsverhältnis zwischen Emissionsunternehmen und SE

Das Rechtsverhältnis zwischen Emittent und Emissionsunternehmen stellt bei der Festübernahme eine Verpflichtung zum Abschluss eines korporationsrechtlichen Vertrags auf Zeichnung mit der Aktiengesellschaft selbst dar.[606] Dieser ist von der späteren Zeichnung der Aktien zu unterscheiden. Die Zeichnung der Aktien fällt als Wesensmerkmal der Kapitalgesellschaft in den Regelungsbereich des Art. 5.[607] Daher ist für die Zeichnung stets das nationale Recht des Sitzstaates der SE ergänzend anzuwenden. Anders ist das bei der Festübernahme der Aktien. Es handelt sich hier um ein Schuldverhältnis, mit dem die Gesellschaft die Dienste eines Dritten in Anspruch nimmt. Es handelt sich daher nicht um einen rein gesellschaftsrechtlichen Vorgang, der zu den ureigensten Regelungsgegenständen der Verordnung gezählt werden kann.[608]

Generell würde zwar die Einbeziehung dieser Fragen in den Regelungsbereich die Rechtssicherheit bezüglich der Frage des anwendbaren Rechts in grenzüberschreitenden Sachverhalten erhöhen, jedoch ist dies nicht Sinn und Zweck der Verweisung. Das nationale Recht ist nur dort anzuwenden, wo die vom Verordnungsgeber gewollte Regelung der SE-VO unvollständig ist.[609] Es muss der Wille des Verordnungsgebers berücksichtigt werden, bestimmte Fragen in der SE-VO zu regeln und andere nicht. Der Vorteil der Einfachheit der Bestimmung des anwendbaren Rechts darf keine Berücksichtigung finden.[610] Auch in den Verordnungsvorentwürfen waren nur rein gesellschaftsrechtliche Fragen geregelt.

---

606 Näher dazu *Hopt*, in: FS für Kellermann, S. 181, 189.

607 Siehe oben, Teil 5 B IV 1, S. 139 ff.

608 Umfassend zur Bestimmung des Regelungsbereichs siehe oben, Teil 1 C, S. 11. Vgl. dazu die Problematik bei der Ausgabe von Schuldverschreibungen; siehe unten, Teil 6, S. 203 ff.

609 Siehe oben, Teil 1 B, S. 9 ff.

610 Vgl. *Brandt/Scheifele*, DStR 2002, 547, 549.

Das für das Rechtsverhältnis zwischen Emissionsunternehmen und SE anwendbare Recht ist daher unter Einbeziehung des internationalen Privatrechts zu ermitteln.[611]

b) Rechtsverhältnis zwischen Emissionsunternehmen und Aktionär

Bei Festübernahme der Aktien ist nur das Emissionsunternehmen der Zeichner der Aktien i.S. des § 185 AktG und damit auch Schuldner der Einlagen. Der Emissionsvertrag verpflichtet das Emissionsunternehmen jedoch die neuen Aktien den Aktionären anzubieten. Zwischen dem Emissionsunternehmen und den Aktionären kommt bei Annahme des Angebots ein Kaufvertrag zustande.[612] Dieser Vertrag kann ebenfalls nicht als rein gesellschaftsrechtlich beurteilt werden. Mangels Zugehörigkeit zum Regelungsbereich kommt hier nicht ergänzend über Art. 5 das Recht des Sitzstaates der SE zur Anwendung, sondern das anwendbare Recht ist über die Grundsätze des internationalen Privatrechts zu bestimmen.

c) Bekanntmachung

Das Bezugsangebot des Emissionsunternehmens ist unter Angabe des für die Aktien zu leistenden Entgelts und einer für die Annahme des Angebots gesetzlichen Frist in den Gesellschaftsblättern bekannt zu machen (§ 186 Abs. 5 S. 2 AktG iVm. Art. 5).[613] Die Bekanntmachung ist Bestandteil der Geschäftsführung und muss daher in der dualistisch strukturierten SE vom Leitungsorgan vorgenommen werden (Art. 39 Abs. 1).[614] In der monistisch strukturierten SE hat nach der Generalklausel des § 22 Abs. 6 SEAG-RegE grundsätzlich der Verwaltungsrat das Bezugsangebot des Emissionsunternehmens in den Gesellschaftsblättern bekannt zu machen (Art. 5 iVm. § 186 Abs. 5 S. 2 AktG, § 22 Abs. 6 SEAG-RegE).

---

611 Dazu *Hopt*, in: FS für Lorenz, S. 413, 414 ff.; MünchKommIPR/*Martiny* Art. 28 Rn. 137 ff.

612 *Hefermehl/Bungeroth*, in: Geßler/Hefermehl, AktG, § 186 Rn. 169 ff.; *Hüffer*, AktG, § 186 Rn. 50 ff.

613 Zur Bekanntmachung siehe oben, Teil 5 B VII 2, S. 153 f.

614 Vgl. *Hüffer*, AktG, § 186 Rn. 52.

5. Zusammenfassung

Die Aktionäre der SE haben gemäß Art. 5 iVm. § 186 Abs. 1 Abs. 1 AktG ein Bezugsrecht. Das Leitungsorgan oder der Verwaltungsrat (§ 22 Abs. 6 SEAG-RegE) hat gemäß Art. 5 iVm. § 186 Abs. 2 AktG den Ausgabebetrag und eine Ausübungsfrist (§ 186 Abs. 1 AktG) in den Gesellschaftsblättern bekannt zu machen.

Für den Ausschluss des Bezugsrechts ist die Hauptversammlung gemäß Art. 52 Unterabs. 2 iVm. § 186 Abs. 3 S. 1 AktG zuständig. Gemäß Art. 59 Abs. 1 a.E. iVm. § 186 Abs. 3 S. 2 AktG iVm. SE-spezifischer Auslegung ist dafür ein Hauptversammlungsbeschluss mit einer Mehrheit von mindestens drei Vierteln der abgegeben Stimmen erforderlich. In der Satzung der SE können nach Art. 59 Abs. 1 a.E. iVm. § 186 Abs. 3 S. 3 HS. 1 AktG iVm. SE-spezifischer Auslegung nur größere Stimmenmehrheiten bestimmt werden. § 186 Abs. 3 S. 3 HS. 2 AktG findet keine ergänzende Anwendung auf die SE. Ferner kann keine Regelung im Sinne des § 51 S. 1 SEAG-RegE in der Satzung getroffen werden. Ist für die Kapitalerhöhung ein Sonderbeschluss nach Art. 60 erforderlich, so gelten wegen der Einheit der Beschlüsse die Mehrheitserfordernisse des Bezugsrechtsausschlusses auch für den Sonderbeschluss (vgl. Art. 60 Abs. 2).

Der geplante Bezugsrechtsausschluss ist gemäß Art. 5 iVm. § 186 Abs. 4 S. 1 AktG und Art. 53 iVm. § 124 Abs. 1 AktG in den Gesellschaftsblättern bekannt zu machen. Gemäß Art. 5 iVm. § 186 Abs. 4 S. 2 AktG muss der Hauptversammlung vom Leitungsorgan bzw. vom Verwaltungsrat (§ 22 Abs. 6 SEAG-RegE) ein schriftlicher Bericht über den Grund für den teilweisen oder vollständigen Ausschluss des Bezugsrechts vorgelegt werden. Über Art. 5 sind die von der Rechtsprechung zum Aktiengesetz entwickelten Grundsätze zur materiellen Rechtfertigung des Bezugsrechtsausschlusses auf die SE anzuwenden. § 186 Abs. 5 AktG gilt über Art. 5 auch für die SE.

C. Bedingte Kapitalerhöhung (Art. 5 iVm. §§ 192 bis 201 AktG)

Die bedingte Kapitalerhöhung dient der bedarfsabhängigen Kapitalbeschaffung. Sie soll nur insoweit durchgeführt werden, wie von einem Umtausch oder Bezugsrecht auf die neuen Aktien Gebrauch gemacht wird (vgl. § 192 Abs. 1 AktG). Obwohl sie in den Vorentwürfen (Sanders-Vorentwurf, SE-VOV 1970, 1975 und 1989) nicht vorgesehen war, sind die Vorschriften des Aktiengesetzes über die bedingte Kapitalerhöhung aufgrund der Verweisung des Art. 5 auf das nationale Recht auch für die SE grundsätzlich anwendbar.[615]

Problematisch ist auch hier wieder die Reichweite der Verweisungsvorschrift Art. 5. Da dem Sitzstaatrecht nur eine Ergänzungsfunktion zukommt, kann es nur dann Anwendung finden, wenn die SE-VO den Sachverhalt nicht bereits abschließend regelt. Ferner ist zu untersuchen, ob das Aktiengesetz gegebenenfalls einer SE-spezifischen Auslegung bedarf.

I. Zulässiger Zweck

Die bedingte Kapitalerhöhung ist nur zu den in § 192 Abs. 2 Nr. 1 bis 3 AktG festgelegten Zwecken möglich. Die in § 192 Abs. 2 Nr. 1 bis 3 AktG aufgezählten Zwecke der bedingten Kapitalerhöhung sind grundsätzlich auch bei der SE erfüllbar, daher steht dies einer Anwendbarkeit nicht entgegen.[616]

1. Stock Options im monistischen System

Unklar ist jedoch die Auslegung des Begriffs „Mitglieder der Geschäftsführung“ im Rahmen des § 192 Abs. 2 Nr. 3 AktG bei einer monistisch strukturierten SE. Nach § 192 Abs. 2 Nr. 3 AktG kann eine Kapitalerhöhung zur Gewährung von Bezugsrechten an Mitglieder der Geschäftsführung der Gesellschaft beschlossen werden. Darunter werden bei Aktiengesellschaften grundsätzlich nur Mitglieder des Vorstandes im Sinne des §§ 76 ff., 94 AktG verstanden. Die bedingte Kapitalerhöhung darf daher nicht erfolgen, um Aufsichtsratsmitglieder der Gesellschaft Bezugsrechte zu gewähren.[617]

---

[615] Bereits Art. 42 Abs. 2 SE-VOV 1991 sollte der SE die Möglichkeit geben, die Erhöhung des Kapitals nach sämtlichen den Aktiengesellschaften des Sitzstaates gebotenen Verfahren vorzunehmen; dazu bereits oben, Teil 5 A, S. 117.

[616] Zur Ausgabe von Wandelschuldverschreibungen siehe unten, Teil 6, S. 203 ff.

[617] *Hüffer*, AktG, § 192 Rn. 19 ff.; MünchHdb. GesR IV/*Krieger* § 63 Rn. 31.

In der monistisch strukturierten SE stellt sich die Frage, wer unter „Mitglieder der Geschäftsführung" verstanden werden kann. Nach Art. 43 Abs. 1 führt der Verwaltungsrat die Geschäfte der SE. Er leitet die Gesellschaft, bestimmt die Grundlinien ihrer Tätigkeit und überwacht deren Umsetzung (§ 22 Abs. 1 SEAG-RegE). Daneben ist nach § 40 Abs. 1 S. 1 SEAG-RegE mindestens ein geschäftsführender Direktor zu bestellen, der die laufenden Geschäfte der SE führt.[618] Dementsprechend könnten sowohl die Mitglieder des Verwaltungsrates als auch die geschäftsführenden Direktoren als „Mitglieder der Geschäftsführung" nach § 192 Abs. 3 Nr. 3 AktG verstanden werden.

Jedoch sollen nach § 40 Abs. 7 SEAG-RegE die §§ 87 bis 89 AktG für die geschäftsführenden Direktoren entsprechend gelten. Somit sind die Vorschriften für Gewinnbeteiligung und Ausgestaltung der Bezüge des AktG, die für Vorstandsmitglieder gelten, auf die geschäftsführenden Direktoren anzuwenden. Die Funktion des Aufsichtsrates übernimmt dabei der Verwaltungsrat (§ 22 Abs. 6 SEAG-RegE).[619] Dementsprechend können nach der Konzeption des SEAG-RegE nur die geschäftsführenden Direktoren Begünstigte i.S. des § 192 Abs. 2 Nr. 3 AktG sein.

Der Gesetzgeber gelangt damit zu einer problemlosen Anknüpfung des Ausführungsgesetzes an die Vorschriften des Aktiengesetzes. Eine Einbeziehung der (nichtgeschäftsführenden)[620] Mitglieder des Verwaltungsrates würde zu Problemen führen, die schon bei der Diskussion um die Einbeziehung des Aufsichtsrates in die Regelung des § 192 Abs. 2 Nr. 3 AktG im Rahmen des KonTraG diskutiert wurden. Dort wurde von der Einbeziehung des Aufsichtsrates abgesehen, um die Festsetzung der von der Hauptversammlung im Rahmen des Kapitalerhöhungsbeschlusses der Verwaltung zugewiesenen Detailregelungen nicht in die Hände eines selbst betroffenen Aufsichtsrates zu legen.[621] Nach der Konzeption des Aktiengesetzes bestünde dann bei Einbeziehung des Verwaltungsrates die Gefahr der Befangenheit desselben, soweit es um die Festsetzung der eigenen Bezüge geht. Letztlich ist die vom Gesetzgeber im SEAG-RegE vorgegebene Lösung damit die einzige Möglichkeit das

---

618 Näher dazu siehe unten, Teil 5 D IV 1 b, S. 180 ff.

619 Vgl. SEAG-RegE, Begründung, S. 98.

620 Nach § 40 Abs. 1 S. 2 SEAG-RegE können Mitglieder des Verwaltungsrates zu geschäftsführenden Direktoren bestellt werden. Diese könnten dann selbstverständlich nach § 193 Abs. 2 Nr. 3 AktG bei Aktienoptionsprogrammen berücksichtigt werden.

621 Vgl. RegE KonTraG, BT-Drs. XIII/9712, S. 23 f.; *Hüffer*, ZHR 161 (1997), 214, 244; *Michel*, Stock Options in Deutschland, Diss. Würzburg, 1999, S. 118 ff.; *Weiß*, WM 1999, 353, 357.

monistische System mit dem Aktiengesetz in diesem Bereich zu verknüpfen, ohne eine völlige Umgestaltung der nationalen Vorschriften vorzunehmen.

Ob eine Differenzierung, wie sie nach dem SEAG-RegE getroffen wurde, sinnvoll ist, erscheint jedoch zunächst zweifelhaft. Der wesentliche Zweck von Stock Options für Führungskräfte ist die gezielte Steigerung der Ertrags- und Wettbewerbsfähigkeit und damit auch die Förderung der Interessen der Aktionäre sowie die Erleichterung der Inanspruchnahme des Kapitalmarktes. Durch die Überlassung von Stock Options sollen die Führungskräfte motiviert werden, ihr Handeln am dauerhaften Erfolg und einer entsprechenden Kurs- und Wertsteigerung des Unternehmens auszurichten, weil sie hieran über Stock Options unmittelbar beteiligt sind.[622] Die Leitungsverantwortung im Sinne der Letztverantwortung für die Unternehmenspolitik und die strategischen Entscheidungen liegen jedoch beim Verwaltungsrat.[623] Es erscheint daher vom Sinn und Zweck der Aktienoptionsprogramme angebracht, die Mitglieder des Verwaltungsrates in den § 192 Abs. 2 Nr. 3 AktG mit einzubeziehen und ihnen die Beteiligung an Aktienoptionsprogrammen zu ermöglichen.

Allerdings bestünde dann durch die Beteiligung der (nichtgeschäftsführenden) Mitglieder des Verwaltungsorgans die Gefahr von Interessenskonflikten. Verfolgen die (nichtgeschäftsführenden) Mitglieder des Verwaltungsorgans durch die Beteiligung an den Aktienoptionsprogrammen gleichgerichtete monetäre Interessen wie die geschäftsführenden Direktoren, dann haben sie keinen Anreiz in missbrauchanfälligen Situationen ein Gegengewicht zu bilden.[624] Um die Unabhängigkeit der non-executive directors zu sichern, wird auch in Großbritannien eine Beteiligung dieser Geschäftsführungsmitglieder an Aktienoptionsprogrammen abgelehnt. Die non-executive directors sollen vielmehr entsprechend der aufzuwendenden Zeit vergütet werden.[625] Der SEAG-RegE entspricht insoweit den Corporate Governance Reformen bei monistisch strukturierten Aktiengesellschaften und ist daher nicht zu beanstanden.

Zu beachten ist jedoch, dass auch Mitglieder des Verwaltungsrates zu geschäftsführenden Direktoren bestellt werden können (vgl. § 40 Abs. 1

---

622 *Kohler*, ZHR 161 (1997), 246, 254; *Kallmeyer*, AG 1999, 97, 98.

623 Vgl. SEAG-RegE, Begründung, S. 91; *Neye/Teichmann*, AG 2003, 169, 277.

624 *Schiessl*, ZHR 167 (2003), 235, 244.

625 Combined Code on Corporate Governance, 2003, section 1, B.1.; Directors Renumeration – Report of a Study Group ("Greenbury Committee"), 1995, Nr. 4.13.; Report of the Committee on Financial Aspects of Corporate Governance („Cadbury Committe"), 1992, Nr. 4.13.

S. 2 SEAG-RegE), die dann Begünstigte von Aktienoptionen i.S. des § 193 Abs. 2 Nr. 3 AktG sein können. Nach § 22 Abs. 6 SEAG-RegE hat der Verwaltungsrat die Aufgaben des Aufsichtsrates nach § 87 AktG zu erfüllen und ist daher auch für die Festsetzung der Bezüge und für die nähere Ausgestaltung und Zuteilung der von der Hauptversammlung genehmigten Stock Options zuständig. Bei der Entscheidung über die Festsetzung der Bezüge der eigenen Organmitglieder bestünde dann die Gefahr der Entstehung von Interessenskonflikten.[626] Daher wird in Großbritannien zur Festsetzung der Bezüge der executive directors, deren Bestandteil Aktienoptionsprogramme bilden können, die Einrichtung eines remuneration Committees empfohlen, dass sich ausschließlich aus unabhängigen non-executive directors zusammensetzt. Dieses hat die Bezüge der executive directors festzusetzen.[627]

Es empfiehlt sich daher zur Vermeidung von Interessenskonflikten die Festsetzung der Bezüge der geschäftsführenden Direktoren einem Ausschuss des Verwaltungsrates zu übertragen, der aus unabhängigen nichtgeschäftsführenden Mitgliedern des Verwaltungsrates besteht. Hierfür bietet sich eine entsprechende Regelung im Corporate Governance Codex an.

2. Zwischenergebnis

Die bedingte Kapitalerhöhung ist nach Art. 5 iVm. § 192 Abs. 2 Nr. 1 bis 3 AktG zu den dort bestimmten Zwecken möglich. „Mitglieder der Geschäftsführung“ nach § 192 Abs. 2 Nr. 3 AktG bei einer monistisch strukturierten SE sind die geschäftsführenden Direktoren (vgl. § 40 Abs. 7 SEAG-RegE). Eine Beteiligung der (nichtgeschäftsführenden) Mitglieder des Verwaltungsrates an Aktienoptionsprogrammen ist nach der Konzeption des SEAG-RegE nicht möglich und auch im Hinblick auf die Überwachungsfunktion des Verwaltungsrates abzulehnen. Für börsennotierte SE wird die Einrichtung eines Ausschusses des Verwaltungsrates zur Festsetzung der Bezüge der geschäftsführenden Direktoren empfohlen, der mit unabhängigen nichtgeschäftsführenden Mitgliedern besetzt sein muss.

---

626 Vgl. Directors Renumeration – Report of a Study Group ("Greenbury Committee"), 1995, Nr. 4.3.; vgl. dazu *Kohler*, ZHR 161 (1997), 246, 265.

627 Directors Renumeration – Report of a Study Group ("Greenbury Committee"), 1995, Nr. 1.12 u. Nr. 4.3.

II. Kapitalerhöhungsbeschluss

Die bedingte Kapitalerhöhung ist eine Satzungsänderung,[628] daher ist gemäß Art. 52 Buchst. a, Art. 59 Abs. 1 ein Beschluss der Hauptversammlung erforderlich. Gemäß Art. 59 Abs. 1 iVm. § 193 Abs. 1 S. 1 AktG iVm. SE-spezifischer Auslegung bedarf dieser einer Mehrheit von mindestens drei Vierteln der abgegebenen Stimmen.[629]

Auch hier besteht für die SE über Art. 59 Abs. 1 a.E. Satzungsautonomie bezüglich der satzungsmäßigen Bestimmung größerer Mehrheiten, wenn das Recht des Sitzstaates dies zulässt. Nach § 193 Abs. 1 S. 2 HS. 1 AktG können durch Satzung nur größere Mehrheiten als die nach § 193 Abs. 1 S. 1 erforderliche Dreiviertelmehrheit festgesetzt werden. Die Begrenzung der Satzungsautonomie durch Art. 59 Abs. 1 a.E. ist insoweit ohne Bedeutung.[630] Die Satzung der SE kann daher nach Art. 59 Abs. 1 a.E. iVm. § 193 Abs. 1 S. 2 HS. 1 AktG nur ein größeres Mehrheitserfordernis als drei Viertel der abgegebenen Stimmen bestimmen. Weitere Erfordernisse können in der Satzung der SE mangels Satzungsautonomie nicht bestimmt werden.[631] § 193 Abs. 1 S. 2 HS. 2 AktG kann keine ergänzende Anwendung finden.

Eine Regelung, wonach die einfache Stimmenmehrheit ausreicht, sofern mindestens die Hälfte des Grundkapitals vertreten ist (§ 51 S. 1 SEAG-RegE), kann für die bedingte Kapitalerhöhung in der Satzung nicht bestimmt werden.[632] Dies ist aufgrund der Regelung des Aktiengesetzes in § 193 Abs. 1 S. 2 AktG ausgeschlossen, die zwingend eine größere Mehrheit vorschreibt (vgl. § 51 S. 2 SEAG-RegE).

Sind mehrere Gattungen von Aktien vorhanden, so ist gegebenenfalls ein Sonderbeschluss nach Art. 60 erforderlich. Die Anwendung des § 182 Abs. 2 AktG, auf den § 193 Abs. 1 S. 3 AktG verweist, ist aufgrund der abschließenden Regelung des Art. 60 ausgeschlossen.[633] § 187 Abs. 2 findet über § 193 Abs. 1 S. 3 iVm. Art. 5 Anwendung. Inhaltlich sind die Angaben des § 193 Abs. 2 AktG zwingend erforderlich.[634]

---

[628] Siehe oben, Teil 5 B I 1, S. 118 f.
[629] Siehe oben, Teil 5 B I 2 a, S. 119 ff.
[630] Siehe oben, Teil 5 B VII 3 a bb (2), S. 157 f.
[631] Siehe oben, Teil 5 B I 2 b, S. 129 ff.
[632] Siehe oben, Teil 5 B I 2 c, S. 133 f.
[633] Siehe oben, Teil 5 B I 3, S. 134 f.
[634] Ausführlich zum Inhalt MünchHdb. GesR IV/*Krieger* § 57 Rn. 14 ff.

III. Anmeldung des Beschlusses

Im dualistischen System haben Leitungsorgan und Vorsitzender des Aufsichtsorgans den Beschluss über die bedingte Kapitalerhöhung in das Handelsregister anzumelden (§ 195 AktG).[635] Im monistischen System haben gemäß §§ 22 Abs. 6, 40 Abs. 2 S. 4 SEAG-RegE der Vorsitzende des Verwaltungsrates und die geschäftsführenden Direktoren gemeinsam die Anmeldung zur Eintragung nach Art. 5 iVm. § 195 AktG vorzunehmen.[636]

IV. Bezugsrechte

Bei der bedingten Kapitalerhöhung besteht kein gesetzliches Bezugsrecht der Aktionäre. Wer bezugsberechtigt sein soll, ergibt sich aus dem im Kapitalerhöhungsbeschluss festgesetzten Zweck der bedingten Kapitalerhöhung. Die Bezugsrechte müssen jedoch durch eine Vereinbarung zwischen dem Berechtigten und der Gesellschaft rechtsgeschäftlich begründet werden. Es handelt sich hier um einen einseitig die Gesellschaft verpflichtenden Vorvertrag auf Abschluss eines Zeichnungsvertrages.[637] Das Bezugsrecht wird durch die Erklärung ausgeübt, die neuen Aktien erwerben zu wollen (Art. 5 iVm. § 198 Abs. 1 S. 1 AktG). Die Bezugserklärung führt dabei unmittelbar zum Zustandekommen des Zeichnungsvertrags.[638] Aufgrund des Zeichnungsvertrags ist die SE zur Ausgabe der Bezugsaktien und der Zeichner zur Erbringung der Gegenleistung verpflichtet.[639]

V. Ausgabe der Bezugsaktien

Die Ausgabe der Bezugsaktien im Sinne des § 199 AktG ist der rechtliche Tatbestand, der das in der Aktienurkunde verbriefte Mitgliedschaftsrecht und die damit korrespondierenden Verpflichtungen der Gesellschaft entstehen lässt.[640] Die Ausgabe stellt daher eine Maßnahme der Durchführung der bedingten Kapitalerhöhung und damit grundsätzlich eine Maßnahme der Geschäftsführung dar.[641]

---

[635] Näher dazu MünchHdb. GesR IV/*Krieger* § 57 Rn. 24 ff.

[636] Zur Aufgabenverteilung im monistischen System siehe oben, Teil 5 B V 4, S. 147 ff.

[637] *Lutter*, in: Kölner Kommentar zum AktG, § 197 Rn. 3; MünchHdb. GesR IV/*Krieger* § 57 Rn. 27.

[638] Zum Zeichnungsvertrag siehe oben, Teil 5 B IV 1, S. 139 ff.

[639] MünchHdb. GesR IV/*Krieger* § 57 Rn. 32 ff.

[640] *Hüffer*, AktG, § 199 Rn. 2; *Lutter*, in: Kölner Kommentar zum AktG, § 199 Rn. 3 ff.

[641] *Lutter*, in: Kölner Kommentar zum AktG, § 199 Rn. 5.

Im dualistischen System übernimmt das Leitungsorgan die Aufgaben, die im Aktiengesetz dem Vorstand zugewiesen sind. Zuständig für die Ausgabe der Aktien einer dualistisch strukturierten SE ist daher das Leitungsorgan (Art. 5 iVm. § 199 Abs. 1 AktG). In einer monistisch strukturierten SE sind die Aufgaben, die der Vorstand oder der Aufsichtsrat wahrnehmen, grundsätzlich dem Verwaltungsrat als dem für die Leitung der SE verantwortlichen Organ zugewiesen (§ 22 Abs. 6 SEAG-RegE). Diesem obliegt damit grundsätzlich die Ausgabe der Aktien nach Art. 5 iVm. § 199 Abs. 1 AktG, § 22 Abs. 6 SEAG-RegE.

Sie kann nicht vor Eintragung des Kapitalerhöhungsbeschlusses erfolgen (Art. 5 iVm. § 197 S. 1 AktG). Die Aktien dürfen nur in Erfüllung des im Beschluss festgesetzten Zwecks und nicht vor Leistung des vollen Gegenwerts ausgegeben werden (§ 199 Abs. 1 AktG). Bei Wandelschuldverschreibungen sind die besonderen Voraussetzungen des § 199 Abs. 2 AktG zu beachten.[642]

VI. Wirksamwerden der Kapitalerhöhung

Die Frage der Wirksamkeit der Kapitalmaßnahmen richtet sich über Art. 5 nach dem Sitzstaatrecht.[643] Danach wird die bedingte Kapitalerhöhung mit jeder Ausgabe der Bezugsaktien wirksam (§ 200 AktG). Die Eintragung der Ausgabe nach § 201 AktG hat nur noch deklaratorische Bedeutung.[644]

VII. Anmeldung der Aktienausgabe

Nach Art. 5 iVm. § 201 Abs. 1 AktG hat in einer dualistisch strukturierten SE das Leitungsorgan binnen eines Monats nach Ablauf des Geschäftsjahres zur Eintragung in das Handelsregister anzumelden, in welchem Umfang im abgelaufenen Geschäftsjahr Bezugsaktien ausgegeben worden sind. Die in § 201 Abs. 2 AktG bezeichneten Unterlagen sind einzureichen und eine Erklärung nach § 201 Abs. 3 AktG abzugeben.

Bei der monistisch strukturierten SE ist dies gemäß Art. 5 iVm. §§ 201 Abs. 1 AktG, 40 Abs. 2 S. 4 SEAG-RegE von den geschäftsführenden Direktoren vorzunehmen.

---

642 Näher dazu *Frey*, in: Großkommentar zum AktG, § 199 Rn. 38 ff.; *Hüffer*, AktG, § 199 Rn. 10 ff.; MünchHdb. GesR IV/*Krieger* § 57 Rn. 40 ff.

643 Siehe oben, Teil 5 VI 2, S. 151.

644 *Hüffer*, AktG, § 202 Rn. 2; *Lutter*, in: Kölner Kommentar zum AktG, § 201 Rn. 2; MünchHdb. GesR IV/*Krieger* § 57 Rn. 46.

VIII. Vornahme der Satzungsänderung

Mit der Ausgabe der Aktien ist das Grundkapital erhöht. Mit der Eintragung nach § 201 AktG ist dies aus dem Handelsregister ersichtlich, nicht aber aus dem Text der Satzung. Spätestens am Ende der Bezugsfrist sollte daher auch im Satzungstext dokumentiert werden, dass statt eines bedingten Kapitals nunmehr ein erhöhtes Grundkapital besteht.[645] Die Fassungsänderung ist nach Art. 52 Buchst. a, Art. 59 von der Hauptversammlung zu beschließen und gemäß Art. 59 Abs. 3, Art. 13 iVm. § 3 SEAG-RegE, § 181 AktG vom Leitungsorgan bzw. von den geschäftsführenden Direktoren (§ 40 Abs. 2 S. 4 SEAG-RegE) in das Handelsregister zur Eintragung anzumelden.

In ergänzender Anwendung des § 179 Abs. 1 S. 2 AktG über die Generalverweisung des Art. 9 Abs. 1 Buchst. c Ziffer ii kann das Aufsichtsorgan der SE zur Änderung des Satzungstextes ermächtigt werden.[646] Im monistischen System kann diese Aufgabe entsprechend der Zuweisung der Rechte und Pflichten des Aufsichtsrates an den Verwaltungsrat nach § 22 Abs. 6 SEAG-RegE dem Verwaltungsrat übertragen werden.[647]

---

645 *Lutter*, in: Kölner Kommentar zum AktG, § 201 Rn. 3; MünchHdb. GesR IV/*Krieger* § 57 Rn. 48 ff.

646 Siehe oben, Teil 5 B I 5, S. 136 f. Zur Möglichkeit der Übertragung der Befugnis *Lutter*, in: Kölner Kommentar zum AktG, § 201 Rn. 3; MünchHdb. GesR IV/*Krieger* § 57 Rn. 49.

647 Siehe oben, Teil 5 B I 5, S. 136 f.

D. Kapitalerhöhung aus genehmigtem Kapital (Art. 5 iVm. §§ 202 bis 206 AktG)

Die Änderung des Grundkapitals ist eine Satzungsänderung und gehört danach grundsätzlich zum Zuständigkeitsbereich der Hauptversammlung.[648] Sinn und Zweck der Figur des genehmigten Kapitals ist jedoch, dass das geschäftsführende Organ zum bestmöglichen Zeitpunkt schnell und flexibel neues Eigenkapital beschaffen kann, ohne vorher ein Hauptversammlungsbeschluss herbeigeführt zu haben. Damit erlangt die Gesellschaft eine größere Flexibilität bei der Finanzierung.[649]

Nach dem Aktiengesetz kann der Vorstand durch die Satzung zur Erhöhung des Grundkapitals ermächtigt werden (vgl. § 202 Abs. 1 und 2 AktG). Die Satzungsautonomie der SE richtet sich, soweit die SE-VO selbst keine abschließende Regelung trifft, nach dem Sitzstaatrecht (vgl. Art. 9 Abs. 1 Buchst. b und Buchst. c Ziffer iii).[650] Da die SE-VO im Bereich der Kapitalmaßnahmen über Art. 5 auf das Recht des Sitzstaates verweist, richtet sich die Zulässigkeit der Ermächtigung der Verwaltung durch die Satzung ausschließlich nach dem Aktienrecht. Daher kann die Verwaltung der SE durch die Satzung zur Erhöhung des Grundkapitals nach Art. 5 iVm. 202 Abs. 1 und Abs. 2 AktG ermächtigt werden. Im Einzelnen bleibt jedoch fraglich, welche Vorschriften des Aktiengesetzes über die genehmigte Kapitalerhöhung (§§ 202 bis 206 AktG) von der Verweisung des Art. 5 erfasst sind.

I. Ermächtigung in der Satzung

Gemäß Art. 5 iVm. § 202 Abs. 1 kann das geschäftsführende Organ bereits in der Gründungssatzung zur Kapitalerhöhung ermächtigt werden.[651] Zuständig dafür sind bei Verschmelzung, Gründung einer Holding-SE und Gründung einer Tochter-SE die Leitungsorgane der Gründungsgesellschaften (Art. 20 Abs. 1 Buchst. h; Art. 32 Abs. 2 iVm. Art. 20 Abs. 1 Buchst. h; Art. 15 Abs. 1 iVm. §§ 2, 28 AktG), bei Gründung einer SE durch Umwandlung in ergänzender Anwendung der

---

[648] Siehe oben, Teil 5 B I 1, S. 118 f.

[649] *Hüffer*, AktG, § 202 Rn. 2; *Lutter*, in: Kölner Kommentar zum AktG, Vor § 202 Rn. 1.

[650] Siehe oben, Teil 4 A II 1, S. 84 f.

[651] Vgl. Art. 25 Abs. 2 Zweite RiL.

§§ 245, 243 Abs. 1, 218 Abs. 1 UmwG die für die Umwandlung stimmenden Aktionäre.[652]

II. Nachträgliche Ermächtigung

1. Zuständigkeit der Hauptversammlung

Die Befugnis zur Erhöhung des Gesellschaftskapitals kann der Verwaltung einer SE mit Sitz in Deutschland durch Satzungsregelung erteilt werden (Art. 5 iVm. § 202 Abs. 2 AktG).[653] Soweit nicht bereits in der Gründungssatzung ein genehmigtes Kapital vorgesehen wurde, stellt die nachträgliche Ermächtigung eine Änderung der Satzung dar, für die nach Art. 52 Buchst. a, Art. 59 Abs. 1 grundsätzlich die Hauptversammlung zuständig ist. Zuständig für die nachträgliche Ermächtigung ist somit gemäß Art. 5 iVm. § 202 Abs. 2 AktG, Art. 52 Buchst. a, Art. 59 Abs. 1 die Hauptversammlung der SE.[654]

2. Ermächtigungsbeschluss

Wie bereits oben festgestellt wurde, stellen die Art. 57 und 59 eine abschließende Regelung für die Mehrheitserfordernisse innerhalb der SE-VO dar.[655] Die Mehrheitserfordernisse des § 202 Abs. 2 S. 2 und 3 AktG können somit über Art. 5 keine Anwendung für den Ermächtigungsbeschluss der Hauptversammlung finden. Das Mehrheitserfordernis für den Ermächtigungsbeschluss richtet sich grundsätzlich nach den Vorschriften der SE-VO (Art. 57 und Art. 59).

Auch wenn die Ermächtigung der Verwaltung durch die Hauptversammlung nach der Systematik des europäischen Rechts nicht zwingend eine Satzungsänderung ist (vgl. Art. 2, 3 und 25 Abs. 2 Zweite RiL), müssen dafür jedenfalls dieselben Mehrheitserfordernisse gelten, wie für den Kapitalerhöhungsbeschluss selbst, da der Ermächtigungsbeschluss prak-

---

[652] Zur ergänzenden Anwendung der Vorgaben des UmwG bei der Aufstellung des Umwandlungsplans *Neun*, in: Theisen/Wenz, Die Europäische Aktiengesellschaft, S. 51, 157; a.A. *Schindler*, Die Europäische Aktiengesellschaft, S. 39, der für eine sinngemäße Anwendung des Art. 20 Abs. 1 plädiert.

[653] Zur Satzungsautonomie in der SE siehe oben, Teil 5 D, S. 173.

[654] Vgl. Art. 25 Abs. 2 Zweite RiL, der die Zuständigkeit der Hauptversammlung zur Ermächtigung bei nationalen Aktiengesellschaften gemeinschaftsweit festlegt. Somit ist jedenfalls aufgrund des Verweises der SE-VO auf nationales Recht nach Art. 52 Unterabs. 2 die Zuständigkeit der Hauptversammlung der SE für den Ermächtigungsbeschluss ein gemeinschaftsweites Erfordernis.

[655] Siehe oben, Teil 5 B I 2 a aa, S. 120 ff.

tisch wie ein vorverlagerter Kapitalerhöhungsbeschluss der Hauptversammlung zu behandeln ist.[656]

Für die SE mit Sitz in Deutschland, wo nach Art. 5 iVm. § 202 Abs. 2 AktG die Ermächtigung nur durch Satzungsänderung erteilt werden kann, ist Art. 59 Abs. 1 unmittelbar anwendbar. Unter Berücksichtigung des nationalen Rechts bedarf der Ermächtigungsbeschluss daher gemäß Art. 59 Abs. 1 iVm. § 202 Abs. 2 S. 2 AktG iVm. SE-spezifischer Auslegung einer Mehrheit von mindestens drei Vierteln der abgegebenen Stimmen.[657]

Aufgrund der Berücksichtigung der im Sitzstaatrecht vorgesehenen Satzungsautonomie durch Art. 59 Abs. 1 a.E. kann die Satzung der SE eine größere Mehrheit als drei Viertel der abgegebenen Stimmen fordern (vgl. § 202 Abs. 2 S. 3 HS. 1 AktG). Nach Art. 59 Abs. 1 a.E. können keine Vorschriften des Sitzstaatrechts Anwendung finden, die die Bestimmung weiterer Erfordernisse durch die Satzung zulassen.[658] Die ergänzende Anwendung des § 202 Abs. 2 S. 3 HS. 2 AktG ist daher ausgeschlossen.

Die Bestimmung einer Regelung in der Satzung, wonach die einfache Stimmenmehrheit bei Anwesenheit von mindestens der Hälfte des Grundkapitals ausreicht (§ 51 S. 1 SEAG-RegE), ist aufgrund der Bestimmung des Aktiengesetzes nach § 202 Abs. 2 S. 3 HS. 1 AktG nicht möglich, da diese zwingend eine größere Mehrheit vorschreibt (§ 51 S. 2 SEAG-RegE).[659] Sind mehrere Gattungen von Aktien vorhanden, so ist gegebenenfalls ein Sonderbeschluss nach Art. 60 erforderlich. Die §§ 202 Abs. 2 S. 4, 182 Abs. 2 AktG finden über Art. 5 keine Anwendung.[660] Die Satzungsänderung ist gemäß Art. 59 Abs. 3, Art. 13 iVm. § 3 SEAG-RegE, § 181 Abs. 1 AktG im Handelsregister einzutragen.[661]

III. Schranken und Inhalt der Ermächtigung

Die Ermächtigung durch die Hauptversammlung muss auf einen bestimmten Nennbetrag lauten, welcher den Höchstbetrag darstellt, bis zu dem das Verwaltungsorgan das Kapital erhöhen kann. Der Nennbetrag des genehmigten Kapitals darf dabei die Hälfte des Grundkapitals, das

---

656 Vgl. Art. 43 Abs. 1 SE-VOV 1991; Art. 42 Abs. 1 SE-VOV 1975.

657 Siehe oben, Teil 5 B I 2 a, S. 119 ff.

658 Siehe oben, Teil 5 B I 2 b, S. 129 ff.

659 Siehe oben, Teil 5 B I 2 c, S. 133.

660 Siehe oben, Teil 5 B I 3, S. 133 f.

661 Ausführlich dazu siehe oben, Teil 5 B V, S. 144 ff.

zur Zeit der Ermächtigung vorhanden ist, nicht übersteigen.[662] Ferner muss die Satzung ausdrücklich die Dauer der Ermächtigung festlegen. Das geschäftsführende Organ der SE darf nach Art. 5 iVm. § 202 Abs. 1 AktG für höchstens fünf Jahre nach Eintragung der SE oder nach Art. 5 iVm. § 202 Abs. 2 S. 1 AktG für höchstens fünf Jahre nach Eintragung der Satzungsänderung ermächtigt werden, das Grundkapital zu erhöhen.[663] Gemäß Art. 5 iVm. § 202 Abs. 4 kann die Satzung der SE auch vorsehen, dass die neuen Aktien an Arbeitnehmer der Gesellschaft ausgegeben werden.[664]

IV. Ausübung der Ermächtigung

1. Beschluss des geschäftsführenden Organs

a) Dualistisches System

Nach § 202 Abs. 1 und 2 AktG wird der Vorstand der Aktiengesellschaft zur Erhöhung des Gesellschaftskapitals ermächtigt. Der Hauptversammlungsbeschluss schafft die rechtliche Grundlage für das Handeln des geschäftsführenden Organs. Die Durchführung der Kapitalerhöhung wird aufgrund der Ermächtigung zu einer Maßnahme der Geschäftsführung.[665] In der dualistisch strukturierten SE führt die Geschäfte der SE das Leitungsorgan in eigener Verantwortung (Art. 39 Abs. 1). Das geschäftsführende Organ der SE wird anders als im deutschen Sprachgebrauch als Leitungsorgan bezeichnet. Insoweit ist das Aktiengesetz in dem Sinne auszulegen, dass statt „Vorstand“ der Begriff „Leitungsorgan“ gelesen wird.[666] Gemäß Art. 5 iVm. § 202 Abs. 1 und 2 AktG kann somit das Leitungsorgan der SE zur Entscheidung über die Durchführung der Kapitalerhöhung ermächtigt werden.

---

662 Vgl. *Hüffer*, AktG, § 202 Rn. 12 ff.; *Lutter*, in: Kölner Kommentar zum AktG, § 202 Rn. 11 ff.

663 Näher dazu *Hüffer*, AktG, § 202 Rn. 11; *Lutter*, in: Kölner Kommentar zum AktG, § 202 Rn. 13.

664 Die Ausgabe der Aktien an die Arbeitnehmer ist ein gesetzlicher Rechtfertigungsgrund für den Ausschluss des Bezugsrechts, so dass eine konkrete Interessensabwägung nicht mehr erforderlich ist. Näher dazu *Hüffer*, AktG, § 202 Rn. 23 ff.; *Lutter*, in: Kölner Kommentar zum AktG, § 202 Rn. 25 ff.

665 *Hüffer*, AktG, § 202 Rn. 20; *Lutter*, in: Kölner Kommentar zum AktG, § 204 Rn. 17; MünchHdb. GesR IV/*Krieger* § 58 Rn. 24.

666 Zu den unterschiedlichen Begrifflichkeiten *Hirte*, NZG 2002, 1, 6; *Thoma/Leuering*, NJW 2002, 1449, 1451.

Fraglich ist, ob dem Leitungsorgan hierbei Bindungen durch die Hauptversammlung auferlegt werden können.[667] Aus der umfassenden Kompetenzzuweisung an die Hauptversammlung durch Art. 52 könnte sich eine Einschränkung der Geschäftsführungskompetenz des Leitungsorgans ergeben. Anders als beim Aufsichtsorgan (Art. 40 Abs. 1 S. 2) ist für die Hauptversammlung ein ausdrückliches Verbot der Geschäftsführung in Art. 52 nicht geregelt.[668]

Die Hauptversammlung beschließt nach Art. 52 über die Angelegenheiten, für die ihr durch diese Verordnung oder durch in Anwendung der Richtlinie 2001/86/EG erlassene Rechtsvorschriften des Sitzstaats der SE die alleinige Zuständigkeit übertragen wird. Geschäftsführungsmaßnahmen werden ihr danach nicht übertragen.

Allerdings beschließt die Hauptversammlung der SE auch in Angelegenheiten, für die der Hauptversammlung einer dem Recht des Sitzstaats der SE unterliegenden Aktiengesellschaft die Zuständigkeit entweder aufgrund der Rechtsvorschriften dieses Mitgliedstaats oder aufgrund der mit diesen Rechtsvorschriften in Einklang stehenden Satzung übertragen worden ist. Danach wäre grundsätzlich auch die Übertragung von Geschäftsführungskompetenzen auf die Hauptversammlung möglich, wenn das Recht des Sitzstaates das vorsieht.

In der Literatur wird daher diskutiert, ob sich bereits unmittelbar aus der SE-VO ein Verbot der Mitwirkung der Hauptversammlung an der Geschäftsführung ableiten lässt.[669] Für die ausschließliche Zuständigkeit des Leitungsorgans in Geschäftsführungsfragen spricht der in die SE-VO neu eingefügte Begriff „eigenverantwortlich" (vgl. Art. 39 Abs. 1). Aufgrund der Ähnlichkeit der Formulierungen mit § 76 AktG könnten dem Leitungsorgan grundsätzlich dieselben Befugnisse wie dem Vorstand der deutschen Aktiengesellschaft zugesprochen werden, nämlich die ausschließliche Zuständigkeit zur Leitung der SE. Damit sollte wohl die bei den vergangenen Vorentwürfen herrschende Unklarheit über die ausschließliche Zuständigkeit des Leitungsorgans gegenüber der Hauptver-

---

[667] Vgl. *Theisen/Hölzl*, in: Theisen/Wenz, Die Europäische Aktiengesellschaft, S. 247, 267.

[668] Näher zum Aufsichtsorgan siehe unten, Teil 5 D IV 2 a, S. 185 ff.

[669] Ausführlich dazu mit weiteren Argumenten *Brandt*, Die Hauptversammlung der SE, S. 86 ff.; bereits zum SE-VOV 1991 *Gutsche*, Die Eignung der SE, S. 74 ff.

sammlung entschieden werden.[670] Die Sprachfassungen sind diesbezüglich jedoch uneinheitlich.[671] Es verbietet sich daher, den Wortlaut der Bestimmung alleine zu betrachten, vielmehr sind weitere Auslegungskriterien zu berücksichtigen.[672]

Die Erwägungsgründe der SE-VO sprechen für die Auslegung des Art. 39 Abs. 1 im Sinne der Begründung einer eigenständigen Geschäftsführungskompetenz des Leitungsorgans, da sie eine einheitliche Leitung der SE voraussetzen.[673] Sind die Kompetenzen der Verwaltung einheitlich bestimmt, dann können die Kompetenzen der Hauptversammlung einheitlich negativ bestimmt werden. Für die eigenverantwortliche Leitungsmacht spricht auch die Systematik der SE-VO und des Art. 52. Primäre Rechtsquelle der SE ist die SE-VO. Daher ist die Hauptversammlung in erster Linie immer dann zuständig, wenn die Verordnung dies bestimmt (Art. 52 Buchst. a). Durch diese Regelung wird zugleich festgelegt, welche Kompetenzen der Hauptversammlung gerade nicht zustehen, nämlich diese, die von der SE-VO ausdrücklich einem anderen Organ zugewiesen sind.[674] Da die Geschäftsführung nach Art. 39 Abs. 1 dem Leitungsorgan zugewiesen ist, ergibt sich somit aus Art. 52 Buchst. a der Ausschluss der Hauptversammlung von der Geschäftsführung.

Daher ergibt sich bereits aus der SE-VO (Art. 39 Abs. 1, Art. 40 Abs. 1 S. 2, Art. 52 Buchst. a) eine strikte Trennung der Kompetenzen der Organe der SE.[675] Da der Hauptversammlung durch die SE-VO keine Mitwirkungskompetenz in Geschäftsführungsfragen zugewiesen wird, steht dem Leitungsorgan daher die ausschließliche Geschäftsführungskompe-

---

670 Vgl. dazu Stellungnahme des Gemeinsamen Arbeitsauschuss des BDI u.a. von 1989, S. 12; *Hommelhoff*, AG 1990, 422, 427; Stellungnahme des Gemeinsamen Arbeitsauschuss des BDI u.a. von 1991, S. 13; *Abeltshauser*, EWS 1991, 58, 62; *Leupold*, Die Europäische Aktiengesellschaft, S. 83; *Gutsche*, Die Eignung der SE, S. 74 ff.; *Jaeger*, Die Europäische Aktiengesellschaft, S. 114; *Trojan-Limmer*, RIW 1991, 1010, 1017; *Hemmelrath*, EU-Rechtshandbuch für die Wirtschaft, § 35 Rn. 83.

671 Vgl. die unterschiedlichen Sprachfassungen: UK „responsible for managing the SE"; I „la propria responsabilita"; F „est responsable de la guestion".

672 Vgl. *Bleckmann*, NJW 1982, 1177, 1180; *ders.*, Europarecht, Rn. 539 ff.

673 Erwägungsgrund 6 und 7.

674 Vgl. *Gutsche*, Die Eignung der SE, S. 104.

675 *Brandt*, Die Hauptversammlung der SE, S. 105 ff.; ebenso bereits zu SE-VOV 1991 *Gutsche*, Die Eignung der SE, S. 77 und 104.

tenz zu. Ihm werden dieselben Befugnisse wie dem Vorstand der deutschen Aktiengesellschaft zugesprochen.[676]

Von Bedeutung ist die einheitliche Bestimmung der Kompetenzen jedoch nur dann, wenn das Sitzstaatrecht Geschäftsführungskompetenzen für die Hauptversammlung vorsieht. Ohne eine zwingende Kompetenzordnung der SE-VO ließe sich die Zuständigkeit der Hauptversammlung in Geschäftsführungsmaßnahmen über die Verweisung der Regelung des Art. 52 Unterabs. 2 begründen. Das Aktiengesetz sieht jedoch grundsätzlich keine Beteiligung der Hauptversammlung an der Geschäftsführung vor. Die Hauptversammlung ist aufgrund der aktienrechtlichen Kompetenzabgrenzung (§§ 76 Abs. 1, 119 Abs. 2 AktG) auch nicht befugt den Vorstand anzuweisen, das genehmigte Kapital auszuschöpfen und eine Kapitalerhöhung tatsächlich durchzuführen.[677]

Daher entscheidet das Leitungsorgan der SE grundsätzlich eigenverantwortlich über die Ausgabe der neuen Aktien und die Durchführung der Kapitalerhöhung (Art. 5 iVm. § 202 Abs. 1 AktG, Art. 39 Abs. 1).[678] Die Hauptversammlung ist nicht berechtigt das Leitungsorgan anzuweisen oder eine Bindung aufzuerlegen.

Hat die SE ein mehrgliedriges Leitungsorgan, so sind die Mitglieder nur gemeinschaftlich zur Geschäftsführung befugt.[679] Für die Beschlussfassung im mehrgliedrigen Leitungsorgan gilt Art. 50. Ein einstimmiger Beschluss ist somit nicht erforderlich. Bei einem Quorum von der Hälfte der Mitglieder (Art. 50 Abs. 1 Buchst. a) ist eine Mehrheitsentscheidung mit einfacher Mehrheit ausreichend (Art. 50 Abs. 1 Buchst. b). Bei Stimmengleichheit entscheidet die Stimme des Vorsitzenden des Leitungsorgans (Art. 50 Abs. 2 S. 1). Diese Regelungen sind jedoch dispositiv. Die Satzung der SE kann anderweitige Bestimmungen festlegen (Art. 50 Abs. 1 und Abs. 2). Aufgrund der Regelung in der SE-VO findet § 77 Abs. 1 S. 2 AktG keine ergänzende Anwendung.

---

676 So auch *Hirte*, NZG 2002, 1, 6; *Hommelhoff*, AG 2001, 279, 283; *Schwarz/Lösler*, NotBZ 2001, 117, 123 (Fn. 106); *Theisen/Hölzl*, in: Theisen/Wenz, Die Europäische Aktiengesellschaft, S. 247, 267; bereits zum SE-VOV 1991 *Gutsche*, Die Eignung der SE, S. 104.

677 *Lutter*, in: Kölner Kommentar zum AktG, § 202 Rn. 10.

678 Die neuen Aktien dürfen nicht ausgegeben werden, solange noch ausstehende Einlagen auf das bisherige Grundkapital erlangt werden können (Art. 5 iVm. § 203 Abs. 3 AktG; beachte jedoch § 203 Abs. 4 AktG).

679 Die Gesamtgeschäftsführung ergibt sich unmittelbar aus Art. 39 Abs. 1 S. 1 und Art. 50.

b) Monistisches System

Entsprechend der in vielen Mitgliedstaaten vorhandenen eingliedrigen Leitungsstruktur sieht auch die SE-VO die Möglichkeit der Leitung der SE durch ein einheitliches Organ vor. Nach Art. 38 Buchst. b kann durch Satzungsregelung eine eingliedrige Leitungsstruktur gewählt werden. In diesem Fall führt nach Art. 43 Abs. 1 S. 1 das Verwaltungsorgan die Geschäfte der SE. Das Verwaltungsorgan ist somit verantwortlich für die Führung und Überwachung des Unternehmens.[680] Im Folgenden wird untersucht, wer in der monistisch strukturierten SE über die Ausgabe der neuen Aktien und damit über die Durchführung der Kapitalerhöhung entscheidet.

aa) Geschäftsführende Direktoren

Die SE-VO enthält entsprechend ihrem Regelungskonzept der Verweisung auf das Sitzstaatrecht nur wenige Vorschriften zur Regelung des monistischen Systems. Art. 43 Abs. 4 verleiht dem nationalen jedoch die notwendige Regelungskompetenz zum Erlass von weiteren Vorschriften, soweit das Recht eines Mitgliedstaats in Bezug auf Aktiengesellschaften mit Sitz in seinem Hoheitsgebiet keine Vorschriften über ein monistisches System enthält. Da das Aktiengesetz das monistische System bisher nicht kennt, kann sich der deutsche Gesetzgeber einer eigenständigen Regelung des monistischen Systems im Ausführungsgesetz nicht entziehen.[681]

Problematisch an der Möglichkeit einer eingliedrigen Leitungsstruktur ist, dass das deutsche Aktienrecht, abgesehen von den §§ 76 bis 116 AktG, in vielen Regelungen eine Trennung von Vorstand und Aufsichtsrat voraussetzt, insbesondere im Konzernrecht und in der Mitbestimmung. Wegen der umfassenden Verweisung auf das nationale Recht des Sitzstaates muss das monistische System auch mit dem Aktienrecht kompatibel sein. Daher ist fraglich, wie das monistische System ausgestaltet sein muss, damit das über die Verweisungsvorschriften anwendbare Aktien-

---

[680] Der SEAG-RegE bezeichnet das Verwaltungsorgan als „Verwaltungsrat". Daher wird in dieser Arbeit grundsätzlich der Begriff „Verwaltungsrat" verwendet, soweit nicht unmittelbar auf Vorschriften der SE-VO Bezug genommen wird. Kritisch gegenüber der begrifflichen Abweichung von der SE-VO *Wagner/Ihrig*, BB 2003, 969, 974.

[681] *Hommelhoff*, AG 2001, 279, 284; *Teichmann*, ZGR 2002, 383, 441; *Neye/Teichmann*, AG 2003, 169, 175. Zu den Rahmenbedingungen der Gesetzgebung zur Regelung des monistischen Systems *Teichmann*, BB 2004, 53, 57 f.

rechtrecht bei Wahl eines monistischen Systems auf die SE Anwendung finden kann.

Jedoch bildet sich auch in Ländern, die für die Kapitalgesellschaften nur ein einheitliches Verwaltungsorgan vorsehen, eine ähnliche Form der Arbeitsteilung zwischen geschäftsführenden und überwachenden Direktoren heraus.[682] Die funktionale Trennung von Geschäftsführung und Überwachung ist somit eine systemübergreifende Komponente und könnte auch im monistischen System der SE realisiert werden.[683] Durch einzelne Regelungen in der SE-VO hat der Verordnungsgeber eine dementsprechende Struktur vorgegeben.

So können die Mitgliedstaaten nach Art. 43 Abs. 1 S. 2 vorsehen, dass ein oder mehrere Geschäftsführer die laufenden Geschäfte in eigener Verantwortung unter denselben Voraussetzungen führen, wie sie für Aktiengesellschaften mit Sitz im Hoheitsgebiet des betreffenden Mitgliedstaates gelten. Daneben erteilt das SE-Statut dem Satzungsgeber in Art. 48 Abs. 1 einen Regelungsauftrag, dass er bestimmte Arten von Geschäften aufführt, für die ein ausdrücklicher Beschluss des Verwaltungsorgans erforderlich ist. Ferner ist nach den Erwägungsgründen eine klare Abgrenzung der Verantwortungsbereiche jener Personen, denen die Geschäftsführung obliegt, und der Personen, die mit der Aufsicht betraut sind, erwünscht.[684]

Allerdings steht diese Struktur zur Disposition der Mitgliedstaaten. Anders als im SE-VOV 1989 ist eine Übertragung der Geschäftsführung an die geschäftsführenden Mitglieder des Verwaltungsorgans nicht zwingend vorgesehen.[685] Nach dem Konzept der SE-VO besteht daher grundsätzlich die Möglichkeit der Geschäftsführung durch ein einheitliches Organ, wie es auch in Großbritannien in kleinen und mittleren Aktiengesellschaften praktiziert wird.[686] Eine Aufteilung des Verwaltungsrates in geschäftsführende (executive directors) und überwachende (non-

---

682 *Leupold*, Die Europäische Aktiengesellschaft, S. 79; *Davies*, ZGR 2001, 268 ff.; *Teichmann*, ZGR 2001, 645, 647 u. 663 ff.; *ders.*, ZGR 2002, 383, 447; *Hommelhoff/Teichmann*, SZW/RSDA 2002, 1, 5; Neye/Teichmann, AG 2003, 169, 176 m.w.N.; vgl. Combined Code on Corporate Governance, 2003, sec. 1.

683 *Teichmann*, ZGR 2002, 383, 447.

684 Erwägungsgrund 14.

685 Vgl. Art. 66 Abs. 2 SE-VOV 1989; dazu *Leupold*, Die Europäische Aktiengesellschaft, S. 79.

686 Vgl. *Pennington*, Company Law, S. 775.

executive directors) Mitglieder ist nach der SE-VO nicht zwingend erforderlich.[687]

Anders verhält es sich jedoch nach dem deutschen SEAG-RegE. Obwohl der SEAG-RegE nach der Konzeption des deutschen Gesetzgebers an den Bedürfnissen für kleine und mittlere Unternehmen orientiert sein und Börsennotierung und Mitbestimmung außer Betracht lassen soll, sieht er bereits im Grundmodell zwingend die Einführung von geschäftsführenden Direktoren vor (§ 40 Abs. 1 S. 1 SEAG-RegE).[688] Diese führen die Geschäfte der SE (§ 40 Abs. 2 S. 1 SEAG-RegE). Die Bestellung der geschäftsführenden Direktoren durch den Verwaltungsrat dient dazu, die Geschäftsführung von der allgemeinen Unternehmensleitung klar zu trennen.[689] Durch die Funktionstrennung zwischen dem Verwaltungsrat und den geschäftsführenden Direktoren wird die Verknüpfung der monistischen Leitungsstruktur der SE mit den über die Verweisungen anwendbaren Vorschriften des Aktienrechts ermöglicht, die vielfach eine funktionale Trennung von Geschäftsführung und Überwachung voraussetzen.[690]

bb) Entscheidungsbefugtes Organ

Nach § 22 Abs. 1 SEAG-RegE leitet der Verwaltungsrat die Gesellschaft, bestimmt die Grundlinien ihrer Tätigkeit und überwacht deren Umsetzung.[691] Dem Verwaltungsrat obliegt daher die Oberleitung der Gesellschaft. Die geschäftsführenden Direktoren, die vom Verwaltungsrat bestellt werden (§ 40 Abs. 1 S. 1 SEAG-RegE), führen nach § 40 Abs. 2 S. 1 SEAG-RegE die Geschäfte der SE.

---

[687] Kritisch gegenüber dem Fehlen einer zwingenden Unterscheidung in der SE-VO zwischen geschäftsführenden und nicht geschäftsführenden Mitgliedern des Verwaltungsorgans *Hommelhoff*, AG 2001, 279, 284; a.A. *Hirte*, NZG 2002, 1, 8 (Fn. 68), nach dessen Ansicht die strikte Trennung zwischen Leitungs- und Überwachungsfunktion eine „Einführung des Aufsichtsratssystem durch die Hintertür" bedeutet.

[688] Kritisch dazu *Ihrig/Wagner*, BB 2003, 969, 975; *Hoffmann-Becking*, ZGR 2004, 355, 369 ff.

[689] SEAG-RegE, Begründung, S. 97; *Neye/Teichmann*, AG 2003, 169, 178; *Teichmann*, GLJ Vol. 4 Nr. 4 – 1 April 2003, sec. 41 f.; kritisch *Kübler*, ZHR 167 (2003), 222, 231 f.

[690] Vgl. SEAG-RegE, Begründung, S. 92 u. 97; *Teichmann*, BB 2004, 53, 57 f.; *Neye/Teichmann*, AG 2003, 169, 177 ff.; *Brandt*, DStR 2003, 1209, 1212; vgl. zu SE-VOV 1989 *Raiser*, in: FS für Steindorff, S. 201, 205.

[691] Die Formulierung des § 22 Abs. 1 S. 1 SEAG-RegE ist Art. L. 225-35 des französischen Code de Commerce entlehnt; vgl. SEAG-RegE, Begründung, S. 91; *Neye/Teichmann*, AG 2003, 169, 177.

Der Begriff der „Geschäftsführung“ durch die geschäftsführenden Direktoren ist hier jedoch anders auszulegen als der Begriff der Geschäftsführung des Vorstandes im Aktienrecht. Nicht alle Kompetenzen, die im Aktiengesetz dem Vorstand zustehen, können im monistischen System den geschäftsführenden Direktoren übertragen werden. Der Vorstand der AG führt nicht nur die laufenden Geschäfte, sondern er ist auch für die grundlegenden Leitungsaufgaben in der Aktiengesellschaft zuständig. Die geschäftsführenden Direktoren sollen jedoch keine dem Vorstand vergleichbare Stellung ausüben, damit das dualistische und das monistische System wirkliche Alternativen in der Strukturierung der Unternehmensleitung darstellen.[692]

Die Einführung der geschäftsführenden Direktoren orientiert sich an der Regelung des Art. 43 Abs. 1 S. 2. Danach kann ein Mitgliedstaat vorsehen, dass ein oder mehrere Geschäftsführer die laufenden Geschäfte in eigener Verantwortung unter denselben Voraussetzungen führt bzw. führen, wie sie für Aktiengesellschaften mit Sitz im Hoheitsgebiet des betreffenden Mitgliedstaates gelten. Die SE-VO gestattet somit grundsätzlich, die laufenden Geschäfte an organexterne Geschäftsführer zu übertragen. Zwar richtet sich die Ermächtigung nicht an den deutschen Gesetzgeber,[693] dennoch kann die Möglichkeit der Übertragung der laufenden Geschäfte an organexterne Geschäftsführer über die Generalermächtigung des Art. 43 Abs. 4 im SEAG umgesetzt werden (vgl. § 40 Abs. 1 S. 1 und 2, Abs. 2 S. 1 SEAG-RegE).[694] Die geschäftsführenden Direktoren sind daher grundsätzlich nur zur Geschäftsführung im engeren Sinne als Führung der laufenden Geschäfte befugt.[695]

Für grundlegende Leitungsaufgaben kann im monistischen System nur der Verwaltungsrat als das für die Oberleitung verantwortliche Organ zuständig sein (vgl. Art. 43 Abs. 1 S. 1). Im Generalverweis § 22 Abs. 6 SEAG-RegE wird diese Vorgabe deutlich umgesetzt.[696] Danach gelten Rechtsvorschriften, die außerhalb des SEAG dem Vorstand oder dem Aufsichtsrat Rechte oder Pflichten zuweisen, sinngemäß für den Verwaltungsrat, soweit nicht in diesem Gesetz für den Verwaltungsrat und für geschäftsführende Direktoren besondere Regelungen enthalten sind.

---

692 SEAG-RegE, Begründung, S. 91; *Neye/Teichmann*, AG 2003, 169, 177.
693 *Teichmann*, BB 2004, 53, 59 f.; *ders.*, ZIP 2002, 1109, 1114.
694 *DAV*, NZG 2004, 75, 81 f.; *Teichmann*, BB 2004, 53, 59 f.
695 SEAG-RegE, Begründung, S. 97; *Neye/Teichmann*, AG 2003, 169, 178; *Kallmeyer*, ZIP 2003, 1531, 1532; *Merkt*, ZGR 2003, 650, 657; *Waclawik*, DB 2004, 1191, 1196.
696 SEAG-RegE, Begründung, S. 91; *Neye/Teichmann*, AG 2003, 169. 178.

Wo allerdings nach dem Aktiengesetz nur durch Aufgabenverteilung zwischen Vorstand und Aufsichtsrat eine wirksame Überwachung gewährleistet werden kann, muss diese Funktionstrennung auch im monistischen System abgebildet werden.[697] Daher weist das SEAG ausdrücklich einzelne Zuständigkeiten den geschäftsführenden Direktoren zu (vgl. § 40 Abs. 2 S. 4 SEAG-RegE).

Der Beschluss über die Durchführung der Kapitalerhöhung verändert die Kapitalgrundlage der Gesellschaft und ist daher eine grundlegende Leitungsentscheidung.[698] Dementsprechend ist nach Art. 5 iVm. § 202 Abs. 1 AktG, Art. 43 Abs. 1, § 22 Abs. 6 SEAG-RegE für die Ausgabe der neuen Aktien zur Durchführung der Kapitalerhöhung im monistischen System ein Beschluss des Verwaltungsrates erforderlich.

Die eigenverantwortliche Entscheidung über die Ausgabe der neuen Aktien und die Durchführung der Kapitalerhöhung obliegt dem Verwaltungsrat. Zur Kompetenzabgrenzung gegenüber der Hauptversammlung ergeben sich keine Unterschiede gegenüber den Ausführungen zum dualistischen System. Die Hauptversammlung ist nicht berechtigt, den Verwaltungsrat anzuweisen oder eine Bindung aufzuerlegen.[699] Besteht der Verwaltungsrat aus mehreren Personen, so sind diese grundsätzlich nur gemeinschaftlich zur Geschäftsführung befugt. Das ergibt sich unmittelbar aus Art. 43 Abs. 1 S. 1, Art. 48 Abs. 1, Art. 50.[700] Für die Beschlussfassung im Verwaltungsrat gilt Art. 50 iVm. § 35 SEAG-RegE.

cc) Zwischenergebnis

Der Verwaltungsrat entscheidet aufgrund des genehmigten Kapitals eigenverantwortlich über die Ausgabe der neuen Aktien und damit über die Durchführung der Kapitalerhöhung. Besteht der Verwaltungsrat aus mehreren Personen, so sind diese grundsätzlich nur gemeinschaftlich zur Geschäftsführung befugt. Für die Beschlussfassung im Verwaltungsrat gilt Art. 50 iVm. § 35 SEAG-RegE.

---

697 SEAG-RegE, Begründung, S. 92.

698 Vgl. *Schlegelberger/Quassowski*, Aktiengesetz 1937, § 169 Rn. 13; *Hefermehl/Bungeroth*, in: Geßler/Hefermehl, AktG, § 202 Rn. 16.

699 Siehe oben, Teil 5 D IV 1 a, S. 176 ff.

700 Näher dazu siehe unten, Teil 5 D IV 2 b aa, S. 191 ff.

2. Zustimmung des Aufsichtsorgans bzw. ausdrücklicher Beschluss des Verwaltungsrates

Das Aktiengesetz fordert an verschiedenen Stellen im Rahmen der §§ 202 bis 206 AktG die Zustimmung des Aufsichtsrates zu dem Beschluss des Vorstandes. Es wäre daher naheliegend in diesen Fällen auch die Zustimmung des Aufsichtsorgans der SE bzw. einen ausdrücklichen Beschluss des Verwaltungsrates zu fordern.

a) Dualistisches System – Zustimmung des Aufsichtsorgans

Das Aktiengesetz fordert nach § 202 Abs. 3 S. 2 AktG die Zustimmung des Aufsichtsrates zu dem Beschluss des Vorstandes zur Ausgabe der neuen Aktien.[701] Die Zustimmung des Aufsichtsrates hier soll deshalb erfolgen, weil die Bedeutung der Maßnahme über die bloße Geschäftsführung hinausgeht.[702] Der Aufsichtsrat ist also in gewisser Weise mittelbar an der Geschäftsführung beteiligt, in dem ihm ein Mitentscheidungsrecht an dieser Geschäftsführungsmaßnahme gewährt wird. Die grundsätzliche Trennung der Geschäftsführung und Überwachung wird dadurch jedoch nicht aufgehoben.[703] Das Zustimmungserfordernis nach § 202 Abs. 3 S. 2 AktG steht neben dem Zustimmungserfordernis für bestimmte Arten von Geschäften nach § 111 Abs. 4 S. 2 AktG, das ebenfalls der Überwachung der Geschäftsführung dient. Die ergänzende Anwendbarkeit dieser Vorschrift des Aktiengesetzes (§ 202 Abs. 3 S. 2 AktG) auf die SE ist im Folgenden zu untersuchen.

aa) Zustimmung nach Art. 48

Eine Zustimmungspflicht des Aufsichtsorgans zu Maßnahmen der Geschäftsführung ist auch in der SE-VO vorgesehen. Nach Art. 48 Abs. 1 wird verlangt, dass die Satzung bestimmte Arten von Geschäften festlegt, für die das Aufsichtsorgan dem Leitungsorgan seine Zustimmung erteilen muss. Es wäre daher naheliegend, die Zustimmungspflicht für die Ausgabe der neuen Aktien nach § 202 Abs. 3 S. 2 AktG in die Satzung der SE aufzunehmen. Es erscheint jedoch problematisch die nach dem Aktiengesetz zwingend vorgesehene Zustimmungspflicht bei der SE vom Willen der Satzungsgeber, bzw. nach Umsetzung der Ermächtigung

---

701 Dazu *Hüffer*, AktG, § 202 Rn. 21.

702 *Schlegelberger/Quassowski*, Aktiengesetz 1937, § 169 Rn. 13; *Godin/Wilhelmi*, Aktiengesetz 1965, § 204 Rn. 5; *Hefermehl/Bungeroth*, in: Geßler/Hefermehl, AktG, § 202 Rn. 16.

703 *Hüffer*, AktG, § 111 Rn. 16; *Geßler*, in: Geßler/Hefermehl, AktG, § 111 Rn. 62.

des Art. 48 Abs. 1 Unterabs. 2 vom Aufsichtorgan, abhängig zu machen.[704]

Art. 48 Abs. 2 sieht jedoch ferner vor, dass Mitgliedstaaten für die in ihrem Hoheitsgebiet eingetragenen SE festlegen können, welche Arten von Geschäften auf jeden Fall zwingend in die Satzung aufzunehmen sind. Es könnte daher daran gedacht werden, das infrage stehende Zustimmungserfordernis des nationalen Rechts aufgrund der Ermächtigung des Art. 48 Abs. 2 als zwingend in die Satzung aufzunehmendes zustimmungsbedürftiges Geschäft im Ausführungsgesetz festzulegen.

Eine Festsetzung durch das Ausführungsgesetz wäre jedoch nicht erforderlich, wenn das Zustimmungserfordernis nach § 202 Abs. 3 S. 2 AktG über Art. 5 bzw. Art. 9 Abs. 1 Buchst. C Ziffer ii ergänzend Anwendung finden könnte.

bb) Ergänzende Anwendung des Aktienrechts

Die Regelung des Art. 39 Abs. 5, wonach Mitgliedstaaten, die das dualistische System nicht kennen, entsprechende Vorschriften in Bezug auf die SE erlassen können, spricht dafür, dass die Überwachungsaufgabe des Aufsichtsorgans nicht abschließend geregelt ist. Damit bringt die SE-VO selbst ihre Ergänzungsbedürftigkeit hinsichtlich des dualen Systems zum Ausdruck.[705] Kennt das Mitgliedsland das duale System, ist von Art. 39 Abs. 5 kein Gebrauch zu machen, da die dort für nationale Aktiengesellschaften bestehenden Regelungen nach der Systematik der SE-VO über Art. 9 Abs. 1 Buchst. c Ziffer ii zur Ergänzung herangezogen werden können.[706]

Somit finden neben den Art. 39 ff. grundsätzlich die Vorschriften des Aktiengesetzes über die Aufgaben des Aufsichtsorgans zur Ergänzung des SE-Statuts Anwendung, wenn die im Aktiengesetz geregelten Aufgaben in dem durch die SE-VO vorgegebenen Kompetenzbereich des Aufsichtsorgans bleiben. Zu beachten ist, dass die SE-VO die Zustimmungspflichtigkeit bei Geschäften von besonderer Bedeutung in Art. 48 regelt. Dabei könnte es sich um eine abschließende Regelung handeln, die die Anwendung des Aktienrechts insoweit verbietet.

---

[704] Vgl. § 19 SEAG-RegE; dazu *Teichmann*, ZGR 2002, 383, 454; *ders.*, ZIP 2002, 1109, 1115.

[705] *Teichmann*, ZGR 2002, 383, 443; ohne weitere Begründung *Theisen/Hölzl*, in: Theisen/Wenz, Die Europäische Aktiengesellschaft, S. 247, 269.

[706] *Teichmann*, ZIP 2002, 1109, 1114; *Neye/Teichmann*, AG 2003, 169, 175.

Die Zustimmungspflicht nach § 202 Abs. 3 S. 2 AktG kann daher dann ergänzende Anwendung auf die SE finden, wenn sie im Kompetenzbereich des Aufsichtsorgans liegt und Art. 48 keine abschließende Regelung der Zustimmungspflichtigkeit von Geschäftsführungsmaßnahmen darstellt.

(1) Kompetenz des Aufsichtsorgans

In Art. 40 Abs. 1 und dem dort normierten Verbot der Geschäftsführung wird nach einer Ansicht in der Literatur ein Verbot jeglicher Beteiligung des Aufsichtsorgans an der Geschäftsführung gesehen.[707] Die Teilhabe an der Leitungsaufgabe des Vorstandes, wie es nach dem Aktiengesetz möglich ist,[708] ist danach grundsätzlich ausgeschlossen.[709] Dafür soll zum einen der Wortlaut des Art. 40 Abs. 1 S. 2 sprechen. Ferner soll sich diese Auslegung auf Erwägungsgrund 14 stützen können, wonach der SE alle Möglichkeiten einer leistungsfähigen Geschäftsführung an die Hand zugeben sind, aber andererseits gleichzeitig deren wirksame Überwachung sicherzustellen und dabei für eine klare Abgrenzung der Verantwortungsbereiche der Personen, denen die Geschäftsführung obliegt, und der Personen, die mit der Aufsicht betraut sind, zu sorgen ist. Dem Aufsichtsorgan soll daher nach dieser Ansicht nur unter den Voraussetzungen des Art. 48 die Mitwirkung an der Geschäftsführung möglich sein.[710] Folgte man dieser Ansicht, so könnte sich eine Zustimmungspflicht nur aus Art. 48 Abs. 1 bzw. der Festsetzung im Ausführungsgesetz nach Art. 48 Abs. 2 ergeben. Art. 48 wäre dann als Ausnahme vom Verbot der Geschäftsführung abschließend.

Der oben genannten Ansicht kann jedoch nicht gefolgt werden. Aus Art. 40 Abs. 1 ergibt sich zwar die grundsätzliche Trennung von Geschäftsführung und Überwachung. Das Zustimmungserfordernis nach Art. 48 stellt jedoch keine Durchbrechung des Grundsatzes dar, sondern ist ein Mittel der präventiven Überwachung. Bereits in den SE-VOV 1970 und 1975 war die Trennung von Geschäftsführung und Überwachung ein verfolgtes Prinzip des Gemeinschaftsgesetzgebers. Dies wurde für erforderlich gehalten, um der SE alle Möglichkeiten einer effizienten Geschäftsführung zu geben und gleichzeitig deren Überwachung sicherzustellen.[711] Dennoch war für bestimmte Geschäfte die Zustimmung des

---

[707] *Lange*, EuZW 2003, 301, 304.

[708] Siehe *Hüffer*, AktG, § 111 Rn. 5.

[709] So *Lange*, EuZW 2003, 301, 304.

[710] *Lange*, EuZW 2003, 301, 304.

[711] SE-VOV 1975, Begründung, BT-Drs. VII/3713, S. 209 f.; SE-VOV 1970, Begründung, BT-Drs. VI/1109, S. 26 f.

Aufsichtsorgans erforderlich (vgl. Art. 66 SE-VOV 1970 und 1975). In der Gesetzesbegründung zu Art. 72 SE-VOV 1989 wird dargelegt, dass die Beschränkung der Aufgabe des Aufsichtsorgans auf die Kontrolle der Zustimmungspflichtigkeit für bestimmte Geschäfte des Leitungsorgans dem nicht entgegensteht.[712] Dies zeigt, dass sich „Mitwirkung" des Aufsichtsorgans an der Geschäftsführung im Sinne einer präventiven Überwachung und Trennung von Geschäftsführung und Überwachung nach dem Willen des Verordnungsgebers nicht ausschließen. So sind auch Art. 40 Abs. 1 und Art. 48 zu verstehen. Der SE-VO liegt die grundsätzliche Trennung der Geschäftsführung und Überwachung zugrunde, so dass eine Übertragung der Geschäftsführung an das Aufsichtsorgan grundsätzlich nicht möglich ist (Art. 40 Abs. 1 S. 2). Jedoch ist die „Mitwirkung" an der Geschäftsführung grundsätzlich möglich, soweit sie sich aus der gesetzlich zugewiesenen Aufgabe „Überwachung" ableiten lässt, wie es bei Art. 48 der Fall ist. Auch wenn das Aufsichtsorgan materiell an der Geschäftsführung mitwirkt, wird es durch die Zustimmung nicht zu einem mit dem Leitungsorgan gleichberechtigten Geschäftsführungsorgan. Es kann die Geschäfte weder selbst vornehmen, noch kann es das Leitungsorgan zu ihrer Vornahme anweisen. Die Trennung zwischen der Geschäftsführung und der Überwachung wird dadurch nicht aufgehoben.[713]

Daher ist die These, dass Art. 48 die „Mitwirkung" an Geschäftsführungsmaßnahmen, als Ausnahme zu der nach Art. 40 Abs. 1 festgelegten Kompetenz zur Überwachung, abschließend regelt, nicht haltbar. Hinsichtlich der Kompetenz des Aufsichtsorgans der SE zur Überwachung des Leitungsorgans ergibt sich somit keine Abweichung mehr zu § 111 Abs. 1 AktG.[714] Die SE-VO sieht wie das Aktiengesetz die Zustimmungspflicht des Aufsichtsorgans zu bestimmten bedeutenden Geschäften als Teil der Überwachungsaufgabe nach Art. 40 Abs. 1 an. Somit könnten grundsätzlich neben den Zustimmungspflichten nach Art. 48 auch weitere Zustimmungspflichten nach dem Aktiengesetz über Verweisungsvorschriften Anwendung finden.

---

712 SE-VOV 1989, Begründung, BT-Drs. XI/5427, S. 12.

713 So auch *Theisen/Hölzl*, in: Theisen/Wenz, Die Europäische Aktiengesellschaft, S. 247, 272.

714 So bereits für den SE-VOV 1991 *Gutsche*, Die Eignung der SE, S. 87 f.; a.A. *Lange*, EuZW 2003, 301, 304 f.

(2) Abschließende Regelung der zustimmungspflichtigen Geschäfte

Jedoch könnte es sich bei Art. 48 um eine abschließende Regelung der Zustimmungserfordernisse des Aufsichtsorgans im Rahmen seiner Überwachungsaufgabe handeln. Eine ergänzende Anwendung des Aktiengesetzes ist dann nicht möglich. Für eine abschließende Regelung spricht zunächst, dass die SE-VO die Mitgliedstaaten zur Festlegung bestimmter zustimmungspflichtiger Geschäfte durch das Ausführungsgesetz durch Art. 48 Abs. 2 ermächtigt. Wenn der Verordnungsgeber den nationalen Gesetzgeber ausdrücklich ermächtigt Regelungen für die SE zu treffen, so deutet das darauf hin, dass damit der Sachverhalt abschließend geregelt sein soll und diesbezüglich das Sitzstaatrecht über die Verweisungsvorschriften keine ergänzende Anwendung finden kann. Dann wären weitere Zustimmungserfordernisse des Sitzstaatrechts über die Verweisungsvorschriften nicht anwendbar, soweit sie nicht ausdrücklich im Ausführungsgesetz festgelegt sind.[715]

Dagegen spricht jedoch die Betrachtung der Vorentwürfe. So enthielt SE-VOV 1975 neben dem Katalog der zustimmungspflichtigen Geschäfte im Zusammenhang mit entsprechenden Sachfragen weitere Zustimmungspflichten (vgl. Art. 42 Abs. 3, Art. 66 SE-VOV 1975). Es wurde in der Begründung darauf hingewiesen, dass Art. 66 SE-VOV 1975 die zustimmungspflichtigen Geschäfte nicht abschließend aufzählt, sondern dass an anderen Stellen der SE-VO die Zustimmung des Aufsichtsorgans erforderlich sei, wie zum Beispiel bei der Entscheidung über die Verwendung des genehmigten Kapitals.[716] Im Rahmen der Entwicklung zum Verzicht auf Sachregelungen in den SE-Statuten zugunsten von Verweisungsvorschriften wurden auch die sonstigen Zustimmungspflichten in der SE-VO beseitigt. Ein anderer Grund für die Beseitigung der besonderen Zustimmungspflichten ist nicht erkennbar. Daher kann davon ausgegangen werden, dass Art. 48 die Zustimmungspflicht des Aufsichtsorgans nicht abschließend regelt.

(3) Zwischenergebnis

Die Zustimmungspflicht des Aufsichtsorgans zu Maßnahmen der Geschäftsführung ist Teil der Überwachungsaufgabe und liegt daher im Kompetenzbereich des Aufsichtsorgans nach Art. 40 Abs. 1. Art. 48 ist bezüglich der Zustimmungserfordernisse des Aufsichtsorgans zu Maßnahmen der Geschäftsführung keine abschließende Regelung. Die im

---

[715] Siehe oben, Teil 5 D IV 2 a aa, S. 185 f.
[716] Vgl. SE-VOV 1975, Begründung, VII/3713, S. 212.

nationalen Recht im Zusammenhang mit den entsprechenden Sachfragen geregelten Zustimmungserfordernisse können daher ergänzend angewendet werden, soweit sie von Verweisungsvorschriften der Verordnung umfasst sind.

cc) Zusammenfassung

Die Zustimmungspflicht des Aufsichtsorgans zu bedeutenden Maßnahmen der Geschäftsführung ist Teil der Überwachungsaufgabe des Aufsichtsorgans nach Art. 40 Abs. 1 S. 1. Art. 48 ist bezüglich der Zustimmungspflichtigkeit von Geschäftsführungsmaßnahmen keine abschließende Regelung. Die Zustimmungspflicht nach § 202 Abs. 2 S. 3 AktG ist daher über Art. 5 ergänzend auf die SE anzuwenden. Es ist keine Festlegung der Zustimmungspflicht im Ausführungsgesetz (vgl. Art. 48 Abs. 2) erforderlich. Das Leitungsorgan bedarf daher zur Entscheidung über die Durchführung der Kapitalerhöhung gemäß Art. 5 iVm. § 202 Abs. 3 S. 2 AktG der Zustimmung des Aufsichtsorgans. Die Erteilung der Zustimmung muss grundsätzlich vom gesamten Aufsichtsorgan erfolgen.[717] Die nach dem Aktiengesetz mögliche Übertragung der Zuständigkeit auf einen Ausschuss des Aufsichtsorgans müsste jedoch auch für die SE über Art. 9 Abs. 1 Buchst. c Ziffer ii möglich sein, da die SE-VO bezüglich der Binnenorganisation des Aufsichtsorgans keine Regelungen beinhaltet.[718]

b) Monistisches System – Ausdrücklicher Beschluss des Verwaltungsorgans

Wie oben festgestellt wurde, findet die Zustimmungspflicht des Aufsichtsorgans in der dualistisch strukturierten SE nach § 202 Abs. 3 S. 2 AktG über Art. 5 ergänzend Anwendung. Es handelt sich hier um ein Geschäft von besonderer Bedeutung, so dass das Leitungsorgan der Zustimmung des Aufsichtsorgans bedarf. Demzufolge ist fraglich, ob § 202 Abs. 3 S. 2 AktG auch auf eine monistisch strukturierte SE ergänzend Anwendung finden kann. Die im Zusammenhang mit der genehmigten Kapitalerhöhung geregelte Zustimmungspflicht nach § 202 Abs. 3 S. 2 AktG könnte hier SE-spezifisch so ausgelegt werden, dass ein ausdrücklicher Beschluss des Verwaltungsrates erforderlich ist. Dazu müsste jedoch grundsätzlich die Übertragung von grundlegenden Geschäftsführungsbefugnissen des Verwaltungsrates auf einzelne seiner

---

[717] *Lutter*, in: Kölner Kommentar zum AktG, § 202 Rn. 23.
[718] Zur SE-VO *Hirte*, NZG 2002, 1, 6; *Artmann*, wbl 2002, 189, 193; zum Aktiengesetz *Lutter*, in: Kölner Kommentar zum AktG, § 202 Rn. 23.

Mitglieder möglich sein, denn nur dann macht es Sinn für einzelne Geschäfte von besonderer Bedeutung einen ausdrücklichen Beschluss des Verwaltungsrates zu fordern.

Zu untersuchen ist somit zunächst, ob der Verwaltungsrat die ihm zustehende Geschäftsführungsbefugnis (in Abgrenzung zur Geschäftsführungsbefugnis für laufende Geschäfte)[719] einzelnen Mitgliedern übertragen kann oder ob die SE-VO Gesamtgeschäftsführung zwingend vorschreibt.

aa) Übertragbarkeit von grundlegenden Geschäftsführungsbefugnissen

Nach Art. 43 Abs. 1 S. 1 führt das Verwaltungsorgan die Geschäfte der SE. Die SE-VO bestimmt zudem, dass in der Satzung die Arten von Geschäften aufgeführt werden, für die ein ausdrücklicher Beschluss des Verwaltungsorgans erforderlich ist (Art. 48 Abs. 1). Aus dem Vergleich mit dem entsprechenden Regelungsgehalt des Art. 48 Abs. 1 für das dualistische System ergibt sich, dass es sich bei den Geschäften nur um grundlegende Entscheidungen handeln kann, die grundsätzlich in die Kompetenz des Verwaltungsrates fallen. Nach Art. 48 Abs. 1 muss demnach grundsätzlich die Übertragung der Geschäftsführungsbefugnis durch die Satzung der SE auf Mitglieder des Verwaltungsrates, das heißt eine Abweichung von der Gesamtgeschäftsführung, grundsätzlich möglich sein. Nur bestimmte Geschäfte von besonderer Bedeutung sollen eines ausdrücklichen Beschlusses des Verwaltungsrates bedürfen und setzen damit Gesamtgeschäftsführung voraus (vgl. Art. 48).

Deutlich wird das auch aus dem Vergleich mit den Vorentwürfen. Nach Art. 66 Abs. 1 SE-VOV 1989 verwaltet und vertritt das Verwaltungsorgan die SE. Nach Art. 66 Abs. 2 SE-VOV 1989 überträgt das Verwaltungsorgan einem oder mehreren seiner Mitglieder die Geschäftsführung der SE. Die Grenze der Übertragung wurde durch Art. 72 SE-VOV 1989 bestimmt, der bestimmte Geschäfte aufzählte, die nicht den geschäftsführenden Mitgliedern des Verwaltungsorgans übertragen werden dürfen.[720] Nach Art. 66 SE-VOV 1991 war eine Übertragung der Geschäftsführung an Mitglieder des Verwaltungsorgans nur noch fakultativ (Art. 66 Abs. 2 S. 1 SE-VOV 1991). Die Grenze der Übertragbarkeit wurde durch Art. 72 SE-VOV 1991 bestimmt. Neu eingeführt wurde jedoch die Möglichkeit „bestimmte Geschäftsführungsbefugnisse" an Personen zu übertragen, die nicht Mitglieder des Organs sind (Art. 66 Abs. 2 S. 2 SE-VOV 1991).

---

[719] Siehe oben, Teil 5 D IV 1 b bb, S. 182 ff.
[720] Vgl. SE-VOV 1989, Begründung, BT-Drs. XI/5427, S. 12.

Während nach dem SE-VOV 1989 Gesamtgeschäftsführung des Verwaltungsorgans nur für bestimmte Geschäfte von besonderer Bedeutung vorgesehen war, eröffnete der SE-VOV 1991 dem Satzungsgeber diesbezüglich Gestaltungsspielraum. Es war sowohl eine grundsätzliche Gesamtgeschäftsführung der Mitglieder des Verwaltungsorgans möglich, als auch eine Übertragung der Geschäftsführung auf ein oder mehrere Mitglieder, die jedoch durch Art. 72 SE-VOV begrenzt wurde.[721] Die Regelung der fakultativen Übertragung der Geschäftsführung stellt diese Möglichkeit ausdrücklich dar. Der Verzicht auf diese Regelung in der SE-VO ist bezüglich dieser Gestaltungsmöglichkeit unerheblich.

Auch nach der SE-VO ist daher die satzungsmäßige Übertragung der Geschäftsführungsbefugnis und damit der eigentlichen Leitung der SE auf Mitglieder des Verwaltungsrates nach Art. 43 Abs. 1 S. 1 grundsätzlich möglich. Die SE-VO bestimmt nach Art. 43 Abs. 1 S. 1 zwar grundsätzlich eine Gesamtgeschäftsführung durch das Verwaltungsorgan, lässt jedoch auch die Übertragung der Geschäftsführung an ein Mitglied oder einzelne Mitglieder des Verwaltungsrates zu. Der Verwaltungsrat soll sich demnach grundsätzlich in überwachende und geschäftsführende Mitglieder aufteilen können.[722] Die Grenze der Übertragbarkeit wird durch Art. 48 Abs. 1 gezogen, wonach bestimmte Geschäfte eines Beschlusses des Verwaltungsorgans bedürfen und demzufolge nicht delegierbar sind.

Allerdings ist nach der SE-VO nur eine Übertragung der Geschäftsführung des Verwaltungsrates auf die ihm angehörigen Mitglieder möglich. An organexterne Personen kann nach Art. 43 Abs. 1 S. 2 nur die laufende Geschäftsführung übertragen werden. Diese Beschränkung gilt auch für die Mitgliedstaaten, die mangels Ermächtigung nach Art. 43 Abs. 1 S. 2 die Möglichkeit organexterne Geschäftführer über die Generalklausel des Art. 43 Abs. 4 einführen.[723]

Der SEAG-RegE bewegt sich bei der Regelung des monistischen Systems innerhalb der Vorgaben der SE-VO. Die geschäftsführenden Direktoren führen die laufenden Geschäfte der SE (§ 40 Abs. 2 S. 1 SEAG-RegE). Gesetzlich dem Verwaltungsrat übertragene Aufgaben können den geschäftsführenden Direktoren nicht übertragen werden (§ 40 Abs. 2

[721] Vgl. dazu *v. Werder*, RIW 1997, 308.

[722] Im Ergebnis ebenso *Buchheim*, S. 147; *Bungert/Beier*, EWS 2002, 1, 4; *Theisen/Hölzl*, in: Theisen/Wenz, Die Europäische Aktiengesellschaft, S. 247, 278, mit einer Übersicht zu den nach der SE-VO möglichen Gestaltungen der Exekutive; *Kallmeyer*, AG 2003, 197, 200.

[723] Siehe oben, Teil 5 D IV 1 b aa, S. 180 ff.

S. 3 SEAG-RegE). Der SEAG-RegE geht dabei in seiner Konzeption des geschäftsführenden Direktors als eine nicht dem Verwaltungsrat angehörigen Person aus.[724] Nur so darf das Verbot der Übertragung der Geschäftsführungsbefugnis verstanden werden. Eine Übertragung der Geschäftsführung an Mitglieder des Verwaltungsrates muss grundsätzlich möglich sein. In diesem Fall gilt das Übertragungsverbot nach § 40 Abs. 2 S. 3 SEAG-RegE nicht, da dies sonst gegen die Vorgaben der SE-VO verstoßen würde.[725] Dafür spricht auch die Zulässigkeit der Bestellung von Ausschüssen aus der Mitte des Verwaltungsrates (§ 34 Abs. 4 S. 1 SEAG-RegE). Das Ausführungsgesetz statuiert hier zwar ein Verbot der Übertragung der nach § 22 Abs. 1 SEAG-RegE dem Verwaltungsrat zugewiesenen Kompetenz (§ 34 Abs. 4 S. 2 SEAG-RegE). Dem steht jedoch nicht entgegen, dass der Verwaltungsrat bestimmte Geschäftsführungsbefugnisse auf einzelne seiner Mitglieder überträgt.[726] Eine andere Auslegung des SEAG-RegE würde den zwingenden Vorgaben der SE-VO widersprechen. Könnte die Geschäftsführungsbefugnis des Verwaltungsrates nicht auf einzelne Mitglieder übertragen werden, dann müsste stets ein ausdrücklicher Beschluss des Verwaltungsorgans erfolgen. Art. 48 Abs. 1 wäre dann bedeutungslos.

Daher ist nach der SE-VO und dem SEAG-RegE eine Aufteilung des Verwaltungsrates in geschäftsführende und nicht-geschäftsführende Mitglieder möglich.[727] Einzelnen Mitgliedern des Verwaltungsrates kann somit die dem Verwaltungsrat zustehende Geschäftsführungsbefugnis übertragen werden. Es müssen jedoch bestimmte Arten von Geschäften mit besonderer Bedeutung einem ausdrücklichen Beschluss des Verwaltungsrates vorbehalten bleiben (Art. 48 Abs. 1). Eine Übertragung der über die laufende Geschäftsführung hinausgehenden Geschäftsführungsbefugnis auf nicht dem Verwaltungsrat angehörende geschäftsführende Direktoren ist nicht zulässig (Art. 43 Abs. 1 S. 2, Abs. 4, § 40 Abs. 2 SEAG-RegE).

---

[724] Vgl. die Formulierung des § 40 Abs. 1 S. 2 SEAG-RegE: „Mitglieder des Verwaltungsrates können zu geschäftsführenden Direktoren bestellt werden, sofern...“; *Neye/Teichmann*, AG 2003, 169, 176.

[725] Siehe oben, Teil 5 D IV 2 b aa, S. 191 ff.

[726] Vgl. *Merkt*, ZGR 2003, 650, 668.

[727] A.A. *Kallmeyer*, AG 2003, 197, 200, nach dessen Ansicht der SEAG-DiskE, der jedoch in dieser Hinsicht mit dem SEAG-RegE übereinstimmt, die von der SE-VO vorgegebene Möglichkeit der Strukturierung des Verwaltungsrates in geschäftsführende und überwachende Mitglieder nicht zulässt.

bb) Anwendung des § 202 Abs. 3 S. 2 AktG

Nach dem oben gefundenen Ergebnis können grundlegende Geschäftsführungsaufgaben auf einzelne Mitglieder des Verwaltungsrates übertragen werden. Für die in Frage stehende Entscheidung über die Erhöhung des genehmigten Kapitals ist jedoch im dualistischen System über Art. 5 iVm. § 202 Abs. 3 S. 2 AktG eine Zustimmung des Aufsichtsorgans erforderlich. Es handelt sich hier um ein Geschäft von besonderer Bedeutung, so dass das Leitungsorgan der Zustimmung des Aufsichtsorgans bedarf.[728]

Demzufolge ist fraglich, ob § 202 Abs. 3 S. 2 AktG auch auf eine monistisch strukturierte SE ergänzend Anwendung finden kann. Dabei ist zu berücksichtigen, dass sich die Vorschriften des Aktiengesetzes nur auf eine dualistisch strukturierte Leitung beziehen. Dementsprechend wäre hier nur eine entsprechende Anwendung möglich. Aus Art. 48 ergibt sich, dass dem Zustimmungserfordernis des Aufsichtsorgans im dualistischen System ein ausdrücklicher Beschluss des Verwaltungsrates im monistischen System entspricht. Die im Zusammenhang mit der genehmigten Kapitalerhöhung geregelte Zustimmungspflicht nach § 202 Abs. 3 S. 2 AktG muss hier somit SE-spezifisch so ausgelegt werden, dass ein ausdrücklicher Beschluss des Verwaltungsrates erforderlich ist.

Das Ausführungsgesetz verbietet in weiteren Fällen, in denen das Aktiengesetz die Zustimmung des Aufsichtsrates zu Entscheidungen des Vorstandes fordert (§ 203 Abs. 2, § 204 Abs. 1 S. 1, § 205 Abs. 2 S. 1 AktG) ausdrücklich die Delegation auf einzelne Mitglieder des Verwaltungsrates (§ 34 Abs. 4 S. 2 SEAG-RegE). Unklar ist, warum hier nicht ebenfalls die Entscheidung über die Ausgabe der neuen Aktien nach § 202 Abs. 1 und Abs. 3 S. 2 AktG ausdrücklich als undelegierbare Aufgaben im SEAG-RegE bestimmt wird. Es kann sich hier nur um ein Redaktionsversehen handeln. Die Undelegierbarkeit dieser Entscheidungen ergibt sich jedoch auch im monistischen System unmittelbar aus dem über Art. 5 ergänzend anzuwendenden Aktienrecht, das bestimmten Entscheidungen besondere Bedeutung beimisst.[729] Die Aufzählung in § 34 Abs. 4 SEAG-RegE ist daher rein deklaratorisch. Die fehlende Festsetzung der Entscheidung des Vorstandes über die Ausgabe der neuen Aktien nach § 202 Abs. 1 AktG als undelegierbare Entscheidung in § 34 Abs. 4 SEAG-RegE steht einer ergänzenden Anwendung des SE-spezifisch ausgelegten § 202 Abs. 3 S. 2 AktG nicht entgegen.

---

[728] Siehe oben, Teil 5 D IV 2 a, S. 185 ff.

[729] Zur ergänzenden Anwendbarkeit im dualistischen System siehe oben, Teil 5 D IV 2 a, S. 185 ff.

Nach Art. 5 iVm. § 202 Abs. 1 und Abs. 3 S. 2 AktG iVm. SE-spezifischer Auslegung ist zur Ausgabe der neuen Aktien ein ausdrücklicher Beschluss der Verwaltungsrats erforderlich. Eine Übertragung der Entscheidung auf einzelne geschäftsführende Mitglieder des Verwaltungsrates ist nicht möglich.[730] Es handelt sich hier um eine kraft Gesetz nicht delegierbare Entscheidung. Dennoch sollte hier, um Unsicherheiten des Rechtsanwenders zu vermeiden, eine Korrektur des SEAG-RegE erfolgen und auch § 202 Abs. 3 S. 2 AktG in § 34 Abs. 4 SEAG-RegE als undelegierbare Entscheidung des Verwaltungsrates aufgenommen werden.

cc) Zwischenergebnis

Einzelnen Mitgliedern des Verwaltungsrates kann die dem Verwaltungsrat für grundlegende Aufgaben zustehende Geschäftsführungsbefugnis übertragen werden (vgl. Art. 43 Abs. 1, Art. 48, Art. 50 und § 34 Abs. 1 SEAG-RegE). Es ist somit grundsätzlich möglich von der Gesamtgeschäftsführung des Verwaltungsrates abzuweichen. Bestimmte Arten von Geschäften mit besonderer Bedeutung müssen jedoch einem ausdrücklichen Beschluss des Verwaltungsrates vorbehalten bleiben (Art. 48 Abs. 1). Dazu gehört in ergänzender Anwendung des § 202 Abs. 3 S. 2 AktG (nach SE-spezifischer Auslegung) der Beschluss zur Ausgabe neuer Aktien und damit der Durchführung der Kapitalerhöhung. Um Unsicherheiten des Rechtsanwenders zu vermeiden, sollte § 202 Abs. 3 S. 2 AktG in § 34 Abs. 4 SEAG-RegE als undelegierbare Aufgabe des Verwaltungsrates bezeichnet werden.

c) Zusammenfassung

Die Zustimmung des Aufsichtsorgans zu bedeutenden Geschäftsführungsmaßnahmen ist Teil der Überwachungsaufgabe des Aufsichtsorgans nach Art. 40 Abs. 1. Die SE-VO ist diesbezüglich nicht abschließend. Somit finden die Vorschriften des Aktiengesetzes über die Aufgaben des Aufsichtsrates zur Ergänzung des SE-Statuts Anwendung. Das Aufsichtsorgan der SE hat daher gemäß § 202 Abs. 3 S. 2 AktG iVm. Art. 5 dem Beschluss des Leitungsorgans über die Ausgabe der neuen Aktien zuzustimmen.

Im monistischen System können die Geschäftsführungsbefugnisse grundsätzlich auf einzelne Mitglieder des Verwaltungsrates übertragen

---

[730] In der Schweiz gehört die Beschlussfassung über die Verwendung des genehmigten Kapitals zu den kraft Gesetz nicht delegierbaren Aufgaben des Verwaltungsrates; vgl. *Forstmoser/Meier-Hayoz/Nobel*, Schweizerisches Aktienrecht, § 30 Rn. 9.

werden. Aus der ergänzenden Anwendung des § 202 Abs. 3 S. 2 AktG ergibt sich jedoch ein gesetzliches Verbot der Übertragung. Im monistischen System ist daher zur Ausgabe der neuen Aktien ein ausdrücklicher Beschluss des Verwaltungsrates erforderlich (§ 22 Abs. 6 SEAG-RegE, Art. 5 iVm. § 202 Abs. 3 S. 2 AktG iVm. SE-spezifischer Auslegung).

V. Sinngemäße Anwendung der Vorschriften über die ordentliche Kapitalerhöhung

Für die Ausgabe der Aktien gelten gemäß Art. 5 iVm. § 203 Abs. 1 AktG, soweit sich aus den speziellen Vorschriften des Aktiengesetzes zur genehmigten Kapitalerhöhung nichts anderes ergibt und diese auf die SE anwendbar sind, die Vorschriften §§ 185–191 AktG über die Kapitalerhöhung gegen Einlagen.[731] An die Stelle des Beschlusses über die Erhöhung des Grundkapitals tritt die Ermächtigung der Satzung zur Ausgabe der Aktien.

Besonderheiten ergeben sich dabei für den Bezugsrechtsausschluss im Rahmen der genehmigten Kapitalerhöhung. Das gesetzliche Bezugsrecht der Aktionäre kann bereits in der Ermächtigung ausgeschlossen werden (Art. 5 iVm. §§ 203 Abs. 1 S. 1, 186 Abs. 3 und 4 AktG).[732] Führt das Leitungs- bzw. Verwaltungsorgan die Kapitalerhöhung durch, dann ist auch das Bezugsrecht der Aktionäre zwingend ausgeschlossen.

Davon abweichend ist es nach Art. 5 iVm. § 203 Abs. 2 S. 1 AktG möglich, das Leitungsorgan bzw. den Verwaltungsrat im Beschluss über das genehmigte Kapital zu ermächtigen, das Bezugsrecht durch eigene Entscheidung auszuschließen. Für den Ermächtigungsbeschluss gelten dieselben formellen Voraussetzungen wie für den Bezugsrechtsausschluss (Art. 5 iVm. §§ 203 Abs. 2 S. 2, 186 Abs. 4 AktG).[733]

Ferner gelten die besonderen von der Rechtsprechung entwickelten materiellen Anforderungen.[734] Danach muss der im Ermächtigungsbeschluss erfolgende Bezugsrechtsauschluss dadurch gerechtfertigt sein, dass die Kapitalmaßnahme mit Bezugsrechtsausschluss bei generell-

---

[731] Zur Anwendbarkeit dieser Vorschriften auf die SE siehe oben, Teil 5 B IV, S. 139 ff.
[732] Zum Bezugsrechtsauschluss siehe oben, Teil 5 B VII 3, S. 154 ff.
[733] Siehe oben, Teil 5 B VII 3 a, S. 154 ff.; näher dazu *Hüffer*, AktG, § 203 Rn. 23 ff.
[734] Zur Anwendbarkeit der von der Rechtsprechung entwickelten Grundsätze siehe oben, Teil 1 F, S. 18 f.

abstrakter Beurteilung im Gesellschaftsinteresse liegt.[735] Der Ausschluss des Bezugsrechts ist dann eine Maßnahme der Geschäftsführung, mit der das Leitungsorgan bzw. der Verwaltungsrat ein von der Hauptversammlung abgeleitetes Ermessen ausübt.[736]

Das Leitungsorgan bzw. der Verwaltungsrat entscheidet im Rahmen der Ermächtigung über den Ausschluss des Bezugsrechts. Auch hier sind die von der Rechtsprechung entwickelten materiellen Anforderungen einzuhalten. Der Ausschluss bedarf sachlicher Rechtfertigung. Er ist nur zulässig, wenn er einem Zweck dient, der im Interesse der Gesellschaft liegt, dafür geeignet und überdies erforderlich sowie verhältnismäßig ist.[737]

Im dualistischen System bedarf der Beschluss des Leitungsorgans nach Art. 5 iVm. § 204 Abs. 1 S. 2 HS. 2 AktG der Zustimmung des Aufsichtsorgans.[738] Bei einer monistischen Leitungsstruktur ist ein ausdrücklicher Beschluss des Verwaltungsrates erforderlich. Der Ausschluss des Bezugsrechts durch den Verwaltungsrat ist eine undelegierbare Aufgabe (vgl. § 204 Abs. 1 S. 2 HS. 2 AktG).[739] In § 34 Abs. 4 S. 2 SEAG-RegE wird das Verbot der Übertragung der Geschäftsführung auf einzelne Mitglieder des Verwaltungsrates ausdrücklich klargestellt.

VI. Inhalt der Aktienrechte und Aktienausgabe

1. Beschluss des Leitungs- bzw. Verwaltungsorgans

Nach Art. 5 iVm. § 204 Abs. 1 AktG entscheidet das Leitungsorgan bzw. der Verwaltungsrat über den Inhalt der Aktienrechte und die Bedingung der Aktienausgabe, soweit die Ermächtigung keine Bestimmungen ent-

---

735 BGHZ 136, 133, 138 ff. = NJW 1997, 2815 ff. (Siemens/Nold); im Einzelnen dazu *Hüffer*, AktG, § 203 Rn. 11.

736 Zur grundsätzlichen Zuständigkeit der Hauptversammlung siehe oben, Teil 5 B VII 3 a aa, S. 154.

737 Dieser Grundsatz ist auch noch nach BGHZ 136, 133, 138 ff. = NJW 1997, 2815 ff. (Siemens/Nold) gültig; vgl. die frühere Rechtsprechung namentlich BGHZ 83, 319, 321 ff. = NJW 1982, 2444; im Einzelnen dazu *Hüffer*, AktG, § 203 Rn. 35.

738 Zur ergänzenden Anwendung der im Aktiengesetz geregelten besonderen Zustimmungspflichten des Aufsichtsrates zu Geschäftsführungsmaßnahmen auf die dualistisch strukturierte SE siehe oben, Teil 5 D IV 2 a, S. 185 ff.

739 Zur ergänzenden Anwendung der im Aktiengesetz geregelten besonderen Zustimmungspflichten des Aufsichtsrates zu Geschäftsführungsmaßnahmen auf die monistisch strukturierte SE siehe oben, Teil 5 D IV 2 b, S. 190 ff.

hält.[740] Daneben sind Regelungen des Gesetzes oder der Satzung zu beachten, sofern sie verbindliche Regelungen zum Aktieninhalt oder Aktienausgabe enthalten.

Entscheidet das Leitungsorgan, so bedarf diese Entscheidung gemäß Art. 5 iVm. § 204 Abs. 1 S. 2 HS. 1 AktG der Zustimmung des Aufsichtorgans.[741] Diese Zustimmung ist hier ein Wirksamkeitserfordernis.[742]

In einer monistisch strukturierten SE ist ein ausdrücklicher Beschluss des Verwaltungsrates erforderlich (Art. 5 iVm. § 22 Abs. 1 und 6 SEAG-RegE). Eine Übertragung auf einzelne Mitglieder des Verwaltungsrates ist nicht möglich (vgl. § 204 Abs. 1 S. 2 HS. 1 AktG).[743] § 34 Abs. 4 S. 2 SEAG-RegE bestimmt ausdrücklich ein Verbot der Delegation.

2. Ausgabe von Vorzugsaktien

Sind in der SE bereits Vorzugsaktien ohne Stimmrecht vorhanden, so kann das Leitungsorgan bzw. der Verwaltungsrat neue Vorzugsaktien, die bei der Verteilung des Gewinns oder des Gesellschaftsvermögens den bereits bestehenden Vorzugsaktien vorgehen oder gleichstehen, nur ausgeben, wenn die Ermächtigung dies vorsieht (Art. 5 iVm. § 204 Abs. 2 AktG). Indem der § 204 Abs. 2 AktG den besonderen Inhalt der Ermächtigung bestimmt, wird der Ermächtigungsbeschluss zu einem Beschluss über die Ausgabe von Vorzugsaktien. Neben dem Hauptversammlungsbeschluss ist in diesem Fall ein Sonderbeschluss der Aktionäre einer Gattung erforderlich, deren spezifische Rechte durch den Beschluss über die Ausgabe berührt werden (Art. 60).[744] Ansonsten könnte die Regelung des Art. 60 umgangen werden, da sie auf den Beschluss des Leitungsorgans bzw. Verwaltungsrates keine Anwendung findet.

---

[740] Zu den Inhalten der Aktienrechte und Bedingungen der Aktienausgabe *Hüffer*, AktG, § 204 Rn. 4 ff.

[741] Zur ergänzenden Anwendung der im Aktiengesetz geregelten besonderen Zustimmungspflichten des Aufsichtsrates zu Geschäftsführungsmaßnahmen auf die dualistisch strukturierte SE siehe oben, Teil 5 D IV 2 a, S. 185 ff.

[742] Vgl. *Hefermehl/Bungeroth*, in: Geßler/Hefermehl, AktG, § 204 Rn. 2; *Lutter*, in: Kölner Kommentar zum AktG, § 204 Rn. 16.

[743] Zur ergänzenden Anwendung der im Aktiengesetz geregelten besonderen Zustimmungspflichten des Aufsichtsrates zu Geschäftsführungsmaßnahmen auf die monistisch strukturierte SE siehe oben, Teil 5 D IV 2 b, S. 190 ff.

[744] § 141 Abs. 2 AktG ist nicht auf die SE anwendbar, da Art. 60 den Sonderbeschluss einer Gruppe von Aktionären, deren spezifische Rechte durch einen Beschluss berührt werden, abschließend regelt; dazu siehe oben, Teil 4 A II 2 c bb, S. 90 ff. Im Einzelnen zu § 204 Abs. 2 AktG *Hüffer*, AktG, § 204 Rn. 10 f.; MünchHdb. GesR IV/*Krieger* § 58 Rn. 30.

3. Ausgabe von Arbeitnehmeraktien

Enthält die Ermächtigung des Leitungsorgans bzw. des Verwaltungsrates die Möglichkeit, die neuen Aktien an die Arbeitnehmer auszugeben (§ 202 Abs. 4 AktG), dann kann das Leitungsorgan mit Zustimmung des Aufsichtsorgans (Art. 5 iVm. §§ 204 Abs. 1, 204 Abs. 3 AktG) oder der Verwaltungsrat durch ausdrücklichen Beschluss (Art. 5 iVm. §§ 204 Abs. 1, 204 Abs. 3 AktG, 34 Abs. 4 S. 2 SEAG-RegE) bestimmen, dass die vom Arbeitnehmer zu leistende Einlage statt durch Leistung eigener Mittel aus einem Teil des Jahresüberschusses gedeckt wird.[745] Die Ausgabe der Aktien richtet sich gemäß Art. 5 iVm. § 204 Abs. 3 S. 2 AktG nach den Vorschriften über die ordentliche Kapitalerhöhung mit Bareinlage, ausgenommen § 188 Abs. 2 AktG.[746] Der Anmeldung der Durchführung der Erhöhung des Kapitals ist außerdem der festgestellte Jahresüberschuss mit Bestätigungsvermerk beizufügen. Die Anmeldenden, Leitungsorgan und Vorsitzender des Aufsichtsorgans bzw. Vorsitzender des Verwaltungsrates und geschäftsführende Direktoren,[747] haben die Erklärung nach § 210 Abs. 1 S. 2 AktG abzugeben.

4. Ausgabe gegen Sacheinlagen

Gegen Sacheinlagen dürfen die neuen Aktien gemäß Art. 5 iVm. § 205 Abs. 1 AktG nur dann ausgegeben werden, wenn die Ermächtigung es vorsieht. Die nach § 205 Abs. 2 AktG erforderlichen Angaben sind, wenn sie nicht bereits in der Ermächtigung enthalten sind, vom Leitungsorgan mit Zustimmung des Aufsichtsorgans (Art. 5 iVm. § 202 Abs. 2 S. 2 AktG) bzw. vom Verwaltungsrat in einem ausdrücklichen Beschluss (vgl. § 34 Abs. 4 S. 2 SEAG-RegE) festzusetzen.[748] Die Sacheinlage ist durch unabhängige Prüfer sowie durch ein Registergericht zu prüfen (Art. 5

---

[745] Im Einzelnen dazu *Hüffer*, AktG, § 204 Rn. 12 ff. Zum Zustimmungserfordernis des Aufsichtsorgans bzw. zum ausdrücklichen Beschluss des Verwaltungsrates bezüglich der Entscheidung über die Ausgabe der Aktien siehe oben, Teil 5 D VI 1, S. 197.

[746] Zur Anwendbarkeit der Vorschriften über die ordentliche Kapitalerhöhung auf die SE siehe oben, Teil 5 B III, S. 139 ff.

[747] Siehe oben, Teil 5 B V, S. 144 ff.

[748] Zur ergänzenden Anwendung der im Aktiengesetz geregelten besonderen Zustimmungspflichten des Aufsichtsrates zu Geschäftsführungsmaßnahmen auf die dualistisch bzw. monistisch strukturierte SE siehe oben, Teil 5 D IV 2 a, S. 185 ff. und Teil 5 D IV 2 b, S. 190 ff.

iVm. § 205 Abs. 3 AktG).[749] Bei fehlerhaften Festsetzungen findet § 205 Abs. 4 AktG Anwendung.

E. Kapitalerhöhung aus Gesellschaftsmitteln (Art. 5 iVm. §§ 207 bis 220 AktG)

Die Kapitalerhöhung erfolgt durch Umwandlung von Rücklagen in Grundkapital und dient wegen der stärkeren Bindung von Grundkapital als Kapitalrücklage oder Gewinnrücklagen vor allem der wirtschaftlichen Stärkung der Gesellschaft.[750]

Der Kapitalerhöhungsbeschluss ist ein satzungsändernder Beschluss (vgl. Art. 9 Abs. 1 Buchst. c Ziffer iii iVm. § 23 Abs. 3 Nr. 3 AktG). Nach Art. 52 Buchst. a, Art. 59 Abs. 1 ist daher ein Beschluss der Hauptversammlung mit einer Mehrheit von mindestens zwei Dritteln der abgegebenen Stimmen erforderlich.[751] Auch hier findet das Sitzstaatrecht über Art. 59 Abs. 1 a.E. ergänzende Anwendung, soweit es eine größere Mehrheit vorsieht. § 207 Abs. 2 S. 1 AktG verweist für den Beschluss auf § 182 Abs. 1 AktG. Insoweit kann auf die Ausführungen zur ordentlichen Kapitalerhöhung verwiesen werden.[752]

Der Erhöhungsbeschluss kann erst gefasst werden, wenn der Jahresabschluss für das letzte vor der Beschlussfassung abgelaufene Geschäftsjahr festgestellt ist. Die Aufstellung des Jahresabschlusses richtet sich grundsätzlich nach den für Aktiengesellschaften geltenden Regeln.[753] Dem Kapitalerhöhungsbeschluss ist eine Bilanz zugrunde zulegen (§ 207 Abs. 4, § 209 AktG).[754] Der Beschluss ist gemeinsam durch das Leitungsorgan und den Vorsitzenden des Aufsichtsorgans bzw. durch die geschäftsführenden Direktoren und den Vorsitzenden des Verwaltungsrates zur Eintragung in das Handelsregister anzumelden (Art. 5 iVm. §§ 207 Abs. 2, 184 Abs. 1 AktG).[755] § 210 AktG bestimmt die dazu erforderlichen Anlagen und die notwendige Erklärung. Die Kapitalerhöhung

---

[749] § 205 Abs. 2 und 3 AktG gelten nicht für die Einlage von Geldforderungen, die Arbeitnehmer der Gesellschaft aus einer ihnen gegen die Gesellschaft eingeräumten Gewinnbeteiligung zustehen (Art. 5 iVm. § 205 Abs. 4 AktG).

[750] Vgl. *Hüffer*, AktG, § 207 Rn. 4; Münch. Hdb. GesR IV/*Krieger* § 59 Rn. 1.

[751] Siehe oben, Teil 5 B I 1, S. 118.

[752] Siehe oben, Teil 5 B I, S. 118 ff.

[753] Zur Feststellung des Jahresabschlusses siehe unten, Teil 8, S. 225 ff.

[754] Näher dazu MünchHdb. GesR IV/*Krieger* § 59 Rn. 15 ff.

[755] Siehe oben, Teil 5 B V, S. 144 ff.

wird mit Eintragung des Beschlusses über die Erhöhung des Grundkapitals wirksam (Art. 5 iVm. § 211 AktG).[756]

Ansonsten ergeben sich für die SE keine Besonderheiten gegenüber der Kapitalerhöhung aus Gesellschaftsmitteln einer nationalen Aktiengesellschaft. Die Vorschriften des Aktiengesetzes finden über Art. 5 unverändert Anwendung.

---

[756] Zur Maßgeblichkeit des nationalen Rechts für den Zeitpunkt der Wirksamkeit siehe oben, Teil 5 B VI, S. 149 ff.

Teil 6: Ausgabe von Schuldverschreibungen und vergleichbaren Wertpapieren

A. Regelung in der der SE-VO

Während die SE-VOV 1970, 1975 und 1989 wenigstens Schuldverschreibungen, Wandelschuldverschreibungen, Gewinnschuldverschreibungen und sonstige mit einer Beteiligung am Gewinn oder dem Gesellschaftsvermögen verknüpfte Wertpapiere noch erwähnten und einzelne Regeln beinhalteten, verblieb es in dem SE-VOV 1991 bei dem Hinweis, dass sich die SE aller Finanzmittel bedienen kann, die Aktiengesellschaften nach dem Recht des Sitzstaates zu Verfügung stehen (Art. 56 SE-VOV 1991).[757] Aufgrund der weiteren Kürzung der Regelung in der Verordnung zugunsten der Verweisung auf das Recht des Sitzstaates enthält die SE-VO bezüglich der Zulässigkeit und dem Verfahren der Ausgabe von Schuldverschreibungen und vergleichbaren Wertpapieren keine Regelung. Vielmehr gelten nach Art. 5 die Vorschriften, die für eine Aktiengesellschaft mit Sitz in dem Mitgliedstaat gelten würden, in dem die SE eingetragen ist. Somit ist für die SE mit Sitz in Deutschland auch hier grundsätzlich wieder das deutsche Recht ergänzend anzuwenden.[758]

Zu beachten ist hierbei auch, dass anders als die Ausgabe von neuen Aktien im Rahmen einer Kapitalerhöhung, nicht alle Aspekte der Ausgabe von Schuldverschreibungen und vergleichbarer Wertpapiere einen rein gesellschaftsrechtlichen Bezug haben.[759] Bei einer Einordnung der Schuldverschreibungen in das Gesellschaftsrecht oder das Obligationsrecht erhält man drei Gruppen:[760]

- Schuldverschreibungen, die in keiner Weise die Mitgliedschaftsrechte der Gesellschafter berühren (Industrieobligationen)
- Schuldverschreibungen, die die Vermögensrechte der Gesellschafter zugunsten der Gläubiger berühren (Gewinnschuldverschreibungen und Genussrechte)
- Schuldverschreibungen, die dem Anleger zumindest potenziell eine mitgliedschaftliche Stellung einräumen und damit sowohl Vermögens-

---

757 Vgl. *Göke*, Die Europäische Aktiengesellschaft, S. 109.
758 *Hirte*, NZG 2002, 1, 9; *Theisen/Widmayer*, in: Theisen/Wenz; Die Europäische Aktiengesellschaft, S. 333, 348.
759 Vgl. *Theisen/Widmayer*, in: Theisen/Wenz, Die Europäische Aktiengesellschaft, S. 333, 347 f.
760 *Zimmer*, Internationales Gesellschaftsrecht, S. 108.

als auch Verwaltungsrechte der Gesellschafter berühren (Wandel- und Optionsanleihen)

Ferner ist zu unterscheiden zwischen den Vertragsbeziehungen von Anlegern oder Übernahmekonsortien und Emittenten und anderen als vertragsrechtlichen Regelungen der Ausgabe dieser Wertpapiere.[761]

Im Einzelnen ist daher fraglich, wie weit der Regelungsbereich der Verordnung reicht, damit die Verordnung selbst oder das Sitzstaatrecht der SE als Ergänzung Anwendung finden kann. Dies ist auch dann von Bedeutung, soweit mangels Regelung in der SE-VO über eine Verweisung nur das nationale Recht Anwendung findet, denn innerhalb des Regelungsbereichs findet auch bei Sachverhalten mit Auslandsbezug aufgrund des Charakters der Verweisung als Sachnormverweisung grundsätzlich das Sitzstaatrecht ohne Zwischenschaltung des internationalen Privatrechts Anwendung.[762]

Außerhalb des Regelungsbereichs der SE-VO findet zwar mangels umfassender europäischer Privatrechtsordnung auch das nationale Recht Anwendung. Allerdings ist hier das anwendbare Recht bei Sachverhalten mit Auslandsbezug grundsätzlich nach den Grundsätzen des internationalen Privatrechts zu bestimmen, das heißt, es kann auch anderes nationales Recht als das Sitzstaatrecht der SE Anwendung finden.[763]

Daher ist hier zunächst die Bestimmung des Regelungsbereichs der SE-VO erforderlich, um festzustellen, ob das Sitzstaatrecht als Ergänzung der SE-VO oder ein über das internationale Privatrecht zu bestimmendes mitgliedstaatliches Recht anzuwenden ist. Ist der Regelungsbereich der SE-VO ermittelt, dann ist zu untersuchen, ob Aspekte der Ausgabe von Schuldverschreibungen und vergleichbarer Wertpapiere in der SE-VO selbst abschließend geregelt sind, und die SE-VO daher insoweit keiner Ergänzung durch das nationale Recht über die Verweisungsvorschriften (Art. 5 oder Art. 9 Abs. 1 Buchst. c Ziffer ii) bedarf.

---

[761] Vgl. *Zimmer*, Internationales Gesellschaftsrecht, S. 108.
[762] Siehe oben, Teil 1 D I 2, S. 15.
[763] Dazu siehe oben, Teil 1 D II, S. 15.

B. Regelungsbereich des Art. 5

I. Vertragsbeziehungen von Anlegern oder Emissionsbank und Emittenten

Nach den Grundsätzen des internationalen Privatrechts bestimmt sich das Recht des Anleihestatuts nach dem Vertragsstatut und wird in aller Regel durch Rechtswahl in den Anleihebedingungen bestimmt. Lässt sich eine Rechtswahl nicht entnehmen, soll nach Art. 28 EGBGB das Recht des Staates gelten, mit dem der Vertrag am engsten zusammenhängt.[764] Das auf den Emissionsvertrag zwischen Emittent und Emissionsbank anwendbare Recht bestimmt sich ebenfalls nach dem Vertragsstatut. Im Falle der fehlenden Rechtswahl findet somit grundsätzlich das Recht des Niederlassungsortes der Bank Anwendung, da diese die charakteristische Leistung erbringt.[765]

Dagegen könnte es zu einer einheitlichen Anwendung des deutschen Rechts als Sitzstaatrecht der SE ohne Zwischenschaltung des IPR kommen, wenn die Begründung dieser Schuldverhältnisse unter den Regelungsbereich des Art. 5 fallen würde. Die Bestimmung des Regelungsbereichs der SE-VO hat auf der Grundlage der gemeinschaftsrechtlichen Auslegung der SE-VO zu erfolgen. Nur so kann man der Praxis des EuGH gerecht werden, wonach das Gemeinschaftsrecht aus sich heraus ausgelegt werden muss, da zur Auslegung des Gesetzes selbstverständlich auch die Bestimmung seines Regelungsbereichs gehört.[766]

Die Wandelschuldverschreibung (im weiteren Sinn) ist in erster Linie eine Schuldverschreibung, das heißt in Urkunden verbriefte Zahlungsversprechen, die auf eine bestimmte Geldsumme lauten. Die Besonderheit liegt jedoch darin, dass sie ein Umtauschrecht bzw. ein Bezugsrecht auf die Aktien der schuldenden Aktiengesellschaft gewähren.[767] Zu beachten ist jedoch, dass der Anleger, solange er keinen Gebrauch vom Umtausch- oder Bezugsrecht gemacht hat, ausschließlich Gläubiger der Gesellschaft ist. Macht er bei Wandelanleihen (Wandelschuldverschreibungen im engeren Sinn) Gebrauch von seinem Umtauschrecht, so wandelt sich das Schuldverhältnis zum Recht und der Pflicht auf Ab-

---

[764] *Hopt*, in: FS für Lorenz, S. 413, 414; MünchKommIPR/*Martiny* Art. 28 Rn. 137 c.
[765] *Hopt*, in: FS für Lorenz, S. 413, 415; MünchKommIPR/*Martiny* Art. 28 Rn. 137 a.
[766] Siehe oben, Teil 1 C, S. 11 f.
[767] *Lutter*, in: Kölner Kommentar zum AktG, § 221 Rn. 92 und 148; *Schumann*, Optionsanleihen, S. 16 ff.

schluss eines Zeichnungsvertrages.[768] Das Optionsrecht der Optionsanleihe gewährt dem Gläubiger ein neben die Schuldverschreibung tretendes Aktien-Erwerbsrecht. Der Gläubiger hat einen vorvertraglichen Anspruch auf Abschluss des Zeichnungsvertrages, der sich vor allem durch das in den Optionsbedingungen enthaltene (bindende) Zeichnungsvertragsangebot der Gesellschaft zum Optionsrecht verdichtet.[769] Gewinnschuldverschreibungen sind ebenfalls normale Schuldverschreibungen, die dem Gläubiger eine am mitgliedschaftlichen Gewinnanteil orientierte Vergütung zusagen. Die Gewinnbeteiligung der Inhaber ist rein schuldrechtlicher Natur, sie hat keinen mitgliedschaftlichen Charakter.[770] Ebenso sind auch Genussrechte rein schuldrechtlicher Natur und enthalten keine mitgliedschaftlichen Berechtigungen.[771]

Die Ausgabe dieser Wertpapiere dient zwar der Kapitalbeschaffung der Gesellschaft, jedoch begründen sie keine mitgliedschaftlichen Rechte, sondern nur die rechtliche Möglichkeit einer Beteiligung an der Aktiengesellschaft oder an den Rechten der Aktionäre. Nimmt die SE Fremdkapital durch Ausgabe einer Anleihe auf, so tritt sie wie ein Dritter im Rechtsverkehr auf. Es handelt sich nicht um einen rein gesellschaftsrechtlichen Vorgang.[772] Dieser Vorgang liegt somit außerhalb des Regelungsbereichs der SE-VO und ist somit nicht von Art. 5 umfasst.[773]

Auch in Verordnungsvorentwürfen waren nur rein gesellschaftsrechtliche Fragen geregelt. Der Sanders-Vorentwurf sowie die SE-VOV 1970, 1975 und 1989 sahen Regelungen für Zuständigkeits- und Verfahrensfragen bei der Ausgabe von Schuldverschreibungen und Wandelschuldverschreibungen vor (Art. III-3-1 bis III-3-7 Sanders-Vorentwurf, Art. 54 bis 60 SE-VOV 1970 und 1975 und Art. 56 bis 59 SE-VOV 1989).[774]

---

768 *Lutter*, in: Kölner Kommentar zum AktG, § 221 Rn. 92; *Schumann*, Optionsanleihen, S. 31 ff.

769 *Lutter*, in: Kölner Kommentar zum AktG, § 221 Rn. 151; *Schumann*, Optionsanleihen, S. 19 ff.

770 *Lutter*, in: Kölner Kommentar zum AktG, § 221 Rn. 446 ff.

771 *Lutter*, in: Kölner Kommentar zum AktG, § 221 Rn. 196.

772 Zur Bestimmung des Regelungsbereichs siehe oben, Teil 1 C, S. 11 f.

773 Vgl. die Problematik des anwendbaren Rechts bei Rechtsverhältnissen zwischen Emissionsunternehmen und der SE; siehe oben, Teil 5 B VII 4 a, S. 162 f.

774 Keine Anhaltspunkte lassen sich jedoch aus dem SE-VOV 1991 entnehmen, da dort in Art. 56 SE-VOV 1991 nur noch klargestellt wird, dass die SE sich aller Finanzierungsmittel bedienen kann, die Aktiengesellschaften nach dem Recht der Mitgliedstaaten geboten wird. Es erfolgte nur eine Gleichstellung der SE mit den nationalen Aktiengesellschaften bezüglich der Finanzierungsmöglichkeiten; vgl. *Merkt*, BB 1992, 652, 657.

Das anwendbare Recht ist daher unter Einbeziehung des internationalen Privatrechts zu ermitteln. Anders ist dann der nach Ausübung des Wandlungsrechtes oder des Bezugsrechts zustande kommende Zeichnungsvertrag zu beurteilen. Die Zeichnung von Aktien ist ein Wesensmerkmal der SE und ist daher dem Regelungsbereich der SE-VO zuzuordnen.[775]

II. Gesellschaftsrechtliche Regelungen

Die Frage der Zuständigkeit innerhalb der Gesellschaft für die Ausgabe und das einzuhaltende Verfahren oder ähnliche Fragestellungen dienen nicht den Kapitalgebern, sondern dem Schutz der Gesellschafter der emittierenden Gesellschaft. Deren Interessen werden durch die Anwendung der Rechtsordnung geschützt, der die Gesellschaft untersteht.[776] Nach dem internationalen Gesellschaftsrecht ist daher das Gesellschaftsstatut (lex societatis) maßgebend.[777] Aufgrund der Bestimmung der SE-VO, dass sich der Registersitz der Gesellschaft in dem Mitgliedstaat befinden muss, in dem sich die Hauptverwaltung der SE befindet (Art. 7 Abs. 1), können sich bei Zwischenschaltung des internationalen Gesellschaftsrechts die Unterschiede der Sitz- und Gründungstheorie auf die Bestimmung des anwendbaren Rechts grundsätzlich nicht auswirken.[778] Anwendbares Recht ist stets das Sitzstaatrecht.

Hier käme man auch bei Anwendung des Art. 5 zu demselben Ergebnis, nämlich der Anwendung des Sitzstaatrechts. Die Frage der Einordnung in den Regelungsbereich der SE-VO ist für diese Aspekte praktisch ohne Bedeutung, soll hier aber dennoch zur Klarstellung vorgenommen werden.

Unter den Regelungsbereich der Verordnung fallen grundsätzlich die Fragen, die dem Kernbereich des Gesellschaftsrechts („ureigenste Regelungsgegenstände") zuzurechnen sind.[779] Bei der Frage der Zulässigkeit der Ausgabe der Wandelschuldverschreibungen oder vergleichbarer Wertpapiere ist zu unterscheiden zwischen Fragen der Zulässigkeit, die sich aus dem Gesellschaftsstatut ergeben und daher notwendigerweise dem Regelungsbereich der SE-VO unterliegen, und kapitalmarktrechtli-

---

[775] Siehe oben, Teil 5 B IV 1, S. 139 ff.

[776] *Zimmer*, Internationales Gesellschaftsrecht, S. 111.

[777] Staudinger/*Großfeld* (1998) IntGesR Rn. 17.

[778] *Teichmann*, ZGR 2002, 383, 397. Unrichtig ist jedoch, dass Art. 7 von der Sitztheorie ausgeht; vgl. *Hirte* NZG, 1, 4; *Schwarz*, ZIP 2001, 1847, 1849; *Schnyder*, in: FS für Druey, 2002, S. 569, 573; a.A. *Schulz/Geismar* DStR 2001, 1078, 1079. Zur Bestimmung des Gesellschaftsstatuts Staudinger/*Großfeld* (1998) IntGesR Rn. 16 ff.

[779] Siehe oben, Teil 1 C, S. 11 f.

chen Zulässigkeitsfragen.[780] Neben der Frage der gesellschaftsrechtlichen Zulässigkeit der Wertpapiere sind auch die Fragen, die die Zuständigkeit für die Ausgabe innerhalb der Gesellschaft und das einzuhaltende Verfahren betreffen, dem Regelungsbereich der SE-VO zuzuordnen, da diese Vorschriften vor allem dem Schutz der Gesellschafter der emittierenden Gesellschaft dienen. Kristallisationspunkt der Interessen der Gesellschafter ist die Rechtsordnung, der die Gesellschaft untersteht. Damit muss für diese Fragen die SE-VO maßgeblich sein und mangels ausdrücklicher Regelung das mitgliedstaatliche Recht aufgrund einer Verweisungsnorm unmittelbare Anwendung finden. Dafür spricht auch der Vergleich mit den Verordnungsvorentwürfen. Die Vorentwürfe sahen nur Regelungen für Zuständigkeits- und Verfahrensfragen bei der Ausgabe von Schuldverschreibungen und Wandelschuldverschreibungen vor.[781] Daher ist davon auszugehen, dass auch nur diese Aspekte von der Verweisung des Art. 5 erfasst sein sollen.[782]

III. Kapitalmarktrechtliche Regelungen

Bestimmungen, die sich auf die kapitalmarktrechtliche Zulässigkeit der Ausgabe bestimmter Wertpapiere beziehen, wie Genehmigungserfordernisse, sind vertriebsbezogene, markt- und anlegerschützende Nomen. Diese Regelungen sind auf den Schutz des eigenen Marktes ausgerichtet und bedürfen daher kollisionsrechtlich einer kapitalmarktrechtlichen Anknüpfung. Danach richtet sich die Zulässigkeit der Ausgabe von Schuldverschreibungen und vergleichbarer Wertpapiere nach dem Recht des Staates, in dem diese ausgegeben werden sollen.[783]

Würde Art. 5 auch die vertriebsbezogenen, markt- und anlegerschützenden Regelungen des Sitzstaates über Art. 5 erfassen, so käme es auch bei grenzüberschreitenden Sachverhalten zu einer einheitlichen Anwendung des Sitzstaatrechts. Wie oben bereits festgestellt wurde, ist die Einbeziehung kapitalmarktrechtlicher Regelungen in den Regelungsbereich der SE-VO jedoch abzulehnen.[784] Wird die Anleihefähigkeit der Gesellschaft angenommen, so beurteilt sich die Frage der kapitalmarktrechtlichen Zulässigkeit über die Grundsätze des internationalen Kapi-

---

780 Zu den kapitalmarktrechtlichen Aspekten siehe unten, Teil 6 B III, S. 208.
781 Siehe oben, Teil 6 B I, S. 205 ff.
782 Siehe oben, Teil 1 C, S. 11 f.
783 *Zimmer*, Internationales Gesellschaftsrecht, S. 56 und 110.
784 Siehe oben, Teil 3 B VIII 1, S. 60 ff.

talmarktrechts stets nach dem Recht des Staates, in dem die Gesellschaft die Papiere in den Verkehr bringen will.[785]

IV. Zwischenergebnis

Die Ausgabe von Schuldverschreibungen und vergleichbarer Wertpapapiere ist grundsätzlich Gegenstand der Verweisungsnorm Art. 5. Dabei sind jedoch nicht sämtliche Aspekte von Art. 5 erfasst. Im Regelungsbereich der SE-VO und damit Gegenstand der Verweisung sind neben der gesellschaftsrechtlichen Zulässigkeit die Zuständigkeit für die Ausgabe und das gesellschaftsinterne Verfahren. Hier ist über Art. 5 das Aktiengesetz ergänzend anzuwenden. Nicht im Regelungsbereich liegen die kapitalmarktrechtliche Zulässigkeit sowie die schuldvertragsrechtliche Begründung der zugrundeliegenden Vertragsverhältnisse. Hier ist das anwendbare Recht über das internationale Privatrecht zu bestimmen.

C. Zulässige Schuldverschreibungen und vergleichbare Wertpapiere

Die Zulässigkeit der Schuldverschreibungen und vergleichbarer Wertpapiere richtet sich mangels Sachregelungen in der SE-VO über Art. 5 nach dem Recht des Sitzstaates.[786]. Die SE kann damit grundsätzlich alle für die deutsche Aktiengesellschaft zulässigen Wertpapiere ausgeben. Von Bedeutung sind hier insbesondere die im Aktiengesetz geregelten Schuldverschreibungen, bei denen dem Gläubiger ein Umtausch- oder Bezugsrecht auf Aktien eingeräumt wird (Wandelanleihen und Optionsanleihen), Gewinnschuldverschreibungen und Genussrechte (Art. 5 iVm. §§ 221 Abs. 1 und Abs. 3 AktG).[787]

D. Ausgabebeschluss

I. Zuständigkeit

Die Zuständigkeit für die Ausgabe von Wandelschuldverschreibungen ist in der SE-VO nicht ausdrücklich geregelt. Anders als bei der Kapitalerhöhung ist bei Ausgabe der Wandelschuldverschreibungen keine Sat-

---

785 Vgl. Staudinger/*Großfeld* (1998) IntGesR Rn. 313.
786 Siehe oben, Teil 6 B II, S. 207 ff.
787 Näher dazu *Lutter*, in: Kölner Kommentar zum AktG, § 221 Rn. 6 ff.; MünchHdb. GesR IV/*Krieger* § 63 Rn. 1 ff.

zungsänderung erforderlich,[788] daher ergibt sich die Zuständigkeit der Hauptversammlung nicht bereits aus Art. 52 Buchst. a, Art. 59 Abs. 1. Die Zuständigkeit der Hauptversammlung ergibt sich jedoch gemäß Art. 52 Unterabs. 2 iVm. §§ 221 Abs. 1, 119 Abs. 1 Nr. 6 AktG.[789]

Durch Art. 25 Abs. 4 Zweite RiL wurde die Ausgabe von Wertpapieren, die in Aktien umgewandelt werden können oder mit einem Bezugsrecht auf Aktien verbunden sind hinsichtlich der Zuständigkeit des entscheidenden Organs und Publizität den Vorschriften unterworfen, wie sie auch für Kapitalerhöhungen gelten.[790] Damit ist zumindest die Zuständigkeit der Hauptversammlung der SE für die Ausgabe von Wandelschuldverschreibungen trotz Verweisung auf das Sitzstaatrecht der SE einheitlich festgelegt.

Die Zuständigkeit der Hauptversammlung für die Ausgabe von Gewinnschuldverschreibungen und Genussrechten ergibt sich aus Art. 52 Unterabs. 2 iVm. §§ 221 Abs. 1 und Abs. 3, 119 Abs. 1 Nr. 6 AktG.

Daneben kann das Leitungsorgan bzw. das Verwaltungsorgan gemäß Art. 5 iVm. § 221 Abs. 2 S. 1 AktG durch die Hauptversammlung zur Ausgabe von Wandelanleihen, Optionsanleihen, Gewinnschuldverschreibungen und Genussrechten ermächtigt werden. Die Ausgabe der Anleihen ist dann eine Geschäftsführungsmaßnahme und steht damit alleine im Ermessen des Leitungsorgans bzw. des Verwaltungsrates.[791]

II. Mehrheitserfordernisse

1. Regelung der SE-VO

Das Mehrheitserfordernis für die Ausgabe der Wandelschuldverschreibungen, Gewinnschuldverschreibungen und Genussrechte ist in der SE-VO nicht ausdrücklich festgelegt. Wie bereits oben festgestellt wurde, sind die Art. 57 und 59 bezüglich der Mehrheitserfordernisse für die Beschlussfassung der Hauptversammlung innerhalb der SE-VO abschlie-

---

788 *Lutter*, in: Kölner Kommentar zum AktG, § 221 Rn. 38; der Inhalt der Satzung der SE richtet sich nach deutschem Recht als Sitzstaatrecht; siehe oben, Teil 2 B, S. 29.

789 Zur Zuständigkeit der Hauptversammlung *Bungert/Beier*, EWS 2002, 1, 4; *Lutter*, BB 2002, 1, 5.

790 Vgl. Vorschlag Zweite RiL, Begründung, BT-Drs. VI/595, S. 14; *Schwarz*, Europäisches Gesellschaftsrecht, Rn. 620.

791 Siehe oben, Teil 5 D IV 1, S. 176 ff.; zum Aktienrecht *Hüffer*, AktG, § 221 Rn. 13; MünchHdb. GesR IV/*Krieger* § 63 Rn. 8 ff.

ßend.[792] §§ 133 Abs. 1, 221 Abs. 1 AktG können also über Art. 5 keine Anwendung finden.

Da es sich bei der Ausgabe dieser Wertpapiere nicht um eine Satzungsänderung handelt,[793] ist der Tatbestand des Art. 59 Abs. 1 grundsätzlich nicht erfüllt. Bei der Ausgabe von Wandelschuldverschreibungen erfolgt jedoch ein Eingriff in die künftige Beteiligungsstruktur und somit werden wie auch bei der Erhöhung des Gesellschaftskapitals Strukturfragen berührt.[794] Es besteht somit eine vergleichbare Interessenslage wie bei der Erhöhung des Gesellschaftskapitals. Aus diesem Grund stellt Art. 25 Abs. 4 Zweite RiL die Ausgabe aller Wertpapiere, die in Aktien umgewandelt werden können oder mit einem Bezugsrecht auf Aktien verbunden sind, bezüglich des in Art. 25 Zweite RiL geregelten Verfahrens und der Publizität der Erhöhung des Gesellschaftskapitals gleich.[795] Zwar sind Mehrheitserfordernisse in Art. 25 Zweite RiL für Kapitalerhöhungen nicht geregelt, da dies in der bis jetzt gescheiterten Strukturrichtlinie erfolgen sollte.[796] Aufgrund der Vergleichbarkeit der Interessenslage der Aktionäre bei Kapitalerhöhungen und der Ausgabe der Schuldverschreibungen ist es jedoch auch geboten, für die Beschlussfassung der Hauptversammlung die für Kapitalerhöhung geltenden Mehrheitserfordernisse anzuwenden. Für die Ausgabe der Wandelschuldverschreibungen ist daher ein Beschluss der Hauptversammlung der SE mit satzungsändernder Mehrheit entsprechend Art. 59 Abs. 1 erforderlich.

Auch der Sanders-Vorentwurf forderte für die Ausgabe der Schuldverschreibungen mit Umtausch- oder Bezugsrecht auf Aktien wegen der Einwirkung auf die Rechte der Aktionäre einen satzungsändernden Beschluss der Hauptversammlung.[797] Sonstige Wertpapiere, die Nichtaktionären ein Recht auf Beteiligung am Gewinn oder am Gesellschaftsvermögen geben, waren unzulässig (Art. III-4-1 Sanders-Vorentwurf). Nach Art. 60 Abs. 1 SE-VOV 1970 und 1975 war für die Ausgabe von Wandelschuldverschreibungen ebenfalls ein satzungsändernder Beschluss der Hauptversammlung erforderlich. Der SE-VOV 1989 enthielt keine die Zuständigkeit und das Verfahren regelnden Vorschriften (Art. 58 Abs. 1 SE-VOV 1989). Laut Begründung sollte es jedoch selbstverständlich

---

792 Siehe oben, Teil 5 B I 2 a aa, S. 120 ff.
793 Siehe oben, Teil 6 D I, S. 209 f.
794 Vgl. *Hüffer*, AktG, § 221 Rn. 1; *Lutter*, in: Kölner Kommentar zum AktG, § 221 Rn. 37.
795 Vorschlag Zweite RiL, Begründung, BT-Drs. VI/595, S. 14; *Hüffer*, NJW 1979, 1065, 1070; *Schwarz*, Europäisches Gesellschaftsrecht, Rn. 620.
796 *Niessen*, AG 1970, 281, 292.
797 Vgl. Art. III-3-7 Sanders-Vorentwurf; Sanders-Vorentwurf, Begründung, S. 49.

sein, dass „die Ausgabe von Wandelschuldverschreibungen, die mit einer Kapitalerhöhung einhergeht, hinsichtlich der Befugnis des Beschlussfassungsorgans und der Einzelheiten der Beschlussfassung den gleichen Regeln unterliegt, wie die Kapitalerhöhung“.[798] Den Verordnungsvorentwürfen lässt sich daher entnehmen, dass die Ausgabe der Schuldverschreibungen mit Umtausch- oder Bezugsrecht aufgrund der Einwirkung auf die Rechte der Aktionäre zumindest eines satzungsändernden Beschlusses der Hauptversammlung bedarf.

Demzufolge wird das durch systematische Auslegung gefundene Ergebnis bestätigt. Für die Ausgabe der Wandelschuldverschreibungen ist ein Hauptversammlungsbeschluss nach Art. 59 Abs. 1 mit einer Mehrheit von mindestens zwei Dritteln der abgegebenen Stimmen erforderlich.[799]

Nicht von der Zweiten RiL erfasst sind jedoch Gewinnschuldverschreibungen und Genussrechte, die nach § 221 Abs. 1 und Abs. 3 AktG den Wandelschuldverschreibungen gleichgestellt sind. Auch diese Wertpapiere gewähren ein Recht, das mit einer mitgliedschaftlichen Rechtsstellung in Konkurrenz tritt, daher ist eine Gleichstellung mit den Schuldverschreibungen mit Umtausch- oder Bezugsrecht gerechtfertigt.[800] Dafür spricht auch die Betrachtung der Verordnungsvorentwürfe. Erst im SE-VOV 1975 wurde auf Empfehlung des WSA die Ausgabe von Gewinnschuldverschreibungen durch die SE ermöglicht (Art. 60 a SE-VOV 1975). Zum Schutz der Aktionäre wurde ein Beschluss gefordert, der den Voraussetzungen einer Satzungsänderung entspricht.[801] Auch nach Art. 59 SE-VOV 1989 war die Ausgabe von Gewinnschuldverschreibungen nur unter den für Satzungsänderungen vorgesehenen Bedingungen zulässig.

Demnach ist auch für die Ausgabe von Gewinnschuldverschreibungen und Genusscheine ein Beschluss nach Art. 59 Abs. 1 erforderlich.

---

798 SE-VOV 1989, Begründung, BT-Drs. XI/5427, S. 10.

799 Unklar *Theisen/Widmayer*, in: Theisen/Wenz, Die Europäische Aktiengesellschaft, S. 333, 347, die ohne Begründung und Angabe der anzuwendenden Norm eine Dreiviertelmehrheit fordern; a.A. *Jaeger*, Die Europäische Aktiengesellschaft, S. 102, der ohne Begründung aufgrund der Verweisung Art. 56 SE-VOV 1991 zu einer Anwendung der Mehrheitserfordernisse des § 221 Abs. 1 AktG S. 2 AktG kommt.

800 Vgl. *Lutter*, in: Kölner Kommentar zum AktG, § 221 Rn. 198 und Rn. 446 ff.

801 SE-VOV 1975, Begründung, BT-Drs. VII/3713, S. 209. Die Ausgabe von Genussrechten wurde in den SE-VOV nicht geregelt.

2. Berücksichtigung des Sitzstaatrechts

Der Beschluss der Hauptversammlung der SE über die Ausgabe von Schuldverschreibungen mit Options- und Bezugsrecht auf Aktien sowie von Gewinnschuldverschreibungen und Genussrechte bedarf gemäß Art. 59 Abs. 1 eines Hauptversammlungsbeschlusses mit einer Mehrheit von zwei Dritteln der abgegebenen Stimmen.

Nach Art. 59 Abs. 1 a.E. kann jedoch das Sitzstaatrecht größere Mehrheiten vorsehen oder zulassen. Danach ist gemäß Art. 59 Abs. 1 a. E. iVm. § 221 Abs. 1 S. 2 und Abs. 3 AktG iVm. SE-spezifischer Auslegung eine Mehrheit von mindestens drei Vierteln der abgegebenen Stimmen erforderlich.[802]

Nach Art. 59 Abs. 1 a.E. besteht Satzungsautonomie bezüglich der Bestimmung größerer Mehrheiten, wenn das Rechts des Sitzstaates dies zulässt.[803] Aufgrund der Beschränkung der Satzungsautonomie durch Art. 59 Abs. 1 kann die Satzung der SE nur größere Mehrheiten als zwei Drittel der abgegebenen Stimmen bestimmen (Art. 59 Abs. 1 a.E. iVm. § 221 Abs. 1 S. 3 HS. 1 AktG). Es ist hier also grundsätzlich möglich, eine geringere Mehrheit als die gesetzliche Dreiviertelmehrheit durch Satzungsregelung festzusetzen, solange das von der SE-VO vorausgesetzte Mindesterfordernis von zwei Dritteln der abgegebenen Stimmen eingehalten wird.

Aufgrund der Umsetzung des Art. 59 Abs. 2 durch § 51 SEAG-RegE kann die Satzung der SE nach § 51 S. 1 SEAG-RegE sogar bestimmen, dass für einen Beschluss der Hauptversammlung über die Änderung der Satzung die einfache Mehrheit der abgegebenen Stimmen ausreicht, sofern mindestens die Hälfte des Grundkapitals vertreten ist. Das ergänzend anwendbare Sitzstaatrecht steht dem nicht entgegen (vgl. § 51 S. 2 SEAG-RegE, § 221 Abs. 1 S. 3 HS. 1 AktG).[804]

Weitere Erfordernisse kann die Satzung mangels Satzungsautonomie nicht bestimmen.[805] § 221 Abs. 1 S. 3 HS. 2 AktG findet keine Anwendung.

Sind mehrere Gattungen von Aktien vorhanden, so gilt Art. 60. Die Anwendung der nationalen Erfordernisse eines Sonderbeschlusses nach

---

802 Siehe oben, Teil 5 B I 2 a, S. 119 ff.
803 Siehe oben, Teil 5 B I 2 b, S. 129 ff.
804 Siehe oben, Teil 5 B I 2 c, S. 133 f.
805 Siehe oben, Teil 5 B I 2 b bb, S. 131 f.

§ 221 Abs. 1 S. 4 iVm. § 182 Abs. 2 AktG über Art. 5 ist mangels Unvollständigkeit der SE-VO ausgeschlossen.[806]

III. Publizität

Art. 59 Abs. 3 fordert die Offenlegung der Satzungsänderung nach Art. 13. Wird Art. 59 Abs. 1 für Wandelschuldverschreibungen und vergleichbare Wertpapiere angewendet, so könnte sich die Offenlegungspflicht für die Ausgabe dieser Wertpapiere nach Art. 59 Abs. 3 ergeben.

Jedoch ist zu beachten, dass die Ausgabe von Wandelschuldverschreibungen und vergleichbarer Wertpapiere nach den Vorgaben des Gemeinschaftsgesetzgebers zu keiner Satzungsänderung führt. Nach Art. 25 Abs. 4 Zweite RiL sollen für die Ausgabe von Wertpapieren, die in Aktien umgewandelt werden können oder mit einem Bezugsrecht auf Aktien verbunden sind, vielmehr die Verfahrens- und Publizitätsvorschriften, die nach Art. 25 Zweite RiL für die Kapitalerhöhung gelten, entsprechend angewendet werden.

Für die Erhöhung des Gesellschaftskapitals gelten jedoch andere Publizitätsvorschriften als für die daraus folgende Satzungsänderung.[807] Bei Vornahme der Kapitalmaßnahmen müssen Beschluss und Durchführung gemäß Art. 3 Erste RiL offengelegt werden, um die verschiedenen Abschnitte, in denen sich die Erhöhung des Gesellschaftskapitals vollzieht, aufzuzeigen und damit die Rechtssicherheit zu erhöhen.[808] Nur diese, für Kapitalerhöhungen geltende, Offenlegungspflichten sollen nach dem Willen des Gemeinschaftsgesetzgebers für Wandelschuldverschreibungen Anwendung finden. Das diese Vorschriften umsetzende nationale Recht muss somit aufgrund der Verweisungsnorm Art. 5 für die SE ergänzend Anwendung finden.

Danach haben im dualistischen System gemäß Art. 5 iVm. § 221 Abs. 2 S. 2 AktG das Leitungsorgan und der Vorsitzende des Aufsichtsorgans den Beschluss der Hauptversammlung über die Ausgabe der Wandelschuldverschreibungen sowie eine Erklärung über deren Ausgabe beim Handelsregister zu hinterlegen. Das Aktiengesetz fordert hier, anders als bei der Kapitalerhöhung, nur die Hinterlegung. Anmeldung und Eintragung sind nicht erforderlich und nicht möglich. Darüber hinaus ist ein

---

806 Siehe oben, Teil 5 B I 3, S. 134 f.

807 Vgl. Art. 22 Abs. 1 Vorschlag Zweite RiL, der die Kapitalerhöhung bezüglich der Publizität der Satzungsänderung gleichstellte, während Art 25 Abs. 1 Zweite RiL dann für Kapitalerhöhungen die Publizität des Beschlusses und der Durchführung forderte.

808 Siehe oben, Fn. 546.

Hinweis auf den Beschluss und die Erklärung in den Gesellschaftsblättern bekannt zu machen gemäß Art. 5 iVm. § 221 Abs. 2 S. 3 AktG.[809] Im monistischen System trifft diese Pflicht gemäß §§ 22 Abs. 6, 40 Abs. 2 S. 4 SEAG-RegE den Vorsitzenden des Verwaltungsrates und die geschäftsführenden Direktoren gemeinsam.[810]

Dasselbe hat auch für Genussrechte zu gelten. Der Gemeinschaftsgesetzgeber hat hierfür keine Regelung in der Zweiten RiL vorgesehen. Aufgrund der Gleichstellung der Genussrechte mit den Wandelschuldverschreibungen hinsichtlich der Publizität durch das Aktiengesetz gilt § 221 Abs. 2 S. 2 AktG bei der Ausgabe von Genussrechten in ergänzender Anwendung über Art. 5 auch für die SE.[811]

Für Gewinnschuldverschreibungen sieht das Aktiengesetz richtlinienkonform keine Offenlegungspflicht vor (vgl. Art. 25 Abs. 4 Zweite RiL). Damit besteht auch für die SE keine Pflicht zur Offenlegung bei Ausgabe dieser Wertpapiere.

E. Bezugsrecht

Die Aktionäre der SE haben gemäß Art. 5 iVm. §§ 221 Abs. 4, 186 AktG ein Bezugsrecht auf Wandel- und Optionsanleihen, Gewinnschuldverschreibungen und Genussrechte.[812] Der Abschluss der Rechtsgeschäfte der SE mit den Aktionären liegt außerhalb des Regelungsbereichs der SE-VO. Daher unterliegt die Bestimmung des maßgeblichen Rechts grundsätzlich dem internationalen Privatrecht (Vertragsstatut).[813] Der Umstand, dass die Gläubiger zugleich Aktionäre sind, führt zu keiner anderen Beurteilung der Rechtsgeschäfte hinsichtlich der Einbeziehung in den Regelungsbereichs der SE-VO.

---

[809] Vgl. RegE Durchführung Zweite RiL, BT-Drs. VIII/1678, S. 19; *Hüffer*, AktG, § 221 Rn. 20 ff; *ders.*, NJW 1979, 1065, 1070; *Karollus*, in: Geßler/Hefermehl, AktG, § 221 Rn. 65 ff.; zu der dieser Regelung zugrundeliegenden Publizitätsrichtlinie (Art. 3 Abs. 3 und 4 Erste RiL) *Fischer-Zernin*, S. 62 ff.; *Schwarz*, Europäisches Gesellschaftsrecht, Rn. 313.

[810] Siehe oben, Teil 5 B V 4 b, S. 147 ff.

[811] Vgl. *Hüffer*, AktG, § 221 Rn. 36.

[812] Im Einzelnen siehe dazu oben, Teil 5 B VII, S. 152 ff.

[813] Siehe oben, Teil 6 B I, S. 205 ff.

Teil 7: Kapitalherabsetzung

A. Regelung in der SE-VO

Die Herabsetzung des Grundkapitals ist, wie auch die Erhöhung des Gesellschaftskapitals, nicht ausdrücklich in der SE-VO geregelt. Da es sich dabei um eine Maßnahme zur Änderung des Kapitals der SE handelt, finden über Art. 5 grundsätzlich die Vorschriften des Aktiengesetzes ergänzend Anwendung. Hier ist zu untersuchen, inwieweit die SE-VO einer Ergänzung bedarf und die Vorschriften des Aktiengesetzes über die Verweisungsvorschriften Anwendung finden können, und ob das Aktiengesetz bei Anwendung auf die SE einer besonderen Auslegung bedarf.

B. Ordentliche Kapitalherabsetzung (Art. 5 iVm. §§ 222 bis 228 AktG)

Mit der Herabsetzung des Grundkapitals (gezeichneten Kapitals) wird der Nennbetrag des Grundkapitals der SE verringert. In der Regel erfolgt die Kapitalherabsetzung daher, um eine Unterbilanz zu beseitigen, das heißt, sie wird in der Regel zu Sanierungszwecken eingesetzt.[814] Ist die Bilanz der Gesellschaft ausgeglichen, beseitigt die Herabsetzung des Grundkapitals die durch die Grundkapitalziffer bewirkten Bindungen des Gesellschaftsvermögens in Höhe des Betrags, um den das Grundkapital herabgesetzt wird. Das frei gewordene Vermögen kann in beliebiger Weise verwendet werden.[815]

Die Herabsetzung des Grundkapitals ist eine Satzungsänderung (vgl. Art. 9 Abs. 1 Buchst. c Ziffer ii iVm. § 23 Abs. 3 Nr. 3 und 4 AktG). Zuständig für die Herabsetzung des Grundkapitals ist gemäß Art. 52 Buchst. a, Art. 59 Abs. 1 die Hauptversammlung der SE. Für den Hauptversammlungsbeschluss ist in ergänzender Anwendung des Sitzstaatrechts eine Mehrheit von mindestens drei Vierteln der abgegebenen Stimmen erforderlich (Art. 59 Abs. 1 a.E. iVm. § 222 Abs. 1 S. 1 AktG iVm. SE-spezifischer Auslegung).[816] Die Satzung kann hier nur eine größere Mehrheit als drei Viertel der abgegebenen Stimmen fordern (Art. 59 Abs. 1 a.E. iVm. § 222 Abs. 1 S. 2 HS. 1 AktG).[817]

---

[814] Soll die Kapitalherabsetzung zu Sanierungszwecken eingesetzt werden, so wird in der Regel eine vereinfachte Kapitalherabsetzung durchgeführt; dazu siehe unten, Teil 7 C, S. 219.

[815] Zum Zweck der Kapitalherabsetzung MünchHdb. GesR IV/*Krieger* § 60 Rn. 1; *Hefermehl*, in: Geßler/Hefermehl, AktG, Vor § 222 Rn. 3 ff.

[816] Siehe oben, Teil 5 B I 2 a, S. 119 ff.

[817] Siehe oben, Teil 5 B I 2 b aa, S. 129 f.

Die Bestimmung weiterer Erfordernisse in der Satzung der SE ist durch Art. 59 Abs. 1 a.E. ausgeschlossen.[818] § 222 Abs. 1 S. 2 HS. 2 AktG findet keine ergänzende Anwendung. Eine Satzungsregelung i.S. des § 51 S. 1 SEAG-RegE, wonach für einen Beschluss der Hauptversammlung über die Änderung der Satzung die einfache Mehrheit der abgegebenen Stimmen ausreicht, sofern mindestens die Hälfte des Grundkapitals vertreten ist, ist durch § 222 Abs. 1 S. 2 AktG ausgeschlossen (vgl. § 51 S. 2 SEAG-RegE).[819]

Sind mehrere Gattungen von Aktien vorhanden, so ist gegebenenfalls ein Sonderbeschluss nach Art. 60 erforderlich. Anders als nach § 222 Abs. 2 AktG ist nach Art. 60 Abs. 1 nur dann ein Sonderbeschluss erforderlich, wenn die spezifischen Rechte einer Gruppe von Aktionären berührt werden.[820]

Die Anmeldung des Beschlusses hat gemäß Art. 5 iVm. § 223 AktG durch das Leitungsorgan und den Vorsitzenden des Aufsichtsorgans bzw. durch den Vorsitzenden des Verwaltungsrates und die geschäftsführenden Direktoren (§§ 22 Abs. 6, 40 Abs. 2 S. 4 SEAG-RegE) zu erfolgen.[821] Mit Eintragung des Beschlusses ist das Grundkapital gemäß Art. 5 iVm. § 224 AktG wirksam herabgesetzt.[822] Die sich daraus ergebende formelle Satzungsänderung ist nach Art. 59 Abs. 1 iVm. § 179 Abs. 2 iVm. SE-spezifischer Auslegung zu beschließen und nach Art. 59 Abs. 3, Art. 13 iVm. § 3 SEAG-RegE, § 181 Abs. 1 AktG offen zu legen.[823]

Die Durchführung der Herabsetzung des Grundkapitals ist vom Leitungsorgan bzw. von den geschäftsführenden Direktoren (§ 40 Abs. 2 S. 4 SEAG-RegE) zur Eintragung in das Handelsregister anzumelden (Art. 5 iVm. § 227 AktG).

Nach § 228 Abs. 1 AktG kann das Grundkapital unter den gesetzlich bestimmten Mindestbetrag herabgesetzt werden, wenn dieser durch eine Kapitalerhöhung wieder erreicht wird, die zugleich mit der Kapitalherabsetzung beschlossen wird und bei der Sacheinlagen nicht festgesetzt sind. Selbstverständlich richtet sich das gesetzliche Mindestkapital bei

---

818 Siehe oben, Teil 5 B I 2 b bb, S.131 f.
819 Siehe oben, Teil 5 B I 2 c, S. 133 f.
820 Siehe oben, Teil 5 B I 3, S. 134 f.
821 Siehe oben, Teil 5 B V 4, S. 147 ff.
822 Zur Maßgeblichkeit des Sitzstaatrechts bezüglich der Wirksamkeit des Beschlusses siehe oben, Teil 5 B VI, S. 149 ff.
823 Siehe oben, Teil 5 B I 5, S. 136 f.

ergänzender Anwendung des § 228 AktG in Abweichung vom Wortlaut der Vorschrift nach Art. 4 Abs. 2.[824]

Weitere Besonderheiten gegenüber der ordentlichen Kapitalherabsetzung bei nationalen Aktiengesellschaften ergeben sich für die SE nicht.

C. Vereinfachte Kapitalherabsetzung (Art. 5 iVm. §§ 229 bis 236 AktG)

Die vereinfachte Kapitalherabsetzung ist ausschließlich zu den in § 229 Abs. 1 S. 1 AktG genannten Zwecken zulässig. Der Zweck ist im Beschluss festzusetzen (§ 229 Abs. 1 S. 2 AktG). Dabei gewährt das Gesetz gegenüber der ordentlichen Kapitalherabsetzung wesentliche Erleichterungen.[825]

Zuständig ist auch hier grundsätzlich die Hauptversammlung der SE nach Art. 52 Buchst. a, Art. 59 Abs. 1. Das Aktiengesetz verweist in § 229 Abs. 3 AktG für die Beschlussfassung auf die Vorschriften zur ordentlichen Kapitalherabsetzung (§ 221 Abs. 1, 2 und 4 AktG). Insoweit kann für die ergänzende Anwendung der sitzstaatrechtlichen Mehrheitserfordernisse auf die Ausführungen zur ordentlichen Kapitalherabsetzung verwiesen werden.[826] Auch für die Anmeldung des Beschlusses, dem Zeitpunkt der Wirksamkeit und der Durchführung gelten über Art. 5 iVm. § 229 Abs. 3 AktG die §§ 223, 224 und 227 AktG.[827]

Weitere Besonderheiten ergeben sich aus der ergänzenden Anwendung des Aktiengesetzes auf die SE nicht. Die Vorschriften des Aktiengesetzes sind daher über Art. 5 unverändert auf die SE anzuwenden.

D. Kapitalherabsetzung durch Einziehung von Aktien (Art. 5 iVm. §§ 237 bis 239 AktG)

Die Kapitalherabsetzung kann auch durch zwangsweise Einziehung von Aktien oder durch Einziehung nach Erwerb von Aktien durch die Gesellschaft erfolgen. Die Zwangseinziehung von Aktien ist nach § 237 Abs. 1 S. 2 AktG nur aufgrund einer Satzungsbestimmung, die bereits in der ursprünglichen Satzung enthalten war oder durch Satzungsänderung vor Übernahme oder Zeichnung der durch Einziehung betroffenen Aktien eingefügt wurde, zulässig.

---

824 Zum Mindestkapital der SE siehe oben, Teil 2 A, S. 27 ff.

825 Näher dazu Münch. Hdb. GesR IV/*Krieger* § 61 Rn. 1 ff.

826 Siehe oben, Teil 7 B, S. 217 ff.

827 Dazu siehe oben, Teil 7 B, S. 217 ff.

Die Zulässigkeit einer Satzungsgestaltung für die SE ist zum einem aufgrund ausdrücklicher Ermächtigung in der Verordnung (vgl. Art. 9 Abs. 1 Buchst. b), und zum anderen, wenn das aufgrund einer Verweisungsvorschrift anwendbare Recht eine Satzungsautonomie gewährt (Art. 9 Abs. 1 Buchst. c Ziffer iii), möglich.[828] Da die Vorschriften des Aktiengesetzes über die Kapitalherabsetzung aufgrund Art. 5 grundsätzlich auf die SE Anwendung finden, besteht die im Aktiengesetz gewährte Satzungsautonomie auch für die SE (Art. 5 iVm. § 237 Abs. 1 S. 2 AktG). Daher kann auch in der Satzung der SE die Kapitalherabsetzung durch Zwangseinziehung angeordnet oder vorgesehen sein.

I. Ordentliches Einziehungsverfahren

1. Gestattete Zwangseinziehung

Ist die Zwangseinziehung in der Satzung nur gestattet, so hat die Hauptversammlung über die Einziehung zu entscheiden (Art. 52 Buchst. a, 59 Abs. 1).[829] Nach § 237 Abs. 2 S. 1 AktG sind die Vorschriften über die ordentliche Kapitalherabsetzung zu beachten. Insoweit kann auf die entsprechenden Ausführungen verwiesen werden.[830]

2. Angeordnete Zwangseinziehung

Ist die Zwangseinziehung in der Satzung dagegen angeordnet, so tritt an die Stelle des Hauptversammlungsbeschlusses eine Entscheidung des geschäftsführenden Organs. Die Satzung muss die Voraussetzungen genau bestimmen, so dass sich die Entscheidung über die Zwangseinziehung nur auf die Feststellung der Voraussetzungen beschränkt.[831] Die Entscheidung über die Zwangseinziehung trifft in der SE das Leitungsorgan bzw. der Verwaltungsrat (§ 22 Abs. 6 SEAG-RegE).

Ansonsten sind auch hier die Vorschriften über die ordentliche Kapitalherabsetzung anzuwenden (vgl. Art. 5 iVm. § 237 Abs. 2 S. 1, Abs. 6 S. 2 AktG).[832]

---

828 Siehe oben, Teil 4 II 1, S. 84.

829 Die Kapitalherabsetzung durch Zwangeinziehung ist wegen § 23 Abs. 3 Nr. 3 und 4 AktG, der über Art. 9 Abs. 1 Buchst. c Ziffer ii auch für die SE Anwendung findet, stets eine Satzungsänderung.

830 Siehe oben, Teil 7 B, S. 217 ff.

831 *Hüffer*, AktG, § 237 Rn. 10.

832 Dazu siehe oben, Teil 7 B, S. 217 ff.

3. Einziehung nach Erwerb der Aktien

Die SE kann gemäß Art. 5 iVm. § 237 Abs. 1 S. 1 AktG eigene Aktien nach Erwerb einziehen.[833] Eine Ermächtigung in der Satzung ist dazu nicht erforderlich. Da es sich auch hier um eine Satzungsänderung handelt, ist ein Beschluss der Hauptversammlung nach Art. 52 Buchst. a, 59 Abs. 1 erforderlich. Für die Beschlussfassung gelten die Vorschriften über die ordentliche Kapitalherabsetzung.[834]

II. Vereinfachtes Einziehungsverfahren

Das Aktiengesetz sieht unter den Voraussetzungen des § 237 Abs. 3 AktG ein vereinfachtes Einziehungsverfahren vor. Dies gilt sowohl für die Kapitalherabsetzung durch Zwangseinziehung als auch für die Einziehung nach Erwerb.[835] Die Vorschriften über die ordentliche Kapitalherabsetzung müssen nicht befolgt werden (Art. 5 iVm. § 237 Abs. 3 AktG), wenn die Voraussetzungen des § 237 Abs. 3 AktG erfüllt sind.[836]

1. Beschluss

a) Anwendbarkeit der vereinfachten Beschlusserfordernisse

Nach dem Aktiengesetz ist hier ein Beschluss der Hauptversammlung erforderlich (§ 237 Abs. 4 S. 1 AktG). Es genügt jedoch eine einfache Stimmenmehrheit nach § 133 Abs. 1 AktG (vgl. § 237 Abs. 4 S. 2 AktG), obwohl auch die vereinfachte Kapitalherabsetzung eine Satzungsänderung darstellt.[837] Auch ein Sonderbeschluss entsprechend § 222 Abs. 2 AktG soll entfallen.[838] Diese Reduzierung der Beschlusserfordernisse ist dabei von großem praktischem Gewicht.[839]

Es ist jedoch fraglich, ob das auch für die SE gelten kann. Wie oben festgestellt wurde, sind die Vorschriften des Aktiengesetzes über die Beschlussfassung der Hauptversammlung über die Kapitalmaßnahmen nicht von der Verweisung des Art. 5 umfasst. Die SE-VO beinhaltetet

---

[833] Zum Erwerb eigener Aktien siehe oben, Teil 4 B, S. 101 ff.

[834] Siehe oben, Teil 7 B, S. 217 ff.

[835] *Hüffer*, AktG, § 237 Rn. 30; *Lutter*, in: Kölner Kommentar zum AktG, § 237 Rn. 92.

[836] *Hüffer*, AktG, § 237 Rn. 31 ff.; *Lutter*, in: Kölner Kommentar zum AktG, § 237 Rn. 94 ff.

[837] *Hüffer*, AktG, § 237 Rn. 35.

[838] *Hüffer*, AktG, § 237 Rn. 35; MünchKommAktG/*Oechsler* § 237 Rn. 103; a.A. *Lutter*, in: Kölner Kommentar zum AktG, § 237 Rn. 109.

[839] *Lutter*, in: Kölner Kommentar zum AktG, § 237 Rn. 93.

diesbezüglich Vorschriften, die abschließend sind, soweit sie nicht selbst die Anwendung von mitgliedstaatlichen Vorschriften zulassen.[840]

Da es sich auch bei der Kapitalherabsetzung durch Zwangseinziehung oder durch Einziehung nach Erwerb von Aktien bei der SE stets um eine Satzungsänderung handelt (Art. 9 Abs. 1 Buchst. c Ziffer ii iVm. § 23 Abs. 3 Nr. 3 und 4 AktG), ist grundsätzlich ein Hauptversammlungsbeschluss nach Art. 52 Buchst. a, Art. 59 Abs. 1 mit einer Mehrheit von mindestens zwei Dritteln der abgegebenen Stimmen erforderlich. Anders als bei den anderen Kapitalmaßnahmen sieht das Aktienrecht hier gegenüber Art. 59 Abs. 1 keine größere Mehrheit vor, so dass hier die Möglichkeit der Berücksichtigung nationalen Rechts nach Art. 59 Abs. 1 a.E. insoweit ohne Bedeutung ist. Daneben muss nach Art. 60 ein Sonderbeschluss ergehen, wenn mehrere Gattungen von Aktien vorhanden sind und spezifische Rechte von Aktionären einer Gruppe berührt werden.

Die im Aktiengesetz vorgesehenen Erleichterungen bei der Beschlussfassung über ein vereinfachtes Einziehungsverfahren können für die SE nicht gelten. § 237 Abs. 4 S. 2 AktG findet auf die Beschlussfassung der Hauptversammlung keine Anwendung.

Nach Art. 59 Abs. 1 a.E. kann die Satzung der SE größere Mehrheiten bestimmen, soweit es das Recht des Sitzstaates vorsieht.[841] Da § 237 Abs. 4 S. 3 HS. 1 AktG diesbezüglich Satzungsautonomie gewährt, kann die Satzung der SE größere Mehrheiten als die gesetzliche Mehrheit von zwei Dritteln der abgegebenen Stimmen bestimmen (Art. 59 Abs. 1 a.E., § 237 Abs. 4 S. 3 HS. 1 AktG).[842]

Es besteht nach Art. 59 Abs. 1 a.E. grundsätzlich keine Satzungsautonomie für die SE bezüglich der Festsetzung „weiterer Erfordernisse".[843] § 237 Abs. 4 S. 3 HS. 2 AktG findet insoweit über Art. 59 Abs. 1 a.E. keine Anwendung. Die Satzung der SE kann jedoch bestimmen, dass die einfache Stimmenmehrheit ausreicht, wenn mindestens die Hälfte des Grundkapitals anwesend ist (§ 51 S. 1 SEAG-RegE). Hier schreibt das ergänzend anzuwendende Aktienrecht nicht zwingend eine größere

---

840 Siehe oben, Teil 5 B I 2 a aa, S. 120 ff.

841 Siehe oben, Teil 5 B I 2 b aa, S. 129 ff.

842 Nach § 237 Abs. 4 S. 2 AktG wird ausnahmsweise eine Stimmenmehrheit gefordert. Somit bedarf es hier keiner SE-spezifischen Auslegung des Aktiengesetzes; siehe oben, Teil 5 B I 2 a ee, S. 127 ff.

843 Siehe oben, Teil 5 B I 2 b bb, S. 131 f.

Mehrheit vor, so dass kein Ausschluss nach § 51 S. 2 SEAG-RegE vorliegt.[844]

Ist die Zwangseinziehung dagegen in der Satzung angeordnet, so entscheidet das Leitungsorgan bzw. der Verwaltungsrat (§ 22 Abs. 6 SEAG-RegE) über die Einziehung.[845]

b) Zwischenergebnis

Im vereinfachten Verfahren zur Kapitalherabsetzung durch Einziehung von Aktien ist ein Beschluss der Hauptversammlung nach Art. 52 Buchst. a, Art. 59 Abs. 1 von mindestens zwei Dritteln der abgegebenen Stimmen erforderlich. § 237 Abs. 4 S. 2 AktG findet keine Anwendung. Die Satzung der SE kann nach Art. 59 Abs. 1 a.E., § 237 Abs. 4 S. 3 HS. 1 AktG eine größere Stimmenmehrheit bestimmen. Keine Anwendung findet § 237 Abs. 4 S. 3 HS. 2 AktG bezüglich der Möglichkeit der Festsetzung weiterer Erfordernisse. Die satzungsmäßige Festsetzung weiterer Erfordernisse ist daher nicht zulässig. Die Satzung kann jedoch nach § 51 S. 1 SEAG-RegE bestimmen, dass eine einfache Mehrheit ausreicht, wenn mindestens die Hälfte des Grundkapitals vertreten ist. Soweit mehrere Gattungen von Aktien vorhanden sind und durch einen Beschluss spezifische Rechte von Aktionären einer Gruppe berührt werden, so ist nach Art. 60 Abs. 1 ein Sonderbeschluss dieser Gruppe von Aktionären erforderlich.

2. Sonstige Voraussetzungen

Das Leitungsorgan und der Vorsitzende des Aufsichtsorgans bzw. die geschäftsführenden Direktoren und der Vorsitzende des Verwaltungsrates (§§ 40 Abs. 2 S. 4, 22 Abs. 6 SEAG-RegE) haben den Beschluss zur Eintragung in das Handelsregister anzumelden (Art. 5 iVm. § 237 Abs. 4 S. 4). Die Wirksamkeit der Kapitalherabsetzung bestimmt sich über Art. 5 nach § 238 AktG.[846]

Mit Wirksamkeit der Kapitalherabsetzung ist der Satzungstext unrichtig. Erforderlich ist daher eine Satzungsänderung. Nach dem Aktiengesetz soll auch für die Fassungsänderung der Satzung das Mehrheitserfordernis des § 237 Abs. 4 S. 2 AktG gelten.[847] Bei der SE ist jedoch für jede

---

[844] Siehe oben, Teil 5 B I 2 c, S. 133 f.

[845] Siehe oben, Teil 7 D I 2, S. 220.

[846] Zur Maßgeblichkeit des nationalen Rechts für den Zeitpunkt der Wirksamkeit siehe oben, Teil 5 B VI, S. 149 ff.

[847] *Hüffer*, AktG, § 237 Rn. 35; *Lutter*, in: Kölner Kommentar zum AktG, § 237 Rn. 108.

Satzungsänderung ein Beschluss nach Art. 59 Abs. 1 erforderlich. Somit ist auch hier grundsätzlich eine Mehrheit von mindestens zwei Dritteln der abgegeben Stimmen erforderlich. Da § 237 Abs. 4 S. 2 AktG jedoch keine größere Mehrheit als die nach Art. 59 Abs. 1 vorausgesetzte Mehrheit von zwei Dritteln der abgegebenen Stimmen fordert, ist die Möglichkeit der Berücksichtigung höherer Mehrheitserfordernisse des Sitzstaatrechts ohne Bedeutung. Es bleibt bei der von Art. 59 Abs. 1 geforderten Zweidrittelmehrheit. Die Satzung der SE kann jedoch eine größere Stimmenmehrheit bestimmen (Art. 59 Abs. 1 a.E. iVm § 237 Abs. 4 S. 3 HS. 1 AktG), nicht jedoch weitere Erfordernisse.[848]

Zweckmäßigerweise ist die formelle Satzungsänderung gemäß Art. 9 Abs. 1 Buchst. c Ziffer ii iVm. § 179 Abs. 1 S. 2 AktG auf das Aufsichtsorgan bzw. nach § 22 Abs. 6 SEAG-RegE auf den Verwaltungsrat zu übertragen.[849] Die Satzungsänderung ist nach den allgemeinen Regeln über satzungsändernde Beschlüsse gemäß Art. 59 Abs. 3, Art. 13 iVm. § 3 SEAG-RegE, § 181 AktG ins Handelsregister einzutragen.

Das Leitungsorgan (Art. 39 Abs. 1) bzw. die geschäftsführenden Direktoren (§ 40 Abs. 2 S. 4 SEAG-RegE) haben die Durchführung der Herabsetzung des Grundkapitals zur Eintragung in das Handelsregister anzumelden (Art. 5 iVm. 239 AktG). Ansonsten ergeben sich keine weiteren Besonderheiten bei Anwendung der §§ 237 ff. AktG über Art. 5. Das Aktiengesetz kann insoweit unverändert ergänzend angewendet werden.

E. Ausweis der Kapitalherabsetzung

§ 240 AktG regelt den Ausweis der Kapitalherabsetzung in der Gewinn- und Verlustrechnung und im Anhang des Jahresabschlusses. Da sich der Jahresabschluss über Art. 61 nach nationalem Recht richtet, ergeben sich hier keine Besonderheiten gegenüber nationalen Aktiengesellschaften.[850] § 240 AktG ist über Art. 5 auf sie SE anzuwenden.

---

848 Siehe oben, Teil 5 B I 2 b, S. 129 ff.
849 Siehe oben, Teil 5 B I 5, S. 136 f.
850 Siehe unten, Teil 8, S. 225 ff.

Teil 8: Jahresabschluss

A. Regelung in der SE-VO

Die SE-VO beinhaltet unter dem Titel IV „Jahresabschluss und konsolidierter Abschluss" zwei Vorschriften zur Regelung der Aufstellung, Prüfung und Offenlegung des Jahres- bzw. Konzernabschlusses einschließlich des dazu gehörigen Lageberichts. Dabei handelt es sich jedoch nicht um Sachregeln, sondern entsprechend dem Regelungskonzept der SE-VO nur um Verweisungen auf das Recht des Sitzstaates.

Nach Artikel 61 unterliegt die SE vorbehaltlich des Art. 62 hinsichtlich der Aufstellung ihres Jahresabschlusses und gegebenenfalls konsolidierten Abschlusses einschließlich des dazugehörigen Lageberichts sowie der Prüfung und der Offenlegung dieser Abschlüsse den Vorschriften, die für dem Recht des Sitzstaates der SE unterliegende Aktiengesellschaften gelten.[851]

Die Aufstellung des Jahres- bzw. Konzernabschlusses, einschließlich des dazu gehörigen Lageberichts der SE, sowie dessen Prüfung, Feststellung und Publizität richtet sich somit über Art. 61 nach dem für Aktiengesellschaften geltenden Sitzstaatrecht. Die SE unterscheidet sich demnach in der Rechnungslegung nicht von anderen nationalen Aktiengesellschaften mit Sitz in Deutschland.

B. Anwendung von IAS/IFRS

Die Rechnungslegung dient der Rechenschaftslegung gegenüber den Unternehmensbeteiligten und den Marktteilnehmern. Um die Unternehmen vergleichen zu können, richtet sich die Forderung der Märkte auf international einheitliche Rechnungslegungsvorschriften.[852] Die Vergleichbarkeit der Rechungslegung wird daher auch von der Europäischen Gemeinschaft als unerlässlich zur Erreichung ihres Ziels angesehen, einen Binnenmarkt zu schaffen, der durch die Beseitigung der Hindernisse für den freien Waren-, Personen-, Dienstleistungs- und Kapitalverkehr zwischen den Mitgliedstaaten gekennzeichnet ist.[853] Der

---

[851] Art. 62 ist Verweisungsvorschrift für die Aufstellung des Jahres- und Konzernabschlusses, wenn es sich bei der SE um ein Kredit- bzw. Finanzinstitut oder ein Versicherungsunternehmen handelt. Darauf soll hier nicht weiter eingegangen werden. Näher dazu siehe *Plendl/Niehues*, in: Theisen/Wenz, Die Europäische Aktiengesellschaft, S. 361, 370.

[852] *Böcking*, WPg 2001, 1433.

[853] Vgl. Aktionsplan für Finanzdienstleistungen, S. 6; IAS-VO, Erwägungsgrund 1; *van Hulle*, Europäisches Bilanzrecht, S. 2.

Verweis für die Rechnungslegung der SE auf das jeweilige Sitzstaatrecht scheint diesem Ziel der Gemeinschaft jedoch zuwiderzulaufen.[854]

Dabei ist jedoch zu beachten, dass den nationalen Vorschriften über die Aufstellung von Jahres- und Konzernabschlüssen die Vierte und Siebte gesellschaftsrechtliche Richtlinie zugrunde liegt.[855] Dennoch soll sich trotz Verabschiedung der Richtlinien die Rechnungslegung in den einzelnen Mitgliedstaaten im Laufe der Zeit aufgrund der eingeräumten Wahlrechte weiter von einander entfernt haben.[856] Daher wurde es als erforderlich angesehen, den für kapitalmarktorientierte Gesellschaften geltenden Rechtsrahmen zu ergänzen. Das Europäische Parlament und der Rat der Europäischen Union haben zu diesem Zweck am 19. Juli 2002 die Verordnung betreffend die Anwendung internationaler Rechnungslegungsstandards verabschiedet. Mit der IAS-VO sollte der freie Kapitalverkehr im Binnenmarkt gestärkt und ein Beitrag dazu geleistet werden, dass Unternehmen in der Gemeinschaft in die Lage versetzt werden, auf den gemeinschaftlichen Kapitalmärkten und auf den Weltkapitalmärkten unter gleichen Wettbewerbsbedingungen um Finanzmittel zu konkurrieren.[857]

Nach Art. 4 IAS-VO stellen europäische Gesellschaften für Geschäftsjahre, die am oder nach dem 1. Januar 2005 beginnen, ihre konsolidierten Abschlüsse nach den internationalen Rechnungslegungsstandards auf, die nach dem Verfahren des Artikels 6 Absatz 2 übernommen wurden, wenn am jeweiligen Bilanzstichtag ihre Wertpapiere in einem beliebigen Mitgliedstaat zum Handel in einem geregelten Markt zugelassen sind.[858] Hinsichtlich der Jahresabschlüsse von kapitalmarktorientierten Unternehmen sowie hinsichtlich der Konzernabschlüsse nicht kapitalmarktorientierter Unternehmen sieht die IAS-VO ein Mitgliedstaatenwahlrecht vor, so dass die Anwendung der IAS/IFRS in diesen Fällen vom deutschen Gesetzgeber abhängt (Art. 5 IAS-VO).[859]

---

[854] So *Buchheim*, S. 165.

[855] Näher dazu *Schwarz*, Europäisches Gesellschaftsrecht, Rn. 396 ff.

[856] Vgl. IAS-VO, Erwägungsgrund 3; *Plendl/Niehues*, in: Theisen/Wenz, Die Europäische Aktiengesellschaft, S. 361, 377.

[857] IAS-VO, Erwägungsgrund 4.

[858] Nach Art. 4 ist die Zulassung i.S. des Artikels 1 Absatz 13 der Richtlinie 93/22/EWG des Rates vom 10. Mai 1993 über Wertpapierdienstleistungen, ABl. L 141 vom 11.6.1993, S. 27, erforderlich. Richtlinie zuletzt geändert durch die Richtlinie 2000/64/EG des Europäischen Parlaments und des Rates (ABl. L 290 vom 17.11.2000, S. 27).

[859] Näher dazu *Böcking*, WPg 2001, 1433 ff.

C. Aufstellung, Prüfung, Offenlegung und Feststellung

Nach Art. 61 hat die SE grundsätzlich einen Jahresabschluss aufzustellen, der aus der Bilanz und der Gewinn- und Verlustrechnung (§ 242 HGB) besteht, durch einen Bilanzanhang erweitert und durch einen Lagebericht ergänzt werden muss (§ 264 Abs. 1 HGB).[860] Ob die SE ihren Einzelabschluss nach IAS/IFRS aufstellen kann oder muss, hängt von der Umsetzung der IAS-VO durch den deutschen Gesetzgeber ab (Art. 5 IAS-VO).[861]

Der Konzernabschluss einer kapitalmarktorientierten SE ist ab 2005 nach IAS/IFRS aufzustellen. Eine Konzernrechungslegung nach US-GAAP kommt für die SE, die frühestens im Oktober 2004 entstehen kann, nicht mehr in Betracht.[862] Ob auch der Konzernabschluss der nichtkapitalmarktorientierten SE nach IAS/IFRS aufgestellt werden kann oder muss, hängt wieder von der Umsetzung des Art. 5 IAS-VO ab.[863]

Nach dem Aktiengesetz hat der Vorstand den Jahresabschluss aufzustellen, während die Prüfung und die Feststellung dem Aufsichtsrat obliegt (vgl. §§ 170 ff. AktG). In einer dualistisch strukturierten SE ist die Anwendung der Vorschriften, die für Aktiengesellschaften gelten, unproblematisch. Die Aufgaben des Vorstandes hat das Leitungsorgan der SE zu erfüllen. Das Aufsichtsorgan der SE übernimmt die Aufgaben, die im Aktiengesetz dem Aufsichtsrat zugewiesen sind.

Die Vorschriften des Aktienrechts setzen jedoch ein Zusammenwirken von Vorstand und Aufsichtsrat voraus. Um eine ergänzende Anwendung der Vorschriften des Aktiengesetzes, die ein Zusammenwirken beider Organe voraussetzen, bei einer monistisch strukturierten SE zu ermöglichen, setzt der SEAG-RegE eine Funktionstrennung im monistischen System voraus.[864] Nach den allgemeinen Regeln müsste die Aufstellung des Jahresabschlusses wegen seiner besonderen Bedeutung grundsätzlich dem Verwaltungsrat als dem für die Oberleitung zuständigen Organ zugewiesen werden. Der SEAG-RegE trifft jedoch wegen der Bedeutung des Jahresabschlusses und wegen der Eigenarten des monistischen

---

860 Näher dazu *Plendl/Niehues*, in: Theisen/Wenz, Die Europäische Aktiengesellschaft, S. 361 ff.; allgemein zur Rechnungslegung *Karsten Schmidt*, Gesellschaftsrecht, § 29 IV S. 908 ff.; *ders.*, Handelsrecht, § 15 II S. 421 ff.

861 Näher dazu *Böcking*, WPg 2001, 1433 ff.; *ders.*, WPg 2002, 925 ff.; *Kirsch*, WPg 2003, 275 ff.; *Zabel*, WPg 2002, 919 ff.

862 *Plendl/Niehues*, in: Theisen/Wenz, Die Europäische Aktiengesellschaft, S. 361, 379; *Mahi*, Die Europäische Aktiengesellschaft, S. 103.

863 Siehe oben, Fn. 861.

864 Siehe oben, Teil 5 D IV 1 b aa, S. 180 ff.

Systems für die Aufstellung, Prüfung und Feststellung eigenständige Regelungen.[865] Danach haben die geschäftsführenden Direktoren den Jahresabschluss aufzustellen (§ 47 Abs. 1 S. 1 SEAG-RegE). Begründet wird dies damit, dass es zur Aufstellung des Jahresabschlusses einer besonderen Nähe zum Tagesgeschäft bedürfe, die dem Verwaltungsrat nicht unterstellt werden könne. Ferner könne so das im Aktiengesetz angelegte „Vier-Augen-Prinzip" bei Aufstellung und Feststellung des Jahresabschlusses erhalten werden.[866] Die Prüfung und die Feststellung des Jahresabschlusses obliegen nach § 47 SEAG-RegE grundsätzlich dem Verwaltungsrat.

D. Zusammenfassung

Der Jahresabschluss der SE richtet sich über Art. 61 nach nationalem Recht. Insoweit bestehen keine Besonderheiten gegenüber einer nationalen Aktiengesellschaft. Der Konzernabschluss einer kapitalmarktorientierten SE ist ab 2005 nach IAS/IFRS aufzustellen. Das Aktiengesetz setzt bei Aufstellung, Prüfung und Feststellung des Jahresabschlusses ein Zusammenwirken von Vorstand und Aufsichtsrat voraus. Daher ist für eine monistisch strukturierte SE eine Regelung im Ausführungsgesetz erforderlich (§ 47 SEAG-RegE). Nach § 47 SEAG-RegE haben die geschäftsführenden Direktoren den Jahresabschluss aufzustellen, die Prüfung und die Feststellung obliegen grundsätzlich dem Verwaltungsrat.

---

865 SEAG-RegE, Begründung, S. 99. § 47 SEAG-RegE beruht auf der allgemeinen Ermächtigungsgrundlage zum monistischen System (Art. 43 Abs. 4).

866 SEAG-RegE, Begründung, S. 99; *Neye/Teichmann*, AG 2003, 169, 178; kritisch *IDW*, Stellungnahme, WPg 2003, 782.

Teil 9: Zusammenfassung in Thesen und Ergebnis-Tabelle

A. Zusammenfassung in Thesen

Teil 1: Regelungstechnik der SE-VO

- Der Gemeinschaftsgesetzgeber verzichtete auf eine umfassende Regelung des Statuts zugunsten eines Verweisungskonzepts, das sich durch eine ergänzende Anwendung des nationalen Sitzstaatrechts auszeichnet.
- Der Anwendungsbereich der Verweisungsvorschriften ist eröffnet, wenn der zu regelnde Sachverhalt im Regelungsbereich der SE-VO liegt.
- Voraussetzung für die Anwendung des nationalen Rechts im Regelungsbereich der SE-VO ist das Bestehen einer unvollständigen Regelung.
- Eine ergänzungsbedürftige Unvollständigkeit liegt vor, wenn die SE-VO keine Regelung beinhaltet, diese Nichtregelung nach dem Willen des Verordnungsgebers auch nicht abschließend ist, und das nationale Recht eine sachgerechte Lösung zur Ergänzung der SE-VO anbietet.
- Die Verweisungsvorschriften der SE-VO umfassen auch die richterliche Auslegung und Rechtsfortbildung des nationalen Rechts.
- Das ergänzend heranzuziehende nationale Recht ist SE-spezifisch auszulegen, wo es die Besonderheiten der SE gegenüber den nationalen Aktiengesellschaften zwingend erforderlich machen.
- Art. 5 verweist für das Kapital der SE, dessen Erhaltung und dessen Änderungen sowie für die Aktien, die Schuldverschreibungen und sonstige vergleichbare Wertpapiere der SE auf die Vorschriften, die für eine Aktiengesellschaft mit Sitz in dem Mitgliedstaat, in dem die SE eingetragen ist, gelten würden.
- Die erstmalige Aufbringung des Gesellschaftskapitals ist Teil der Gründung einer Kapitalgesellschaft. Soweit die SE-VO diesbezüglich keine Regelungen enthält, richtet sich die Aufbringung des Gesellschaftskapitals vor Eintragung der SE über Art. 15 Abs. 1 nach dem künftigen Sitzstaatrecht der SE.

Teil 2: System des festen Grundkapitals

- Den Gläubigern der SE haftet gemäß Art. 1 Abs. 2 für Verbindlichkeiten der Gesellschaft nur das Gesellschaftsvermögen.
- Der Mindestinhalt der Satzung bestimmt sich nach mitgliedstaatlichem Recht. Die Höhe des Grundkapitals ist nach Art. 15 Abs. 1 bzw.

Art. 9 Abs. 1 Buchst. c Ziffer ii iVm. § 23 Abs. 3 Nr. 3 AktG in der Satzung der SE anzugeben.

Teil 3: Kapitalaufbringung

Verschmelzung durch Aufnahme

- Der Grundsatz der realen Kapitalaufbringung gebietet es, über Art. 15 Abs. 1 bei Gründung einer SE durch Verschmelzung durch Aufnahme neben den Vorschriften des Umwandlungsgesetzes über die Verschmelzung durch Aufnahme auch die Vorschriften über den Formwechsel ergänzend anzuwenden (Art. 15 Abs. 1 iVm. §§ 197, 220, 245 Abs. 1 S. 2 UmwG).
- Das zuständige Registergericht prüft, ob die Gesellschaft ordnungsgemäß errichtet und angemeldet ist (Art. 26 Abs. 1 und 4, Art. 15 Abs. 1 iVm. § 197 UmwG, § 38 AktG), insbesondere, ob die Anforderungen an die Kapitaldeckung nach §§ 220, 245 Abs. 1 S. 2 UmwG eingehalten wurden.

Verschmelzung durch Neugründung

- Über Art. 15 Abs. 1 iVm. §§ 73, 36 Abs. 2 S. 1 UmwG gilt das Verbot der Unterpariemission (§ 9 Abs. 1 AktG) für die SE. Der Nettowert (Aktiva abzüglich Passiva) der infolge der Verschmelzung übergehenden Vermögen muss mindestens dem Nennwert der im Rahmen der Verschmelzung gewährten Aktien entsprechen.
- Nach Art. 15 Abs. 1 iVm. § 75 Abs. 2 UmwG sind bei der Verschmelzung zur Neugründung einer SE ein Gründungbericht und eine externe Gründungsprüfung nicht erforderlich, da übertragender Rechtsträger stets eine AG ist.
- Das zuständige Registergericht prüft, ob die SE ordnungsgemäß errichtet und angemeldet ist (Art. 26 Abs. 1 und 4, Art. 15 Abs. 1 iVm. § 36 Abs. 2 S. 1 UmwG, § 38 AktG). Dieser Behörde obliegt die Prüfung der Kapitaldeckung der neu zu gründenden SE.
- Das aktienrechtliche Haftungsinstitut der Differenzhaftung kann grundsätzlich über Art. 5 ergänzend Anwendung finden. Gründer sind bei der Verschmelzung zur SE die Gründungsgesellschaften, die jedoch nach Art. 29 Abs. 2 Buchst. c im Zeitpunkt der Verschmelzung erlöschen. Eine Haftung der Aktionäre bei Eintragung der SE trotz Unterpariemission besteht grundsätzlich nicht.

Gründung einer Holding-SE

- Das für die Sachgründung einer Aktiengesellschaft anwendbare Recht ist über Art. 15 Abs. 1 ergänzend anzuwenden. Beim Rückgriff auf das nationale Recht müssen die Besonderheiten dieser Gründungsform gegenüber einer reinen Sachgründung Berücksichtigung finden.
- Die eingebrachten Anteile bilden das Vermögen der SE. Ihr Wert muss mindestens dem Wert des in der Satzung der SE bestimmten Grundkapitals entsprechen.
- Die Holdingprüfung und der zu erstellende Bericht der Sachverständigen (Art. 32 Abs. 2 S. 2, Art. 32 Abs. 4) erfüllen nicht die von der Zweiten RiL für Sacheinlagen aufgestellten Anforderungen (vgl. Art. 10 Zweite RiL). Bei Gründung einer Holding-SE ist ein Gründungsbericht zu erstellen und eine Gründungsprüfung nach Art. 15 Abs. 1 iVm. §§ 32, 33 ff. AktG durchzuführen.
- Das Registergericht hat neben den in Art. 33 Abs. 5 enthaltenen Vorgaben nach Art. 15 Abs. 1 iVm. § 38 Abs. 2 S. 2 die Werthaltigkeit der eingebrachten Anteile zu prüfen.
- Eine Differenzhaftung der Gründer oder der sich an der Gründung der Holding-SE beteiligenden Anteilsinhaber bei Eintragung der SE trotz Unterpariemission besteht nicht.
- Bei Gründung der Holding-SE liegt kein öffentliches Übernahmeangebot i.S. der §§ 1, 2 Abs. 1, 29 Abs. 1 WpÜG vor.
- Die Holding-SE ist aufgrund des Kontrollerwerbs über die Gründungsgesellschaften im Rahmen der Gründung grundsätzlich verpflichtet, ein Pflichtangebot i.S. des § 35 Abs. 1 und Abs. 2 WpÜG abzugeben. Der SE sollte jedoch eine Befreiung nach § 37 Abs. 1 WpÜG erteilt werden.
- Der Kontrollerwerb eines Aktionärs über andere Aktionäre der neu entstandenen Holding-SE im Rahmen des Gründungsverfahrens erfüllt nicht die Voraussetzungen des § 35 Abs. 1 und 2 WpÜG.

Umwandlung

- Die Sicherung der Kapitalaufbringung in der SE wird durch die ergänzende Anwendung § 197 S. 1 UmwG gewährleistet, der die Geltung der für die neue Rechtsform geltenden Gründungsvorschriften auf den Formwechsel anordnet.
- Bei Umwandlung in eine SE ist über Art. 15 Abs. 1 iVm. §§ 220, 245 Abs. 1 S. 2 UmwG das Gebot der Reinvermögensdeckung zu beachten.
- In ergänzender Anwendung der §§ 32 ff. AktG über Art. 15 Abs. 1 iVm. §§ 245 Abs. 1 S. 2, 220 Abs. 3, 197 S. 1 UmwG muss grund-

sätzlich ein Gründungsbericht erstellt und eine Gründungsprüfung erfolgen.

- Das Registergericht hat gemäß Art. 15 Abs. 1 iVm. § 197 UmwG iVm. § 38 AktG die Ordnungsmäßigkeit des Formwechsels zu prüfen, insbesondere, ob die Anforderungen an die Kapitaldeckung nach §§ 220, 245 Abs. 1 S. 2 UmwG eingehalten wurden.
- Eine Differenzhaftung der Gründer ist in ergänzender Anwendung der Grundsätze des Sitzstaatrechts abzulehnen.

Gründung einer Tochter-SE

- Die Aufbringung des Grundkapitals bei Gründung einer Tochter-SE richtet sich über Art. 15 Abs. 1 nach den für Aktiengesellschaften geltenden Vorschriften.

Teil 4: Wertpapiere

- Die SE ist gemäß Art. 1 Abs. 2 eine Gesellschaft, deren Kapital in Aktien zerlegt ist.
- Regelungen bezüglich der Aktien der SE sind in der SE-VO nicht vorhanden. Es wird gemäß Art. 5 auf das Recht des Sitzstaates verwiesen.
- Die SE mit Sitz in Deutschland kann daher gemäß Art. 5 iVm. § 10 Abs. 1 AktG Inhaber- oder Namensaktien ausgeben, die nach Art. 5 iVm. § 8 Abs. 1 AktG entweder als Nennbetragsaktien oder Stückaktien begründet werden können.
- Die Aktien der SE können gemäß Art. 5 iVm. § 11 S. 1 AktG verschiedene Rechte gewähren, namentlich bei der Verteilung des Gewinns und des Gesellschaftsvermögens. Die Zulässigkeit der inhaltlichen Ausgestaltung der Aktien richtet sich über Art. 5 alleine nach dem Aktienrecht.
- Die Veränderung des Verhältnisses der bisherigen Aktiengattungen bedarf eines Sonderbeschlusses nach Art. 60 Abs. 1 und 2. Die Anwendung des Art. 179 Abs. 3 AktG über eine Verweisungsvorschrift ist mangels Unvollständigkeit der Verordnung ausgeschlossen.
- Ein Sonderbeschluss ist abweichend vom Wortlaut des Art. 60 Abs. 1 nur bei einer Beeinträchtigung im Sinne einer nachteiligen Betroffenheit der für die Gattung spezifischen Rechte erforderlich.
- Das Stimmrecht der Aktien der SE richtet sich über Art. 5 nach den Vorschriften des Aktienrechts (Art. 5 iVm. § 12 Abs. 1 S. 2 iVm. §§ 139 ff. AktG).
- Bei einem Beschluss, der unmittelbar den Vorzug von stimmrechtslosen Vorzugsaktien aufhebt, beschränkt oder mittelbar durch die Ausgabe von Vorzugsaktien mit gleichen oder besseren Rechten als die bereits bestehenden beeinträchtigt, ist ein Sonderbeschluss nach

Art. 60 erforderlich. § 141 Abs. 1, 2 und Abs. 3 S. 2 bis 3 AktG sind über Art. 5 nicht anwendbar. Der Sonderbeschluss bedarf nach Art. 60 Abs. 2, Art. 59 Abs. 1 a.E. iVm. § 141 Abs. 3 S. 2 AktG einer Mehrheit von mindestens drei Vierteln der abgegebenen Stimmen. Die Satzung kann hier keine anderen Mehrheiten und keine weiteren Erfordernisse vorsehen (Art. 60 Abs. 2, Art. 59 Abs. 1 a.E. iVm. § 141 Abs. 3 S. 3 AktG). Die Bestimmung einer Regelung i.S. des § 51 S. 1 SEAG-RegE in der Satzung der SE ist nicht möglich. § 141 Abs. 3 S. 1 AktG ist über Art. 9 Abs. 1 Buchst. c Ziffer ii ergänzend anzuwenden. Wird bei der Ausgabe von Vorzugsaktien, die bei der Verteilung des Gewinns oder des Gesellschaftsvermögens den Vorzugsaktien ohne Stimmrecht vorgehen oder gleichstehen, das Bezugsrecht der Vorzugsaktionäre auf den Bezug solcher Aktien ausgeschlossen, so gelten gemäß Art. 5 iVm. § 141 Abs. 3 S. 4 AktG für den Sonderbeschluss die Vorschriften über den Ausschluss des Bezugsrechts entsprechend. Ist der Vorzug aufgehoben, so gewähren die Aktien der SE gemäß Art. 5 iVm. § 141 Abs. 4 AktG wieder das Stimmrecht.

- Der Erwerb eigener Aktien ist in der SE-VO nicht ausdrücklich geregelt. In der SE-VO kommt mangels Regelung eine Anwendung des Rechts des Sitzstaates über die Verweisungsvorschrift Art. 5 in Betracht.
- Nach Art. 5 iVm. § 71 Abs. 1 Nr. 1 bis 2 und Nr. 4 bis 8 AktG ist der SE der Erwerb eigener Aktien unter den dort bestimmtem Voraussetzungen erlaubt.
- Die SE kann gemäß § 305 Abs. 2 und § 320 b AktG zur Abfindung verpflichtet sein. Demzufolge muss die SE auch gemäß Art. 5 iVm. § 71 Abs. 1 Nr. 3 AktG eigene Aktien erwerben können, um Aktionäre nach § 305 Abs. 2, § 320 b AktG abzufinden.
- Bei Gründung einer SE durch Verschmelzung kann sich nach § 7 Abs. 1 SEAG-RegE eine Verpflichtung der SE zum Erwerb eigener Aktien nur dann ergeben, wenn diese ihren Sitz in einem anderen Mitgliedstaat haben wird. In diesem Fall beurteilt sich die rechtliche Zulässigkeit des Erwerbs eigener Aktien jedoch ausschließlich nach dem ergänzend anwendbaren Recht des Sitzstaates. § 71 Abs. 1 Nr. 3 AktG findet insoweit für die SE keine Anwendung. Hat die durch Verschmelzung gegründete SE ihren Sitz in Deutschland, so muss der SE ein Erwerb der eigenen Aktien nach § 71 Abs. 1 Nr. 3 AktG auch immer dann möglich sein, wenn das SE-Ausführungsgesetz anderer Mitgliedstaaten, deren Rechtsordnung die an der Gründung beteiligte Gesellschaft unterliegt, dies vorschreibt.
- Die aufnehmende SE bei Auf- oder Abspaltung einer SE oder einer Gesellschaft nationalen Rechts (§ 123 Abs. 1 Nr. 1 und Abs. 2 Nr. 1

UmwG) oder die durch Auf- oder Abspaltung von einer existierenden SE neugegründete SE (§ 123 Abs. 1 Nr. 2 und Abs. 2 Nr. 2 UmwG) kann in ergänzender Anwendung der §§ 123 ff. UmwG zur Barabfindung nach §§ 125, 29 UmwG verpflichtet sein, so dass ihr der Erwerb ihrer eigenen Aktien nach Art. 5 iVm. § 71 Abs. 1 Nr. 3 AktG möglich sein muss.

- Ein Verstoß gegen Art. 5 iVm. § 71 Abs. 1 und 2 AktG führt zu den Rechtsfolgen des Art. 5 iVm. §§ 71 Abs. 4, 71 b, 71 c AktG. Gemäß Art. 5 iVm. § 71 Abs. 4 S. 2 AktG ist das Verpflichtungsgeschäft nichtig. Das aufgrund von Verweisungsnormen zur Ergänzung des SE Statuts berufene Recht muss wie die Verordnung selbst unmittelbare Wirkung in den Mitgliedsstaaten haben, so dass Art. 5 iVm. § 71 Abs. 1 S. 2 AktG auch die Nichtigkeit von Verträgen anordnen kann, deren Wirksamkeit sich grundsätzlich über die Regeln des internationalen Privatrechts nach anderem mitgliedsstaatlichen Recht beurteilt.
- §§ 71 a, 71 d und 71 e AktG sind über Art. 5 anwendbar. Die Anordnung der Nichtigkeit der Verpflichtungsgeschäfte hat in den Mitgliedstaaten unmittelbare Wirkung.

Teil 5: Kapitalerhöhung

Ordentliche Kapitalerhöhung

- Die Regelungen des Aktiengesetzes für die Erhöhung des Gesellschaftskapitals sind grundsätzlich über Art. 5 für die SE ergänzend anzuwenden.
- Nach Art. 52 Buchst. a, 59 Abs. 1 ist für die ordentliche Kapitalerhöhung ein Beschluss der Hauptversammlung notwendig.
- Die Verordnung hat durch Art. 59 Abs. 1 die Mehrheitserfordernisse bei satzungsändernden Beschlüssen abschließend geregelt. Das Mehrheitserfordernis des § 182 Abs. 1 S. 1 AktG kann über Art. 5 keine Anwendung finden.
- Nach Art. 59 Abs. 1 a.E. kann mitgliedsstaatliches Recht ergänzend angewendet werden, das eine größere Stimmenmehrheit vorsieht. Das Mehrheitserfordernis des § 182 Abs. 1 S. 1 AktG findet nach SE-spezifischer Auslegung über Art. 59 Abs. 1 S. 1 a.E. als „Mehrheit von mindestens drei Vierteln der abgegeben Stimmen" (Stimmenmehrheit) ergänzend Anwendung.
- Art. 59 Abs. 1 a.E. berücksichtigt durch Sitzstaatrecht gewährte Satzungsautonomie. Die Satzungsautonomie wird durch Art. 59 Abs. 1 zugleich begrenzt. Die Satzung der SE darf grundsätzlich nur eine größere Mehrheit als die durch die SE-VO bestimmte Zweidrittelmehrheit vorsehen (Art. 59 Abs. 1 a.E. iVm. § 182 Abs. HS. 1 AktG). Für die Ausgabe von Vorzugsaktien ohne Stimmrecht kann die Sat-

zung nur eine größere Mehrheit als drei Viertel der abgegebenen Stimmen bestimmen (Art. 59 Abs. 1 a.E. iVm. § 182 Abs. HS. 2 AktG). Die Bestimmung „weiterer Erfordernisse“ i.S. des § 182 Abs. 1 S. 3 AktG ist nach Art. 59 Abs. 1 a.E. nicht zulässig.

- Für den Beschluss über die ordentliche Kapitalerhöhung kann die Satzung der SE eine Regelung i.S. des § 51 S. 1 SEAG-RegE bestimmen, nicht jedoch für den Beschluss über die Ausgabe von Vorzugsaktien (vgl. § 51 S. 2 SEAG-RegE).
- Die Anwendung des § 182 Abs. 2 über Art. 5 ist mangels Unvollständigkeit der SE-VO ausgeschlossen. Art. 60 regelt das Erfordernis eines Sonderbeschlusses abschließend.
- Die von der Rechtssprechung entwickelten Grundsätze zur verdeckten Sacheinlage finden auf die SE über Art. 5 Anwendung.
- Nach Art. 5 iVm. § 56 Abs. 1 AktG darf die SE keine eigenen Aktien zeichnen. Dasselbe gilt nach Art. 5 iVm. § 56 Abs. 2 AktG für ein abhängiges Unternehmen oder ein im Mehrheitsbesitz der SE stehendes Unternehmen. Die Frage der „Abhängigkeit“ von der SE oder die Frage der „Mehrheitsbeteiligung“ der SE i.S. des § 56 Abs. 2 AktG beurteilt über Art. 5 nach dem Sitzstaatrecht der SE (§§ 16, 17 AktG).
- § 184 AktG und § 188 AktG sind über Art. 5 neben Art. 59 Abs. 3 anwendbar. Der Beschluss und die Durchführung der Kapitalerhöhung sind gemäß Art. 5 iVm. §§ 184, 188 AktG zur Eintragung in das Handelsregister anzumelden. Daneben ist die sich aus der Erhöhung des Grundkapitals ergebende Satzungsänderung gemäß Art. 59 Abs. 3, Art. 13 iVm. § 181 AktG zur Eintragung anzumelden.
- Im monistischen System haben gemäß §§ 22 Abs. 6, 40 Abs. 2 S. 4 SEAG-RegE der Vorsitzende des Verwaltungsrates und die geschäftsführenden Direktoren gemeinsam die Anmeldung zur Eintragung und die Einreichung von Unterlagen nach Art. 5 iVm. § 184 Abs. 1 und 2 AktG und § 188 Abs. 1 und 3 AktG vorzunehmen. Die sich aus der Durchführung der Kapitalerhöhung ergebende Satzungsänderung ist gemäß Art. 59 Abs. 3, Art. 13 iVm. § 3 SEAG-RegE, § 181 Abs. 1 S. 1 AktG iVm. § 40 Abs. 2 S. 4 SEAG-RegE von den geschäftsführenden Direktoren zur Eintragung in das Handelsregister anzumelden.
- Die Satzungsänderung einer SE wird gemäß Art. 9 Abs. 1 Buchst. c Ziffer ii iVm. § 181 Abs. 3 mit Eintragung in das Handelsregister wirksam.
- Die Kapitalerhöhung einer SE mit Sitz in Deutschland wird gemäß Art. 5 iVm. § 189 AktG mit Eintragung der Durchführung wirksam.
- Vor der Eintragung der Satzungsänderung nach Art. 9 Abs. 1 Buchst. c Ziffer ii iVm. § 181 AktG und damit dem Wirksamwerden

des Beschlusses erfolgt eine Prüfung des Registergerichts. Ebenso vor Eintragung des Kapitalerhöhungsbeschlusses und vor Eintragung der Durchführung der Kapitalerhöhung (vgl. Art. 5 iVm. §§ 184, 188 AktG).

- Für den Ausschluss des Bezugsrechts ist die Hauptversammlung gemäß Art. 52 Unterabs. 2 iVm. § 186 Abs. 3 S. 1 AktG zuständig. Gemäß Art. 59 Abs. 1 a.E. iVm. § 186 Abs. 3 S. 2 AktG iVm. SE-spezifischer Auslegung ist ein Hauptversammlungsbeschluss mit einer Mehrheit von mindestens drei Vierteln der abgegeben Stimmen erforderlich. Die Satzung der SE kann nach Art. 59 Abs. 1 a.E. iVm. § 186 Abs. 3 S. 3 HS. 1 AktG iVm. SE-spezifischer Auslegung eine größere Stimmenmehrheit bestimmen. § 186 Abs. 3 S. 3 HS. 2 AktG findet keine Anwendung. Eine Satzungsregelung i.S. des § 51 S. 1 SEAG-RegE ist nach § 51 S. 2 SEAG-RegE iVm. § 186 Abs. 3 HS. 1 AktG unzulässig.
- Über Art. 5 sind die von der Rechtsprechung zum Aktiengesetz entwickelten Grundsätze zur Erforderlichkeit einer materiellen Rechtfertigung des Bezugsrechtsausschlusses auf die SE mit Sitz in Deutschland anzuwenden.
- Gemäß Art. 5 iVm. § 186 Abs. 4 S. 2 AktG muss der Hauptversammlung ein schriftlicher Bericht über den Grund für den teilweisen oder vollständigen Ausschluss des Bezugsrechts vorliegen. Im monistischen System ist die Vorlage des Berichts aufgrund seiner Bedeutung Aufgabe des Verwaltungsrates (§ 22 Abs. 6 SEAG-RegE).

Bedingte Kapitalerhöhung

- Die Vorschriften des Aktiengesetzes über die bedingte Kapitalerhöhung sind aufgrund der Verweisung des Art. 5 auf das nationale Recht auch für die SE grundsätzlich anwendbar.
- „Mitglieder der Geschäftsführung" einer monistisch strukturierten SE im Sinne des § 192 Abs. 3 Nr. 3 AktG sind nur die geschäftsführenden Direktoren.
- Zur Vermeidung von Interessenkonflikten wird für börsennotierte SE zur Festsetzung der Bezüge der geschäftsführenden Direktoren die Einrichtung eines Ausschusses des Verwaltungsrates empfohlen, der mit unabhängigen nichtgeschäftsführenden Mitgliedern des Verwaltungsrates besetzt sein muss.

Kapitalerhöhung aus genehmigtem Kapital

- Die Verwaltung der SE kann gemäß Art. 5 iVm. § 202 Abs. 1 und Abs. 2 AktG in der Gründungssatzung oder durch spätere Satzungsänderung zur Kapitalerhöhung ermächtigt werden.
- Die nachträgliche Ermächtigung stellt eine Änderung der Satzung dar, für die die Hauptversammlung nach Art. 52 Buchst. a, Art. 59 Abs. 1 zuständig ist.
- Die Durchführung der Kapitalerhöhung wird aufgrund der Ermächtigung zu einer Maßnahme der Geschäftsführung der SE. Das Leitungsorgan der SE entscheidet eigenverantwortlich über die Ausgabe der neuen Aktien und die Durchführung der Kapitalerhöhung (Art. 5 iVm. § 202 Abs. 1 AktG, Art. 39 Abs. 1). Es bedarf gemäß Art. 5 iVm. § 202 Abs. 3 S. 2 AktG der Zustimmung des Aufsichtsorgans.
- In einer monistisch strukturierten SE obliegt die eigenverantwortliche Entscheidung über die Ausgabe der neuen Aktien und die Durchführung der Kapitalerhöhung dem Verwaltungsrat (Art. 5 iVm. § 202 Abs. 1 AktG, Art. 43 Abs. 1, § 22 Abs. 6 SEAG-RegE). Der Beschluss über die Ausgabe der neuen Aktien ist ein Geschäft von besonderer Bedeutung und bedarf in ergänzender Anwendung des § 202 Abs. 3 S. 2 AktG (nach SE-spezifischer Auslegung) eines ausdrücklichen Beschlusses des Verwaltungsrates.

Kapitalerhöhung aus Gesellschaftsmitteln

- Für die Kapitalerhöhung aus Gesellschaftsmitteln ergeben sich nur für die Beschlussfassung und Anmeldung zum Handelsregister Besonderheiten. Insoweit kann auf die Ausführungen zur ordentlichen Kapitalerhöhung verwiesen werden. Ansonsten kann das Aktienrecht über Art. 5 unverändert Anwendung finden.

Teil 6: Ausgabe von Schuldverschreibungen und vergleichbare Wertpapieren

- Die SE mit Sitz in Deutschland kann die im AktG geregelten Schuldverschreibungen, mit denen dem Gläubiger ein Umtausch- oder Bezugsrecht auf Aktien eingeräumt wird (Wandelanleihen und Optionsanleihen), Gewinnschuldverschreibungen und Genussrechte ausgeben (Art. 5 iVm. §§ 221 Abs. 1 und Abs. 3 AktG).
- Die Zuständigkeit der Hauptversammlung für die Ausgabe von Wandelschuldverschreibungen, Gewinnschuldverschreibungen und Genussrechten ergibt sich aus Art. 52 Unterabs. 2 iVm. §§ 221 Abs. 1 und Abs. 3, 119 Abs. 1 Nr. 6 AktG.
- Der Beschluss der Hauptversammlung der SE über die Ausgabe von Schuldverschreibungen mit Options- und Bezugsrecht auf Aktien sowie für Gewinnschuldverschreibungen und Genussrechte hat den An-

forderungen des Art. 59 Abs. 1 zu genügen. Gemäß Art. 59 Abs. 1 a.E. iVm. § 221 Abs. 1 S. 2 und Abs. 3 AktG iVm. SE-spezifischer Auslegung ist eine Mehrheit von drei Vierteln der abgegebenen Stimmen erforderlich. Die Satzung kann nach Art. 59 Abs. 1 a.E. iVm. § 221 Abs. 1 S. 3 HS. 1 AktG nur eine größere Mehrheit bestimmen. Die Bestimmung weitere Erfordernisse (§ 221 Abs. 1 S. 3 HS. 1 AktG) ist nach Art. 59 Abs. 1 a.E. unzulässig. Für den Hauptversammlungsbeschluss kann die Satzung eine Regelung im Sinne des § 51 S. 1 SEAG-RegE bestimmen.

- Die Publizität bei Ausgabe von Wandelschuldverschreibungen und Genussrechten richtet sich über Art. 5 nach § 221 Abs. 2 S. 2 und 3 AktG.

Teil 7: Kapitalherabsetzung

Ordentliche Kapitalherabsetzung

- Im Rahmen der Beschlussfassung über eine ordentliche Kapitalherabsetzung sowie der Anmeldung des Beschlusses und der Durchführung ergeben sich Abweichungen gegenüber den Vorschriften des Aktiengesetzes. Dazu kann auf die Ausführungen bezüglich der ordentlichen Kapitalerhöhung der SE verwiesen werden. Ansonsten können die Vorschriften des Aktienrechts über die ordentliche Kapitalherabsetzung unverändert ergänzend auf die SE Anwendung finden.

Vereinfachte Kapitalherabsetzung

- Wie ordentliche Kapitalherabsetzung.

Kapitalherabsetzung durch Einziehung von Aktien

- Im vereinfachten Verfahren zur Kapitalherabsetzung durch Einziehung von Aktien ist ein Beschluss der Hauptversammlung nach Art. 59 Abs. 1 von mindestens zwei Dritteln der abgegebenen Stimmen erforderlich. § 237 Abs. 4 S. 2 AktG findet keine Anwendung. Die Satzung der SE kann nach Art. 59 Abs. 1 a.E., § 237 Abs. 4 S. 3 HS. 1 AktG eine größere Stimmenmehrheit bestimmen. Die Festsetzung weiterer Erfordernisse (§ 237 Abs. 4 S. 3 HS. 2 AktG) ist nach Art. 59 Abs. 1 a.E. nicht zulässig. Die Satzung kann nach § 51 S. 1 SEAG-RegE bestimmen, dass eine einfache Mehrheit ausreicht, wenn mindestens die Hälfte des Grundkapitals anwesend ist. Soweit mehrere Gattungen von Aktien vorhanden sind und durch den Hauptversammlungsbeschluss spezifische Rechte von Aktionären einer Gruppe berührt werden ist ein Sonderbeschluss nach Art. 60 erforderlich.

Teil 8: Jahresabschluss

- Die SE unterscheidet sich in der Rechnungslegung nicht von anderen nationalen Aktiengesellschaften mit Sitz in Deutschland (vgl. Art. 61).
- In der monistisch strukturierten SE stellen nach § 47 SEAG-RegE die geschäftsführenden Direktoren den Jahresabschluss auf. Die Prüfung und die Feststellung obliegen grundsätzlich dem Verwaltungsrat.

B. Ergebnis-Tabelle

	Anwendbares Recht des Sitzstaates	Nicht anwendbares Recht des Sitzstaates	Verweisungsvorschrift bzw. abschließende Regelung	Besonderheiten bzw. Regelung im monistischen System
Grundkapital	§ 23 Abs. 3 Nr. 3 u. 4 AktG		Art. 15 Abs. 1 bzw. Art. 9 Abs. 1 Buchst. c Ziffer ii	
Kapitalaufbringung				
Verschmelzung durch Aufnahme	§§197 S. 1, 220, 245 Abs. 1 S. 2 UmwG		Art. 15 Abs. 1	Zur Sicherung der realen Kapitalaufbringung sind neben den Vorschriften zur Verschmelzung durch Aufnahme die Vorschriften des Umwandlungsgesetzes zum Formwechsel einer Kapitalgesellschaft in eine Kapitalgesellschaft anderer Rechtsform ergänzend anzuwenden.
	§§ 245 Abs. 1 S. 2, 220 Abs. 3, 197 S. 1 UmwG iVm. §§ 32-35 AktG		Art. 15 Abs. 1	
	§ 197 UmwG iVm. § 38 AktG		Art. 15 Abs. 1	Im monistischen System wird § 38 AktG durch § 21 Abs. 3 SEAG-RegE ergänzt.
Verschmelzung durch Neugründung	§§ 73, 36 Abs. 2 S. 1 UmwG iVm. § 9 Abs. 1 AktG		Art. 15 Abs. 1	
	§ 75 Abs. 2 UmwG		Art. 15 Abs. 1	

	§ 33 Abs. 1 AktG		Art. 15 Abs. 1	
	§ 36 Abs. 2 S. 1 UmwG, § 38 AktG		Art. 15 Abs. 1	Art. 26 Abs. 1 und 4 wird durch Sitzstaatrecht ergänzt. Im monistischen System wird § 38 AktG durch § 21 Abs. 3 SEAG-RegE ergänzt.
Gründung einer Holding SE	§§ 32-35 AktG		Art. 15 Abs. 1	
	§ 38 AktG		Art. 15 Abs. 1	Art. 33 Abs. 5 wird durch Sitzstaatrecht ergänzt. Im monistischen System wird § 38 AktG durch § 21 Abs. 3 SEAG-RegE ergänzt.
Umwandlung	§§197 S. 1, 220, 245 Abs. 1 S. 2 UmwG		Art. 15 Abs. 1	
	§§ 245 Abs. 1 S. 2, 220 Abs. 3, 197 S. 1 UmwG iVm. §§ 32-35 AktG		Art. 15 Abs. 1	
	§ 197 UmwG iVm. § 38 AktG		Art. 15 Abs. 1	Im monistischen System wird § 38 AktG durch § 21 Abs. 3 SEAG-RegE ergänzt.
Gründung einer Tochter-SE	§§ 23 ff. AktG		Art. 15 Abs. 1	

Aktien	§§ 8-13 AktG		Art. 5	
Vorzugsaktien ohne Stimmrecht	§§ 139, 140 AktG		Art. 5	
		§ 141 Abs. 1, 2 u. 3 S. 2-3 AktG	Art. 60	
	§ 141 Abs. 3 S. 2 u. S. 3 HS. 1 AktG		Art. 60 Abs. 2, Art. 59 Abs. 1 a.E.	Der Sonderbeschluss bedarf nach Art. 60 Abs. 2, Art. 59 Abs. 1 a.E. iVm. § 141 Abs. 3 S. 2 AktG einer Mehrheit von mindestens drei Vierteln der abgegebenen Stimmen. Es besteht keine Satzungsautonomie bezüglich der Bestimmung größerer Mehrheiten und weiterer Erfordernisse. Die satzungsmäßige Bestimmung einer Regelung i.S. des § 51 S. 1 SEAG-RegE ist nicht möglich.
	§ 141 Abs. 3 S. 1 u. S. 4 u. Abs. 4 AktG		Art. 9 Abs. 1 Buchst. c Ziffer ii u. Art. 5	
Erwerb eigener Aktien	§§ 71-75 AktG		Art. 5	Die Ausnahmevorschrift § 71 Abs. 1 Nr. 3 AktG findet entsprechend Anwendung, wenn eine in Ausführung der Ermächtigung zum Erlass von Vorschriften zum Schutz von Minderheitsaktionären (Art. 24 Abs. 2) ergangene Regelung anderer Mitgliedstaaten die Pflicht zum Erwerb der eigenen Aktien widersprechender Aktionäre gegen eine Barabfindung vorsieht.

Kapitalerhöhung				
Ordentliche Kapitalerhöhung	§ 182 Abs. 1 S. 1 AktG		Art. 59 Abs. 1 a.E.	Das Mehrheitserfordernis des § 182 Abs. 1 S. 1 AktG findet nach SE-spezifischer Auslegung über Art. 59 Abs. 1 a.E. als Mehrheit von mindestens drei Vierteln der abgegeben Stimmen Anwendung.
	§ 182 Abs. 1 S. 2 AktG		Art. 59 Abs. 1 a.E.	Die Satzung der SE kann grundsätzlich nur eine größere Stimmenmehrheit als die durch die SE-VO bestimmte Zweidrittelmehrheit der abgegebenen Stimmen vorsehen. Die satzungsmäßige Bestimmung einer Regelung i.S. des § 51 S. 1 SEAG-RegE ist ebenfalls möglich. Für Vorzugsaktien ohne Stimmrecht kann nach § 182 Abs. 1 S. 2 HS. 2 AktG nur eine größere Mehrheit als drei Viertel der abgegebenen Stimmen gefordert werden.
		§ 182 Abs. 1 S. 3 AktG	Art. 59 Abs. 1 a.E.	
		§ 182 Abs. 2 AktG	Art. 60	
	§§ 182 Abs. 1 S. 4-5, Abs. 3-4 AktG		Art. 5	
	§ 183 AktG		Art. 5	Die Rechtsprechung zur verdeckten Sacheinlage findet Anwendung.

	§ 184 AktG			Im monistischen System haben die geschäftsführenden Direktoren nach § 40 Abs. 2 S. 4 SEAG-RegE und der Vorsitzende des Verwaltungsrates nach § 22 Abs. 6 SEAG-RegE die Anmeldung zur Eintragung und die Einreichung von Unterlagen nach Art. 5 iVm. § 184 Abs. 1 u. 2 AktG vorzunehmen.
	§ 185 AktG		Art. 5	
	§ 186 Abs. 1, 2 u. 3 S. 1 AktG		Art. 5	Im monistischen System hat der Verwaltungsrat (§ 22 Abs. 6 SEAG-RegE) gemäß Art. 5 iVm. § 186 Abs. 2 AktG den Ausgabebetrag und die Ausübungsfrist in den Gesellschaftsblättern bekannt zu machen.
	§ 186 Abs. 3 S. 2 AktG		Art. 59 Abs. 1 a.E.	Das Mehrheitserfordernis des § 186 Abs. 3 S. 2 AktG findet nach SE-spezifischer Auslegung über Art. 59 Abs. 1 a.E. als Mehrheit von mindestens drei Vierteln der abgegeben Stimmen Anwendung.
	§ 186 Abs. 3 S. 3 HS. 1 AktG		Art. 59 Abs. 1 a.E.	Die Satzung der SE kann grundsätzlich nur eine größere Mehrheit als drei Viertel der abgegebenen Stimmen vorsehen.
		§ 186 Abs. 3 S. 3 HS. 2 AktG	Art. 59 Abs. 1 a.E.	

	§ 186 Abs. 3 S. 4, Abs. 4 u. 5 AktG		Art. 5	Im monistischen System ist die Vorlage des Berichts über den Grund des teilweisen oder vollständigen Ausschlusses des Bezugsrechts aufgrund seiner Bedeutung die Aufgabe des Verwaltungsrates (§ 22 Abs. 6 SEAG-RegE).
	§ 187 AktG		Art. 5	
	§ 188 AktG		Art. 5	Im monistischen System haben die geschäftsführenden Direktoren nach § 40 Abs. 2 S. 4 SEAG-RegE und der Vorsitzende des Verwaltungsrates nach § 22 Abs. 6 SEAG-RegE die Anmeldung zur Eintragung und die Einreichung von Unterlagen nach Art. 5 iVm. § 188 AktG vorzunehmen.
	§§ 189, 190 u. 191 AktG		Art. 5	
Bedingte Kapitalerhöhung	§ 192 AktG		Art. 5	Mitglieder der Geschäftsführung i.S. des § 192 Abs. 2 Nr. 3 AktG sind in der monistisch strukturierten SE nur die geschäftsführenden Direktoren.
	§ 193 Abs. 1 S. 1 AktG		Art. 59 Abs. 1 a.E.	Das Mehrheitserfordernis des § 193 Abs. 1 S. 1 AktG findet nach SE-spezifischer Auslegung über Art. 59 Abs. 1 a.E. als Mehrheit von mindestens drei Vierteln der abgegeben Stimmen Anwendung.

	§ 193 Abs. 1 S. 2 HS. 1 AktG		Art. 59 Abs. 1 a.E.	Die Satzung der SE kann grundsätzlich nur eine größere Stimmenmehrheit als drei Viertel der abgegebenen Stimmen vorsehen. Die satzungsmäßige Bestimmung einer Regelung i.S. des § 51 S. 1 SEAG-RegE ist nicht möglich.
		§ 193 Abs. 1 S. 2 HS. 2 AktG	Art. 59 Abs. 1 a.E.	
		§ 193 Abs. 1 S. 3 iVm. § 182 Abs. 2 AktG	Art. 60	
	§ 193 Abs. 1 S. 3 iVm. § 187 Abs. 2 AktG § 193 Abs. 2 AktG		Art. 5	
	§ 194 AktG		Art. 5	
	§ 195 AktG		Art. 5	Im monistischen System haben die geschäftsführenden Direktoren nach § 40 Abs. 2 S. 4 SEAG-RegE und der Vorsitzende des Verwaltungsrates nach § 22 Abs. 6 SEAG-RegE die Anmeldung zur Eintragung des Beschlusses nach Art. 5 iVm. 195 AktG vorzunehmen.
	§§ 196-200 AktG		Art. 5	Die Ausgabe der Bezugsaktien obliegt im monistischen System nach § 22 Abs. 6 SEAG-RegE dem Verwaltungsrat.

	§ 201 AktG		Art. 5	Im monistischen System ist die Anmeldung der Ausgabe der Bezugsaktien gemäß Art. 5 iVm. § 201 AktG iVm. § 40 Abs. 2 S. 4 SEAG-RegE von den geschäftsführenden Direktoren vorzunehmen.
Genehmigtes Kapital	§ 202 Abs. 1 u. Abs. 2 S. 1 AktG		Art. 5	
	§ 202 Abs. 2 S. 2 u. S. 3 HS. 1 AktG		Art. 59 Abs. 1 a.E.	Das Mehrheitserfordernis des § 202 Abs. 2 S. 2 AktG findet nach SE-spezifischer Auslegung über Art. 59 Abs. 1 a.E. als Mehrheit von mindestens drei Vierteln der abgegeben Stimmen Anwendung. Die Satzung kann nur eine größere Stimmenmehrheit als die Dreiviertelmehrheit bestimmen. Die satzungsmäßige Bestimmung einer Regelung i.S. des § 51 S. 1 SEAG-RegE ist nicht möglich
		§ 202 Abs. 2 S. 3 HS. 2 AktG	Art. 59 Abs. 1 a.E.	
	§ 202 Abs. 3 u. Abs. 4 AktG		Art. 5	Im monistischen System ist § 202 Abs. 3 S. 2 AktG SE-spezifisch so auszulegen, dass zur Ausgabe der neuen Aktien ein ausdrücklicher Beschluss des Verwaltungsrates erforderlich ist.

	§ 203 Abs. 1 iVm. §§ 185-191 AktG, § 203 Abs. 2 u. 3 AktG			Zur Anwendbarkeit der §§ 185-191 AktG siehe oben. Entscheidet das geschäftsführende Organ über den Ausschluss des Bezugsrechts nach Art. 5 iVm. § 203 Abs. 2 S. 1, so ist im monistischen System ein ausdrücklicher Beschluss des Verwaltungsrates erforderlich (vgl. § 204 Abs. 1 S. 2 HS. 2 AktG, § 34 Abs. 4 S. 2 SEAG-RegE).
	§§ 204-206 AktG			Im monistischen System bedarf die Entscheidung über den Inhalt der Aktienrechte und die Bedingungen der Aktienausgabe (§ 204 Abs. 1 S. 1 und S. 2 HS. 1 AktG) sowie die Festsetzung der Angaben nach § 205 Abs. 2 S. 1 AktG (§ 205 Abs. 2 S. 2 AktG) eines ausdrücklichen Beschlusses des Verwaltungsrates (§ 34 Abs. 4 S. 2 SEAG-RegE).
Kapitalerhöhung aus Gesellschaftsmitteln	§ 207 Abs. 1 AktG		Art. 5	
	§ 207 Abs. 2 iVm. §§ 182, 184 Abs. 1 AktG		Art. 5 bzw. Art. 59 Abs. 1 a.E.	Zur Anwendbarkeit der §§ 182, 184 Abs. 1 AktG siehe oben.
	§§ 208-220 AktG		Art. 5	

Ausgabe von Wandelschuldverschreibungen oder vergleichbaren Wertpapieren	§ 221 Abs. 1 S. 1 AktG		Art. 5 bzw. Art. 52 Unterabs. 2	
	§ 221 Abs. 1 S. 2 AktG		Art. 59 Abs. 1 a.E.	Das Mehrheitserfordernis des § 221 Abs. 1 S. 2 AktG findet nach SE-spezifischer Auslegung über Art. 59 Abs. 1 a.E. als Mehrheit von mindestens drei Vierteln der abgegebenen Stimmen Anwendung.
	§ 221 Abs. 1 S. 3 HS. 1 AktG		Art. 59 Abs. 1 a.E.	Die Satzung kann eine größere Stimmenmehrheit als die Dreiviertelmehrheit bestimmen. Die satzungsmäßige Bestimmung einer Regelung i.S. des § 51 S. 1 SEAG-RegE ist ebenfalls möglich.
		§ 221 Abs. 1 S. 3 HS. 2 AktG	Art. 59 Abs. 1 a.E.	
		§§ 221 Abs. 1 S. 4, 182 AktG	Art. 60	

	§ 221 Abs. 2-4 AktG			Im monistischen System kann der Verwaltungsrat zur Ausgabe der Wandelschuldverschreibungen ermächtigt werden (Art. 5 iVm. § 221 Abs. 2 S. 1 AktG, § 22 Abs. 6 SEAG-RegE). In der monistisch strukturierten SE ist der Beschluss über die Ausgabe der Wandelschuldverschreibungen und eine Erklärung über deren Ausgabe durch die geschäftsführenden Direktoren (§ 40 Abs. 2 S. 4 SEAG-RegE) und den Vorsitzenden des Verwaltungsrates (§ 22 Abs. 6 SEAG-RegE) beim Handelsregister zu hinterlegen.
Kapitalherabsetzung				
Ordentliche Kapitalherabsetzung	§ 222 Abs. 1 S. 1 AktG		Art. 59 Abs. 1 a.E.	Das Mehrheitserfordernis des § 222 Abs. 1 S. 1 AktG findet nach SE-spezifischer Auslegung über Art. 59 Abs. 1 a.E. als Mehrheit von drei Vierteln der abgegebenen Stimmen Anwendung.
	§ 222 Abs. 1 S. 2 HS. 1 AktG		Art. 59 Abs. 1 a.E.	Die Satzung der SE kann nur eine größere Stimmenmehrheit bestimmen. Die satzungsmäßige Bestimmung einer Regelung i.S. des § 51 SEAG-RegE ist nicht möglich.
		§ 222 Abs. 1 S. 2 HS. 2 AktG	Art. 59 Abs. 1 a.E.	

		§ 222 Abs. 2 AktG	Art. 60	
	§ 223 AktG		Art. 5	Im monistischen System haben die geschäftsführenden Direktoren nach § 40 Abs. 2 S. 4 SEAG-RegE und der Vorsitzende des Verwaltungsrates nach § 22 Abs. 6 SEAG-RegE die Anmeldung zur Eintragung des Beschlusses zur Herabsetzung des Grundkapitals anzumelden (Art. 5 iVm. § 223 AktG).
	§§ 224-226 AktG		Art. 5	
	§ 227 AktG		Art. 5	Im monistischen System haben die geschäftsführenden Direktoren die Durchführung der Herabsetzung des Grundkapitals zur Eintragung in das Handelsregister anzumelden (Art. 5 iVm. § 227 AktG, § 40 Abs. 2 S. 4 SEAG-RegE).
	§ 228 AktG		Art. 5	Das gesetzliche Mindestkapital richtet sich abweichend vom Wortlaut des § 228 Abs. 1 AktG nach Art. 4 Abs. 2.
Vereinfachte Kapitalherabsetzung	§§ 229-236 AktG		Art. 5	Zur Anwendbarkeit der § 222 Abs. 1, 2 und 4, §§ 223, 224, 226 bis 228 AktG iVm. § 229 Abs. 3 AktG siehe oben.
Kapitalherabsetzung durch Einziehung von Aktien	§ 237 Abs. 1 u. 2 AktG		Art. 5	Zur Anwendung der Vorschriften über die ordentliche Kapitalherabsetzung siehe oben.

	§ 237 Abs. 3 u. Abs. 4 S. 1 AktG		Art. 5	
		§ 237 Abs. 4 S. 2	Art. 59 Abs. 1	Art. 59 Abs. 1 fordert für satzungsändernde Beschlüsse grundsätzlich eine Mehrheit von mindestens zwei Dritteln der abgegebenen Stimmen.
	§ 237 Abs. 4 S. 3 HS. 1 AktG		Art. 59 Abs. 1 a.E.	Die Satzung kann eine größere Stimmenmehrheit als die gesetzliche Zweidrittelmehrheit bestimmen. Die satzungsmäßige Bestimmung einer Regelung i.S. des § 51 S. 1 SEAG-RegE ist ebenfalls möglich.
		§ 237 Abs. 4 S. 3 HS. 2 AktG	Art. 59 Abs. 1 a.E.	
	§ 237 Abs. 4 S. 4 u. 5, Abs. 5 u. Abs. 6 AktG		Art. 5	Im monistischen System muss die Anmeldung zur Eintragung des Beschlusses (Art. 5 iVm. § 237 Abs. 4 S. 5 AktG) durch die geschäftsführenden Direktoren (§ 40 Abs. 2 S. 4 SEAG-RegE) und den Vorsitzenden des Verwaltungsrates (§ 22 Abs. 6 SEAG-RegE) vorgenommen werden.
	§ 237 Abs. 5 u. Abs. 6 AktG		Art. 5	Ist die Zwangseinziehung in der Satzung angeordnet, so entscheidet in der monistisch strukturierten SE der Verwaltungsrat über die Einziehung der Aktien (Art. 5 iVm. § 237 Abs. 6, § 22 Abs. 6 SEAG-RegE).

	§§ 238-239 AktG		Art. 5	In der monistisch strukturierten SE haben die geschäftsführenden Direktoren (§ 40 Abs. 2 S. 4 SEAG-RegE) die Durchführung der Herabsetzung des Grundkapitals zur Eintragung in das Handelsregister anzumelden (Art. 5 iVm. § 239 AktG).
Ausweis der Kapitalherabsetzung	§ 240 AktG		Art. 5	
Jahresabschluss	§§ 170-174 AktG		Art. 61	Im monistischen System gilt für den Jahresabschluss § 47 SEAG-RegE.
	§§ 242, 264 Abs. 1 HGB		Art. 61	

Literaturverzeichnis

Abeltshauser, Thomas E.: Der neue Statutvorschlag für eine europäische Aktiengesellschaft, EWS 1991, 58 ff.

Artmann, Eveline: Die Organisationsverfassung der Europäischen Aktiengesellschaft, wbl 2002, 189 ff.

Bagel, Friderike: Der Ausschluss des Bezugsrechts in Europa, Köln München Bonn Berlin 1999.

Basedow, Jürgen: Europäisches Internationales Privatrecht, NJW 1996, 1921 ff.

Beutler, Bengt/Bieber, Roland/Pipkorn, Jörn/Streil, Jochen: Die Europäische Union, 5. Auflage, Baden-Baden 2001 (zit.: *Beutler/Bieber/Pipkorn/Streil*, Die Europäische Union).

Bezzenberger, Tilman: Vorzugsaktien ohne Stimmrecht, Köln Berlin Bonn München 1990 (zit.: *Bezzenberger T.*, Vorzugsaktien).

Blanquet, Francoise: Das Statut der Europäschen Aktiengesellschaft (Societas Europaea „SE") – Ein Gemeinschaftsinstrument für grenzübergreifende Zusammenarbeit im Dienste der Unternehmen, ZGR 2002, 20 ff.

Bleckmann, Albert: Europarecht – Das Recht der Europäischen Gemeinschaft, 6. Auflage, Köln Berlin Bonn München 1997 (zit.: *Bleckmann*, Europarecht).

Ders.: Zu den Auslegungsmethoden des Europäischen Gerichtshofs, NJW 1982, 1177 ff.

Böcking, Hans-Joachim: IAS für Konzern- und Einzelabschluss? – Replik zum Beitrag von Zabel, IAS zwingend für Konzern- und Einzelabschluss?; zugleich Würdigung der Aussagen der Deutschen Bundesbank zur Umsetzung der Mitgliedstaatenwahlrechte im Rahmen der EU-Verordnung und eine Empfehlung an den Gesetzgeber, WPg 2002, 925 ff.

Böcking, Hans-Joachim: IAS für Konzern und Einzelabschluss?, WPg 2001, 1433 ff.

Brandi, Tim Oliver: Die Europäische Aktiengesellschaft im deutschen und internationalen Konzernrecht, NZG 2003, 889 ff.

Brandt, Ulrich: Die Hauptversammlung der Europäischen Aktiengesellschaft (SE), Frankfurt a.M. Berlin Bern u.a. 2004 (zit.: *Brandt*, Die Hauptversammlung der SE).

Ders.: Der Diskussionsentwurf zu einem SE-Ausführungsgesetz, DStR 2003, 1208 ff.

Ders.: Überlegungen zu einem SE-Ausführungsgesetz, NZG 2002, 991 ff.

Brandt, Ulrich/Scheifele Matthias: Die Europäische Aktiengesellschaft und das anwendbare Recht, DStR 2002, 547 ff.

Brocke, Kai vom: Die Europäische Genossenschaft – Eine europäische Gesellschaftsform, Diss. Würzburg, 1996 (zit.: *vom Brocke*, Eu-Gen).

Buchheim, Regine: Europäische Aktiengesellschaft und grenzüberschreitende Konzernverschmelzung – Der aktuelle Entwurf der Rechtsform aus betriebswirtschaftlicher Sicht, 1. Auflage, Wiesbaden 2001.

Bungert, Hartwin/Beier, Constantin H.: Die Europäische Aktiengesellschaft, EWS 2002, 1 ff.

Busch, Thorsten: Die Deckung des Grundkapitals bei Formwechsel einer GmbH in eine Aktiengesellschaft – Zur Auslegung der §§ 245 Abs. 1 S. 2, 220 Abs. 1 UmwG, AG 1995, 555 ff.

Cadbury Committe: Report of the Committee on Financial Aspects of Corporate Governance, 01.12.1992, http://www.ecgi.org/codes/country_documents/uk/cadbury.pdf (Stand: 07.08.2003).

Caemmerer, Ernst v.: Die Europäische Aktiengesellschaft, in: Festschrift für Kronstein, Biedenkopf/Coing/Mestmäcker (Hrsg.), Karlsruhe 1967, S. 172 ff. (zit.: *v. Caemmerer*, in: FS für Kronstein).

Callies, Christian/Ruffert, Matthias: Kommentar des Vertrages über die Europäische Union und des Vertrages zur Gründung der Europäischen Gemeinschaft – EUV/EGV –, 2. Auflage, Neuwied 2002 (zit.: *Bearbeiter*, in: Callies/Ruffert, EGV).

Casper, Matthias: Der Lückenschluss im Statut der Europäischen Aktiengesellschaft, in: Festschrift für Ulmer, Berlin 2003, S. 51 ff. (zit.: *Casper*, in: FS für Ulmer).

Claussen, Carsten Peter/Erne, Roland: Bank- und Börsenrecht, 2. Auflage, München 2000.

Committee on Corporate Governance: The Combined Code, pinciples of good governance and code of best practice, derived by the Committee on Corporate Governance from the Committee's Final Report and from the Cadbury and Greenbury Reports, July 2003, http://www.ecgi.org/codes/country_documents/uk/combined_code_final.pdf (Stand: 12.08.2003) (zit.: Combined Code on Corporate Governance, 2003).

DAV: Stellungnahme zum Diskussionsentwurf eines Gesetzes zur Ausführung der Verordnung (EG) Nr. 2157/2001 des Rates vom 8.10.2001 über das Statut der Europäischen Aktiengesellschaft (SE) (SE-Ausführungsgesetz-SEAG), NZG 2004, 75 ff.

Davies, Paul: Struktur der Unternehmensführung in Großbritannien und Deutschland: Konvergenz oder fortbestehende Divergenz?, ZGR 2001, 268 ff.

Drinkuth, Hendrik: Die Kapitalrichtlinie – Mindest- oder Höchstnorm?, Köln 1998 (zit.: *Drinkuth*, Kapitalrichtlinie).

Einsele, Dorothee: Verdeckte Sacheinlage, Grundsatz der Kapitalaufbringung und Kapitalerhaltung, NJW 1996, 2682 ff.

Europäisches Parlament: Stellungnahme zu dem Vorschlag für eine Verordnung des Rates über das Statut der Europäischen Aktiengesellschaft vom 25.08.1989, KOM (89), 268 eng. – SYN 218; ABl. C 48 v. 24.01.1991, S. 72 ff. (zit.: SE-VOV 1989, Stellungnahme EP).

Fischer-Zernin, Cornelius: Der Rechtsangleichungserfolg der Ersten gesellschaftsrechtlichen Richtlinie der EWG, Tübingen 1986.

Fleischer, Holger: Schnittmengen des WpÜG mit benachbarten Rechtsmaterien – eine Problemskizze, NZG 2002, 545 ff.

Forstmoser, Peter/Meier-Hayoz, Arthur/Nobel, Peter: Schweizerisches Aktienrecht, Bern 1996 (zit.: *Forstmoser/Meier-Hayoz/Nobel*, Schweizerisches Aktienrecht).

Gansen, Georg: Harmonisierung der Kapitalaufbringung im englischen und deutschen Kapitalgesellschaftsrecht – vergleichende Studie zur Zweiten Gesellschaftsrechtlichen EG-Richtlinie, Frankfurt a.M. Berlin Bern New York Paris Wien 1992.

Geibel, Stephan/Süßmann, Rainer (Hrsg.): Wertpapiererwerbs- und Übernahmegesetz (WpÜG) Kommentar, München 2002 (zit.: *Bearbeiter*, in: Geibel/Süßmann, § WpÜG Rn.).

Gemeinsamer Arbeitsausschuss des BDI u.a. von 1989: Gemeinsamer Arbeitsausschuss des Bundesverbandes der Deutschen Industrie, des Bundesverbandes Deutscher Banken, der Bundesvereinigung der Deutschen Arbeitgeberverbände, des Deutschen Industrie- und Handelstages und des Gesamtverbandes der Deutschen Versicherungswirtschaft für Fragen des Unternehmensrechts: Stellungnahme zum geänderten Verordnungs- und Richtlinienvorschlag für Europäische Aktiengesellschaften (SE) vom 25.8.1989, Köln, 1989 (zit.: Stellungnahme des Gemeinsamen Arbeitsausschusses des BDI u.a. von 1989).

Gemeinsamer Arbeitsausschuss des BDI u.a. von 1991: Gemeinsamer Arbeitsausschuss des Bundesverbandes der Deutschen Industrie, des Bundesverbandes Deutscher Banken, der Bundesvereinigung der Deutschen Arbeitgeberverbände, des Deutschen Industrie- und Handelstages und des Gesamtverbandes der Deutschen Versicherungswirtschaft für Fragen des Unternehmensrechts: Vorläufige Stellungnahme zum geänderten Verordnungs- und Richtlinienvorschlag für Europäische Aktiengesellschaften (SE) vom 16 bzw. 6. Mai 1991, Köln/Bonn 1991 (zit.: Stellungnahme des Gemeinsamen Arbeitsausschusses des BDI u.a. von 1991).

Gessler, Ernst/Hefermehl, Wolfgang/Eckardt, Ulrich/Kropff, Bruno, (Hrsg.): Band I, §§ 1-75 AktG, München 1973 ff.; Band II, §§ 76-147, München 1973 ff.; Band IV, §§ 179-240 AktG, München 1989 ff.; Band VI, §§ 291-410 AktG, München 1973 ff. (zit.: *Bearbeiter*, in: Gessler/Hefermehl, AktG).

Godin, Reinhard Frhr. v./Wilhemi, Hans: Band II, §§ 179-410 AktG, Aktiengesetz vom 6. September 1965, Berlin New York 1971 (zit.: *Godin/Wilhelmi*, Aktiengesetz 1965).

Göke, Christian: Die Europäische Aktiengesellschaft – Im Verhältnis zum deutschen und italienischen Recht, Aachen 1995 (zit.: *Göke*, Die Europäische Aktiengesellschaft).

Greenbury Committee: Directors Renumeration – Report of a Study Group, 17.06.1995, http://www.ecgi.org/codes/country_documents/uk/greenbury.pdf (Stand: 07.08.2003).

Groeben, Hans von der/Thiesing, Jochen/Ehlermann, Claus-Dieter (Hrsg.): Kommentar zum EU-/EG-Vertrag, Band 2/II, Art. 88-102 EG, 5. Auflage, Baden-Baden 1999 (zit.: *Bearbeiter*, in: Groeben/Thiesing/Ehlermann).

Großkommentar zum Aktiengesetz: §§ 1-14, 2. Lieferung, hrsg. von Hopt/Wiedemann, 4. Auflage, Berlin New York 1992; §§ 23-40, 7. Lieferung, hrsg. von Hopt/Wiedemann, 4. Auflage, Berlin New York 1997; §§ 138-147 AktG, 13. Lieferung, hrsg. von Hopt/Wiedemann, 4. Auflage, Berlin New York 1999; §§ 179-191 AktG, 5. Lieferung, hrsg. von Hopt/Wiedemann, 4. Auflage, Berlin New York 1995; §§ 192-206, 18. Lieferung, hrsg. von Hopt/Wiedemann, 4. Auflage, Berlin New York 2001 (zit.: *Bearbeiter*, in: Großkommentar zum AktG).

Grote, Ralf: Das neue Statut der Europäischen Aktiengesellschaft zwischen europäischem und nationalem Recht, Diss. Göttingen, 1991 (zit.: *Grote*, Das neue Statut der SE).

Gutsche, Robert: Die Eignung der Europäischen Aktiengesellschaft für kleinere und mittlere Unternehmen in Deutschland, 1. Auflage, Baden-Baden 1994 (zit.: *Gutsche*, Die Eignung der SE).

Haarmann, Wilhelm/Riehmer, Klaus/Schüppen Matthias (Hrsg.): Öffentliche Übernahmeangebote – Kommentar zum Wertpapiererwerbs- und Übernahmegesetz, Heidelberg 2002 (zit.: *Bearbeiter*, in: Haarmann/Riehmer/Schüppen, WpÜG).

Habersack, Matthias: Das Konzernrecht der „deutschen" SE, ZGR 2003, 724 ff.

Ders.: Europäisches Gesellschaftsrecht, 2. Auflage, München 2003.

Hahn, Volker: Übernahmerecht und Internationales Privatrecht – Zur Anwendung des WpÜG bei Übernahmen mit Auslandsbezug, RIW 2002, 741 ff.

Hauschka, Christoph E.: Entwicklungslinien und Integrationsfragen von EWIV und SE, AG 1990, 85 ff.

Ders.: Kontinuität und Wandel im Statut für die Europäische Aktiengesellschaft (SE) 1989, EuZW 1990, 181 ff.

Heckschen, Heribert: Die Europäische AG aus notarieller Sicht, DNotZ 2003, 251 ff.

Heckschen, Heribert/Simon, Stefan: Umwandlungsrecht – Gestaltungsschwerpunkte in der Praxis, Köln Berlin Bonn München 2003 (zit.: *Heckschen*, in: Heckschen/Simon, Umwandlungsrecht).

Hein, Jan v.: Grundfragen des Europäischen Übernahmekollisionsrechts, AG 2001, 213 ff.

Herzig, Norbert/Griemla, Stefan: Steuerliche Aspekte der Europäischen Aktiengesellschaft (SE), StuW 2002, 55 ff.

Hirte, Heribert: Die Europäische Aktiengesellschaft, NZG 2002, 1 ff.

Ders.: Kapitalgesellschaftsrecht, 3. Auflage, Köln 2001 (zit.: *Hirte*, Kapitalgesellschaftsrecht).

Hoffmann-Becking, *Michael*: Organe: Strukturen und Verantwortlichkeiten, insbesondere im monistischen System, ZGR 2004, 355 ff.

Hommelhoff, Peter: Zum Konzernrecht der Europäischen Aktiengesellschaft, AG 2003, 179 ff.

Ders.: Satzungsstrenge und Gestaltungsfreiheit in der Europäischen Aktiengesellschaft, in: Festschrift für Ulmer, Berlin 2003, S. 267 ff. (zit.: *Hommelhoff*, in: FS für Ulmer).

Ders.: Einige Bemerkungen zur Organisationsverfassung der Europäischen Aktiengesellschaft, AG 2001, 279 ff.

Ders.: Gesellschaftsrechtlich Fragen im Entwurf eines SE-Statuts, AG 1990, 422 ff.

Hommelhoff, Peter/Teichmann, Christoph: Die Europäische Aktiengesellschaft – das Flaggschiff läuft vom Stapel, SZW/RSDA 2002, 1 ff.

Hopt, Klaus J.: Grundsatz- und Praxisprobleme nach dem Wertpapiererwerbs- und Übernahmegesetz, ZHR 166 (2002), 383 ff.

Ders.: Europäisches Gesellschaftsrecht – Krise und neue Anläufe, ZIP 1998, 96 ff.

Ders.: Emissionsgeschäft und Emissionskonsortien, in: Festschrift für Kellermann, Berlin 1991, S. 181 ff. (zit.: *Hopt*, in: FS für Kellermann, 1991, S.).

Ders.: Emission, Prospekthaftung und Anleihetreuhand im internationalen Recht, in: Festschrift für Lorenz, Tübingen 1991, S. 413 ff. (zit.: *Hopt*, in: FS für Lorenz).

Hueck, Götz: Grundsatz der gleichmäßigen Behandlung im Privatrecht, Münster, 1958.

Hüffer, Uwe: Beck´scher Kurzkommentar zum Aktiengesetz, 6. Auflage, München 2004 (zit.: *Hüffer*, AktG).

Ders.: Aktienbezugsrechte als Bestandteil der Vergütung von Vorstandsmitgliedern und Mitarbeitern – gesellschaftsrechtliche Analyse, ZHR 161 (1997), 214 ff.

Ders.: Harmonisierung des aktienrechtlichen Kapitalschutzes, NJW 1979, 1065 ff.

Hulle, Karel van: Das Europäische Bilanzrecht – Entwicklungen und Herausforderungen, Referat im Rahmen der Vortragsreihe „Europäisches Wirtschaftsrecht nach Maastricht", Bonn, 29. November 1993, in: Mitglieder des Zentrums für europäisches Wirtschaftsrecht (Hrsg.), Zentrum für Europäisches Wirtschaftsrecht, Vorträge und Berichte, Heft Nr. 34, Bonn 1994 (zit.: *van Hulle*, Europäische Bilanzrecht).

IDW: Stellungnahme zum Diskussionsentwurf eines Gesetzes zur Ausführung der Verordnung (EG) Nr. 2157/2001 des Rates vom 8.10.2001 über das Statut der Europäischen Gesellschaft (SE-Ausführungsgesetz – SEAG), WPg 2003, 782 f.

Ihrig, Hans-Christoph: Gläubigerschutz durch Kapitalaufbringung bei Verschmelzung und Spaltung nach neuem Umwandlungsrecht, GmbHR 1995, 622 ff.

Ihrig, Hans-Christoph/Wagner, Jens: Diskussionsentwurf für ein SE-Ausführungsgesetz, BB 2003, 969 ff.

Jaecks, Jörg/Schönborn, Christoph Ansgar: Die Europäische Aktiengesellschaft, das Internationale und das deutsche Konzernrecht, RIW 2003, 254 ff.

Jaeger, Carsten: Die Europäische Aktiengesellschaft – europäischen oder nationalen Rechts, 1. Auflage, Baden-Baden 1994 (zit.: *Jaeger*, Die Europäische Aktiengesellschaft).

Ders.: Wie europäisch ist die Europäische Aktiengesellschaft, ZEUP 1994, 206 ff.

Jahn, Andreas/Herfs-Röttgen, Ebba: Die Europäische Aktiengesellschaft – Societas Europaea, DB 2001, 631 ff.

Kallmeyer, Harald: Das monistische System in der SE mit Sitz in Deutschland, ZIP 2003, 1531 ff.

Ders.: Europa-AG: Strategische Optionen für deutsche Unternehmen, AG 2003, 197 ff.

Ders. (Hrsg.): Umwandlungsgesetz Kommentar, 2. Auflage, Köln 2001 (zit.: *Bearbeiter*, in: Kallmeyer, UmwG).

Ders.: Aktienoptionspläne für Führungskräfte im Konzern, AG 1999, 97.

Kalls, Susanne: Der Minderheitenschutz bei Gründung und Sitzverlegung der SE nach dem Diskussionsentwurf, ZGR 2003, 593 ff.

Keidel, Helmut/Stöber, Kurt: Registerrecht, 5. Auflage, München 1991.

Kersting, Christian: Societas Europaea: Gründung und Vorgesellschaft, DB 2001, 2079 ff.

Kindl, Johann: Erwerb eigener Aktien nach Gemeinschaftsrecht, ZEuP 1994, 77 ff.

Kirsch, Hans-Jürgen: Zur Frage der Umsetzung der Mitgliedstaatenwahlrechte der EU-Verordnung zur Anwendung der IAS/IFRS, WPg 2003, 275 ff.

Kleindiek, Detlef: Funktion und Geltungsanspruch des Pflichtangebots nach dem WpÜG, Kapitalmarktrecht – Konzernrecht – Umwandlungsrecht, ZGR 2002, 546 ff.

Kloster, Lars: Societas Europaea und europäische Zusammenschlüsse, EuZW 2003, 293 ff.

Kohler, Klaus: Stock Options für Führungskräfte aus der Sicht der Praxis, ZHR 161 (1997), 246 ff.

Kölner Kommentar zum Aktiengesetz: Band 1, §§ 1-75 AktG, hrsg. von Zöllner, 2. Auflage, Köln Berlin Bonn München 1988; Band 2, §§ 76-117 AktG, hrsg. von Zöllner, 2. Auflage, Köln Berlin Bonn München 1996; Band 5/1, §§ 179-240 AktG, hrsg. von Zöllner, 2. Auflage, Köln Berlin Bonn München 1995 (zit.: *Bearbeiter*, in: Kölner Kommentar zum AktG).

Kölner Kommentar zum WpÜG: Kommentar zum WpÜG mit AngebVO und §§ 327 a-327 f AktG, hrsg. von Hirte/Bülow, Köln Berlin Bonn München 2003 (zit.: *Bearbeiter*, in: Kölner Komm-WpÜG).

Kolvenbach, Walter: Statut für eine Europäische Aktiengesellschaft (1989), DB 1989, 1957 ff.

Ders.: Statut für eine Europäische Aktiengesellschaft, DB 1988, 1837 ff.

Kommission der Europäischen Gemeinschaft: Vollendung des Binnenmarktes, Weißbuch der Kommission an den Europäischen Rat, vom 14.06.1985.: KOM (85) 310 endg.

Dies.: Mitteilung der Kommission, Finanzdienstleistungen: Umsetzung des Finanzmarktrahmens: Aktionsplan, vom 11.05.99, KOM (1999) 232; http://europa.eu.int/comm/internal_market/de/finances/actionplan/#plans (Stand: 22.07.2003) (zit.: Aktionsplan für Finanzdienstleistungen).

Krebs, Karsten/Wagner, Jens: Der Leistungszeitpunkt von Sacheinlagen nach § 36 a Abs. 2 AktG – Zugleich ein Beispiel für die Auslegung angeglichenen Rechts, AG 1998, 467 ff.

Kreuzer, Karl Friedrich: Die Europäisierung des internationalen Privatrechts – Vorgaben des Gemeinschaftsrechts, in: Gemeinsames Privatrecht in der Europäischen Gemeinschaft, Müller-Graff (Hrsg.), 2. Auflage, Baden-Baden 1999, S. 457 ff. (zit.: *Kreuzer*, in: Müller-Graff, Gemeinsames Privatrecht in der EG).

Kropholler, Jan: Internationales Privatrecht einschließlich der Grundbegriffe des Internationalen Zivilverfahrensrechts, 4. Auflage, Tübingen 2001 (zit.: *Kropholler*, IPR).

Kübler, Friedrich: Leitungsstrukturen der Aktiengesellschaft und die Umsetzung des SE-Statuts, ZHR 167 (2003), 222 ff.

Lange, Oliver: Überlegungen zur Umwandlung einer deutschen in eine europäische Aktiengesellschaft, EuZW 2003, 301 ff.

Larenz, Karl: Methodenlehre der Rechtswissenschaft, 6. Auflage, Berlin Heidelberg New York 1991 (zit.: *Larenz*, Methodenlehre).

Leupold, Andreas: Die Europäische Aktiengesellschaft unter besonderer Berücksichtigung des deutschen Rechts – Chancen und Probleme auf dem Weg zu einer supranationalen Gesellschaftsform, Aachen 1993 (zit.: *Leupold*, Die Europäische Aktiengesellschaft).

Lindacher, Walter F.: Maßgebendes Recht, Auslegung und Lückenschließung, in: Lutter (Hrsg.), Die Europäische Aktiengesellschaft – Eine Stellungnahme zur Vorlage der Kommission an den Ministerrat der Europäischen Gemeinschaften über das Statut für europäische Aktiengesellschaften, vom 30.04.1975, 2. Auflage, Köln Berlin Bonn München 1978, S. 1 ff. (zit.: *Lindacher*, in: Lutter, Die Europäische Aktiengesellschaft).

Lutter, Marcus: Europäische Aktiengesellschaft – Rechtsfigur mit Zukunft?, BB 2002, 1 ff.

Ders. (Hrsg.): Kommentar zum Umwandlungsgesetz, Band 1 §§ 1-151, 2. Auflage, Köln 2000; Band 2 §§ 152-325, 2. Auflage, Köln 2000 (zit.: *Bearbeiter* in Lutter (Hrsg.), UmwG).

Ders. (Hrsg.): Holding Handbuch: Recht – Management – Steuern, 3. Auflage, Köln 1998 (zit.: *Bearbeiter*, in: Lutter (Hrsg.), Holding-Handbuch).

Ders.: Genügen die vorgeschlagenen Regelungen für eine Europäische Aktiengesellschaft, AG 1990, 413 ff.

Ders.: Aktienerwerb von Rechts wegen: Aber welche Aktien?, in: Festschrift für Mestmäcker, 1. Auflage, Baden-Baden 1996, S. 943 ff. (zit.: *Lutter*, in: FS für Mestmäcker).

Ders.: Die Aktien der SE, in: Lutter (Hrsg.), Die Europäische Aktiengesellschaft – Eine Stellungnahme zur Vorlage der Kommission an den Ministerrat der Europäischen Gemeinschaften über das Statut für europäische Aktiengesellschaften, vom 30.04.1975, 2. Auflage, Köln Berlin Bonn München 1978, S. 146 ff. (zit.: *Lutter*, in: Lutter, Die Europäische Aktiengesellschaft).

Lutter, Markus/Hommelhoff, Peter: GmbH-Gesetz Kommentar, 15. Auflage, Köln 2002 (zit.: *Lutter/Hommelhoff*, GmbHG).

Mahi, Farida El: Die Europäische Aktiengesellschaft – Societas Europaea, Frankfurt a.M. 2004.

Maul, Silja: Konzernrecht, in: Theisen/Wenz (Hrsg.), Die Europäische Aktiengesellschaft, Stuttgart 2002, S. 399 ff. (zit.: *Maul*, in: Theisen/Wenz, Die Europäische Aktiengesellschaft).

Dies.: Die faktisch abhängige SE im Schnittpunkt zwischen deutschem und europäischem Recht, München 1998 (zit.: *Maul*, Die faktisch abhängige SE).

Meilicke, Wienand: Die Kapitalaufbringungsvorschriften als Sanierungsbremse – Ist die deutsche Interpretation des § 27 Abs. 2 AktG richtlinienkonform?, DB 1989, 1067 ff. u.1119 ff.

Merkt, Hanno: Die monistische Unternehmensverfassung für die Europäische Aktiengesellschaft aus deutscher Sicht – Mit vergleichendem Blick auf die Schweiz, das Vereinigte Königreich und Frankreich, ZGR 2003, 650 ff.

Ders.: Europäische Aktiengesellschaft: Gesetzgebung als Selbstzweck, BB 1992, 652 ff.

Meyer-Landrut, Andreas: Die europäische wirtschaftliche Interessensvereinigung – Gründungsvertrag und innere Verfassung einer EWIV mit Sitz in der Bundesrepublik Deutschland, Stuttgart 1988 (zit.: *Meyer-Landrut*, Die EWIV).

Michel, Jörg Wolfgang: Stock Options in Deutschland – Gesellschaftsrechtliche Anwendungsfragen zur Verknüpfung von Pay Perfomance vor dem Hintergrund internationaler Erfahrungen unter besonderer Berücksichtigung des US-amerikanischen Rechts, Diss. Würzburg, 1999.

Müller-Gugenberger, Christian/Schotthöfer, Peter (Hrsg.): Die EWIV in Europa, 1. Auflage, München 1995 (zit.: *Bearbeiter*, in: Müller-Gugenberger/Schotthöfer (Hrsg.), Die EWIV in Europa).

Münchener Kommentar zum Aktiengesetz: Band 1, §§ 1-53, hrsg. von Kropff/Semler, 2. Auflage, München 2001; Band 7, §§ 222-277, hrsg. von Kropff/Semler, 2. Auflage, München 2000; Band 8, §§ 278–328, hrsg. von Kropff/Semler, 2. Auflage, München 2000 (zit.: MünchKommAktG/*Bearbeiter*).

Münchener Kommentar zum Bürgerlichen Gesetzbuch: Band 1, §§ 1-240 BGB, AGB-Gesetz, hrsg. von Rebmann/Säcker/Rixecker, 4. Auflage, München 2001 (zit.: MünchKommBGB/*Bearbeiter*); Band 10, Einführungsgesetz zum Bürgerlichen Gesetzbuch (Art. 1-38), Internationales Privatrecht, hrsg. von Rebmann/Säcker/Rixecker, 3. Auflage, München 1998 (zit.: MünchKommIPR/*Bearbeiter*); Band 11, Internationales Handels- und Gesellschaftsrecht, Einführungsgesetz zum Bürgerlichen Gesetzbuch (Art. 50-327), hrsg. von Rebmann/Säcker/Rixecker, 3. Auflage, München 1999 (zit.: MünchKommIntGesR/*Bearbeiter*).

Münchner Handbuch des Gesellschaftsrechts: Band 4, Aktiengesellschaften, Hoffmann-Becking (Hrsg.), 2. Auflage, München 1999 (zit.: MünchHdb. GesR IV/*Bearbeiter*).

Neun, Josef: Gründung, in: Theisen/Wenz (Hrsg.), Die Europäische Aktiengesellschaft, Stuttgart 2002, S. 51 ff. (zit.: *Neun*, in: Theisen/Wenz, Die Europäische Aktiengesellschaft).

Neye, Hans-Werner: Kein neuer Stolperstein für die Europäische Aktiengesellschaft, ZGR 2002, 377 ff.

Neye, Hans-Werner/Teichmann, Christoph: Der Entwurf für das Ausführungsgesetz zur Europäischen Aktiengesellschaft, AG 2003, 169 ff.

Niessen, Herman: Gründung und Kapital von Aktiengesellschaften, AG 1970, 281 ff.

Oplustil, Krzysztof: Selected problems concerning formation of a holding SE (societas europaea), GLJ Vol. 4 No. 2 – 1 February 2003 – Private Law.

Oplustil, Krzysztof/Schneider, Maximilian: Zur Stellung der Europäischen Aktiengesellschaft im Umwandlungsrecht, NZG 2003, 13 ff.

Oppermann, Thomas: Europarecht, Ein Studienbuch, 2. Auflage, München 1999 (zit.: *Oppermann*, Europarecht).

Palandt, Otto: Bürgerliches Gesetzbuch mit Einführungsgesetz (Auszug), Unterlassungsklagengesetz, Produkthaftungsgesetz, Erbbaurechtsverordnung, Wohnungseigentumsgesetz, Hausratsverordnung, Lebenspartnerschaftsgesetz, Gewaltschutzgesetz (Auszug), 62. Auflage, München 2003 (zit.: Palandt/*Bearbeiter*, BGB).

Pennington, Robert: Company Law, 7. Auflage, London Dublin Edinburgh 1995 (zit.: *Pennington*, Company Law).

Plendl, Martin/Niehues, Michael: Rechnungslegung, Prüfung und Publizität, in: Theisen/Wenz, Die Europäische Aktiengesellschaft, S. 361 ff. (zit.: *Plendl/Niehues*, in: Theisen/Wenz, Die Europäische Aktiengesellschaft).

Pluskat, Sorika: Die neuen Vorschläge für die Europäische Aktiengesellschaft, EuZW 2001, 524 ff.

Priester, Hans-Joachim: Gründungsrecht contra Identitätsprinzip – Kapitalausstattung beim Formwechsel, in: Festschrift für Zöllner, Band I, Köln Berlin Bonn München 1998, S. 449 ff. (zit.: *Priester*, in: FS für Zöllner).

Ders.: Kapitalgrundlage beim Formwechsel – Zwang zur Buchwertfortführung?, DB 1995, 911 ff.

Raiser, Thomas: Die Europäische Aktiengesellschaft und die nationalen Aktiengesetze, in: Festschrift für Semler, Berlin 1993, S. 277 ff. (zit.: *Raiser*, in: FS für Semler).

Ders.: Führungsstruktur und Mitbestimmung in der Europäischen Aktiengesellschaft nach dem Verordnungsvorschlag der Kommission vom 25. August 1989, in: Festschrift für Steindorff, Berlin New York 1990, S. 201 ff. (zit.: *Raiser*, in: FS für Steindorff).

Sanders, Pieter: Auf dem Weg zu einer europäischen Aktiengesellschaft?, AWD 1960, 1 ff.

Schäfer, Albrecht E. H.: Erwartungen eines deutschen Großkonzerns an das europäische Gesellschaftsrecht, in: Scheuing/Schwarz/Wollenschläger (Hrsg.), Europäisches Unternehmensrecht, 1. Auflage, Baden-Baden 2001, S. 61 ff. (zit.: *Schäfer*, in: Scheuing/Schwarz/Wollenschläger (Hrsg.), Europäisches Unternehmensrecht).

Scheifele, Matthias: Die Gründung der Europäischen Aktiengesellschaft (SE), Frankfurt a.M. Berlin Bern u.a. 2004 (zit.: *Scheifele*, Die Gründung der SE).

Schiessl, Maximilian: Leitungs- und Kontrollstrukturen im internationalen Wettbewerb – Dualistisches System und Mitbestimmung auf dem Prüfstand, ZHR 167 (2003), 235 ff.

Schiller, Andreas: Die Prüfung von Sacheinlagen im Rahmen der aktienrechtlichen Gründungsprüfung, AG 1992, 20 ff.

Schindler, Clemens Philipp: Vor einem Ausführungsgesetz zur Europäischen Aktiengesellschaft, ecolex 2003, Heft 06, Script 26, 1 ff.

Ders.: Die Europäische Aktiengesellschaft – Gesellschafts- und steuerrechtliche Aspekte, Wien 2002 (zit.: *Schindler*, Die Europäische Aktiengesellschaft).

Schlegelberger, Franz /Quassowski, Leo/Herbig, Gustav/Geßler, Ernst/Hefermehl, Wolfgang: Aktiengesetz – Gesetz über Aktiengesellschaften und Kommanditgesellschaften auf Aktien vom 30. Januar 1937, 3. Auflage, Berlin 1939 (zit.: *Schlegelberger/Quassowski*, Aktiengesetz 1937).

Schmidt, Karsten: Gesellschaftsrecht, 4. Auflage, Köln Berlin Bonn München 2002.

Ders.: Handelsrecht, 5. Auflage, Köln Berlin Bonn München 1999.

Schmitt, Joachim/Hörtnagl, Robert/Stratz, Rolf-Christian: Umwandlungsgesetz Umwandlungsteuergesetz, 3. Auflage, München 2001 (zit.: *Bearbeiter*, in: Schmitt/Hörtnagl/Stratz, UmwG).

Schnyder, Anton K.: Zur Societas Europaea (SE) – Wendepunkt im Europäischen Gesellschaftsrecht?, in: Festschrift für Druey, Zürich 2002, S. 569 ff. (zit.: *Schnyder*, in: FS für Druey).

Schön, Wolfgang: Das Bild des Gesellschafters im Europäischen Gesellschaftsrecht, RablesZ 64 (2001), 1 ff.

Schulz, Andreas/Geismar, Bernhard: Die Europäische Aktiengesellschaft – Eine kritische Bestandsaufnahme, DStR 2001, 1078 ff.

Schumann, Günter: Optionsanleihen, Diss. Bonn, 1989.

Schwappach, Jürgen/Andreae, Philipp (Hrsg.): EU-Rechtshandbuch für die Wirtschaft, 2. Auflage, München 1996 (zit.: *Bearbeiter*, EU-Rechtshandbuch für die Wirtschaft).

Schwartz, Ivo E.: Art. 235 EG-Vertrag nach „Maastricht“, in: Festschrift für Mestmäcker, 1. Auflage, Baden-Baden 1996, S. 467 ff. (zit.: *Schwartz*, in: FS für Mestmäcker).

Schwarz, Günter Christian: Neue Medien im Gesellschaftsrecht – Von der Präsenz – zur virtuellen Mitgliederversammlung, MMR 2003, 23 ff.

Ders.: Zum Statut der Europäischen Aktiengesellschaft, ZIP 2001, 1847 ff.

Ders.: Europäisches Gesellschaftsrecht, 1. Auflage, Baden-Baden 2000.

Schwarz Günther Christian/Lösler, Thomas: Das Recht der Europäischen Aktiengesellschaft – Ein Überblick, NotBZ 2001, 117 ff.

Seibt, Christoph H./Heiser, Kristian: Regelungskonkurrenz zwischen neuem Übernahmerecht und Umwandlungsrecht, ZHR 165 (2001), 466 ff.

Seif, Ulrike: Das Spannungsverhältnis zwischen Kollisionsrecht und Europarecht, in: Jahrbuch Junger Zivilrechtswissenschaftler 1997, hrsg. für die Gesellschaft Junger Zivilrechtswissenschaftler, Stuttgart München Hannover Berlin Weimar Dresden 1998, S. 225 ff. (zit.: *Seif*, Jahrbuch Junger Zivilrechtswissenschaftler 1997).

Semler, Johannes/Volhard, Rüdiger/Cordes, Eckhard (Hrsg.): Arbeitshandbuch für Unternehmensübernahmen, Band 1, Unternehmensübernahme, Vorbereitung – Durchführung – Folgen – Ausgewählte Drittländer, München 2001 (zit.: *Bearbeiter* in Semler/Volhard, ÜN Hdb.).

Senger, Michael/Vogelmann, Axel: Die Umwandlung von Vorzugsaktien in Stammaktien, AG 2002, 193 ff.

Spieckhoff, Andreas: Der verbotswidrige Rückerwerb eigener Aktien: Internationales Privatrecht und europäische Rechtsangleichung, BB 1997, 2593 ff.

Staudinger Kommentar zum Bürgerlichen Gesetzbuch: Internationales Gesellschaftsrecht, 13. Auflage, Neubearbeitung von Bernhard Großfeld, Berlin 1998 (zit.: Staudinger/*Großfeld* (1998) IntGesR).

Österreichische Übernahmekommission: Stellungsnahme in der Sache HVB/Bank Austria, GZ 2000/1/4 – 171 vom 12. September 2000, in Deutschland veröffentlicht in NZG 2001, 282 ff.

Technau, Konstantin: Übernahmerechtliche Austrittsrechte in Verschmelzungsfällen, AG 2002, 260 ff.

Teichmann, Christoph: Austrittsrecht und Pflichtangebot bei Gründung einer Europäischen Aktiengesellschaft, AG 2004, 67 ff.

Ders.: Gestaltungsfreiheit im monistischen Leitungssystem der Europäischen Aktiengesellschaft, BB 2004, 53 ff.

Ders.: Minderheitenschutz bei Gründung und Sitzverlegung der SE, ZGR 2003, 367 ff.

Ders.: The European Company – A Challenge to Academics, Legislatures and Practitioners, GLJ Vol. 4 No. 4 – 1 April 2003 – Private Law.

Ders.: Das Ausführungsgesetz in Deutschland, in: Theisen/Wenz (Hrsg.), Die Europäische Aktiengesellschaft, Stuttgart 2002, S. 573 ff. (zit.: *Teichmann*, in: Theisen/Wenz, Die Europäische Aktiengesellschaft).

Ders.: Die Einführung der Europäischen Aktiengesellschaft, ZGR 2002, 383 ff.

Ders.: Vorschläge für das deutsche Ausführungsgesetz zur Europäischen Aktiengesellschaft, ZIP 2002, 1109 ff.

Ders.: Corporate Governance in Europa, ZGR 2001, 645 ff.

Terbrack, Christoph/Wermeckes, Bernd: Mehrstimmrechte bei Aktiengesellschaften – Ein Überblick aus aktuellem Anlass, DZWiR 1989, 186 ff.

Thamm, Rüdiger: Die Europäische Aktiengesellschaft und das Problem der Lückenfüllung – Eine Untersuchung an Hand von Kapitalsicherungsvorschriften, Diss. Köln, 1972.

Theisen, Manuel René/Hölzl, Michael: Corporate Governance, in: Theisen/Wenz (Hrsg.), Die Europäische Aktiengesellschaft, Stuttgart 2002, S. 247 ff. (zit.: *Theisen/Hölzl*, in: Theisen/Wenz, Die Europäische Aktiengesellschaft).

Theisen, Manuel René/Wenz, Martin: Hintergründe, historische Entwicklung und Grundkonzeption, in: Theisen/Wenz (Hrsg.), Die Europäische Aktiengesellschaft, Stuttgart 2002, S. 1 ff. (zit.: *Theisen/Wenz*, in: Theisen/Wenz, Die Europäische Aktiengesellschaft).

Theisen, Manuel, René/Widmayer, Gerhard: Finanzierung und Kapitalausstattung, in: Theisen/Wenz (Hrsg.), Die Europäische Aktiengesellschaft, Stuttgart 2002, S. 333 ff. (zit.: *Theisen/Widmayer*, in: Theisen/Wenz, Die Europäische Aktiengesellschaft).

Theißen, Heinrich: Die Gründung einer Holdinggesellschaft de lege ferenda – Vorschlag einer künftigen Regelung im UmwG, Berlin 2000 (zit.: *Theißen*, Die Gründung einer Holding).

Thibièrge, C.: Le statut des sociétés étrangères, in: Congrès des Notaires de France, Le statut de l'étranger et le marché commun, 1959, S. 270 ff.

Thoma, Georg F./Leuering, Dieter: Die Europäische Aktiengesellschaft – Societas Europaea, NJW 2002, 1449 ff.

Torggler, Hellwig: Zur Europäischen Aktiengesellschaft, ecolex 2001, 442 ff.

Trojan-Limmer, Ursula: Die geänderten Vorschläge für ein Statut der Europäischen Aktiengesellschaft (SE), RIW 1991, 1010 ff.

Ulmer, Peter: Gestaltungsfreiheit in der Europa-AG bietet Vorteile, FAZ Nr. 68 v. 21.3.2001, S. 30.

Veil, Rüdiger: Das Konzernrecht der Europäischen Aktiengesellschaft, WM 2003, 2169 ff.

Voges, Hans-Joachim: Zum Grundsatz der Gleichbehandlung im Aktienrecht, AG 1975, 197 ff.

Völter, Heike: Der Lückenschluss im Statut der Europäischen Privatgesellschaft, Köln 2000 (zit.: *Völter*, Europäische Privatgesellschaft).

Waclawik, Erich: Der Referentenentwurf des Gesetzes zur Einführung der Europäischen (Aktien-) Gesellschaft, DB 2004, 1191 ff.

Wagner, Jens: Die Bestimmung des auf die SE anwendbaren Rechts, NZG 2002, 985 ff.

Ders.: Der Europäische Verein, 1. Auflage, Baden-Baden 2000 (zit.: *Wagner*, EUV).

Walter, Gottfried: Zum geänderten Statut der Europäischen Aktiengesellschaft, GmbHR 1975, 247 ff.

Ders.: Das Statut der Europäischen Aktiengesellschaft aus der Sicht der Wirtschaft, AG 1972, 99 ff.

Weber-Rey, Daniela/Schütz, Bernhard G.: Zum Verhältnis von Übernahmerecht und Umwandlungsrecht, AG 2001, 325 ff.

Weiß, Daniel M.: Aktienoptionsprogramme nach dem KonTraG, WM 1999, 353 ff.

Werder, Axel v.: Formen der Führungsorganisation einer Europäischen Aktiengesellschaft, RIW 1997, 304 ff.

Ders.: Formen der Führungsorganisation einer Europäischen Aktiengesellschaft, RIW 1997, 304 ff.

Widmann, Siegfried/Mayer, Dieter (Hrsg.): Umwandlungsrecht Kommentar, Loseblattsammlung, 71. Ergänzungslieferung September 2003, Berlin Bonn (zit.: *Bearbeiter*, in: Widmann/Mayer, UmwG).

Wiedemann, Herbert: Gesellschaftsrecht, Band I, Grundlagen, München 1980 (zit.: *Wiedemann*, Gesellschaftsrecht).

Ders.: Satzung und Satzungsänderung, in: Lutter (Hrsg.), Die Europäische Aktiengesellschaft – Eine Stellungnahme zur Vorlage der Kommission an den Ministerrat der Europäischen Gemeinschaften über das Statut für europäische Aktiengesellschaften, vom 30.04.1975, 2. Auflage, Köln Berlin Bonn München 1978, S. 39 ff. (zit.: *Wiedemann*, in: Lutter, Die Europäische Aktiengesellschaft).

Wirtschafts- und Sozialausschuss: Stellungnahme zu dem Vorschlag für eine Verordnung (EWG) des Rates über das Statut der Europäischen Aktiengesellschaft, vom 28.03.1990, ABl. C 124 v. 21.05.1990, S. 34 ff. (zit.: SE-VOV 1989, Stellungnahme WSA).

Wolff, Jürgen: Europäische Aktiengesellschaft, AG 1970, 247 ff.

Würdinger, Hans: Aktienrecht und Recht der verbundenen Unternehmen, 4. Auflage, Heidelberg Karlsruhe 1981.

Wymeersch, Eddy: Das Bezugsrecht der alten Aktionäre in der Europäischen Gemeinschaft: Eine rechtsvergleichende Untersuchung, AG 1998, 382 ff.

Zabel, Martin: IAS zwingend für Konzern- und Einzelabschluss? – Stellungnahme zu Böcking, WPg 2001, S. 1433 ff.; zugleich ein Plädoyer für eine intensive Diskussion der Vor- und Nachteile kapitalmarktorientierter Rechnungslegungs- und Publizitätsgrundsätze für nicht kapitalmarktorientierter Unternehmen, WPg 2002, 919 ff.

Zimmer, Daniel: Internationales Gesellschaftsrecht – Das Kollisionsrecht der Gesellschaften und sein Verhältnis zum Internationalen Kapitalmarktrecht und zum Internationalen Unternehmensrecht, Heidelberg 1996 (zit.: *Zimmer*, Internationales Gesellschaftsrecht).

Zöller, Wolfgang/Noack, Ulrich: One share – one vote? Stimmrecht und Kapitalbeteiligung bei der Aktiengesellschaft, AG 1991, 117 ff.

Materialienverzeichnis

SE-VO

Rat der Europäischen Union, Verordnung (EG) Nr. 2157/2001 des Rates vom 8. Oktober 2001 über das Statut der Europäischen Gesellschaft (SE)	ABl. L 294 v. 10.11.2001, S. 1 ff. (zit.:SE-VO)

Vorentwürfe und Vorschläge für eine SE-VO

Sanders, Pieter, Vorentwurf eines Statuts für Europäische Aktiengesellschaften, Dezember 1966	EWG-Kommission, Generaldirektion Wettbewerb, 1966, Az. 11000/IV/67, Studie Nr. 6, Reihe Wettbewerb, 1967 (zit.: Sanders-Vorentwurf)
Kommission, Vorschlag einer Verordnung (EWG) des Rates über das Statut für europäische Aktiengesellschaften, 30.06.1970	ABl. C 124 v. 10.10.1970, S. 1 ff. = Beilage 8/70 zum Bulletin der EG = BT-Drs. VI/1109 v. 19.8.1970, S. 1 ff. (zit.: SE-VOV 1970)
Kommission, Vorschlag einer Verordnung des Rates über das Statut für Europäische Aktiengesellschaften (Von der Kommission gemäß Artikel 149 Absatz 2 des EWG-Vertrags dem Rat vorgelegter geänderter Vorschlag)	Anlage 4/75 zum Bulletin der EG = BT-Drs. VII/3713 v. 2.6.1975, S. 1 ff. = BR-Drs. 372/75 v. 2.6.1975 (zit.: SE-VOV 1975)
Kommission, Vorschlag für eine Verordnung (EWG) des Rates über das Statut der Europäischen Aktiengesellschaft, 25.08.1989	KOM (89) 268 endg. – SYN 218 = ABl. C 263 v. 16.10.1989, S. 41 ff. = Beilage 5/89 zum Bulletin der EG = BT-Drs. XI/5427 v. 21.09.1989, S. 24 ff. = BR-Drs. 488/89 v. 13.9.1989, S. 1 ff. (zit.: SE-VOV 1989)
Kommission, Geänderter Vorschlag für eine Verordnung (EWG) des Rates über das Statut der Europäischen Aktiengesellschaft, 16.05.1991	KOM (91) 174 endg. – SYN 218 = ABl. C 176 v. 08.07.1991, S. 1 ff. = BT-Drs. XII/1004 v. 30.07.1991, S. 13 ff. (zit.: SE-VOV 1991)

Gesellschaftsrechtliche Richtlinien und Richtlinienentwürfe

Erste Richtlinie des Rates vom 9. März 1968 zur Koordinierung der Schutzbestimmungen, die in den Mitgliedstaaten den Gesellschaften im Sinne des Artikels 58 Absatz 2 des Vertrages im Interesse der Gesellschafter sowie Dritter vorgeschrieben sind, um diese Bestimmungen gleichwertig zu gestalten (68/151/EWG)	ABl. L 65 v. 14.3.1968, S. 8; geändert durch Beschluss des Rates vom 1. Januar 1973 (73/101/EWG), ABl. L 2 v. 1.1.1973, S. 19 ff. (zit.: Erste RiL)
Vorschlag der Kommission der Europäischen Gemeinschaften für eine Zweite Richtlinie des Rates zur Koordinierung der Schutzbestimmungen, die in den Mitgliedstaaten den Gesellschaften im Sinne des Artikels 58 Abs. 2 des Vertrages im Interesse der Gesellschafter sowie Dritter für die Gründung der Aktiengesellschaft sowie für Erhaltung und Änderung ihres vorgegebenen Kapitals vorgeschrieben sind	Dok KOM (70) 232 endg = Abl. C 48 v. 24.4.1970 S. 8 ff. = BT-Drs. VI/ 595 vom 03.04.1970 (zit.: Vorschlag Zweite RiL)
Zweite Richtlinie des Rates vom 13. Dezember 1976 zur Koordinierung der Schutzbestimmungen, die in den Mitgliedstaaten den Gesellschaften im Sinne des Art. 58 Absatz 2 des Vertrages im Interesse der Gesellschafter sowie Dritter für die Gründung der Aktiengesellschaft sowie für die Erhaltung und Änderung ihres Kapitals vorgeschrieben sind, um diese Bestimmungen gleichwertig zu gestalten (77/91/EWG)	Abl. L 26 vom 31.1.1977, S. 1 ff. (zit.: Zweite RiL)

Vorschlag der Kommission der Europäischen Gemeinschaften für eine Dritte Richtlinie des Rates zur Koordinierung der Schutzbestimmungen, die in den Mitgliedstaaten den Gesellschaften im Sinne des Artikels 58 Absatz 2 des Vertrages im Interesse der Gesellschafter sowie Dritter bei Fusionen von Aktiengesellschaften vorgeschrieben sind	KOM (70) 633 endg. = Abl. C 89 vom 14.07.1970, S. 20 ff. = Beilage 5/70 zum Bulletin der EG = BT-Drs. VI/1027 = BR-Drs. 394/70 (zit.: Vorschlag Dritte RiL)
Dritte Richtlinie des Rates vom 9. Oktober 1978 gemäß Art. 54 Absatz 3 Buchstabe g) des Vertrages betreffend die Verschmelzung von Aktiengesellschaften (78/855/EWG)	Abl. L 295 vom 20.10.1978 S. 36 ff. (zit.: Dritte RiL)
Dritte Änderung des Vorschlags für eine Fünfte Richtlinie des Rates nach Art. 54 EWG-Vertrag über die Struktur der Aktiengesellschaft sowie die Befugnisse und Verpflichtungen ihrer Organe (78/855/EWG)	Abl. C 321 vom 12.12.1991, S. 9 ff. (zit.: Vorschlag Fünfte RiL)
Gemeinschaftsrechtliche Gesellschaftsformen	
Geänderter Vorschlag für eine Verordnung (EWG) des Rates über das Statut des Europäischen Vereins (Gemäß Art. 149 Abs. 3 des EWG-Vertrages von der Kommission vorgelegt am 06.06.1993	KOM (93) 252 eng. – SYN 386 = Abl. C 236 vom 31.8.1993 S. 1 ff. (zit.: Art. EUV-VOV)
Rat der Europäischen Gemeinschaften, Verordnung (EWG) Nr. 2137/85 des Rates vom 25. Juli 1985 über die Schaffung einer Europäischen Wirtschaftlichen Interessenvereinigung (EWIV)	ABl. L 199 v. 31.07.1985, S. 1 ff. (zit.: Art. EWIV-VO)

Andere gemeinschaftsrechtliche Verordnungen

Europäisches Parlament und Rat der Europäischen Union, Verordnung (EG) Nr. 1606/2002 vom 19. Juli 2002 betreffend die Anwendung internationaler Rechnungslegungsstandards	ABl. Nr. L 243 vom 11.09.2002 S. 1 ff. (zit.: IAS-VO)

Nationale Gesetzesentwürfe

Diskussionsentwurf eines Gesetzes zur Einführung der Europäischen Gesellschaft (SEEG) vom 28.02.2003:	Abrufbar unter www.bmj.bund.de
Art. 1: Gesetz zur Ausführung der Verordnung (EG) Nr. 2157/2001 des Rates vom 8. Oktober 2001 über das Statut der Europäischen Gesellschaft (SE) – (SE-Ausführungsgesetz – SEAG)	
Regierungsentwurf eines Gesetzes zur Einführung der Europäischen Gesellschaft (SEEG) vom 26.05.2004:	Abrufbar unter www.bmj.bund.de
Art. 1: Gesetz zur Ausführung der Verordnung (EG) Nr. 2157/2001 des Rates vom 8. Oktober 2001 über das Statut der Europäischen Gesellschaft (SE) – (SE-Ausführungsgesetz – SEAG)	
Entwurf eines Gesetzes zur Bereinigung des Umwandlungsrechts (UmwBerG)	BR-Drs. 75/94 (zit.: UmwBerG)
Entwurf eines Gesetzes zur Regelung von öffentlichen Angeboten zum Erwerb von Wertpapieren und von Unternehmensübernahmen	BT-Drs. XIV/7034 (zit.: RegE WpÜG)

Regierungsentwurf eines Gesetzes zur Kontrolle und Transparenz im Unternehmensbereich (KonTraG) vom 28.01.98	BT-Drs. XIII/9712 (zit.: RegE KonTraG)
Regierungsentwurf eines Gesetzes zur Durchführung der Zweiten Richtlinie des Rates der Europäischen Gemeinschaften zur Koordinierung des Gesellschaftsrechts	BT-Drs. VIII/1678 S. 1 ff. (zit.: RegE Durchführung Zweite RiL)

Schriftenreihe zum deutschen und europäischen Gesellschafts- und Wirtschaftsrecht

Herausgegeben von Günter Christian Schwarz

Band 1 Matthias Scheifele: Die Gründung der Europäischen Aktiengesellschaft (SE). 2004.

Band 2 Julia Zwiener: Die Auswirkungen der Verordnung Nr. 1/2003 auf das europäische und deutsche Kartellverfahren. 2005.

Band 3 Cornelius Koke: Die Finanzverfassung der Europäischen Aktiengesellschaft (SE) mit Sitz in Deutschland. 2005.

www.peterlang.de

Kolibri 360 GmbH
Ferdinand-Jühlke-Straße 7
99095 Erfurt, Deutschland
produktsicherheit@kolibri360.de

Druck:
CPI Druckdienstleistungen GmbH
im Auftrag der
Kolibri 360 GmbH
Ferdinand-Jühlke-Str. 7
99095 Erfurt